선문촬요

선문촬요

禪門撮要

경허성우 엮음 · 이철교 옮김

민족사

일러두기

1. 이 책은 한국 선종의 중흥조(重興祖)인 경허성우(鏡虛惺牛, 1849~1912)가 엮은 것으로 알려진 『선문촬요(禪門撮要)』 상하 2권을 우리말로 옮기고 원문을 영인하여 별책으로 묶은 것이다.
2. 번역은 누구나 쉽게 이해할 수 있도록 평이한 문체를 사용하였으며, 주해(註解)는 『불교사전』이나 『선학사전』에 미루고 굳이 생략하였다. 선문헌은 그 무엇보다도 자득(自得)을 중시하기 때문이며, 또한 주해로 말미암아 글의 흐름을 잃지나 않을까 두렵기 때문이다.
3. 번역 및 영인의 저본(底本)으로는 운문사(雲門寺)에서 간행한 상권(1907) 및 범어사(梵魚寺)에서 간행한 하권(1908)을 사용하였다. 다만 삼조승찬(三祖僧璨)의 『신심명(信心銘)』은 본래 『선문촬요』에는 수록되지 않았으나, 그 조본(祖本)인 연방도인(蓮舫道人)의 『법해보벌(法海寶筏)』(1883)에 수록되어 있었으므로 권말에 덧붙였다. 아울러 『(신간 현토) 선문촬요』와 『법해보벌』의 머리말도 권말에 실었다.
4. 실제 번역에 있어서는 설봉학몽(雪峰鶴夢, 1890~1969)이 현토(懸吐)한 『(신간 현토) 선문촬요』(1968)에 크게 의존하였으나, 기타 여러 판본과 사본을 참고하였으므로 설봉학몽의 현토와 반드시 일치하는 것은 아니다.

5. 달마논전(達摩論典)인 『혈맥론(血脈論)』・『관심론(觀心論)』 및 『사행론(四行論)』은 그 교정(校正)과 구두(句讀)에 있어서 이설(異說)이 많을 뿐만 아니라 저본에 명백한 오류(誤謬)도 있으므로 이 점에 특히 유의하여 번역하였다. 또한 『선문강요집(禪門綱要集)』은 그 내용이 워낙 길굴오아(佶屈聱牙)하고 천착(穿鑿)이 심하여, 끝내 그 의미를 분명히 파악할 수 없는 부분이 있었음을 고백한다.

6. 초조(初祖) 달마의 표기는 '達摩'로, 할성(喝聲)은 백파긍선(白坡亘璇)의 표기에 따라 '훽'으로 통일하였다.

7. 매편의 첫머리에 간략한 해제 및 출판 사항을 실었다.

8. 원문을 참고하려는 독자들의 편의를 위하여 본문 좌우측에 영인본의 해당 페이지를 밝혀 놓았다.

9. 권말의 「선문촬요 관련 연보」에 실린 모든 도서를 참고하고 활용하였다. 이에 그 저자 및 간행자에게 감사드린다.

차 례

· 일러두기 · 5

선문촬요 상권

혈 맥 론(血脈論) 15

관 심 론(觀心論) 39

보리달마사행론(菩提達摩四行論) 61
  (1) 입도수행강요문(入道修行綱要門) 63
  (2) 논주의락차별문(論主意樂差別門) 66
  (3) 일상평등무별문(一相平等無別門) 67
  (4) 담론공무파집문(談論空無破執門) 69
  (5) 절상이설현허문(絶像離說懸虛門) 70
  (6) 시유관찰형색문(示諭觀察形色門) 71
  (7) 반힐난문현리문(反詰難問現理門) 71
  (8) 개시삼계별상문(開示三界別相門) 73
  (9) 문답현설삼보문(問答現說三寶門) 73

(10) 정혜분석각별문(定慧分釋各別門) ………………………………… 74
(11) 제법가상무체문(諸法假相無體門) ………………………………… 74
(12) 망상건립여환문(妄想建立如幻門) ………………………………… 75
(13) 지단의혹분제문(智斷疑惑分齊門) ………………………………… 76
(14) 진속이제차별문(眞俗二諦差別門) ………………………………… 77
(15) 오종심식분이문(五種心識分異門) ………………………………… 78
(16) 견제병집정심문(遣除病執正心門) ………………………………… 79
(17) 이념소융차별문(離念消融差別門) ………………………………… 80
(18) 즉심현시의리문(卽心現示義理門) ………………………………… 80
(19) 비유합당현법문(比諭合當現法門) ………………………………… 81
(20) 도심증장인도문(道心增長引導門) ………………………………… 82
(21) 규역내외별상문(規域內外別相門) ………………………………… 85
(22) 심품이둔별상문(心品利鈍別相門) ………………………………… 87
(23) 일진법계무유문(一盡法界無遺門) ………………………………… 88
(24) 무아무집여공문(無我無執如空門) ………………………………… 89
(25) 시도비도차별문(是道非道差別門) ………………………………… 91
(26) 사정일상동체문(邪正一相同體門) ………………………………… 92
(27) 생사열반무이문(生死涅槃無二門) ………………………………… 93
(28) 대도원근분별문(大道遠近分別門) ………………………………… 95
(29) 대도각오이난문(大道覺悟易難門) ………………………………… 96
(30) 상사무장무애문(上士無障無碍門) ………………………………… 97
(31) 정견사견별체문(正見邪見別體門) ………………………………… 98
(32) 법계보리차별문(法界菩提差別門) ………………………………… 99

(33) 개시심심경계문(開示甚深境界門) ·········· 99
  (34) 제법부동적정문(諸法不動寂靜門) ·········· 100
  (35) 제법인연무생문(諸法因緣無生門) ·········· 101
  (36) 제법인연가유문(諸法因緣假有門) ·········· 102
  (37) 심성광대무애문(心性廣大無碍門) ·········· 103
  (38) 유지무지차별문(有知無知差別門) ·········· 104
  (39) 명각불각차별문(明覺不覺差別門) ·········· 104
  (40) 건립바라밀다문(建立波羅密多門) ·········· 105
  (41) 심성원리결박문(心性遠離結縛門) ·········· 106
  (42) 무생이변문(無生離邊門) ·········· 107
  (43) 심덕자재무애문(心德自在無碍門) ·········· 108
  (44) 수심제법유무문(隨心諸法有無門) ·········· 109

최상승론(最上乘論) ·········· 111

완 릉 록(宛陵錄) ·········· 129

전심법요(傳心法要) ·········· 153

몽산법어(蒙山法語) ·········· 187
  (1) 환산정응 선사가 몽산에게 주신 법어
      [皖山正凝禪師示蒙山法語] ·········· 189
  (2) 동산 숭장주가 행각을 떠나는 제자를 보내며 하신 법어
      [東山崇藏主送子行脚法語] ·········· 190
  (3) 몽산화상이 대중에게 주신 말씀[蒙山和尙示衆] ·········· 192
  (4) 고담화상의 법어[古潭和尙法語] ·········· 193

(5) 보제존자가 참선하는 각오스님에게 주신 말씀
　　［普濟尊者示覺悟禪人］ ·· 194
(6) 몽산화상이 고원상인에게 주신 말씀
　　［蒙山和尙示古原上人］ ·· 195
(7) 몽산화상이 각원상인에게 주신 말씀
　　［蒙山和尙示覺圓上人］ ·· 197
(8) 몽산화상이 유정상인에게 주신 말씀
　　［蒙山和尙示惟正上人］ ·· 199
(9) 몽산화상이 총상인에게 주신 말씀［蒙山和尙示聰上人］ ········ 201
(10) 몽산화상의 무자 화두 십절목［蒙山和尙無字十節目］ ·········· 206
(11) 휴휴암 좌선문(休休庵坐禪文) ··· 209

선 경 어(禪警語) ··· 211

선문촬요 하권

수 심 결(修心訣) ··· 229
진심직설(眞心直說) ··· 259
　(1) 참마음에 대한 바른 믿음［眞心正信］ ································· 261
　(2) 참마음의 또 다른 이름［眞心異名］ ···································· 264
　(3) 참마음의 미묘한 본체［眞心妙體］ ···································· 267
　(4) 참마음의 미묘한 작용［眞心妙用］ ···································· 269
　(5) 참마음의 본체와 작용은 같은가, 다른가?
　　　［眞心體用一異］ ·· 272

(6) 참마음은 미혹함 속에 있다[眞心在迷] ······················· 273

(7) 참마음은 망심을 쉰 것이다[眞心息妄] ······················· 275

(8) 참마음은 네 가지 위의에 통한다[眞心四儀] ················ 281

(9) 참마음은 어디에 있는가? [眞心所在] ······················· 283

(10) 참마음은 생사를 벗어났다[眞心出死] ······················ 285

(11) 참마음을 드러내는 근본공부와 보조공부[眞心正助] ········ 287

(12) 참마음의 공덕[眞心功德] ···································· 289

(13) 참마음의 공능을 징험하는 방법[眞心驗功] ················ 291

(14) 참마음은 알음알이가 없다[眞心無知] ······················ 292

(15) 참마음은 어디로 가는가? [眞心所往] ······················ 296

진심직설(眞心直說) 자서(自序) ··································· 299

고려국 보조선사 권수정혜결사문
(高麗國普照禪師勸修定慧結社文) ······························· 303

간화결의론(看話決疑論) ··· 353

선문보장록(禪門寶藏錄) ··· 379

　머리말 ·· 381

　1. 선과 교를 분별하는 문[禪敎對辨門] 25칙 ················ 382

　2. 강사들이 승복하고 귀의하는 문[諸講歸伏門] 25칙 ········ 402

　3. 군신들이 존중하고 신앙하는 문[君臣崇信門] 33칙 ········ 428

　4. 여성관련[尼婆] 3칙 ··· 456

　발　문 ·· 459

선문강요집(禪門綱要集) ··· 461

(1) 삼성장(三聖章) 463
　(2) 이현화(二賢話) 467
　제2편 474
　(3) 일우설(一愚說) 477
　(4) 산운편(山雲篇) 492
　(5) 운문삼구(雲門三句) 500
　발　문 509

선 교 석(禪敎釋) 513

〔부록〕 신심명(信心銘) 529

　· 선문촬요 간행 머리말 · 539
　· 법해보벌 머리말 · 543
　· 선문촬요 관련 연보 · 546
　· 영문요약 · 556

선문촬요

상 권

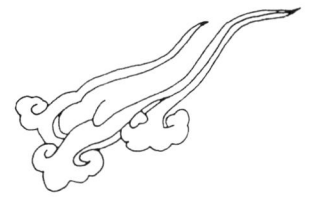

혈맥론
血脈論

【해 제】

　1권. 『달마대사 혈맥론(達摩大師血脈論)』이라고도 한다. 중국 선종의 초조(初祖) 보리달마(菩提達摩, Bodhidharma)의 저술로 전해지고 있다.
　문답형식으로 보리달마의 혈맥이 견성성불(見性成佛)에 있음을 논술하였다. 『소실육문(少室六門)』 중 제6문에 해당한다.
　『만속장(卍續藏)』 2·15·5 [영인판 110], 『대정장(大正藏)』 48 및 『불광장(佛光藏) : 선장(禪藏)』(『인천안목(人天眼目)』에 합철) 등에 수록되었다. 국내에서는 옥룡사(玉龍寺, 1473)·안심사(安心寺, 1570)·보원사(普願寺, 1579) 등에서 판각된 바 있으며, 『법해보벌』(1883) 및 『선문촬요』 권상(1907)에 수록되었다.

혈 맥 론 血脈論

초조(初祖) 달마(達摩)대사의 말씀

삼계(三界)가 어지럽게 일어났으나 모두가 한마음[一心]으로 돌아가니, 앞의 부처와 뒷부처가 마음으로써 마음에 전하시고 문자를 세우지 않으셨다.

"문자를 세우지 않는다면 무엇으로 마음을 삼습니까?"

"그대가 나에게 묻는 것이 곧 그대의 마음이며, 내가 그대에게 대답하는 것이 곧 나의 마음이다. 만약 내가 마음이 없다면 무엇으로 그대에게 대답하겠으며, 그대가 마음이 없다면 무엇으로 나에게 묻겠는가? 나에게 묻는 것이 곧 그대의 마음이다. 비롯함이 없는 먼 옛적부터 분별하고 움직이는 온갖 시간과 온갖 장소가 모두 그대의 본심(本心)이며, 모두 그대의 본불(本佛)이다. 마음 그대로가 곧 부처라 함도 이와 같다.

이 마음을 내놓고 달리 부처를 찾을 수 없으며, 이 마음을 여의고 보리(菩提, 깨달음)와 열반(涅槃)을 구한다는 것은 옳지 않다. 자성(自性)은 진실하여 인(因)도 아니고 과(果)도 아니다. 법 그대로가 마음이니, 자기 마음이 부처이며 자기 마음이 보리이며 자기 마음이 열반이다. 만약 '마음 밖에 부처와 보리가 있어 얻을 수 있다'고 말한다면 옳지 않다. 부처와 보리가 모두 어디에 있는가?

어떤 사람이 손으로 허공을 잡을 수 있겠는가? 허공이란 이름뿐이요 형상이 없으니, 잡을 수도 없고 놓을 수도 없다. 이렇게 허공을 잡을 수 없는 것과 같이 이 마음을 내놓고 부처를 찾는다면 끝내 찾지 못할 것이다. 부처란 자기 마음으로 지어서 얻는 것이거늘, 어찌 마음을 여의고 부처를 찾으랴! 앞의 부처와 뒷부처가 다만 마음 하나만을 말씀하셨으니, 마음이 곧 부처요, 부처가 곧 마음이다. 마음 밖에 부처가 없고, 부처 밖에 마음이 없다. 만약 '마음 밖에 부처가 있다'고 말한다면 부처가 어디에 있는가? 마음 밖에 이미 부처가 없거니 어찌 부처라는 소견을 일으키랴! 서로서로 속이고 미혹하여 본심을 알지 못하고, 무정물(無情物, 불상)에 얽매여서 자유롭지 못한 것이다.

만약 믿지 못한다면 스스로 속이는 것이니 아무런 이익이 없다. 부처는 허물이 없건만 중생이 뒤바뀌어[顚倒] 깨닫지 못하고 자기 마음이 곧 부처인 줄 알지 못한다. 만약 자기 마음이 곧 부처인 줄 안다면 마땅히 마음 밖에서 부처를 찾지 말아야 한다. 부처가 부처를 제도할 수 없으니, 마음을 가지고 부처를 찾으면 부처를 알지 못할 것이다. 다만 이는 밖의 부처일 뿐이니, 모두가 자기 마음이 곧 부처임을 모르기 때문이다. 또 부처를 가지고 부처에게 절하지 말며, 마음을 가지고 부처를 염송(念誦)하지 말라.

부처는 경전을 읽지도 않으며, 부처는 계율을 지니지도 않으며, 부처는 계율을 범하지도 않으며, 부처는 지님도 범함도 없으며, 또한 선과 악을 짓지도 않는다.

만약 부처를 찾고자 한다면 반드시 성품을 보아야 곧 부처이다. 성품을 보지 못하면 염불(念佛)을 하거나 경전을 읽거나 재계(齋戒)를 지키거나 계율을 지니더라도 아무런 이익이 없다. 염불을 하면 왕생(往生)의 인과를 얻고, 경전을 읽으면 총명해지며, 계율을 지니면 하늘에 태어나고, 보시(布施)를 하면 복된 과보를 받거니와 부처는 끝내 찾을 수 없다.

만약 자기를 분명히 밝히지 못하였다면 반드시 선지식(善知識)에게 참문(參問)하여 생사(生死)의 근본을 깨달아야 한다. 성품을 보지 못하였다면 선지식이라 할 수 없다.

이렇게 하지 않으면 비록 십이부경(十二部經)을 다 외운다 하더라도 생사를 벗어나지 못하고 삼계에 윤회하면서 고통을 받되 벗어날 기약이 없을 것이다.

옛날에 선성비구(善星比丘)는 십이부경을 다 외웠건만 여전히 윤회를 벗어나지 못하였으니, 이는 오직 성품을 보지 못하였기 때문이다. 선성도 그러하였거늘 요즘 사람으로서 겨우 서너 권의 경론(經論)을 배우고 불법으로 여긴다면 이는 어리석은 사람이다. 자기 마음을 알지 못하면 부질없는 문구나 외워서는 아무런 쓸모도 없다.

만약 부처를 찾으려 한다면 모름지기 성품을 보아야 하니, 성품이 곧 부처이다. 부처란 곧 자유로운 사람이며 일 없고 조작 없는 사람이다.

성품을 보지 못하면 종일토록 분주히 밖을 향하여 내달아 찾더라도 애당초 부처를 찾을 수 없다.

비록 한 물건도 얻을 것이 없다고는 하나, 아직 알지 못한다면 반드시 선지식에게 참문하여 간절히 애써 구하여 마음이 열리게 하여야 한다. 나고 죽는 일이 중요하니 헛되이 보내지 말라. 스스로 속이는 것은 아무런 이익이 없다.

비록 진귀한 보물이 산같이 쌓이고 권속(眷屬)이 갠지스강의 모래알같이 수많더라도 눈을 뜰 때에는 보이거니와 눈을 감으면 오히려 보이겠는가? 그러므로 하염 있는 법[有爲法]은 꿈이나 허깨비와 같음을 알아야 한다.

만약 서둘러서 스승을 찾지 않으면 헛되이 한평생을 보내게 될 것이다. 불성은 본래 가지고 있으나 스승을 의지하지 않으면 끝내 분명히 알지 못하니, 스승을 의지하지 않고 깨닫는 이는 만에 하나가 드물다.

만약 자기 스스로 인연을 만나 깨달아서 성인의 뜻을 얻은 이는 선지식에게 참문할 필요가 없으니, 이는 태어나면서 아는 뛰어난 학인이다.

만약 아직도 깨닫지 못하였다면 모름지기 애써 참구하여 배워야 하니, 가르침에 의지하여야 비로소 깨달음을 얻게 될 것이다. 만약 스스로 분명히 알았다면 배우지 않아도 되니, 미혹한 사람과 같지 않기 때문이다.

검은 것과 흰 것도 가리지 못하면서 망령되이 부처님의 가르침을 펴노라고 한다면 이것은 부처님을 비방하고 법을 어지럽히는 것이다. 이런 무리들은 설법을 비 오듯이 하더라도 모두가 악마의 말이요, 부처님의 말씀은 아니다. 그 스승은 악마의 왕이요, 그 제자는 악마의 백성이거늘 미혹한 사람들은 그의 지휘에 따라 모르는 결에 생사의 바다에 떨어지게 된다.

다만 성품을 보지 못한 사람이 망령되이 부처라 한다면 이런 중생들은 큰 죄인이니, 온갖 중생들을 속여서 악마의 경계에 들게 한다.

만약 성품을 보지 못하였다면 설사 십이부경을 다 연설하여도 모두가 악마의 말이며 악마의 권속이요, 부처님의 제자는 아니다. 이미 검은 것과 흰 것도 가리지 못하거니, 무엇에 의지하여 생사를 벗어나랴!

만약 성품을 보면 곧 부처요, 성품을 보지 못하면 곧 중생이다. 중생의 성품을 여의고 달리 부처의 성품을 얻을 수 있다면 부처가 지금 어디에 있는가?

중생의 성품이 곧 부처의 성품이다. 성품 밖에 부처가 없으며, 부처가 곧 성품이니, 이 성품을 내놓고 부처를 얻을 수 없고, 부처 밖에서 성품을 얻을 수 없다."

"성품을 보지 못하였더라도 염불을 하고 경전을 읽고 보시를 하고 계율을 지니고 정진하여 널리 복리(福利)를 일으킨다면 부처를 이루지 못하겠습니까?"

"못한다."

"어찌하여 못합니까?"

"한 법이라도 얻은 것이 있다면 이는 하염 있는 법이며 인과(因果)이며 과보를 받음이며 윤회하는 법이다. 생사를 벗어나지 못하거늘 언제 부처를 이루랴! 부처를 이루려면 반드시 성품을 보아야 하니, 성품을 보지 못하면 인과 따위의 말이 모두 외도(外道)의 법이다. 만약 부처라면 외도의 법을 익히지 않는다.

부처란 업(業)도 없는 사람이며 인과도 없으니, 조그마한 법이라도 얻은 것이 있다면 모두 부처를 비방하는 짓이다. 무엇을 의지하여 부처를 이룰 수 있으랴! 한 생각, 한 기능, 한 견해, 한 소견이라도 집착함이 있다면 부처는 도무지 허락하지 않는다.

부처는 지님도 범함도 없으며, 심성(心性)이 본래 비었으며, 또 더럽거나 깨끗한 법도 아니니, 닦을 것도 없고 증득할 것도 없으며, 원인도 없고 결과도 없다. 부처는 계율을 지니지도 않으며, 부처는 선을 닦지도 않으며, 부처는 악을 짓지도 않으며, 부처는 정진하지도 않으며, 부처는 게으르지도 않다. 부처란 조작 없는 사람이니, 집착하는 마음이 있다면 부처는 이를 허락하지 않는다.

부처라 하면 부처가 아니니, 부처라는 견해를 짓지 말라. 만약 이런 이치를 보지 못하면 언제 어디서나 본심을 알 수는 없다.

성품을 보지 못하고서 언제나 조작 없다는 생각을 한다면 이는 큰 죄인이며 어리석은 사람이니, 무기공(無記空)에 떨어져서 캄캄하기가 마치 술에 취한 사람과 같아서 좋고 나쁨을 가리지 못하게 된다.

만약 조작 없는 법을 닦으려 하거든 우선 성품을 본 뒤에 반연(攀緣)하는 생각을 쉬어야 한다. 성품을 보지 못하고 불도를 이룬다는 것은 옳지 않다.

어떤 사람이 인과를 부정하고 열나게 온갖 나쁜 짓을 하면서 '본래 비어서 나쁜 짓을 하여도 허물이 없다'라고 함부로 말한다면, 이런 사람은 무간지옥(無間地獄)이나 흑암지옥(黑闇地獄)에 떨어져서 영원히 벗어날 기약이 없을 것이니, 지혜로운 사람이라면 이런 견해를 짓지 말아야 한다."

"이미 분별하고 움직이는 온갖 시간이 모두 본심이라면 육신이 죽을 때엔 어찌하여 본심이 보이지 않습니까?"

"본심이 항상 눈앞에 나타났으되 그대 스스로가 보지 못하는 것이다."

"마음이 이미 눈앞에 나타나 있다면 어찌하여 보지 못합니까?"

"그대는 꿈을 꾼 적이 있는가?"

"꾸었습니다."

"그대가 꿈을 꿀 때에 그것이 그대의 본래의 몸이었던가?"

"예, 본래의 몸이었습니다."

"그대가 말하고 분별하고 움직이던 것이 그대와 다르던가, 같던가?"

"다르지 않았습니다."

"이미 다르지 않다면 이 몸 그대로가 그대의 근본 법신(法身)이며, 이 근본 법신 그대로가 그대의 본심이다. 이 마음이 비롯함이 없는 먼 옛적부터 지금과 조금도 다르지 않아서 일찍이 나고 죽은 적이 없으니, 생겨나지도 않고 없어지지도 않으며, 늘지도 않고 줄지도 않으며, 더럽지도 않고 깨끗하지도 않으며, 좋지도 않고 나쁘지도 않으며, 오지도 않고 가지도 않는다. 옳고 그름도 없으며, 남자와 여자의 형상도 없으며, 중과 속인, 늙은이와 젊은이도 없으며, 성인도 없고 범부도 없으며, 부처도 없고 중생도 없으며, 닦을 것도 증득할 것도 없으며, 원인도 없고 결과도 없으며, 힘줄도 없고 형상도 없다. 마치 허공과 같아서 잡을 수도 없고 놓을 수도 없다. 산이나 강이나 석벽(石壁)이라도 장애가 되지 못하며, 들고 나고 가고 옴에 자재하고도 신통하여 오온(五蘊)의 산을 통과하고 생사의 바다를 건넜으니, 온갖 업이 이 법신을 구속하지 못한다.

이 마음은 미묘하여 보기 어려우며, 이 마음은 물질의 형상과는 같지 않으니, 이 마음이 곧 부처이다. 사람들은 모두가 보고자 하거니와 이 광명 가운데서 손을 흔들고 발을 움직이는 사람이 갠지스강의 모래알같이 수많지만 물어 보면 전혀 대답하지 못함이 마치 로봇[木人]과 같으니, 모두 자기가 쓰고 있는 물건이거늘 어찌하여 알지 못하는가?

부처님께서 말씀하시기를 '온갖 중생은 모두가 미혹한 사람이니 이로 말미암아 업을 짓고 생사의 바다에 빠져서 나오려 하다가도 도리어 빠진다'고 하였으니, 이는 오직 성품을 보지 못하였기 때문이다. 중생이 미혹하지 않았다면 어찌하여 물어 보면 한 사람도 아는 이가 없는가? 자기의 손을 흔들고 발을 움직이는 것을 어찌하여 알지 못하는가?

그러므로 성인의 말씀은 틀리지 않건만 어리석은 사람이 스스로 알지 못함을 알아야 하며, 이 마음은 밝히기 어려워서 부처님 한 분만이 선뜻 아심을 알아야 한다. 그 밖의 인간이나 천상계(天上界) 등의 중생은 아무도 밝히지 못한다. 만약 지혜로써 이 마음을 분명히 알면 비로소 〈법성(法性)〉이라 부르며, 〈해탈(解脫)〉이라 부른다. 생사가 장애하지 못하며 온갖 법도 구속하지 못하므로 〈대자재왕불(大自在王佛)〉이라 부르며, 〈부사의(不思議)〉라 부르며, 〈성인의 본체[聖體]〉라 부르며, 〈장생불사(長生不死)〉라 부르며, 〈위대한 신선[大仙]〉이라 부른다. 명칭은 비록 같지 않으나 본질은 곧 하나이다.

성인들의 갖가지 분별이 모두 자기 마음을 여의지 않았으니, 마음의 통[局量]이 커서 끝없이 응용하는 것이다. 눈에 응해서는 빛을 보고, 귀에 응해서는 소리를 듣고, 코에 응해서는 냄새를 맡고, 혀에 응해서는 맛을 알며, 나아가 온갖 분별과 움직임이 모두 자기 마음이며, 언제든지 말길이 끊어졌으니 이것이 자기 마음이다. 그러므로 이르시기를 '여래(如來)의 몸이 다함이 없으며 지혜도 또한 그러하다'고 하였으니, 몸이 다함이 없는 것이 곧 자기 마음이다.

의식이 능히 온갖 것을 분별하며, 나아가 온갖 분별과 움직임이 모두 지혜이니, 마음은 형상이 없으며 지혜도 또한 다함이 없다. 그러므로 '여래의 몸이 다함이 없으며 지혜도 또한 그러하다'고 하였다. 사대(四大)로 된 몸은 번뇌이니 몸은 생멸이 있다. 그러나 법신은 항상 머무르되 머무르는 바가 없으니 여래의 법신은 항상 변하지 않기 때문이다.

그러므로 경에 이르기를 '중생이란 마땅히 불성(佛性)이 본래의 몸에 있는 것임을 알아야 한다'고 하였으니, 가섭(迦葉)은 다만 본성을 깨달았을 뿐이다. 본성이 곧 마음이요 마음이 곧 성품이니, 이는 부처님들의 마음과 같다. 앞의 부처와 뒷부처가 오직 이 마음을 전하였을 뿐, 이 마음을 내놓고 부처를 찾을 수 없다.

011 뒤바뀐 중생이 자기 마음이 곧 부처인 줄 알지 못하고 밖을 향하여 찾되 종일토록 설치면서 부처를 염송하고 부처에게 절을 하니, 부처가 어디에 있는가? 이러한 소견을 짓지 말라. 다만 자기 마음을 알기만 하면 마음 밖에 달리 부처가 없다.

경에 이르기를 '무릇 형상 있는 것은 모두 허망하다'고 하였으며, 또 이르기를 '경전 있는 곳마다 부처가 있다'고 하였다. 자기 마음이 곧 부처이니, 부처를 가지고 부처에게 절하지 말라.

만약 부처와 보살들의 형상이 홀연히 앞에 나타나거든 부디 절하지 말라. 내 마음은 비고 고요하여 본래 이런 형상이 없으니, 형상을 취하면 곧 마구니[魔]에 포섭되어 모두 삿된 도에 떨어지게 된다. 만약 허깨비가 마음에서 일어난 줄 알면 절할 필요가 없으니, 절하는 이는 알지 못하고, 아는 이는 절하지 않는다. 절하면 마구니에 포섭될 것이다. 학인(學人)이 행여나 알지 못할까 두려워 이렇게 분별한다.

모든 부처님의 본래의 몸 위에는 도무지 이런 형상이 없으니 부디 명심하라. 다만 기이한 경계가 나타나거든 결단코 채근하지도 말고 또 두려워하지도 말고 의혹을 내지도 말라. 내 마음이 본래 청정하거늘 어디에 이러한 형상이 있으랴! 나아가서는 하늘·용(龍)·야차(夜叉)·귀신·제석(帝釋)·범왕(梵王) 등의 형상이 이르더라도 공경할 생각을 내지도 말며 또한 두려워하지도 말라. 내 마음은 본래 비고 고요하여 온갖 형상이 모두 거짓 형상이니, 다만 형상을 취하지만 말라. 만약 부처라는 견해나 법이라는 견해를 일으키거나, 또는 부처나 보살들의 형상에 대하여 공경할 생각을 낸다면 스스로가 중생의 축에 떨어지게 된다. 만약 참으로 바르게 알고자 한다면 온갖 형상을 취하지 않으면 되나니, 다시 달리 할 말이 없다.

그러므로 경에 이르기를 '무릇 형상 있는 것은 모두 허망하다'고 하였으니, 도무지 일정한 실체가 없다. 허깨비에 일정한 형상이 없는 것이 무상한 법이니, 다만 형상을 취하지 않으면 성인의 뜻에 부합되는 것이다. 그러므로 경에 이르기를 '온갖 형상을 여의면 곧 부처라 한다'고 하였다."

"어찌하여 부처와 보살들에게 절을 하지 말라고 합니까?"

"천마(天魔) 파순(波旬)과 아수라(阿修羅)가 신통(神通)을 나투어 모두 보살의 모습을 짓는 것이니, 갖가지로 변화하는 것은 외도요 모두 부처가 아니다. 부처란 자기 마음이니, 부처에게 그릇 절하지 말라.

부처[佛, Buddha]란 인도말이니, 중국말로는 각성(覺性)이다. 부처란 신령스러운 깨달음이니, 근기에 따라 중생을 제접하되 눈썹을 치켜올리고 눈을 깜박이며, 손을 흔들고 발을 움직이는 것이 모두 자기의 신령스럽게 깨닫는 성품이다. 성품이 곧 마음이요 마음이 곧 부처이며, 부처가 곧 도(道)요 도가 곧 선(禪)이니, 선이라는 한 글자는 범부가 헤아릴 바가 아니다.

또 이르기를 '본성을 보는 것이 선'이라 하니, 본성을 보지 못하면 선이 아니다. 설사 천경 만론(千經萬論)을 강설하더라도 본성을 보지 못하면 다만 범부일 뿐, 부처의 법은 아니다. 지극한 도는 깊고도 멀어서 말로는 이해할 수 없는 것이니, 경전의 가르침으로 어찌 미칠 수 있겠는가? 본성을 보기만 하면 글자 하나 모를지라도 괜찮다. 성품을 보면 곧 부처이니, 성인의 본체는 본래 청정하여 더러움이 없다. 모든 말씀이 다 성인의 마음으로부터 일어난 작용이니, 작용의 본체가 본래 비어 명칭이나 말로도 미칠 수 없거늘 십이부경이 어찌 미칠 수 있겠는가?

도는 본래 뚜렷이 이루어졌으니, 닦고 증득함이 필요하지 않다. 도는 소리나 물질이 아니며 미묘하여 보기 어려우니, 마치 사람이 물을 마시매 차고 더운 것을 자기만이 알 수 있을 뿐, 남에게는 말할 수 없는 것과 같다. 오직 여래만이 알 수 있고, 그 밖의 인간이나 천상계 등의 무리들은 도무지 깨닫지도 알지도 못한다.

범부는 지혜가 미치지 못하므로 차별상에 집착한다. 자기 마음이 본래 비고 고요한 줄을 알지 못하고 망령되이 차별상과 온갖 법에 집착하면 곧 외도의 무리에 떨어지게 된다. 모든 법이 마음에서 생긴 것임을 알면 집착이 있을 수 없나니, 집착하면 알지 못한다. 만약 본성을 보면 십이부경이 모두 부질없는 문자이다. 천경 만론이 오직 마음을 밝혔을 뿐이니, 말끝에 계합(契合)

하여 알면 교법이 무슨 소용이 있겠는가?

지극한 도는 말을 떠났고 교법은 말씀일 뿐이니 진실로 도가 아니다. 도는 본래 말이 없으니, 말은 거짓이다.

꿈에 누각이나 궁전이나 코끼리나 말의 무리나 나무·숲·정자 등의 모습을 보더라도 한 생각을 일으켜 맞들여서는 안 된다. 모두 망념이 의탁하여 태어나는 곳이니 부디 명심하라.

임종할 때에 형상을 취하지 않으면 곧 의혹을 없애려니와, 마음을 잠깐만이라도 일으키기만 하면 곧 마구니에 포섭될 것이다.

법신은 본래 청정하여 느낌[受, 감수성]이 없건만 다만 미혹한 까닭에 알지도 못하고 깨닫지도 못하며, 이 때문에 망령되이 업보를 받는다. 그러므로 맞들이면 자유롭지 못하다. 지금이라도 본래의 몸과 마음을 깨닫기만 하면 곧 습기(習氣)에 물들지 않을 것이다.

성인의 경지에서 범부의 경계에 들어가서 갖가지 잡된 형상을 나타내 보이는 것은 본래 중생을 위한 까닭이니, 성인은 역경(逆境)과 순경(順境)에 자재하여 온갖 업이 그를 구속하지 못한다.

성인의 지위를 이룬 지 오래 되면 큰 위덕(威德)이 있다. 온갖 중생의 업이 성인의 지휘를 받아 움직이니 천당과 지옥도 그를 어찌하지 못할 것이다.

범부는 정신이 어두워서 성인의 안팎이 밝은 것과 같지 못하다. 만약 의심이 있거든 일으키지 말라. 일으키면 생사의 바다에 헤매게 되어 후회하여도 구제할 길이 없을 것이다. 빈궁(貧窮)과

곤고(困苦)가 모두 망상에서 생겼으니, 만약 마음을 알아서 서로서로 권면하여 작용하되 자취 없이 작용하면 곧 부처의 지견(知見)에 들게 될 것이다.

처음으로 발심한 사람은 정신이 도무지 안정되지 못하니, 꿈속에서 자주 이상한 경계를 보더라도 선뜻 의심하지 말라. 모두가 자기 마음에서 일어난 것이요, 밖에서 온 것이 아니다. 꿈속에서 햇빛보다 밝게 광명이 솟는 것을 보면 나머지 습기가 몽땅 다하고 법계(法界)의 성품이 나타날 것이다. 만약 이런 일이 있으면 부처를 이루는 요인이 될 것이니, 이는 자기만이 알 수 있을 뿐, 남에게는 말하여 줄 수 없다.

혹 고요한 숲속에서 가거나 멈추거나 앉거나 눕거나[行住坐臥] 간에 크고 작은 광명이 눈에 뜨이더라도 남에게 말하지 말며, 또 집착하지 말라. 자성의 광명이다. 혹 어둡고 고요한 밤에 가거나 멈추거나 앉거나 눕거나 간에 낮과 다름없는 광명이 눈에 뜨이더라도 괴이하게 여기지 말라. 이것도 모두 자기 마음이 밝아지려는 조짐이다. 혹 꿈속에서 별과 달이 분명하게 보이더라도 이것 또한 자기 마음의 모든 반연이 쉬려는 조짐이니, 역시 남에게 말하지 말라. 꿈속에서 캄캄하여 마치 어둠 속에서 다니는 것 같더라도 이것 또한 자기 마음의 번뇌의 장애가 무겁다는 조짐이니, 또한 스스로 알아야 한다.

만약 본성을 보았거든 경전을 읽거나 염불을 할 필요가 없으니, 널리 배우고 많이 아는 것이 이익이 되지 못하며 정신이 차츰 어두워진다. 교법을 시설하여 놓은 뜻은 다만 마음을 드러내기 위한 것이니, 마음을 안다면 가르침을 볼 필요가 없다.

만약 범부의 경지로부터 성인의 경계에 들고자 한다면 모름지기 업을 쉬고 정신을 길러서 분수에 따라 세월을 보내야 한다. 만약 분노함이 많으면 성품이 차츰 변하여 도(道)와는 멀어지나니, 스스로를 속여도 아무런 이익이 없다.

성인은 생사 가운데에 자유롭게 드나들면서 숨고 나타남이 일정하지 아니하여 온갖 업이 그를 구속하지 못하며, 성인이 삿된 마구니들을 무찌를 것이다.

모든 중생들이 본성을 보기만 하면 나머지 습기가 단박에 다하여 정신이 어둡지 않나니, 부디 그 자리에서 깨달을지어다. 다만 지금 참으로 도를 알고자 한다면 한 법에도 집착하지 말고 업을 쉬고 정신을 길러야 한다. 나머지 습기가 다하면 자연히 밝아져서 공부할 필요가 없다.

외도는 부처의 뜻을 알지 못하므로 공력(功力)은 가장 많이 드나 성인의 뜻을 저버리고, 종일토록 서둘러서 염불을 하고 경전을 읽어도 정신이 어두워 윤회를 벗어나지 못한다.

부처는 한가한 사람이거늘 어찌 서두를 필요가 있으며, 명리(名利)를 널리 구한들 뒷날 무엇에 쓰랴! 다만 성품을 보지 못한 사람은 경전을 읽고 염불을 하며, 오래도록 정진을 배우며, 하루 여섯 차례 예불하며, 오래 앉아 눕지 않으며, 널리 배우고 많이 아는 것을 불법으로 여기나, 이런 중생들은 모두 불법을 비방하는 사람들이다.

앞의 부처와 뒷부처가 오직 성품을 보라는 말씀만 하셨다. 일체의 현상은 덧없으니, 성품을 보지 못하고 망령되이 말하기를 '내가 아뇩다라삼먁삼보리(阿耨多羅三藐三菩提, 無上正等正覺)를 이루었다'고 한다면 이는 큰 죄를 짓는 사람이다.

십대 제자(十大弟子)의 한 분인 아난(阿難)은 성문(聲聞) 가운데 으뜸이었다. 부처님은 알음알이가 없나니, 성문과 이승(二乘)과 외도들로 하여금 오직 알음알이를 없애도록 하였다 그러나 아난은 알음알이로 수도(修道)니 증과(證果)니 따져 인과(因果)에 떨어졌으니, 이는 중생의 업보이어서 생사를 벗어나지 못하며 부처님의 뜻에 어긋난 것이다. 곧 부처를 비방하는 중생이니 죽여도 허물이 없다. 그러므로 경에 이르기를 '천제(闡提, 斷佛種者・信不具者)는 신심을 내지 않으니 죽여도 허물이 없다'고 하였다.

만약 신심이 있다면 이 사람은 바로 부처 지위[佛位]의 사람이다. 만약 성품을 보지 못하였다면 차선책을 쓸 필요가 없나니, 다른 어질고 착한 이를 비방하고 스스로를 속여도 아무런 이익이 없다. 선과 악이 뚜렷하고 인과가 분명하여 천당과 지옥이 오직 눈앞에 있다. 어리석은 사람은 믿지 않으므로 흑암지옥에 떨어지는 것을 보더라도 느끼지도 못하고 알지도 못하나니, 오직 업장(業障)이 무거우므로 믿지 않기 때문이다. 마치 소경이 햇빛이 있다는 말을 믿지 않는 것과 같으니, 설사 그에게 말하여 주더라도 또한 믿지 않을 것이다. 오직 눈이 없기 때문이니, 무엇을 의지하여 햇빛을 분별할 수 있으랴!

어리석은 사람도 또한 이와 같아서 방금 축생 등 잡된 무리에 떨어지거나 빈궁하고 하천한 무리에 태어나서 살려 하여도 살

수 없고 죽으려 하여도 죽을 수 없나니, 비록 이런 고통을 받더라도 직접 물어 보면 그도 또한 '나는 지금 쾌락하기가 천당과 다르지 않다'고 말한다. 그러므로 모든 중생은 자기가 태어난 곳으로써 쾌락을 삼아 느끼지도 못하고 알지도 못하는 것임을 알아야 한다. 이렇게 악한 사람은 오직 업장이 두텁기 때문에 능히 신심을 내지 못하는 사람이니, 그것에서 자유로울 수 없다. 만약 자기 마음이 부처임을 본다면 머리와 수염을 깎고 안 깎고에 관계치 않으니, 속인도 또한 부처이다. 성품을 보지 못하면 머리와 수염을 깎았더라도 또한 외도이다."

"속인은 처자식이 있어 음욕(淫欲)을 없애지 못하였거늘 무엇을 의지하여 부처를 이룰 수 있겠습니까?"

"다만 성품을 보는 것[見性]만 말할 뿐, 음욕은 말하지 않는다. 범부는 오직 성품을 보지 못하였기 때문에 음욕이 문제가 되나, 다만 성품을 보기만 하면 음욕이 본래 비고 고요하여 끊어 없앨 필요가 없으며, 또한 맛들이지도 않을 것이니, 설사 나머지 습기가 있더라도 해독이 되지 못할 것이다. 왜냐하면 성품은 본래 청정하기 때문이니, 비록 오온의 몸 속에 묻혀 있더라도 그 성품이 본래 청정하여 물들일 수 없다.

법신은 본래 느낌이 없어서 주림도 없고 목마름도 없으며, 추위와 더위도 없으며, 질병도 없으며, 은혜와 사랑도 없으며, 권속도 없으며, 괴로움과 즐거움도 없으며, 좋고 나쁨도 없으며, 길고 짧음도 없으며, 강함과 약함도 없으니 본래 한 물건도 얻을 수 없다. 다만 이 몸이 있기 때문에 주림과 목마름, 추위와 더위, 괴질과 질병 등의 형상이 있게 되었으니, 만약 스스로를 속이지 않겠다면 마음대로 행동하여 보라.

만약 생사 가운데서 자유로움을 얻어서 온갖 법을 굴리어 성인들의 신통과 같이 자유로워 걸림이 없으면 편안치 않은 곳이 없을 것이다. 마음에 의심이 있으면 결정코 온갖 경계를 통과하지 못할 것이다. 조작 없음이 가장 좋은 일이니, 조작하면 생사에 윤회함을 벗어나지 못한다. 그러나 만약 성품을 보면 전타라(旃陀羅, 백정)라도 부처를 이룰 수 있을 것이다."

"전타라는 살생으로 업을 삼거늘 어찌 부처를 이룰 수 있겠습니까?"

"다만 성품을 보는 것만 말할 뿐, 업 짓는 것은 말하지 않는다. 설사 업을 짓더라도 미혹한 사람과는 달라서 온갖 업이 그를 구속할 수 없다. 비롯함이 없는 아주 먼 옛적부터 오직 성품을 보지 못하였기 때문에 지옥에 떨어지고, 그 때문에 업을 지어 생사에 윤회한다. 본성을 깨닫고부터는 끝까지 업을 짓지 않을 것이다. 만약 성품을 보지 못하면 염불을 하더라도 과보를 면할 수 없으니, 살생이 문제가 아니다. 성품을 보아 의혹을 단박에 없애면 살생을 하더라도 그를 어찌하지 못한다.

서천(西天, 인도)의 28대 조사님네들도 오직 대대로 심인(心印)을 전하셨고, 내가 이제 이 땅에 온 것도 오직 돈교(頓敎) 대승(大乘)의 마음이 곧 부처라는 법을 전하고자 할 뿐이요, 계행 지키기와 정진과 고행, 나아가서는 불이나 물에 드는 법과 칼 꽂은 수레바퀴[劍輪山]에 오르는 것과 한 끼니 먹고 오래 앉아 눕지 않는 법 따위를 말하지 않나니, 그것은 모두가 외도의 조작 있는 법이다.

만약 분별하고 움직이며 신령스럽게 깨닫는 성품을 알면 그대가 곧 불심(佛心)이다. 앞의 부처와 뒷부처가 오직 마음을 전하셨을 뿐, 다시 다른 법이 없다. 이 마음을 알면 범부로서 글자 하나 몰라도 부처이거니와, 자기의 신령스럽게 깨닫는 성품을 알지 못하면 설사 몸이 부서져 먼지와 같이 되더라도 부처를 찾는 일은 끝내 어려울 것이다.

부처란 법신이라고도 하며, 불심이라고도 한다. 이 마음은 형상도 없고 인과도 없으며 힘줄도 뼈대도 없어서 마치 허공과 같이 잡을 수 없으니, 물질의 세계와 같지 않으며, 외도와도 같지 않다. 이 마음은 여래 한 사람만이 알 뿐, 그 밖의 미혹한 중생은 똑똑히 알지 못한다.

이 마음은 사대(四大)의 몸을 여의지 않았으니, 만약 이 마음을 여의면 움직일 수도 없다. 이 몸은 지각이 없어서 나뭇등걸이나 기와쪽과 같다. 몸은 감정이 없거늘 어떻게 움직이겠는가? 만약 자기 마음이 움직이면 나아가서는 말하고 분별하고 움직이는 것과 보고 듣고 느끼고 아는 것이 모두 마음의 움직임이다. 마음이 움직이면 작용이 움직이니, 움직임 그대로가 작용이다. 움직임 밖에는 마음이 없고 마음 밖에는 움직임이 없다. 움직인다면 마음이 아니요, 마음이라면 움직이지 않는다. 움직임은 본래 마음이 없고 마음은 본래 움직임이 없다. 움직임은 마음을 여의지 않고 마음은 움직임을 여의지 않는다. 움직임에는 마음을 여의었다는 것도 없고, 마음은 움직임을 여의었다는 것도 없다.

022   움직임이 곧 마음의 작용이요 작용이 곧 마음의 움직임이다. 움직임이 그대로 작용이니 움직이지 않으면 작용하지 않는다. 작용의 본체는 본래 비었으며 공(空)은 본래 움직임이 없다. 움직임과 작용이 다 같이 마음이나 마음의 근본은 움직임이 없다. 그러므로 경에 이르기를 '움직이되 움직이는 바가 없다'고 하였다.

종일토록 가고 오되 가고 온 적이 없고, 종일토록 보되 본 적이 없고, 종일토록 알되 안 적이 없고, 종일토록 기뻐하되 기뻐한 적이 없고, 종일토록 가되 간 적이 없고, 종일토록 멈추되 멈춘 적이 없다. 그러므로 경에 이르기를 '말길이 끊어지고 마음이 갈 곳이 없어졌다'고 하였다.

보고 듣고 느끼고 아는 것이 본래 스스로 뚜렷하고 고요하니, 나아가서는 성내고 기뻐하고 아프고 가려운 것이 어찌 로봇과 다르겠는가? 다만 미루어 찾건대 아픔과 가려움은 얻을 수 없다. 그러므로 경에 이르기를 '나쁜 업은 곧 괴로운 과보를 받고, 착한 업은 곧 좋은 과보를 받는다'고 하였다. 다만 성내면 지옥에 떨어지고 기뻐하면 하늘에 태어나는 것만이 아니니, 만약 성내고 기뻐하는 성품이 빈 것인 줄 알아서 다만 집착하지만 않으면 곧 업력(業力)을 벗어나게 된다. 만약 성품을 보지 못하면 아무리 경론을 강설하더라도 결코 아무런 의지가 되지 못한다.

설명하자면 끝이 없기에 삿됨과 바름을 이렇게 간략히 표방하였을 뿐, 일일이 언급하지는 못하였다."

게송으로 말한다.   023

    마음, 마음, 마음이여
    참으로 찾기 어렵도다
    넓기로 말하면 법계에 두루하고
    좁기로 말하면 바늘도 용납하지 못한다

       心心心　難可尋
       寬時遍法界　窄也不容鍼

    나는 본래 마음을 찾을 뿐, 부처를 찾지 않는다
    삼계가 비어 아무것도 없음을 분명히 알라
    부처를 찾으려거든 다만 마음만을 찾을지니
    이 마음, 마음, 마음 그대로가 부처로다

       我本求心不求佛
       了知三界空無物
       若欲求佛但求心
       只這心心心是佛

    내가 본래 마음을 찾지만 마음은 스스로 지니고 있나니
    마음을 찾으려면 마음으로 알기를 바라지 말라
    부처의 성품은 마음 밖에서 얻는 것이 아니니
    마음이 생기는 때가 곧 죄가 생기는 때라네

  我本求心心自持
  求心不得待心知
  佛性不從心外得
  心生便是罪生時

법을 전하는 게송

 내가 본래 이 땅에 온 것은
 법을 전하여 중생을 건지려 함이니
 한 송이 꽃에 다섯 잎 피어
 열매가 저절로 맺어지리라

  吾本來此土　傳法救迷情
  一花開五葉　結果自然成

관심론

觀心論

【해 제】

1권.『달마대사 관심론(達摩大師觀心論)』,『달마대사 파상론(破相論)』또는『관심파상론(觀心破相論)』이라고도 한다. 중국 선종의 초조(初祖) 보리달마(菩提達摩, Bodhidharma)의 저술로 전해지고 있으나, 학계에서는 북종 신수(神秀, 606~706)의 저술로 보고 있다. 관심법(觀心法)을 기술한 초기 선종의 강요서(綱要書)이다.『소실육문(少室六門)』중 제2문『파상론(破相論)』에 해당하나, 문자의 이동(異同)이 많다.

『만속장(卍續藏)』2·15·5 [110],『대정장(大正藏)』48 및 『불광장(佛光藏): 선장(禪藏)』(『인천안목(人天眼目)』에 합철) 등에 수록되었다. 국내에서는 안심사(安心寺, 1570)·개심사(開心寺, 1580)·석대(石臺, 1861) 등에서 판각된 바 있으며,『법해보벌』(1883) 및『선문촬요』권상(1907)에 수록되었다.

김구경(金九經)은 심양(瀋陽)에서『교간 안심사본 달마대사 관심론(校刊安心寺本達摩大師觀心論)』(1934)을 출판하였으며, 스즈키 다이세츠(鈴木大拙)는『교간 소실일서 및 해설(校刊少室逸書及解說)』별책 부록(1936)에 돈황 출토본(敦煌出土本) 등 5본 대교(對校)를 수록하였다.

관 심 론 觀心論

초조(初祖) 달마(達摩)대사의 말씀

혜가(慧可)가 여쭈었다.

"불도(佛道)를 얻고자 하면 어떤 법(法)을 수행하는 것이 가장 간결하고 요긴하겠습니까?"

달마(達摩)대사께서 대답하였다.

"오직 마음을 관찰하는 한 법이 모든 수행을 다 거두어들이나니, 이 법이 가장 간결하고 요긴하다."

"어찌하여 한 법이 모든 수행을 다 거두어들인다고 하십니까?"

"마음이란 온갖 법의 근본이요 일체의 법은 오직 마음에서 일어난 것이다. 그러므로 마음을 알면 온갖 수행을 다 갖추게 된다. 이를테면 큰 나무의 가지와 꽃과 열매 등이 모두 뿌리로 말미암아 있으니, 나무를 가꾸려면 뿌리를 북돋우어야 비로소 살 것이요, 나무를 베려면 뿌리를 없애야 반드시 죽는 것과 같다. 마음을 알고서 도를 닦으면 노력은 적게 들어도 쉽게 이루어질 것이요, 마음을 알지 못하고 도를 닦으면 헛수고만 하고 이익은 없으리라. 그러므로 모든 선과 악은 다 자기 마음에서 생겼으니, 마음 밖에서 달리 찾으면 끝내 옳지 않음을 알아야 한다."

026 "어떻게 마음을 관찰하는 것을 깨달았다고 합니까?"

"보살 마하살(菩薩摩訶薩)이 반야바라밀다(般若波羅蜜多)를 실천할 때에 사대(四大)와 오온(五蘊)이 본래 비어 실체가 없음을 알았으며, 자기 마음에서 일어나는 작용이 두 가지 차별이 있음을 알았다. 두 가지란 무엇인가? 하나는 깨끗한 마음이요, 다른 하나는 더러운 마음이다. 깨끗한 마음이란 샘(번뇌)이 없는 진여(眞如)의 마음이요, 더러운 마음이란 샘이 있는 무명(無明)의 마음이다.

이 두 가지 마음은 자연히 본래부터 함께 갖추어진 것이어서 비록 일시적인 인연에 의하여 화합하였으나 서로 생겨나게 하지는 못한다. 깨끗한 마음은 늘 착한 인연을 즐기고, 더러운 마음은 언제나 나쁜 업을 생각한다. 만약 진여를 스스로 깨달아 그것이 더러움에 물들지 않는 것인 줄 알면 성인이라 하나니, 모든 괴로움을 멀리 여의고 열반(涅槃)의 즐거움을 증득할 것이다. 만약 더러움을 따라 악을 지어 번뇌에 얽히고 덮이면 범부라 하나니, 삼계(三界)에 빠져서 갖가지 고통을 받을 것이다. 왜냐하면 더러운 마음이 진여의 본체를 가렸기 때문이다.

『십지경(十地經)』에 이르기를 '중생의 몸 안에 금강(金剛)과 같은 불성(佛性)이 있으니, 마치 해와 같아서 본체가 밝고 원만하
027 며 한량없이 광대하다. 다만 오온의 검은 구름에 덮여서 마치 항

아리 속에 넣은 등불과 같이 능히 드러내지 못할 뿐이다'라고 하였다. 또 『열반경(涅槃經)』에 이르기를 '모든 중생이 다 불성이 있으나 무명에 덮여서 해탈(解脫)을 얻지 못한다'고 하였다.

불성이란 깨달음이니, 다만 능히 스스로가 깨달아서 지혜가 밝아져 덮였던 것을 여의기만 하면 해탈이라 한다. 그러므로 모든 선은 깨달음이 근본임을 알아야 한다. 깨달음의 뿌리에서 모든 공덕의 나무가 나타나며, 열반의 열매가 이로 말미암아 이루어진다. 이렇게 마음을 관찰하는 것을 깨달았다고 한다."

"위에서 진여 불성과 모든 공덕은 깨달음이 근본이 된다고 말씀하셨거니와 무명의 마음과 모든 악은 무엇을 근본으로 삼습니까?"

"무명의 마음이 비록 팔만사천 번뇌와 정욕(情欲)이 있어서 갠지스강의 모래알같이 수많은 온갖 악이 한량없고 끝없으나, 간추려 말하자면 모두 삼독(三毒)을 근본으로 삼는다. 삼독이란 탐욕[貪]과 분노[嗔]와 어리석음[痴]이다. 이 삼독이 자연히 본래부터 온갖 악을 갖추고 있는 것이 마치 큰 나무가 뿌리는 하나지만 거기에서 생긴 가지와 잎은 그 수가 한량없는 것과 같다. 이 삼독의 뿌리가 낱낱 뿌리에서 백천만억의 온갖 나쁜 업을 내는 것은 앞의 비유보다 갑절이나 더하여 비유할 수도 없다.

이러한 삼독은 하나의 본체에서 스스로 삼독이 되었거니와, 만일 육근(六根)에 응하여 나타나면 육적(六賊)이라고 하니, 육적이란 곧 육식(六識)이다. 이 육식이 여러 감각기관으로 드나들며 온갖 경계에 맞들여 자연히 나쁜 업을 지어 진여의 본체를 장애하므로 이것을 육적이라 한다.

모든 중생이 삼독과 육적으로 말미암아 몸과 마음이 어지러워지고 생사에 빠져 여섯 갈래[六趣, 六道]에 윤회하면서 모든 고통을 받게 된다. 이를테면 마치 큰 강이 작은 샘에서 비롯하여 쉬지 않고 흘러 마침내는 철철 넘쳐 만리의 파도가 출렁이게 되나 어떤 사람이 그 근원을 끊으면 모든 흐름이 다 쉬게 되는 것과 같다.

해탈을 구하는 이가 삼독을 돌려 삼취정계(三聚淨戒)로 만들고, 육적을 돌려 육바라밀(六波羅蜜)로 만들면 자연히 모든 고통을 길이 여의게 될 것이다."

"삼독과 육적이 한량없이 광대하거늘, 오직 마음을 관찰하기만 하면 어떻게 저 끝없는 고통에서 벗어날 수 있겠습니까?"

"삼계의 업보(業報)는 오직 마음에서 생긴 것이니, 마음을 깨달으면 삼계 안에 있으되 삼계를 벗어나게 된다. 삼계란 삼독이니, 탐욕이 욕계(欲界)요, 분노가 색계(色界)요, 어리석음이 무색계(無色界)이다. 이 삼독에 의하여 온갖 악을 모아 업보를 이루어 여섯 갈래에 윤회하게 되므로 이것을 삼계라 한다. 또 삼독이 짓는 업의 무게에 따라 과보를 받는 것이 같지 않아서 여섯 갈래로 나뉘게 되므로 이것을 여섯 갈래라고 한다."

"업의 무게에 따라 여섯 갈래로 나뉘게 된다고 하는 것은 무슨 뜻입니까?"

"어떤 중생이 정인(正因)을 알지 못하고 미혹한 마음으로 선(善)을 닦으면 삼계를 벗어나지 못하여 세 가지 가벼운 갈래[三

輕趣, 三善道]에 태어나게 된다. 무엇을 세 가지 가벼운 갈래라 하는가? 미혹한 마음으로 십선(十善)을 닦아 망령되이 쾌락을 구하면 탐욕의 경계를 면치 못하여 하늘 갈래[天趣]에 태어난다. 미혹한 마음으로 오계(五戒)를 지켜 망령되이 미움과 사랑을 일으키면 분노의 경계를 면치 못하여 인간 갈래[人趣]에 태어난다. 미혹한 마음으로 하염 있음[有爲]에 집착하여 삿된 법을 믿고 복을 구하면 어리석음의 경계를 면치 못하여 아수라 갈래[修羅趣]에 태어난다. 이러한 세 부류를 세 가지 가벼운 갈래라 한다.

무엇을 세 가지 무거운 갈래[三重趣, 三惡道]라 하는가? 삼독심을 멋대로 부려서 오직 나쁜 업만을 지으면 세 가지 무거운 갈래에 떨어지게 된다. 탐욕의 업이 무거우면 아귀 갈래[餓鬼趣]에 떨어진다. 분노의 업이 무거우면 지옥 갈래[地獄趣]에 떨어진다. 어리석음의 업이 무거우면 축생 갈래[畜生趣]에 떨어진다.

이처럼 세 가지 무거운 갈래와 세 가지 가벼운 갈래가 마침내 여섯 갈래를 이룬다.

그러므로 나쁜 업이 자기 마음에 의하여 생긴 것이니, 마음을 잘 거두어 모든 삿되고 악함에서 벗어나면 삼계와 여섯 갈래에 윤회하는 고통이 자연히 사라짐을 알아야 한다. 온갖 고통이 다하면 이를 해탈이라 한다."

"부처님께서 이르시기를 '나는 삼아승지겁(三阿僧祇劫) 동안 애써 수행하여 불도를 이루었다'고 하셨는데, 이제 스님께서는 어찌하여 오직 삼독만 없애면 곧 해탈이라 하십니까?"

"부처님의 말씀은 거짓이 아니다. 아승지란 삼독심이니, 인도

말로는 아승지(Asaṁkhya)요, 중국말로는 '셀 수 없다[不可數]'는 뜻이다. 이 마음 가운데 갠지스강의 모래알같이 수많은 나쁜 생각이 있고, 그 낱낱 생각 가운데에 모두 한 겁(劫)이 있다. 갠지스강의 모래알이라 함은 셀 수 없다는 뜻이니, 삼독의 나쁜 생각이 갠지스강의 모래알같이 수많으므로 셀 수 없다고 한다. 진여의 성품이 이미 삼독에 덮였으니, 갠지스강의 모래알같이 수많은 나쁜 생각을 뛰어넘지 못하면 어찌 해탈이라 할 수 있겠는가? 이제 탐욕과 분노와 어리석음 등 삼독심만 없애 버리면 삼아승지겁을 뛰어넘었다고 한다. 말세(末世)의 중생들은 어리석고 근기가 둔하여 여래(如來)의 매우 깊고도 미묘한 이치와 삼아승지겁의 비밀한 말씀을 이해하지 못하고는 말하기를 '가는 티끌같이 많은 세월을 지내야 비로소 부처를 이룬다'고 하니, 이 어찌 말겁(末劫)에 수행인을 그르쳐 보리(菩提, 깨달음)의 길에서 물러나게 하는 것이 아니겠는가?"

"보살 마하살이 삼취정계를 지키고 육바라밀을 실천하여야 비로소 불도를 이루거늘, 이제 학인(學人)들로 하여금 마음을 관찰하기만 하라 하시니, 계행을 닦지 않고서 어떻게 부처를 이룰 수 있겠습니까?"

"삼취정계란 삼독심을 제어하는 것이니, 하나의 독을 제어하면 한량없는 선이 이루어진다. 취(聚)란 모인다는 뜻이니, 삼독을 선뜻 제어하면 세 가지 한량없는 선이 두루 마음에 모이기 때문에 삼취정계라 한다.

육바라밀이란 육근(六根)을 깨끗이 한다는 뜻이니, 인도말로는 바라밀(Pāramitā)이요, 중국말로는 '저 언덕에 이른다[達彼岸]'는 뜻이다. 육근이 깨끗하여 세상 티끌에 물들지 않으면 곧 번뇌를 벗어나서 저 언덕에 이르게 되므로 이것을 육바라밀이라 한다."

"경에 말씀한 바와 같이 삼취정계란 온갖 악을 끊겠다고 서원하며, 온갖 선을 닦겠다고 서원하며, 온갖 중생을 제도하겠다고 서원하는 것이거늘, 이제 말씀하시기를 '삼독을 제어하기만 하라' 하시니, 이 어찌 글과 뜻이 어긋나는 것이 아니겠습니까?"

"부처님께서 말씀하신 경전은 진실하여 틀림없다. 보살 마하살은 과거 인행(因行)의 지위에서 보살행을 닦을 때에 삼독을 대치(對治)하기 위하여 세 가지 서원을 세워 삼취정계를 지키셨다. 항상 계율을 닦아 탐욕의 독[貪毒]을 물리친 것은 온갖 악을 끊겠다고 서원하였기 때문이다. 항상 선정을 닦아 분노의 독[嗔毒]을 물리친 것은 온갖 선을 닦겠다고 서원하였기 때문이다. 항상 지혜를 닦아 어리석음의 독[痴毒]을 물리친 것은 온갖 중생을 제도하겠다고 서원하였기 때문이다.

이와 같이 계율과 선정과 지혜 등 세 가지 깨끗한 법을 지키므로 삼독의 나쁜 업을 벗어나서 불도를 '이루게[成]' 된다. 삼독을 제어하면 모든 악이 사라지므로 이것을 '끊는다[斷]'고 하고, 삼취정계를 지키면 모든 선이 구족하여지므로 '닦는다[修]'고 하고, 악을 끊고 선을 닦으면 만행(萬行)이 이루어지고 자리(自利)와 이타(利他)가 갖추어져 중생들을 두루 제도하므로 '제도한다[度]'고 한다. 그러므로 계행을 닦는 일이 마음을 여읜 것이 아님을 알아야 한다.

만약 자기 마음이 깨끗하면 모든 중생이 다 깨끗해진다. 경에 이르기를 '마음이 더러우면 중생이 더러워지고, 마음이 깨끗하면 중생이 깨끗해진다'고 하였으며, 또 이르기를 '불국토(佛國土)를 깨끗이 하려면 먼저 마음을 깨끗이 하여야 한다. 마음이 깨끗해지기만 하면 불국토가 깨끗해질 것이다'라고 하였으니, 삼독심을 제어할 수 있다면 삼취정계를 자연히 성취하게 될 것이다."

"경에 말씀한 바와 같이 육바라밀이란 육도(六度)라고도 하니, 이른바 보시(布施)·지계(持戒)·인욕(忍辱)·정진(精進)·선정(禪定)·지혜(智慧)이거늘, 이제 '육근이 깨끗한 것이 육바라밀이다'라고 말씀하시니 어떻게 이해하여야 하며, 또 '제도한다'는 것은 그 뜻이 무엇입니까?"

"육도를 닦고자 한다면 육근을 깨끗이 하여야 되고, 육근을 깨끗이 하려면 먼저 여섯 도둑[六賊]을 항복받아야 한다.

눈의 도둑[眼賊]을 버리면 모든 물질의 경계[色境]를 떠나서 마음에 인색함이 없어지므로 보시라 한다. 귀의 도둑[耳賊]을 막으면 소리의 경계에 끄달리지 않으므로 지계라 한다. 코의 도둑[鼻賊]을 항복받으면 향기와 악취에 평등하여 자유롭게 길들이므로 인욕이라 한다. 혀의 도둑[舌賊]을 제어하면 삿된 맛을 탐내지 않으며, 노래하고 강설하되 싫증이 없으므로 정진이라 한다. 몸의 도둑[身賊]을 항복받으면 모든 자극과 욕망에 초연하여 흔들리지 않으므로 선정이라 한다. 의식의 도둑[意賊]을 조복받으면 무명을 따르지 않고 항상 지혜를 닦아 모든 공덕을 즐기므로 지혜라 한다.

또 '제도한다'는 것은 '운반한다[運]'는 뜻이니, 육바라밀은 배나 뗏목과 같은 것이어서 중생들을 운반하여 저 언덕에 이르게 하는 까닭에 육도라 한다."

"경에 이르기를 '석가 여래(釋迦如來)께서 보살이었을 때에 일찍이 서 말 여섯 되의 젖을 마시고서야 비로소 불도를 이루었다'고 하였으니, 먼저 젖을 마신 뒤에 불과(佛果)를 증득하거늘 어찌 마음을 관찰하기만 하면 해탈을 얻는다 하십니까?"

"진실로 경의 말씀과 같아서 거짓이 아니다. 반드시 젖을 마시고서야 비로소 부처를 이룰 수 있다. 부처님께서 마셨다고 하는 젖은 세간의 더러운 젖이 아니라 진여의 깨끗한 법유(法乳)이다. 서 말이라 함은 삼취정계요, 여섯 되라 함은 육바라밀이다. 부처님께서 도를 이루실 때에 이 깨끗한 법유를 마신 까닭에 불과를 증득하셨거늘, 도리어 말하기를 '여래께서 세상의 음욕으로 화합한 더럽고 비린내 나는 젖을 잡수셨다'고 한다면 그 어찌 부처님을 비방함이 지나치지 않겠는가?

여래는 금강과 같이 굳어서 무너지지 않고 샘이 없는 법신[無漏法身]이다. 세간의 괴로움을 길이 여의었거늘 어찌 이와 같이 더러운 젖을 가지고 기갈을 면하겠는가? 경에 이르기를 '이 소는 높은 언덕에도 있지 않고, 낮은 습지에도 있지 않으며, 알곡이나 겨도 먹지 않으며, 잡된 소들과 어울리지 않고, 몸은 자마금(紫磨金)의 빛깔이다'라고 하셨다. 이 소라 함은 비로자나불(毘盧遮那佛)이니, 대자대비(大慈大悲)로써 모든 중생들을 가엾이 여기시어 깨끗한 법신으로부터 이러한 삼취정계와 육바라밀의 미묘한 법유를 흘러내어 해탈을 구하는 모든 이를 먹여 기르신다. 이처럼 깨끗한 소의 깨끗한 젖은 다만 부처님만 마시고 도(道)를 이룰 뿐 아니라 모든 중생들이 누구나 마시기만 하면 모두 아뇩다라 삼먁삼보리(阿耨多羅三藐三菩提, 無上正等正覺)를 얻을 수 있다."

"경에 이르기를 '중생으로 하여금 절을 짓거나, 불상을 조성하거나, 향을 사르고 꽃을 흩거나, 장명등(長明燈)을 밝히거나, 밤낮으로 여섯 차례 예불을 하거나, 재계(齋戒)를 지키고 예배하는 등 갖가지 공덕을 닦게 하면 모두가 불도를 이루리라' 하였거늘, 이제 말씀하시기를 '마음을 관찰하는 한 법이 모든 수행을 다 거두어들인다'고 하시니, 반드시 허망한 말씀이겠습니다."

"부처님께서 말씀한 경전에는 한량없는 방편이 있다. 중생들의 근기가 둔하고 열악하여 아주 깊은 묘리(妙理)를 알지 못하므로 하염 있는 일을 빌려 하염없는 이치를 나타내셨으니, 안으로 수행하지 않고 밖으로만 찾으면서 좋은 과보를 기대하는 것은 옳지 않다.

가람(Saṁghārāma)이라 함은 인도말인데, 중국말로는 〈청정처(淸淨處, 깨끗한 도량)〉라 번역한다. 삼독을 길이 제거하여 육근을 항상 깨끗이 하며, 몸과 마음이 초연하여 안팎이 청정하면 이것이 가람을 짓는 것이다.

또 불상을 조성한다는 것은, 모든 중생이 불도를 얻고자 할 때에 이른바 온갖 깨닫는 행을 닦는 것은 여래의 참모습과 미묘한 형상을 거짓으로 상징하는 것이니, 어찌 금이나 구리로 주조하는 것을 말하겠는가? 그러므로 해탈을 구하는 이는 몸으로 도가

니를 삼고, 법으로 불을 삼고, 지혜로 기술자를 삼고, 삼취정계와 육바라밀로 거푸집을 삼아 몸 안에 있는 진여 불성을 녹여 온갖 계율의 거푸집 속에 넣어 가르침대로 받들어 실천하되 하나도 빠뜨림이 없게 하면 자연히 참모습의 불상이 이루어지게 되니, 이른바 끝내 항상 존재하는 미묘한 법신이요, 무너지는 하염 있는 법이 아니다. 사람들이 도를 찾으면서도 참모습을 조성하거나 그릴 줄 모른다면 무엇을 의지하여 공덕을 이룬다고 말할 수 있겠는가?

향을 사른다는 것 또한 세간의 형체 있는 향이 아니라 하염없는 바른 법의 향이니, 온갖 더러운 냄새를 물리치고 무명과 나쁜 업을 끊어서 모두 사라지게 하는 것이다.

바른 법의 향에는 다섯 가지가 있다. 첫째는 계향(戒香)이니 모든 악을 끊고 모든 선을 닦는 것이다. 둘째는 정향(定香)이니 대승(大乘)을 깊이 믿어서 마음에 물러남이 없는 것이다. 셋째는 혜향(慧香)이니 항상 몸과 마음을 안팎으로 잘 관찰하는 것이다. 넷째는 해탈향(解脫香)이니 온갖 무명의 얽매임을 푸는 것이다. 다섯째는 해탈지견향(解脫知見香)이니 느끼고 살핌이 항상 밝아서 걸림없이 통달하는 것이다.

이러한 다섯 가지 향을 가장 귀한 향이라 하나니, 세상에 견줄 것이 없다. 부처님께서 생존하였을 때에 제자들로 하여금 지혜의 불로 이와 같이 값진 향을 사르어 온 누리의 모든 부처님께 공양하라 하셨거늘, 요즘 중생들은 어리석고 근기가 둔하여 여래의 진실한 뜻을 알지 못하고 오직 밖의 불로써 세간의 침단(沉

檀)과 훈육(薰陸) 등의 형체 있는 향을 사르어 좋은 과보를 기대하니, 어찌 얻을 수 있겠는가?

또 꽃을 흩는다고 함도 이치가 이와 같다. 이른바 바른 법의 공덕꽃을 널리 설하여 유정(有情, 衆生)들을 이롭게 하고, 온갖 진여의 성품을 다스려서 장엄(莊嚴)을 두루 베푸는 것이니, 이 공덕꽃은 부처님께서 찬탄하신 것으로서 끝내 항상 존재하여 시들거나 떨어지지 않는다. 어떤 사람이 이러한 꽃을 흩으면 한량없는 복을 받거니와, 만약 말하기를 '여래가 제자들이나 중생들로 하여금 고운 비단을 마르고 초목을 꺾어서 꽃을 흩게 하셨다'고 한다면 옳지 않다. 왜냐하면 깨끗한 계행을 지키는 이는 천지 안의 삼라만상(森羅萬象, 일체 존재)을 해치지 않아야 하기 때문이다. 실수로 해치는 것도 큰 죄를 받거늘, 하물며 요즘같이 깨끗한 계율을 범하고 만물을 해치면서 좋은 과보를 기대할 수 있겠는가? 이익을 얻고자 하다가 도리어 손해를 보게 될 것이니, 어찌 옳겠는가?

또 장명등이라 함은 바르게 깨닫는 마음이니, 느끼고 아는 것이 분명함을 등불에 비유한 것이다. 그러므로 해탈을 구하는 모든 사람은 항상 몸으로 등잔받침을 삼고, 마음으로 등잔을 삼고, 믿음으로 심지를 삼고, 계행이 증진하는 것으로 기름 부음을 삼고, 지혜가 밝아지는 것으로 등빛을 삼아, 항상 이러한 깨달음의 등을 켜서 온갖 무명의 어두움을 비추어 깨뜨린다. 능히 이러한 법으로 차츰 밝혀 깨달으면, 이는 곧 한 등으로 백천 등을 켜되 등과 등이 빛을 이어서 마침내 다함이 없음으로 장명등이라 이름한다.

과거에 부처님이 계셨는데 이름을 〈연등(燃燈 : 등을 켜다)〉이라고 한 뜻도 이와 같다. 어리석은 중생들이 여래의 방편의 말씀을 알지 못하고 오로지 허망한 짓을 하고 하염 있는 법에 집착하기 때문에 세상의 깨기름이나 태워서 빈 방을 비추는 것으로써 가르침에 따른다고 여기니, 그 어찌 잘못이 아니겠는가?

왜냐하면 부처님께서는 눈썹 사이의 한 터럭으로 광명을 놓으셔도 십만 팔천의 세계를 비추시나니, 몸의 광명을 모두 나투면 온 누리를 두루 비추게 될 것이다. 어찌 이러한 세속의 등불을 의지하여 이익이 된다 하겠는가? 이런 이치를 자세히 살피면 마땅히 그렇지 않겠는가?

또 여섯 차례 예불을 한다고 함은 육근(六根) 안에서 언제나 불도를 행한다는 뜻이다. 부처란 깨달음이니, 온갖 밝은 실천을 닦아서 육근을 조복받고 육정(六情)을 깨끗이 하여 영원히 버리지 않는 것을 여섯 차례 예불을 한다고 한다.

탑이란 몸과 마음이니, 항상 밝은 지혜로 몸과 마음을 돌면서 생각 생각에 그치지 않는 것을 탑돌이라 한다. 과거의 성현들도 일찍이 이 도를 실천하여 열반의 즐거움을 얻으셨거늘, 요즘 세상 사람들이 해탈을 구하면서도 이 이치를 알지 못하니, 어찌 도를 실천한다 하겠는가? 근기가 둔한 무리는 일찍이 안으로 실천하지는 않고 밖으로 과보를 구하는 것에만 집착하여 육신으로 세간의 탑을 돌되 밤낮으로 설쳐 부질없이 피로하기만 하고 참 성품에는 조금도 이익이 없으니, 미혹하고 어리석은 무리들이 참으로 가엾도다.

또 재계를 지키는 이는 마땅히 그 의미를 이해하여야 한다. 만약 그 이치를 알지 못하면 헛수고만 하게 된다. 재(齋)는 가지런히 한다는 뜻이니 몸과 마음을 부지런히 다스려 어지럽지 않게 하는 것이요, 지(持)는 보호한다는 뜻이니 모든 계행을 법답게 지키되 반드시 육정을 금하고 삼독을 제어하며 깨닫고 살피는 행을 부지런히 닦아서 몸과 마음을 깨끗이 하여야 한다는 말이다. 이런 의미를 알아야 재계를 지킨다 할 수 있다.

또 재계를 지킨다 함은, 음식에 다섯 가지가 있다. 첫째는 법희식(法喜食)이니 여래의 바른 법에 의지하여 기쁨으로 받들어 실천하는 것이다. 둘째는 선열식(禪悅食)이니 안팎이 밝고 고요하여 몸과 마음이 즐거운 것이다. 셋째는 염식(念食)이니 항상 부처님들을 생각하여 마음과 입이 하나가 되는 것이다. 넷째는 원식(願食)이니 가거나 멈추거나 앉거나 눕거나 간에 항상 착한 서원을 실천하는 것이다. 다섯째는 해탈식(解脫食)이니 마음이 항상 깨끗하여 세상 티끌에 물들지 않는 것이다. 이처럼 다섯 가지 깨끗한 음식을 지키는 것을 재식(齋食)이라 한다. 어떤 사람이 이러한 다섯 가지 깨끗한 음식을 먹지 않고 스스로 재계를 지킨다고 한다면 옳지 않다.

또 음식을 끊는다 함은 무명과 나쁜 업의 음식을 끊는 것이다. 만약 이것에 저촉되면 재계를 깨뜨린 것[破齋]이니, 재계를 깨뜨리고 어찌 복을 얻을 수 있으랴! 미혹한 사람들은 이 이치를 깨닫지 못하고, 몸과 마음을 방종히 하여 온갖 나쁜 업을 지으며,

욕정(欲情)을 마음껏 부리되 부끄러워할 줄 모르고, 오직 밖의 음식만을 끊으면서 재계를 지킨다 하니, 그 어찌 어리석은 아이들이 썩은 시체를 보고 목숨이 붙어 있다고 하는 것과 다르겠는가? 전혀 옳지 않다.

또 예배(禮拜)라 함은 항상 법답게 한다는 뜻이니, 안으로 이치의 바탕을 밝히고 밖으로 일의 형상을 변화시키는 것이다. 이치는 버릴 수 없거니와 일에는 나아가거나 숨을 수 있다. 이런 의미를 이해하여야 비로소 법에 의지한다 할 수 있다.

무릇 예(禮)라 함은 공경한다는 뜻이요, 배(拜)라 함은 굴복시킨다는 뜻이다. 참성품을 공경하고 무명을 굴복시키는 것을 예배라 한다. 공경하기 때문에 헐뜯지 못하고 굴복시키기 때문에 방종하지 못하니, 만약 악한 생각이 길이 사라지고 착한 생각이 언제나 존속하면 비록 겉으로 표현하지는 않더라도 항상 예배하는 것이다. 형상이라는 것은 몸짓이니 모든 세속인으로 하여금 겸손함을 표현하도록 하기 위한 것이다. 그러므로 겉으로 몸을 굽혀서 공경하는 모습을 표현하여야 한다.

활용하면 나타나고 버리면 숨으니, 겉으로 예배를 하고 안으로 지혜를 밝히는 일은 성품과 형상이 하나가 되는 것이다. 만약 이러한 이치를 실천하지 않고 형상에만 집착한다면 안으로는 미혹하여 탐욕과 분노와 어리석음을 마음껏 부려서 항상 나쁜 업을 지으면서 겉으로는 부질없이 공경하는 몸짓을 하게 되니, 어찌 진정한 예배라 하겠는가? 성인에게 부끄러운 줄 모르므로 범부를 속이고 윤회에 떨어짐을 면치 못하거늘, 어찌 공덕을 이룰 수 있겠는가? 이미 얻은 바가 없거니, 어찌 도를 구한다고 하겠는가?"

"『온실세욕중승경(溫室洗浴衆僧經)』에 이르기를 '여러 스님들을 목욕시켜 주면 한량없는 복을 누린다'고 하였으니, 그렇다면 어떤 법을 의지하여야 공덕을 이룰 수 있겠습니까? 마음을 관찰하기만 하여도 상응(相應)할 수 있겠습니까?"

"스님들을 목욕시킨다 함은 세간의 하염 있는 일을 말하는 것이 아니다. 세존(世尊)께서 여러 제자들을 위하여 『온실세욕중승경』을 말씀하시어 목욕하는 법을 받아 지니게 하셨으니, 세상일을 빌려 참종지[眞宗]에 비유하여 가만히 일곱 가지 공양[七事供養]의 공덕을 말씀하신 것이다.

일곱 가지라 함은 첫째는 맑은 물이요, 둘째는 불을 피우는 일이요, 셋째는 비누요, 넷째는 이쑤시개요, 다섯째는 맑은 재요, 여섯째는 밀크 크림이요, 일곱째는 속옷이다. 이들 일곱 가지 일을 들어서 일곱 가지 법에 비유한 것이다. 모든 중생이 이들 일곱 가지 법을 써서 목욕하고 장엄하면 삼독과 무명의 때[垢]를 제거할 수 있다.

일곱 가지 법이라 함은 다음과 같다. 첫째는 법과 계율이니 허물과 잘못을 씻는 것이 마치 맑은 물이 모든 더러움을 씻는 것과 같다. 둘째는 지혜이니 안팎을 관찰하는 것이 마치 타오르는 불이 맑은 물을 데우는 것과 같다. 셋째는 분별이니 모든 악을 가려 버리는 것이 마치 비누로 모든 때를 제거하는 것과 같다. 넷째는 진실이니 모든 거짓말을 끊는 것이 마치 이쑤시개로 입

냄새를 없애는 것과 같다. 다섯째는 바른 믿음이니 결단하여 망설임이 없는 것이 마치 맑은 재로 몸을 문질러서 모든 풍병을 물리치는 것과 같다. 여섯째는 호흡을 부드럽게 조절함이니 모든 굳세고 강한 것을 조복받는 것이 마치 밀크 크림이 살갗을 부드럽게 하는 것과 같다. 일곱째는 부끄러워할 줄 아는 것이니 모든 나쁜 업을 뉘우치기를 마치 속옷이 추한 알몸을 가리는 것과 같다.

이 일곱 가지는 모두가 경 속의 비밀한 법으로서 여래께서 모든 대승(大乘)의 근기가 날카로운 사람을 상대하여 하신 말씀이지, 소승(小乘)의 지혜가 얕고 근기가 하열한 범부를 상대하여 하신 말씀이 아니거늘 요즘 사람들이 깨닫지 못할 뿐이다.

온실(溫室)이라 함은 몸을 말하는 것이니, 지혜의 불로써 계율의 탕을 맑고 따뜻하게 데워서 몸 안의 진여 불성을 목욕시키되 일곱 가지 법을 지켜 스스로를 장엄하는 것이다.

그때 비구(比丘)들은 총명하고 지혜로워서 모두가 부처님의 뜻을 깨달아 말씀대로 수행하여 공덕을 성취하여 모두가 거룩한 지위에 올랐거니와, 요즘 중생들은 어리석고 근기가 둔하여 이 일을 알지 못하고 세간의 물로써 육신만을 씻으면서 스스로가 교법에 의지하노라 하니, 그 어찌 잘못이 아니겠는가?

그리고 진여 불성은 어떠한 형상도 아니요, 번뇌의 때는 본래 형상이 없거늘, 그 어찌 형체 있는 물로써 무명의 몸을 씻겠는가? 사리에 맞지 않거늘 어찌 도를 깨달았다고 하겠는가? 만약 육신이 깨끗함을 얻는다고 말한다면 항상 '이 몸은 본래 탐욕으로 말미암아 깨끗하지 못한 것에서 생긴 것이어서 냄새와 때와 똥이 뒤섞여 안팎에 가득하다'고 관찰하라. 이 몸을 씻어서 깨끗해지기를 기대하는 것은 마치 진흙을 씻어도 맑아질 수 없는 것과 같으니, 겉으로 씻으라는 것이 부처님의 말씀이 아님을 분명히 알아야 한다."

"경에 이르기를 '지극한 마음으로 염불(念佛)하면 서방 정토(西方淨土)에 왕생(往生)한다'고 하였으니, 이것은 묘문(妙門, 淨土門)으로써 성불(成佛)한 것인데, 어찌 마음을 관찰하기만 하면 해탈을 기대할 수 있겠습니까?"

"염불하는 이는 반드시 바른 생각을 닦아야 한다. 요의(了義)를 바르다고 하고, 불요의(不了義)를 삿되다고 하는 것이니, 바른 생각으로는 반드시 서방에 왕생하거니와, 삿된 생각으로야 어찌 저 언덕에 도달할 수 있겠는가?

046 불(佛, Buddha)이라 함은 깨달음이니 이른바 몸과 마음을 깨닫고 살펴서 악이 일어나지 않게 하는 것이요, 염(念)이라 함은 기억하는 것이니 계행을 기억해 지녀서 잊지 않고 부지런히 하는 것이다. 이런 의미를 알아야 비로소 바른 생각이라 하니, 그러므로 생각은 마음에 있는 것이요 말에 있는 것이 아님을 알아야 한다.

통발을 의지하여 고기를 잡고 말을 의지하여 뜻을 얻나니, 이미 염불이라는 명칭을 붙였다면 모름지기 염불의 실체를 실천하여야 한다. 만약 생각에 실체가 없이 입으로 부질없이 명호(名號)만 외운다면 스스로 헛수고만 할 뿐이니, 무슨 이익이 있겠는가?

또 외우는 것[誦]과 염(念)하는 것은 이름과 뜻이 아득히 다르니, 입으로 하면 외운다 하고, 뜻으로 하면 염한다 한다. 그러므로 염하는 것은 마음에서 일어나는 것이므로 깨닫는 수행의 문이요, 외우는 것은 입에 속하는 것이므로 음성의 형상임을 알아야 한다. 형상에 집착하여 복을 구하는 것은 끝내 옳지 않다.

그러므로 경에 이르기를 '무릇 형상 있는 것은 모두 허망하다'고 하였으며, 또 이르기를 '만약 물질로써 나를 보려 하거나 음성으로써 나를 찾으려 한다면, 이 사람은 삿된 도를 실천하는 것이니, 끝내 여래를 볼 수 없다'고 하였으니, 이것으로써 관찰하건대 일의 형상은 진실이 아님을 알아야 한다.

그러므로 과거 여러 성인들이 닦은 공덕은 모두가 딴 말씀이 아니라 오직 마음을 논하셨을 뿐임을 알 수 있다. 마음은 여러 성인들의 근원이며, 마음은 모든 죄악의 주인이다. 열반의 즐거움도 마음에서 생기고, 삼계의 윤회도 마음에서 일어난다. 마음은 세간을 벗어나는 문턱이요, 마음은 해탈하는 나루터이다. 문턱을 아는 이가 어찌 이루지 못할까 염려하고, 나루터를 아는 이가 어찌 도달하지 못할까 근심하겠는가?

가만히 살펴보니, 요즘 식견이 얕은 사람들이 오직 형상 세우는 것으로 공덕을 삼아 재물을 많이 허비하고 물과 뭍의 중생을 많이 해쳐서 망령되이 불상과 탑을 조성하며, 헛되이 사람들의 노력을 수고롭게 하여 나무나 진흙을 쌓아올리며, 울긋불긋 단청을 하여 마음과 힘을 다 기울여서 자기도 손해되고 남도 어리둥절케 하고서도 아직 부끄러워할 줄도 모르거늘 어찌 깨닫겠는가?

하염 있는 법을 보면 부지런히 애착하나, 형상 없는 법을 말해주면 멍청하니 바보 같다. 세상의 작은 즐거움을 욕심내다가 오는 세상의 큰 괴로움을 깨닫지 못하니, 이런 공부는 부질없이 스스로를 피로하게 할 뿐이다. 바른 길을 등지고 삿된 길로 돌아가며 거짓말로 복을 얻는다 한다.

다만 마음을 거두어 안으로 비추어 깨달음과 관찰이 항상 밝고, 삼독의 마음을 끊어 아주 녹여 없애고, 육적의 문을 닫아 다시 침노치 못하게 하면 갠지스강의 모래알같이 수많은 공덕과 갖가지 장엄과 한량없는 법문을 낱낱이 성취하여 범부를 뛰어넘어 성인을 증득함을 체험할 날이 멀지 않다. 깨달음이 잠깐 사이에 있거늘 어찌 흰 머리가 될까 염려하겠는가?

참법문의 그윽하고 비밀스럽고 깊은 이치를 어찌 다 털어놓을 수 있겠는가? 마음 관찰하는 법을 간략히 말하여 그 일단을 밝혔을 뿐이다."

보리달마사행론

菩提達摩四行論

【해 제】

1권. 『달마대사 이입사행론(達摩大師二入四行論)』 또는 『이입사행론』이라고도 한다. 중국 선종의 초조(初祖) 보리달마(菩提達摩, Bodhidharma)의 저술로 전해지고 있다.

도(道)에 이르는 두 길, 곧 이입(理入)과 행입(行入)을 제시하고, 행입에 다시 보원행(報怨行)·수연행(隨緣行)·무소구행(無所求行)·칭법행(稱法行)의 네 가지 실천행을 말하였다. 『소실육문(少室六門)』 중 제3문 『이종입(二種入)』은 이것의 머리 부분에 해당하며, 제4문 『안심법문(安心法門)』은 이것의 적요본(摘要本)이라 할 수 있다. 『선문촬요』 권상에는 44문(門)으로 정리하고 있다. 스즈키 다이세츠(鈴木大拙)는 『교간 소실일서 및 해설(校刊少室逸書及解說)』(1936)에서 돈황 출토본(敦煌出土本)을 101장(章)으로 정리하여 수록하였으며, 야나기다 세이잔(柳田聖山)은 『달마의 어록』(1969)에서 74장으로 정리하여 해설하고 있는데, 선문촬요본은 스즈키본의 67장, 야나기다본의 49장까지의 부분만 수록하였다. 다나카 료쇼(田中良昭)는 『돈황 선종문헌의 연구』(1983)에서 스즈키본의 101장에 이어지는 P2923 사본을 소개하고 있다.

특히 머리 부분의 『입도수행강요문(入道修行綱要門)』(『소실육문』의 『이종입』)의 법문은 『보리달마대사 약변입도사행관(略辨入道四行觀)』이라고도 하는데, 일반적으로 달마대사 유일의 진설(眞說)로 인정되고 있다.

『만속장(卍續藏)』 2·15·5 [110], 『대정장(大正藏)』 48, 『불광장(佛光藏) : 선장(禪藏)』(『인천안목(人天眼目)』에 합철) 및 『경덕전등록(景德傳燈錄)』 30, 『능가사자기(楞伽師資記)』 등에 수록되었다.

『보리달마사행론』은 천순(天順) 8년(1464) 남원부(南原府)에서 판각된 바 있으며(일본 石井積翠軒 所藏 520), 『선문촬요』 권상(1907)에 수록되었다.

44개의 문목(門目)은 무리(無理)가 없지 않으나 그대로 두었다.

보리달마사행론 菩提達摩四行論

(1) 입도수행강요문(入道修行綱要門)

무릇 도(道)에 이르는 길은 많으나, 요약하여 말한다면 두 가지에 지나지 않는다. 첫째는 원리적인 방법[理入]이요, 둘째는 실천적인 방법[行入]이다.

원리적인 방법이란 것은 경전에 의지하여 종지를 깨달아서, 중생은 동일한 참성품을 가지고 있으나 망상 번뇌에 뒤덮여 그 본질을 나타내지 못함을 확신하는 것이다. 만약 망념을 떨쳐 버리고 참성품으로 되돌아가서 마음을 집중하여 벽처럼 고요한 상태를 유지하면, 나도 없고 남도 없고, 범부와 성인에 평등하며, 굳게 안주하여 움직이지 않고, 다시는 말에 의한 가르침을 좇지 않게 된다. 그야말로 이치와 더불어 완전히 하나가 되어 분별이 없고 고요히 안정되어 하염없게[無爲] 되나니, 이를 원리적인 방법이라 한다.

다음 실천적인 방법이란 것은 이른바 네 가지의 실천이니, 그 밖의 많은 실천은 모두 이 네 가지 실천 중의 어느 하나에 포함

된다. 네 가지란 무엇인가? 첫째는 전세(前世)의 원한의 값을 치르는 실천[報怨行]이며, 둘째는 인연에 따르는 실천[隨緣行]이며, 셋째는 바라는 마음이 없는 실천[無所求行]이며, 넷째는 진리대로 살아가는 실천[稱法行]이다.

먼저 전세의 원한의 값을 치르는 실천이란 무엇인가? 수행자들이 괴로움을 받을 때 스스로 '나는 아득히 오랜 옛적부터 무한한 세월에 걸쳐 근본을 버리고 곁가지만 좇아 수많은 존재의 세계를 헤매면서 원한과 증오심을 일으켜, 끝없이 남과 대립하고 남을 해쳤다. 현재는 죄를 범하는 일이 없다 하더라도 이 괴로움은 모두가 나 자신의 전세의 나쁜 업(業)의 열매가 익은 것이지, 신(神)의 탓도 아니요 다른 이가 만들어 준 것도 아니다'라고 생각하여 기꺼이 인내하고 받아들이되 도무지 원망하거나 앙갚음하지 않는다. 경에 이르기를 "괴로움을 만나도 걱정하지 말라. 왜냐하면 의식은 근본에 통하고 있기 때문이다"라고 하였으니, 이러한 생각이 일어날 때에 이치와 하나가 되어 원망을 체득하여 진리에 나아갈 수 있다. 그러므로 전세의 원한의 값을 치르는 실천을 말하는 것이다.

둘째 인연에 따르는 실천이란 것은, 중생은 자아(自我)가 없어서 누구나 업의 힘에 좌우되어 괴로움과 즐거움을 함께 받으니, 이것은 모두 인연에 따라서 일어나는 것이다. 만약 바람직한 보답이나 명예 따위를 얻더라도 그것은 다 나 자신의 전세의 원인이 가져오게 한 것이며, 현재는 마침 그것을 얻었으나 인연이 다하면 다시 무(無)로 돌아가게 될 것이니, 기뻐할 것이 무엇이랴!

따라서 성공이나 실패는 모두 인연에 따르는 것이요, 마음 자체는 더함도 덜함도 없기 때문에 좋은 일에나 싫은 일에나 움직이지 않고 가만히 도에 따르게 된다. 그러므로 인연에 따르는 실천을 말하는 것이다.

셋째 바라는 마음이 없는 실천이란 것은, 세상 사람들은 언제나 미혹하여 어떠한 경우에라도 사물을 탐내는데 이를 곧 바라는 마음이라 한다. 그런데 지혜 있는 사람은 진리를 깨달아서, 본질적으로 세속과는 길을 달리하고, 마음은 안정되어 하염없으며, 신체도 운명의 흐름에 내맡기고 '일체 존재는 실체가 없다〔空〕'고 보아 바라고 즐기는 바가 없다. 아름다운 언니 공덕천(功德天)과 못생긴 아우 흑암녀(黑闇女)는 항상 서로 동반하여 떨어지지 않는 것이며, 삼계(三界)의 낡은 주택은 마치 불타는 집〔火宅〕처럼 위태롭다. 육체가 있는 이상 사람은 누구나 괴로운 것이니, 누가 거기에 안주할 수 있으랴! 이상과 같은 일들을 분명히 알면 일체 존재 가운데서 망상이 사라지고, 바라는 마음이 없어지게 된다. 경에 이르기를 "바라는 마음이 있으면 모두 괴롭고, 바라는 마음이 없어야 즐겁다"고 하였다. 이로 미루어 바라는 마음이 없어야만 참으로 도의 실천이 됨을 분명히 알 수 있다.

넷째 진리대로 살아가는 실천이란 것은, 성품이 본래 청정한 이치를 법(法)이라 하는데, 이 이치로 말한다면 일체 현상은 실체가 없어서 더러움도 없고 집착도 없고 너와 나의 대립도 없다. 경에 이르기를 "법에는 중생이 없으니, 그것은 중생의 더러움을 여의었기 때문이다. 또 법에는 자아가 없으니, 그것은 자아의 더러움을 여의었기 때문이다"라고 하였다. 지혜 있는 사람이 만약 이 이치를 믿고 이해한다면 그는 마땅히 진리대로 살아갈 것이다. 법체(法體)는 인색함과 탐욕스러움이 없어서 육체와 목숨과 재산을 던져 보시(布施, 檀那)를 실천하되, 속으로 아끼거나 아쉬워하는 마음이 없다. 그는 셋[보시하는 이와 보시받는 이와 보시하는 물건]이 본래 실체가 없다는 것을 잘 알아차려, 무엇이고 의지하지 않고 무엇에도 집착하지 않고, 다만 더러움을 없애기 위하여 중생들을 구제하고 교화하되 차별상에 사로잡히지 않는다. 이야말로 자리(自利)인 동시에 이타(利他)가 되며, 또한 보리(菩提, 깨달음)를 장엄하는 길이다. 보시가 이와 같은 이상, 다른 다섯 가지 바라밀(波羅蜜)도 역시 마찬가지이다. 망상을 없애기 위하여 여섯 가지 바라밀을 실천하되 실천한 바가 없으니, 이것이 진리대로 살아가는 실천이다.

(2) 논주의락차별문(論主意樂差別門)

052　나는 언제나 훌륭한 선배를 존경하여 널리 여러 가지 수행을 실천하고, 항상 정토(淨土)를 그리워하면서, 목마르게 그 남기신 가르침을 존중하여 왔습니다. 석가(釋迦) 부처님을 만나 대승(大乘)을 깨달은 것이 한량없고, 네 가지 궁극의 열매[四果]를 몸소 얻은 것이 헤아릴 수 없습니다. 이제까지 나는 천당은 다른 나라이며, 지옥은 딴 곳에 있는 것으로만 생각하였으며, 도를 얻고

궁극의 열매를 얻게 되면 육체는 다른 것으로 바뀐다고 생각하였습니다. 경전을 뒤적이고 행복을 기원하며, 그 원인이 됨직한 깨끗한 생활을 하였습니다.

그러나 갈피를 잡지 못한 채 마음 내키는 대로 업을 짓기를 어느덧 여러 해를 거쳤으나 제 마음은 아직도 가라앉지 않습니다. 이제 비로소 고요한 곳에 몸을 바로잡고 앉아서 마음을 안정시키려 하나, 망상을 오래 익혀 감정에 끌리고 형상에 사로잡혔으므로 그 가운데에 나타나는 변화 모습은 좀처럼 파악하기 어려울 지경입니다. 아직도 법성(法性)을 환히 꿰뚫어 보지는 못하였으나, 겨우 진여(眞如)를 익히게 되었습니다. 비로소 제 가슴속에는 무엇이고 없는 것이 없음을 깨달았으며, 밝은 구슬처럼 휘황하게 빛나고, 근원적인 소식에 깊이 통달할 수가 있었습니다. 위로는 부처님으로부터 아래로는 꿈틀거리는 벌레에 이르기까지 모두 망상의 별명이며, 제 마음대로 이것은 무엇무엇이라고 규정하여 버리지 않은 것이 없음을 알았습니다. 그러므로 속내를 쏟아 이에 '진리에 이르는 방편의 노래〔入道方便偈〕' 등을 공개하니, 깨달음을 함께하는 인연 있는 분들은 아무쪼록 틈나는 대로 보아 주시고 좌선하십시오. 끝까지 본래 성품을 보아야만 합니다.

(3) 일상평등무별문(一相平等無別門)

만약 마음을 부드럽게 하면 그것을 청정하게 할 수 있으나

한순간이라도 분별을 일으키면 그때는 이미 생멸(生滅)이다
그 가운데서 망상하는 것은 그릇된 생활이 될 뿐
진리를 찾아 헤아릴지라도 업(業)은 없어지지 아니한다

會也融心令使淨
瞥起卽便是生滅
於中憶想造邪命
覓法計心業不亡

차츰 더러운 때만 늘어날 뿐 마음은 궁극에 이르기 어렵습니다. 지혜 있는 분[雪山童子]은 여덟 글자의 가르침 — 생멸멸이 적멸위락(生滅滅已 寂滅爲樂) — 을 듣는 것만으로 곧바로 진리를 깨달아, 육 년 간이나 부질없는 고행을 거듭하여 오던 것을 비로소 깨달았다고 합니다. 세상은 뒤숭숭하여 모두가 마구니 같은 사람들뿐이니, 함부로 시끄럽게 떠들면서 부질없이 다투며 이유도 서지 않는 억지 생각으로 사람들을 교화합니다. 입으로 약방문만 늘어놓을 뿐, 병을 치료하지는 못합니다. 모든 존재는 고요하여 본래부터 형상이 없거늘, 어찌 선과 악, 삿됨과 바름이 있겠습니까? 생겨난다고 하나 생겨나도 본래 생겨나는 것이 아니며, 소멸한다고 하나 소멸하여도 소멸하는 것이 아니며, 움직여도 움직이는 것이 아니며, 평온하여도 평온한 것이 아닙니다.

그림자는 형상에 말미암아 생겨나고, 메아리는 소리를 따라옵니다. 그림자를 잡으려고 형상을 지치게 하나 형상이 그림자의 근본이란 것을 알지 못합니다. 소리를 높여 메아리를 멈추려

고 하나 소리가 메아리의 근본임을 알지 못합니다. 번뇌를 없애고 열반을 구하려는 것은 마치 형상을 제쳐놓고 그림자를 찾으려는 것과 마찬가지입니다. 중생을 내놓고 부처를 찾으려는 것은 마치 소리를 멈추고 메아리를 찾으려는 것과 마찬가지입니다.

그러므로 미혹함과 깨달음은 하나이며, 어리석음과 슬기로움은 다른 것이 아님을 알아야 합니다. 이름을 붙일 수 없는 것에 억지로 이름을 붙이므로 그 이름 때문에 곧 옳고 그름이 생깁니다. 이유 같은 것은 없는데도 억지로 이유를 붙이므로 그 이유 때문에 말다툼이 일어납니다. 허깨비는 진실이 아닌데, 누구를 옳다 하고 누구를 그르다 하겠습니까? 허망은 실체가 아닌데, 무엇을 있다 하고 무엇을 없다 하겠습니까? 그러므로 얻어도 얻은 것이 없고 잃어도 잃은 것이 없음을 알아야 합니다. 이제껏 나아가 말씀드릴 기회를 잡지 못하다가, 이제야 겨우 이 글을 올리게 되었습니다만, 어찌 현묘한 종지를 논할 수 있겠습니까?

(4) 담론공무파집문(談論空無破執門)

부처님이 공(空)의 도리를 주장하시는 까닭은
사람들의 견해를 깨뜨리기 위한 것이거늘
그런데 다시 공에 집착한다면
부처님이라도 교화할 수가 없다

諸佛說空法　爲破諸見故
而復着於空　諸佛所不化

사물이 생겨날 때는 공이 생겨나는 것이며
사물이 사라질 때는 공이 사라지는 것이다
실제로는 하나도 생겨나는 일이 없고
실제로는 하나도 사라지는 일이 없다

生時唯空生　滅時唯空滅
實無一法生　實無一法滅

모든 존재는 사람들의 탐욕스런 마음에서 일어난다. 탐욕은 안에도 없고, 밖에도 없으며, 또한 중간에 있는 것도 아니다. 분별은 공허한 존재인데도 범부들은 거기에만 애태운다. 삿됨과 바름은 안에도 없고, 밖에도 없으며, 또한 어딘가의 다른 곳에 있는 것도 아니다. 분별은 공허한 존재인데도 범부들은 거기에만 애태운다. 모든 존재도 마찬가지이다.

(5) 절상이설현허문(絶像離說懸虛門)

법신(法身)은 형상이 없다. 그러므로 보지 않는 방법으로 그것을 본다. 법(法)은 소리가 없다. 그러므로 듣지 않는 방법으로 그것을 듣는다. 반야(般若)는 앎이 없다. 그러므로 알지 못하는 방법으로 그것을 안다. 만약 분별적인 방법으로 본다면 보이지 않는 것이 있지만, 분별을 초월하는 방법으로 본다면 보이지 않는 것이 없다. 만약 분별적인 방법으로 듣는다면 들리지 않는 것이 있지만, 분별을 초월하는 방법으로 듣는다면 들리지 않는 것이 없다. 만약 분별적인 지성으로 알려고 한다면 알지 못하는 것이 있지만, 분별을 초월하는 방법으로 알려고 한다면 알지 못하는 것이 없다. 그 자신은 알지 못하므로 앎이 있는 것이 아니지만, 사물을 대하여 그것을 앎으로써 앎이 없는 것이 아니다. 만약 분별적인 방법으로 얻는다면 얻지 못하는 것이 있지만, 분별을 초월하는 방법으로 얻는다면 얻지 못하는 것이 없다. 만약 단순한 긍정으로써 긍정한다면 긍정하지 못하는 것이 있지만, 분별을 초월하는 방법으로 긍정한다면 긍정하지 못하는 것이 없다. 그러므로 하나의 지혜의 문이 백천의 지혜의 문으로 들어간다.

(6) 시유관찰형색문(示諭觀察形色門)

눈앞의 기둥을 보고 기둥이라고 이해하는 것은 기둥의 형상을 보고 기둥이라고 이해하는 것이다. 자기 마음속으로 기둥이라고 볼지라도 그것은 기둥의 형상일 뿐이다. 진리의 관점에서 보면 기둥도 없고 기둥의 형상도 없다. 그러므로 기둥을 보고 바로 기둥이라는 이법(理法)을 터득하게 되는 것이다. 다른 일체의 형상과 물질을 보는 것도 마찬가지이다.

(7) 반힐난문현리문(反詰難問現理門)

어떤 이가 말하기를 "모든 소리는 존재하지 아니한다[一切聲不有]"고 한다면, 이 생각은 다음과 같이 비판될 수 있다. "그대는 존재를 제대로 보고 있는가? 그대는 상대적인 존재에 얽매이지는 않았으나, 상대적인 존재에 얽매이지 않는 것에 얽매여 있다. 이것이 그대의 존재에 대한 얽매임이다."

어떤 이가 말하기를 "모든 사물은 생겨나지 아니한다[一切法不生]"고 한다면, 이 생각은 다음과 같이 비판될 수 있다. "그대는 사물이 생겨나는 것을 제대로 보고 있는가? 그대는 생겨남에 얽매이지는 않았으나, 생겨남에 얽매이지 않는 것에 얽매여 있다. 이것이 그대의 생겨남에 대한 얽매임이다."

또 어떤 이가 말하기를 "나는 모든 존재에 대하여 분별하는 마음이 없다[我一切無心]"고 한다면, 이 생각은 다음과 같이 비판될 수 있다. "그대는 마음을 제대로 보고 있는가? 그대는 분별하는 마음에 얽매이지는 않았으나, 분별하는 마음에 얽매이지 않는 것에 얽매여 있다. 이것이 그대의 분별하는 마음에 대한 얽매임이다."

삼장(三藏)법사가 말하였다. "미처 깨닫지 못하였을 때는 사람이 진리를 좇으나, 깨달으면 진리가 사람에게 좇아온다. 깨달으면 의식이 물질을 지배하고, 미혹하면 물질이 의식을 지배한다."

물질에 이끌려서 의식을 일으키지 않는 것을 '물질을 보지 않는다'라고 한다. 물질을 바라지 않거나 바라지 않는 것을 바라거나 간에 이것이 그대의 욕구이다. 물질에 사로잡히지 않거나 사로잡히지 않는 것에 사로잡히거나 간에 이것이 그대의 사로잡힘이다.

(8) 개시삼계별상문(開示三界別相門)

마음에 필요로 하는 것이 있는 것을 욕심의 세계[欲界]라 한다. 마음은 그 스스로 마음이 아니라, 물질을 대하여 마음이 일어나는 것이니 이것을 물질의 세계[色界]라 한다. 물질은 그 스스로 물질이 아니라, 마음으로 말미암아 물질이 되는 것이다. 마음과 물질이 모두 물질이 없는바, 이것을 물질을 초월한 세계[無色界]라 한다.

(9) 문답현설삼보문(問答現說三寶門)

"불심(佛心)이란 무엇입니까?"
"마음이 특수한 형상이 없는 것을 진여라 한다. 마음이 변화되지 않는 것을 법성이라 한다. 마음이 어디에 소속됨이 없는 것을 해탈이라 한다. 심성이 걸림없는 것을 보리라 한다. 심성이 고요한 것을 열반(涅槃)이라 한다."
"여래(如來)란 무엇입니까?"
"있는 그대로의 진리를 깨달아 사물에 응하기 때문에 여래라 한다."
"부처[佛]란 무엇입니까?"
"있는 그대로를 깨달았으나, 깨달았으면서도 깨달은 바가 없기 때문에 부처라 한다."
"법(法)이란 무엇입니까?"

"마음이 있는 그대로의 이법으로서 생겨나지도 않으며, 마음이 있는 그대로의 이법으로서 소멸하지도 않기 때문에 법이라 한다."

"승(僧)이란 무엇입니까?"

"있는 그대로의 이법에 화합하기 때문에 승이라 한다."

(10) 정혜분석각별문(定慧分釋各別門)

"공정(空定)이란 무엇입니까?"

"이법을 성찰하여 공(空)에 머물기 때문에 공정이라 한다."

" '이법에 머문다[住法]'는 것은 무슨 뜻입니까?"

"머무는 곳에도 머물지 않고, 머물지 않는 곳에도 머물지 않으며, 있는 그대로의 이법에 머물기 때문에 '이법에 머문다'고 한다."

(11) 제법가상무체문(諸法假相無體門)

"남자이면서 남자가 아니고, 여자이면서 여자가 아니라는 것은 무슨 뜻입니까?"

"이법의 관점에서 살펴보면, 남녀의 형상은 인정할 수 없다. 어떻게 그것을 아는가? 물질은 남자가 아니니, 만약 물질이 남자의 형상이라면 모든 초목(草木)도 마땅히 남자일 것이다. 여자의 경우도 마찬가지이다. 미혹된 사람은 그것을 이해하지 못하고 남녀의 형상을 망상하지만, 그것은 꼭두놀이 속의 남자요 꼭두놀이 속의 여자이니, 끝내 아무런 실체가 없다. 그러므로 『제법무행경(諸法無行經)』에 이르기를 '모든 존재가 마치 꼭두각시와 같다는 것을 알면 그는 사람 가운데서 가장 뛰어난 자가 된다'고 하였다."

(12) 망상건립여환문(妄想建立如幻門)

"유여열반(有餘涅槃 : 아직 육신을 남겨 둔 열반)을 증득하여 나한과(羅漢果)를 얻는다면 이것은 깨달음입니까, 아닙니까?"

"그것은 꿈속에서의 깨달음이다."

"여섯 가지 바라밀을 실천하고 열 가지 단계의 수행[十地]과 온갖 실천[萬行]을 완성함으로써 일체 존재가 생겨나지도 않고 사라지지도 않는다는 것을 깨달았으면서도 깨달은 것도 아니요 인식한 것도 아니며, 마음도 없고 알음알이도 없고 이해력도 없고 조작도 없다면 이것은 깨달음입니까, 아닙니까?"

"그것도 역시 꿈이다."

"열 가지의 특수한 능력[十力]과 네 가지의 두려움 없는 지혜[四無畏]와 열여덟 가지의 특별한 공덕[十八不共法]을 갖추어 보리수(菩提樹) 아래서 정각(正覺)의 도를 완성하여 능히 중생들을 제도하고, 나아가 열반에 든다면 이것이 어찌하여 깨달음이 아니겠습니까?"

"그것도 역시 꿈이다."

"삼세의 모든 부처님이 평등하게 중생들을 교화하매 도를 얻은 이가 갠지스강의 모래알같이 수많거늘, 이것이 깨달음이 아니겠습니까?"

"그것도 역시 꿈이다. 다만 의식으로 분별하고 따져서 자기 멋대로 생각해낸 것은 모두가 꿈이다. 깨달았을 때는 꿈이 없으며, 꿈꾸고 있을 때는 깨달음이 없다. 그것은 의식적인 망상이며 꿈속의 지혜이다. 거기에는 깨달은 사람도 없고 깨달은 것도 없다. 만약 있는 그대로의 이법을 깨닫고 진실에 눈뜰 때에는 도무지 스스로는 깨닫지도 못하며, 끝내는 깨달은 것도 없다. 삼세의 모든 부처님의 정각이란 것은 모두 중생들의 망상 분별이다. 그러므로 꿈이라 한다. 만약 의식이 고요해져서, 한 생각이라도 마음이 움직이지 않는다면 그것을 정각이라 한다. 의식이 사라지지 않는 이상, 그것은 모두가 꿈이다."

(13) 지단의혹분제문(智斷疑惑分齊門)

"도를 닦아 미혹을 끊는 데에는 어떠한 지혜가 필요합니까?"
"방편(方便)이라는 지혜가 필요하다."
"무엇을 방편이라는 지혜라 합니까?"
"미혹을 관찰하면 미혹이 본래 일어난 곳이 없음을 알게 되나니, 이러한 방편으로써 의혹을 끊을 수 있기 때문에 지혜라 한다."
"있는 그대로의 마음으로 무슨 의혹을 끊는다는 말입니까?"

"범부 · 외도(外道) · 성문(聲聞) · 연각(緣覺) · 보살(菩薩) 등 단계적인 깨달음이라는 의혹을 끊는 것이다."

(14) 진속이제차별문(眞俗二諦差別門)

"무엇을 두 가지 진리[二諦]라 합니까?"

"가령 아지랑이에 비유한다면, 미혹한 사람은 아지랑이를 보고 시냇물로 생각하나, 실제로는 시냇물이 아니듯이 이 이법에는 아지랑이니 물이니 하는 것이 없으니, 두 가지 진리라는 의미도 이와 마찬가지이다. 범부는 근본적인 진리[第一義諦]를 보고 세속의 진리[世諦]라 여기고, 성인은 세속의 진리를 보고 근본적인 진리라 여긴다.

그러므로 경에 이르기를 '모든 부처님은 법을 설하면서 언제나 두 가지 진리에 의거한다'고 하였으니, 근본적인 진리가 그대로 세속의 진리요, 세속의 진리가 그대로 근본적인 진리이며, 또한 근본적인 진리가 바로 공[空]이다. 만약 차별상이 있다는 의식이 일어난다면 당장에 없애 버려야 한다. 자아가 있다거나 마음이 있다거나 생겨남이 있다거나 소멸함이 있다거나 하는 의식도 역시 당장에 없애 버려야 한다."

"무엇을 당장에 없애 버린다고 합니까?"

"만약 이법에 의지한다면 곧 진리라는 관점마저 초월하여야 하나니, 아무것도 인정하지 않는 것이다. 그러므로 『노경(老經, 老子)』에 이르기를 '참다운 덕(德)은 거짓 같다[建德若偸]'고 하였다."

(15) 오종심식분이문(五種心識分異門)

062 "탐욕이란 것은 어떠한 마음을 말합니까?"

"범부의 마음이다."

"일체 존재가 생겨남이 없다고 보는 것은 어떠한 마음입니까?"

"성문의 마음이다."

"존재가 자성(自性, 실체성)이 없다고 이해하는 것은 어떠한 마음입니까?"

"연각의 마음이다."

"해탈하였다는 생각도 짓지 않고 미혹되었다는 생각도 짓지 않는 것은 어떠한 마음입니까?"

"보살의 마음이다."

"깨닫지도 않고 인식하지도 않는 것은 어떠한 마음입니까?"

그 대답은 하지 않고 이렇게 말하였다.

"대답하지 않는 것은 이법은 대답할 수 없기 때문이다. 이법은 의식을 초월하였으므로 대답하게 되면 곧 설명에 떨어진다. 이법은 설명을 초월하였으므로 대답하게 되면 곧 설명에 떨어지고 만다. 이법은 지식을 초월하였으므로 대답하게 되면 곧 지식이 생겨나고 만다. 이법은 너와 나를 초월하였으므로 대답하게 되면 곧 너와 내가 있게 된다. 이처럼 의식이나 말은 모두 집착이다. 마음은 물질이 아니므로 물질에 속하지 않는다. 그렇다고 마음은 물질이 아닌 것도 아니므로 물질이 아닌 것에도 속하지 않는다. 마음이 어디에도 속하지 않는 것이 바로 해탈이다. 만약 금계(禁戒)를 범하였을 때 당황하지만, 다만 그 당황하는 마음을 붙잡을 수 없다는 것을 안다면 역시 해탈을 얻은 것이며, 또한 천상계(天上界)에 태어나는 일조차 붙잡을 수 없다는 것을 알게 된다. 비록 마음이 공(空)하나, 그 공이라는 것도 역시 붙잡을 수 없다는 것을 알게 된다. 비록 붙잡을 수 없다는 것을 알게 된다 하여도, 붙잡을 수 없다는 것도 역시 붙잡을 수 없다.

(16) 견제병집정심문(遣除病執正心門)

만약 마음에 소중하게 여기는 것이 있으면 반드시 천하게 여기는 것이 있다. 마음에 무엇인가 긍정하는 것이 있으면 반드시 부정하는 것이 있다. 마음이 만약 한 물건을 좋다고 하면 다른 모든 물건은 좋지 않은 것이 된다. 마음이 한 물건과 친하면 다른 모든 물건은 원수가 된다. 마음은 물질에 머무르지 않으며, 물질이 아닌 것에도 머무르지 않는다. 마음은 어디에도 머무르지 않고, 또 어디에도 머무르지 않는 것에도 머무르지 않는다. 마음이 만약 어딘가에 머무른다면 얽매임을 면치 못한다. 마음이 무엇인가 행동할 대상을 가지면 곧 얽매이고 만다. 마음이 이법을 중시하게 되면 그 이법이 그대를 묶어 버린다. 마음이 만약 하나의 이법만 존중하게 되면 마음은 반드시 천하게 여기는 것이 있다. 만약 경론(經論)의 뜻을 이해하고 싶다면 반드시 이해하는 것만을 소중하게 여겨서는 안 된다. 만약 이해하는 것이 있게 되면 마음은 곧 거기에 예속되나니, 마음이 예속되면 곧 얽매이게 된다. 경에 이르기를 '상·중·하라는 단계적 법에 의하여 열반을 얻는 것은 아니다'라고 하였다.

(17) 이념소융차별문(離念消融差別門)

마음이 비록 어딘가에 미혹되더라도 미혹이 없는 해탈이 어딘가에 있을 것이라는 생각을 일으켜서는 안 된다. 해탈이 있을 것이라는 마음이 만약 일어날 때에는 곧 이법에 의지하여 그 일어나는 곳을 관찰하여야 한다. 마음이 만약 무엇인가를 분별할 때에는 곧 이법에 의지하여 그 분별하는 곳을 관찰하여야 한다. 만약 탐욕이 나거나 분노가 생기거나 뒤바뀐 생각이 일어날 때에도 곧 이법에 의지하여 그 일어나는 곳을 관찰하여야 한다. 그러한 마음이 일어나는 곳이 보이지 않으면 그것이 곧 도를 닦는 것이다. 만약 사물을 대하여 분별하지 않으면 그것도 역시 도를 닦는 것이니, 다만 마음이 일어나는 곳이 있다면 곧 단속하여 이법에 의지하여 없애도록 하여야 한다."

(18) 즉심현시의리문(卽心現示義理門)

"도를 닦고 도를 얻는 데에 더디고 빠른 차이가 있습니까?"

"더디고 빠름이 백천만 겁이란 크나큰 차이가 있다. 마음이 곧 도라는 관점은 빠르고, 발심(發心)하여 수행을 거듭하여야 한다는 관점은 더디다. 근기가 날카로운 이는 마음이 곧 도라는 것을 알고 있으나, 근기가 둔한 이는 이리저리 도를 구하되 마음이 곧 도라는 것을 알지 못하고, 또 마음 자체가 아뇩다라삼먁삼보리(阿耨多羅三藐三菩提, 無上正等正覺)라는 것을 알지 못한다."

"어찌하여야 빨리 도를 얻을 수 있습니까?"

"마음이 곧 도 그 자체이기 때문에 도를 빨리 얻게 된다. 수행자가 스스로 미혹이 일어났음을 알아챌 때에 곧 이법에 의지하여 관찰하여 그것이 없어지도록 하여야 한다."

(19) 비유합당현법문(比諭合當現法門)

"마음이 곧 도 그 자체란 것은 무슨 뜻입니까?"

"마음은 목석과 같다. 비유하자면 어떤 사람이 자기 손으로 호랑이나 용의 그림을 그려 놓고, 스스로 그것을 보고는 도리어 스스로 무서워하는 것과 마찬가지이다. 미혹한 사람도 이와 같다. 자기 의식이라는 붓으로써 칼산[刀山地獄]이나 검숲[劍樹地獄]을 그려 놓고, 도리어 의식이 그것을 두려워하나니, 만약 마음속에 두려움이 없다면 망상은 모두 없어진다.

또한 의식이라는 붓으로써 물질·소리·냄새·맛·느낌을 그려 놓고, 도리어 자기가 그것을 보고는 탐욕과 분노와 어리석음을 일으킴으로써 어느 때는 바라보다가 어느 때는 눈을 돌리며,

또는 도리어 마음이나 의식으로써 분별하여 갖가지 업을 일으킨다. 만약 마음이나 의식이 본래부터 비고 고요하여 처소가 없음을 안다면, 그것이 바로 도를 닦는 것이다.

어떤 사람은 자기 마음으로써 분별하여 호랑이와 늑대·사자·독룡(毒龍)·악귀(惡鬼)·오도장군(五道將軍)·염라대왕(閻羅大王) 그리고 우두(牛頭)·아바(阿婆) 등의 모습을 그려 놓고, 자기 마음으로써 분별하여 그것에 예속되어 온갖 고뇌를 받게 된다. 만약 마음속으로 분별하고 있는 것이 모두 물질임을 알고, 또한 자기 마음이 본래부터 비고 고요한 것임을 깨달아 마음이 물질이 아님을 안다면, 마음은 물질에 예속되지 않는다. 마음은 물질이 아니요, 자기 마음이 그것을 그려 내는 것이니, 다만 실체가 아님을 안다면 바로 해탈을 얻게 된다.

(20) 도심증장인도문(道心增長引導門)

이제 이법의 불·법·승에 의지하여 도를 실천할 때에는 사물의 선악(善惡)·호추(好醜)·인과(因果)·시비(是非)·지계(持戒)와 파계(破戒) 등의 견해를 가져서는 안 된다. 만약 이와 같은 분별을 가진다면 모두가 미혹이며 자기 멋대로 생각해 낸 판단에 불과하며, 대상이 모두 자기 마음속에서 일어난다는 것을 모르는 것이다. 일체 존재가 실제로 있는 것이 아니라는 것을 아는 경우에도 역시 마찬가지이다. 자기 멋대로 생각해 낸 판단은 모두가 미혹한 마음으로 그것을 옳다거나 그르다거나 하는 것이다. 어떤 사람이 부처님의 지혜가 거룩하다고 생각할 경우에도 역시 자기 멋대로 생각해 낸 판단이다. 자기 마음이 멋대로 있다느니, 자기 마음이 멋대로 없다느니 하는 생각을 만들어 냄으로써 도리어 거기에 현혹되고 있다.

경에 이르기를 '만약 법과 불에 의지하여 도를 닦는다면 중생을 단순히 꼭두각시로 보아도 안 되고, 실체가 있는 것으로 보아도 안 된다'고 하였다. 이와 같은 까닭으로 법계(法界)는 평등하여 얻거나 잃음이 없다.

만약 법과 불에 의지하여 도를 닦는다면 열반을 구해서는 안 된다. 왜냐하면 법이 곧 열반이기 때문이다. 어찌 열반으로써 열반을 구할 수 있으랴! 또한 그대는 법을 구해서는 안 된다. 마음이 곧 법계이기 때문이다. 어찌 법계로써 법계를 구할 수 있으랴! 만약 마음을 바로잡고자 할 때에는 모든 이법을 두려워해서도 안 되며 모든 이법을 찾아서도 안 된다.

만약 법과 불에 의지하여 도를 닦는다면 그 마음이 목석과 같아서 멍하니 지각하지도 않고 인식하지도 않으며, 흥뚱하니 멍청한 백치와 같아야 한다. 왜냐하면 이법에는 지각과 인식이 없기 때문이며 이법은 우리에게 두려움 없는 힘을 주기 때문이니, 이것이야말로 크나큰 안온의 장소이다.

비유하자면 어떤 이가 사형받을 죄를 범하여 영락없이 목이 잘리려 할 때에, 마침 국왕의 사면(赦免)을 받게 된다면 이내 죽음의 걱정이 사라지는 것과 같다. 중생들도 이와 같아서 십악(十惡)이나 오역죄(五逆罪)를 범하여 영락없이 지옥에 떨어지려 할 때에, 이법이라는 국왕이 크나큰 적멸(寂滅)이라는 사면을 한다면 이내 일체의 죄를 벗어날 수 있다.

가령 국왕과 잘 아는 이가 있다고 하자. 어느 때 그가 다른 나라에 가서 그 나라 남녀를 죽이고 그들에게 붙잡혀 보복을 받게 된다면, 그 사람은 당황하여 의지할 데가 없다. 그러나 거기서 그가 홀연히 잘 아는 국왕을 만나게 된다면, 그 자리에서 그는 풀려날 수 있다. 누구나 계율을 깨뜨려 살생이나 도둑질이나 음행을 범하여 지옥에 떨어질까 두려워하고 있을 때에 스스로 자기라는 이법의 왕을 만나기만 하면, 그 자리에서 해탈을 얻게 되는 것이다.

도를 닦는 방법에 있어서 문자에 의지하여 터득하는 이는 기력(氣力)이 약하지만, 만약 구체적인 사물을 통하여 터득하는 이는 기력이 강하다. 사물을 통하여 이법을 터득하는 이는 어떠한 경우라도 정념(正念)을 잃지 않지만, 문자에 의지하여 터득하는 이는 구체적인 사물에 부딪히면 그만 눈이 캄캄해진다. 경론 가운데서 사물을 이야기하는 것은 이법과는 멀다. 입으로 사물을 말하고 귀로 사물을 듣기보다 몸과 마음으로 사물을 스스로 경험하는 것보다 못하다. 만약 구체적인 사물을 통하여 곧 이법을 보는 사람은 깊으니, 세상 사람들은 헤아리지 못한다.

도를 닦는 사람들은 흔히 도둑을 만나 물건을 빼앗기더라도 애착심이 없고 고민하지 않으며, 또 남에게 자주 더러운 욕을 얻어먹거나 매를 맞더라도 그것을 고민하지 않는다. 이러한 사람이야말로 도심(道心)이 갈수록 무르익어, 해를 거듭하여도 그치지 않으면 자연히 일체의 역경(逆境)과 순경(順境)에 있어서도 완전히 무심(無心)하게 된다. 따라서 구체적인 사물을 대하되 거기에 얽매이지 않는 사람이라야 큰 역량 있는 보살이라 할 수 있다.

(21) 규역내외별상문(規域內外別相門)

도를 닦는 마음이 무르익게 하려면 반드시 마음을 통상적인 규범 밖[規域外]에 두어야 한다."
"어떠한 것을 통상적인 규범 밖이라고 합니까?"
"대승(大乘)·소승(小乘)의 해탈을 찾지 않고, 보리심(菩提心)을 일으키지 않고, 또한 일체종지(一切種智)를 바라지 않고, 선정을 이해하는 사람을 귀하게 여기지 않고, 탐욕스러운 사람을 천하게 여기지 않으며, 나아가서는 부처님의 지혜마저 바라지 않는다면 그 마음은 저절로 한가하고 고요해진다. 어떤 사람이 해탈을 취하지 않고 지혜를 구하지 않으면, 이러한 사람은 법사나 선사들에게 현혹되지 않게 된다. 만약 본심을 지키고 뜻을 세워 현인과 성자의 경지도 바라지 않고, 해탈도 구하지 않고, 다시 생사를 두려워하지도 않고, 또 지옥을 두려워하지도 않고, 무심으로 곧장 나아간다면 비로소 규둔심(規鈍心)을 이룰 수 있다. 만약 모든 현인과 성자가 백천 겁(劫)의 기나긴 세월에 걸쳐 불가사의한 신통 변화를 짓더라도, 그것을 바라고 즐기는 마음을 일으키지 않는다면, 이 사람은 남에게 현혹됨을 면할 수 있다."
"어떻게 하여야 통상적인 규범 밖에서 사는 것입니까?"

"인(仁)·의(義)·예(禮)·지(智)·신(信)을 통상적인 규범의 세계라고 부른다. 또 대승과 소승의 기정(基情)을 통상적인 규범의 세계라고 부른다. 생사와 열반도 통상적인 규범의 세계라고 부른다. 통상적인 규범 밖으로 나가고자 한다면 범부와 성인의 이름조차 있을 수 없다. 그것은 일체 사물이 존재한다는 관점으로써도 알 수 없고, 일체 사물이 존재하지 않는다는 관점으로써도 알 수 없고, 지혜로써도 알 수 없다. 그러한 균형잡힌 지식의 대상은 모두 통상적인 규범의 세계라고 부른다. 범부의 마음도 일으키지 않고, 성문의 마음도 일으키지 않고, 보살의 마음도 일으키지 않고, 나아가서는 부처의 마음조차 일으키지 않고, 일체의 마음을 일으키지 않을 때에야 비로소 통상적인 규범 밖으로 나갔다고 한다.

만약 일체의 마음이 일어나지 않게 하고자 한다면 분별도 일으키지 않고 미혹도 일으키지 않아야 비로소 일체의 세간을 벗어났다고 한다. 어리석은 이들은 어떤 종류의 도깨비가 해괴한 소리를 지껄이는 것을 보게 되면 곧 해괴한 흥미를 일으키고, 바로 그러한 것으로써 지침으로 삼는데, 이는 말도 안 된다.

어떻게 하여야 위대한 활동을 할 수 있겠는가? 어떤 이가 백천만억의 제자를 거느린다고 들으면 곧 마음이 움직이나니, 좋이 자기 마음자리를 관찰하여야 한다. 어찌 설명이나 글자로써 할 수 있으랴!"

"어떤 것을 순박한 마음이라 하고, 어떤 것을 꾸민 마음이라 합니까?"

"글자나 설명을 꾸밈이라 한다. 물질과 물질 아닌 것이 같아지면, 가거나 멈추거나 앉거나 눕거나 간에 분별하고 움직이는 일이 모두가 순박하며, 나아가서는 일체의 괴로움과 즐거움을 만나더라도 그 마음이 흔들리지 않으니, 비로소 그것을 순박한 마음이라 한다."

"무엇을 바르다 하고, 무엇을 그르다 합니까?"

"마음으로써 분별하는 일이 없는 것을 바르다 하고, 마음으로써 사물을 분석하는 것을 그르다 한다. 나아가서는 삿된지 바른지 의식하지 않음을 비로소 바르다 한다. 경에 이르기를 '바른 도에 머무르는 사람은 이것은 삿되다, 이것은 바르다고 분별하지 않는다'고 하였다."

(22) 심품이둔별상문(心品利鈍別相門)

"어떤 것을 날카로운 근기[利根]라 하고, 어떤 것을 둔한 근기[鈍根]라 합니까?"

"스승의 가르침에 의지하지 않고, 구체적인 사물을 통하여 법을 보는 사람을 날카로운 근기라 하며, 스승의 설명에 의지하여 이해하는 사람을 둔한 근기라 한다. 또 스승의 설명에 의지하여 법을 듣는 경우에도 날카로운 근기와 둔한 근기가 있다. 스승의 가르침을 듣고, 일체 사물이 존재한다는 관점에도 사로잡히지 않고 일체 사물이 존재하지 않는다는 관점에도 사로잡히지 않으며, 차별상에도 집착하지 않고 차별상이 없는 것에도 사로잡히지 않으며, 생겨난다는 관점에도 집착하지 않고 생겨나지 않는다는 관점에도 사로잡히지 않는 이가 바로 날카로운 근기이다. 해석에 맛들이고 이치에 사로잡혀 시비 따위의 견해를 내는 이는 둔한 근기이다.

이치를 이해한 날카로운 근기는 도를 듣되 자기가 범부라는 마음도 일으키지 않고, 나아가 현인과 성자라는 마음도 일으키지 않고, 범부와 성자의 분별을 함께 끊는다. 이러한 이라야 날카로운 근기이다. 그는 도를 들으면 재산이나 색욕을 좋아하지 않으며, 부처의 깨달음조차 역시 좋아하지 않는다. (만약 부처의 깨달음을 좋아한다면) 사람들은 곧 어지러운 곳을 피하여 고요한 곳을 찾거나, 어리석음을 버리고 지혜를 찾거나, 하염 있는 세계를 버리고 하염없는 세계를 찾을 뿐, 분별을 함께 끊어 걸림없음〔無碍〕을 얻을 수는 없다. 이러한 이는 둔한 근기이다. 이렇게 함으로써 모든 범부와 성인의 경계에서 벗어난다. 도를 듣되 탐욕의 마음을 일으키지 않고, 나아가서는 바른 기억이나 바른 사유마저 일으키지 않는다. 또 도를 듣되 성문의 마음도 일으키지 않고 보살의 마음도 일으키지 않는 이를 날카로운 근기라 부른다.

(23) 일진법계무유문(一盡法界無遺門)

보살은 법계(法界)로써 자기의 집을 삼고, 네 가지 한량없는 마음[四無量心 : 慈·悲·喜·捨]으로써 계율을 받는 장소[戒場]로 삼는다. 그의 모든 언행은 끝내 법계의 마음을 벗어나지 않는다. 왜냐하면 그의 마음 자체가 곧 법계이기 때문이다. 설사 그대가 갖가지 언행을 하고 날뛰더라도 모두 법계를 벗어나지도 않고, 또한 법계에 들어가지도 않는다. 만약 법계로써 법계에 들어간다고 하면 그는 어리석은 사람이다. 보살은 법계를 환히 꿰뚫어 보기 때문에 법안(法眼)이 청정하다고 한다. 그는 물체가 생기거나 머무르거나 사라진다는 것을 인정하지 않기 때문에 법안이 청정하다고 하는 것이다. 경에 이르기를 '어리석음과 애욕을 부정하지 않는다. 어리석음과 애욕은 본래부터 생겨나는 것이 아니므로 이제 새삼 없앨 나위도 없다'고 하였으니, 어리석음과 애욕이란 것은 안이나 밖이나 중간이나 어디를 찾아보아도 볼 수 없고 붙잡을 수 없다. 나아가서는 온 누리 어디를 찾아보아도 털끝만한 형상도 얻을 수 없다. 따라서 그것을 없애고, 그것으로부터 해탈할 필요가 없다."

(24) 무아무집여공문(無我無執如空門)

"세속 사람들은 여러 가지로 학문을 닦고 있습니다만, 어찌하여 도를 얻지 못합니까?"
"그들은 자기에게 얽매여 있기 때문에 도를 얻지 못하는 것이다. 만약 자기에게 얽매이지 않으면 당장에 도를 얻을 수 있다. 자기란 것은 아집(我執)이다. 지인(至人)은 괴로움을 만나도 근심하지 않고 즐거움을 만나도 기뻐하지 않나니, 자기에게 얽매이지 않기 때문이다. 그가 괴로워하거나 즐거워하지 않는 것은 자기를 부정하기 때문이다. 허무에 도달하게 되면 자기마저 부정하게 되거늘, 하물며 부정하지 못할 것이 무엇이 있겠는가? 천하에 자기를 부정할 수 있는 이가 얼마나 되겠는가?

만약 자기를 부정할 수 있을 때에는 모든 것이 본래부터 없는 것이다. 자기가 멋대로 분별하여 생(生)·노(老)·병(病)·사(死), 우(憂)·비(悲)·고(苦)·뇌(惱), 한(寒)·열(熱)·풍(風)·우(雨) 등의 일체의 뜻 같지 않은 일들을 부르나니, 이는 모두 망상의 나타남이며 꼭두각시와도 같아서 가는 것도 머무는 것도 자기 뜻대로 되지 않는다. 왜냐하면 인연에 따라 일어나는 것이기 때문이다. 꼭두각시이므로 함부로 거역하면 가는 것과 머무는 것을 자유로이 할 수 없고, 그러므로 번뇌가 있다. 자기에게 얽매이므로 가는 것과 머무는 것이 있게 된다. 다만 가는 것과 머무는 것이 자기 뜻대로 되지 않는 것은, 자기도 내가 만들어 낸 것이요 꼭두각시와 같은 존재이기 때문이니, 그런 것에 머물러서는 안 된다. 만약 꼭두각시에 거역하지 않는다면 무엇에든지 걸림이 없으며, 변화에 거역하지 않는다면 무슨 일이든지 뉘우칠 것이 없다."

"모든 존재가 이미 실체가 없는데, 누가 도를 닦습니까?"

"그 누구인가가 있다면 도를 닦아야겠지만, 만약 누구인가가 없다면 전혀 도를 닦을 필요가 없다. 그 누구인가는 바로 나다. 만약 내가 없으면 사물에 대하여 시비의 마음이 일어나지 않는다. 옳다는 것은 내 멋대로 옳다고 볼 뿐이지 사물이 옳은 것은 아니다. 그르다는 것은 내 멋대로 그르다고 볼 뿐이지 사물이 그른 것은 아니다. 가령 비나 바람이나 파랑·노랑·빨강·하양 따위에 견주어 본다면 알 수 있다. 좋다는 것은 내 멋대로 좋아할 뿐이지, 사물이 좋은 것은 아니다. 왜냐하면 눈·귀·코·혀·몸이나 물질·소리·냄새·맛·느낌에 견주어 본다면 알 수 있다."

(25) 시도비도차별문(是道非道差別門)

"경에 이르기를 '도가 아닌 데로 가서 불도(佛道)에 통달한다'고 하였으니 어떠한 뜻입니까?"

"도가 아닌 데로 간다는 것은 이름을 버리지 않고 형상을 버리지 않는다는 것이며, 통달한다는 것은 이름 자체가 이름이 아니고 형상 자체가 형상이 아니라는 것이다.

또 이르기를 '도가 아닌 데로 간다는 것은 탐욕을 버리지 않고 애착을 버리지 않는 것이며, 통달한다는 것은 탐욕 자체가 탐욕이 아니고 애착 자체가 애착이 아니라는 것이다. 도가 아닌 데로 간다는 것은 괴로움도 버리지 않고 즐거움도 버리지 않는 것이다. 괴로움 자체가 괴로움이 아니고 즐거움 자체가 즐거움이 아닌 것을 통달하였다고 한다. 삶도 버리지 않고 죽음도 버리지 않는 것을 통달하였다고 한다. 도가 아닌 데에 머무른다는 것은 삶 자체가 삶이 아니며 삶이 없는 데에도 사로잡히지 않으며, 자아 자체가 자아가 아니며 자아가 없는 데에도 사로잡히지 않는 것을 불도에 통달하였다고 한다. 부정 자체가 부정이 아니며 부정이 없는 데에도 사로잡히지 않는 것을 불도에 통달하였다고 한다'라고 하였다. 요약하여 말하자면 마음 자체가 마음이 아닌 것을 마음의 이치에 통달하였다고 한다."

"모든 존재를 통달한다는 것은 어떠한 것입니까?"

076 "사물에 대하여 분별을 일으키지 않는 것을 통달하였다고 한다. 사물에 대하여 마음을 일으키지 않고, 사물에 대하여 탐욕이 없고, 사물에 대하여 고뇌가 없는 것을 모두 통달하였다고 한다. 물질 자체가 물질이 아닌 것을 통달하였다고 하며, 존재 자체가 존재가 아닌 것을 존재에 통달하였다고 하며, 삶 자체가 삶이 아닌 것을 삶에 통달하였다고 하며, 법 자체가 법이 아닌 것을 법에 통달하였다고 한다. 모든 사물을 마주칠 때마다 곧바로 통달한다면, 그 사람은 혜안(慧眼)이 열린 것이니, 어떠한 사물에 부딪히더라도 차별을 보지 않는다. 차별에 대하여 차별이 없는 것을 차별에 통달하였다고 한다."

(26) 사정일상동체문(邪正一相同體門)

"경에 이르기를 '외도(外道)는 여러 가지 견해를 좋아하고, 보살은 여러 가지 견해에 있으면서 흔들리지 않는다. 천마(天魔)는 생사를 좋아하고, 보살은 생사에 있으면서 버리지 않는다'고 한 것은 어떠한 뜻입니까?"

"삿된 견해가 바른 견해와 같으므로 흔들리지 않는다. 외도가 여러 가지 견해를 좋아한다는 것은 존재[有]를 존재로 인정하고 비존재[無]를 비존재로 인정하는 것을 말하는 것이니, 존재 자체가 존재가 아니며 비존재 자체가 비존재가 아니라야 흔들리지 않는다고 한다. 흔들리지 않는다는 것은 바름도 여의지 않고 삿됨도 여의지 않는 것이다. 해탈할 때에는 이미 삿됨과 바름이 없나니, 삿됨을 여의고 바름을 찾아야 하는 것이 아니다. 존재 자체가 존재가 아닌 것이 흔들리지 않는 채로 존재를 인정하는 것이다. 비존재 자체가 비존재가 아닌 것이 흔들리지 않는 채로 비존재를 인정하는 것이다. 이법의 관점에서 보면 삿됨과 바름이 전혀 다르지 않기 때문에 흔들리지 않는다고 하는 것이다. 또 삿됨을 버리고 바름으로 들어서야 하는 것이 아니므로 여러 가지 견해에 있으면서 흔들리지 않는다고 한다.

경에 이르기를 '삿된 모습으로 바른 법에 들어간다'고 하였으며, 또 '여덟 가지 삿됨[八邪]을 버리지 않고 여덟 가지 해탈[八解脫]에 들어간다'고 하였다.

(27) 생사열반무이문(生死涅槃無二門)

생사와 열반이 같으므로 버리지 않는 것이며, 삶 자체가 삶이 아니고 죽음 자체가 죽음이 아닌 것이다. 삶을 버리고 나서 삶이 없는 세계로 들어간다든지, 죽음을 버리고 나서 죽음이 없는 세계로 들어가는 것이 아니라 일체가 적멸하므로 그것이 열반인 것이다.

경에 이르기를 '모든 중생은 본래부터 적멸하므로 이제 새삼 없앨 나위도 없다'고 하였으며, 또 이르기를 '모든 존재는 다 열반의 경지이다'라고 하였다. 생사를 버리고 나서 비로소 열반의 경지가 될 필요는 없다. 마치 사람이 얼음덩이를 버리고 나서야 비로소 물을 얻을 필요가 없는 것은 얼음과 물의 본질이 본래부터 한가지이기 때문이다. 생사와 열반도 역시 본질이 같기 때문에 버릴 필요가 없는 것이다. 그러므로 보살은 생사에 있으면서 버리지 않는 것이다.

078 보살이 흔들리지 않는 데에 머무는 것은 머무는 일이 없이 머무는 것을 머문다고 하기 때문이다. 외도는 갖가지 견해를 좋아하기 때문에, 보살은 견해 자체가 견해가 아니라는 것을 가르치려고 하는 것이다. 일부러 견해를 떠난 뒤에라야 비로소 견해가 없어지는 것이 아니다.

'천마는 생사를 좋아하기 때문에 보살은 그것을 버리지 않는다'라고 하는 것은 삶 자체가 삶이 아니라는 것을 깨우치려고 하는 것이다. 삶을 버리고 나서야 삶이 없는 곳에 들어가는 것이 아니다. 마치 물을 버리고 나서야 습기라는 본질에 나아갈 수 있는 것이 아니요, 불을 버리고 나서야 열기라는 본질에 나아갈 수 있는 것이 아니라, 물이 그대로 습기요 불이 그대로 열기이듯이 생사가 그대로 열반이다. 따라서 보살은 생사를 버리지 않고 열반에 드는 것이다. 생사의 본질이 그대로 열반이기 때문이다. 생사를 끊고 나서야 열반에 들 수 있는 것이 아닌 것은, 마치 불을 끊고 나서야 열기라는 본질에 들어갈 수 있는 것이 아닌 것과 마찬가지이다. 왜냐하면 생사의 본질이 그대로 열반이기 때문이다. 성문은 생사를 끊고 나서 열반에 들지만, 보살은 그 본질이 평등함을 알기 때문에 대비(大悲)로 사람들과 화합하여 작용을 발휘한다. 삶과 죽음은 그 의미는 한가지이면서 이름만 다를 뿐이며, 흔들리지 않는다는 것과 열반도 역시 그 의미는 한가지이면서 이름만 다를 뿐이다."

(28) 대도원근분별문(大道遠近分別門)

"큰 도[大道]는 가까이에 있습니까, 멀리에 있습니까?"
"마치 아지랑이가 가깝지도 않고 멀지도 않으며, 거울에 비친 얼굴 모습도 역시 가깝지도 않고 멀지도 않으며, 미치광이풀[浪宕: 독초의 하나]을 먹은 사람이 허공에서 헛꽃을 보거나, 눈병 있는 사람이 허공에서 바늘꽃을 보는 현상도 역시 가깝지도 않고 멀지도 않은 것과 마찬가지이다. 만약 그것을 가깝다고 한들 온 누리를 찾아보아도 얻을 수 없으며, 그것을 멀다고 한들 분명하게 눈앞에 있다. 경론에 이르기를 '가깝게 있으면서도 볼 수 없는 것이 모든 사물의 본질이다'라고 하였다. 만약 사물의 본질을 보게 되면 '도를 얻었다'고 말할 수 있다. 사물의 핵심이란 사물의 본질이요 사물의 형상이 아니다. 사물 자체가 사물이 아닌 것을 사물의 본질이라고 말한다. 이른바 일정한 틀이나 형상이 있는 사물은 모두가 사물이다. 사물의 본질을 깊이 보고, 진실을 그르치지 않게 되면 '진리를 꿰뚫어 보았다'고 말하며, 또 '존재를 꿰뚫어 보았다'고 말한다. 무릇 가깝게 있으면서도 볼 수 없는 것이 그 존재의 형상이다."

(29) 대도각오이난문(大道覺悟易難門)

풀이한다.

"슬기로운 사람은 사물에 맡기고 자신에게 맡기지 않으므로 취하고 버림이 없으며, 또한 대립함과 순응함도 없다. 어리석은 사람은 자신에게 맡기고 사물에 맡기지 않으므로 취함과 버림이 있고, 또한 대립함과 순응함이 있다. 만약 마음을 텅 비우고 활짝 열어 젖혀 인간세계를 잊을 수 있다면, 그야말로 사물에 맡긴 채 시절 인연에 따르는 것이다. 사물에 맡긴 채 시절 인연에 따르기는 쉬우나, 상대에게 저항하고 사물을 변화시키기는 어렵다.

사물이 이쪽으로 오려고 하면 그대로 맡긴 채 거부하지 않고, 사물이 저쪽으로 가려고 하면 그대로 놓아둔 채 좇지 않는다. 이미 지은 일은 지났으니 뉘우치지 말라. 아직 오지 않은 일은 그대로 놓아둔 채 생각하지 말라. 이것이 도를 실천하는 사람이다. 사물에 맡겨둘 수 있다면 송두리째 천하를 위임받더라도 좋다 나쁘다 판단을 자기 중심으로 하지 않는다. 사물에 맡겨 거부하지 않고 놓아둔 채 저항하지 않는다면, 언제 어디서나 유유자적(悠悠自適)하지 않으랴!"

"'큰 도는 아주 알기 쉽고 아주 실천하기 쉬운 것인데, 세상 사람들은 아는 이가 없고 실천하는 이가 없다'고 하는 것은 어떠한 뜻입니까? 부디 가르쳐 주십시오."

"그 말은 진실이다. 마음을 높이 간직하고 몸을 눕혀 내키는 대로 지내면서 아무것도 짓지 않는 것을 '도를 실천하였다'고 하고, 아무것도 보지 않는 것을 '도를 보았다'고 한다. 아무것도 알지 못하는 것을 '도를 알았다'고 하고, 아무것도 닦지 않는 것을 '도를 닦았다'고 하며, 아무것도 실천하지 않는 것을 '도를 실천하였다'고 한다. 이를 '알기 쉽다'고 하고, '실천하기 쉽다'고 하는 것이다."

"『노경(老經)』에 이르기를 '마지막까지 삼가되 처음과 같이 하라. 그렇게 하면 절대로 실패하는 일이 없다'고 하였으니, 이것은 어떠한 뜻입니까?"

"이것은 신의(信義)를 품은 사람이 한 번 결심하면, 영원히 물러서거나 꺾이는 일이 없어서 과거도 변함이 없고 현재에도 변함이 없으니, 이것을 과거에도 있고 현재에도 있다고 말하는 것이다. 처음으로 발심하는 것은 현재이지만, 현재에서 지난날을 보는 것은 과거이며, 과거에서 처음을 보는 것은 현재이다. 대심(大心)이 처음부터 끝까지 변하지 않는다면, 불법을 믿는 사람이라 한다. 예나 이제나 변하지 않는 것을 열매[實, 진실]라 하고, 헛되고 거짓된 것을 꽃[華, 허식]이라 한다."

081

(30) 상사무장무애문(上士無障無礙門)

"어떠한 것이 보살의 생활입니까?"

"현인이나 성자의 생활도 아니고 범부의 생활도 아닌 것을 보살의 생활이라 한다. 보살도(菩薩道)를 배우는 데는 세속법을 좋아해서도 안 되며 세속법을 버려서도 안 된다. 마음과 의식 그대로 도에 들어간다면 범부도 성문도 그의 마음을 헤아릴 수 없다. 일체 사물의 장소와 일체 물질의 장소, 일체 악업의 장소에서 보살은 이 모든 것을 활용하여 불사(佛事)로 삼으며 열반의 경지로 만드는 것이니, 하나같이 큰 도가 된다. 일체 장소가 장소 아님이 없어서, 그대로 이법의 장소요, 그대로 도의 장소이다. 보살은 일체 장소가 그대로 이법의 장소임을 꿰뚫어 본다. 보살은 일체 장소를 버리지도 않고, 일체 장소에 얽매이지도 않고, 일체 장소를 분별 선택하지도 않고, 모든 것을 불사로 삼는다. 생사 그대로를 불사로 삼고, 미혹 그대로를 불심(佛心)으로 삼는다."

(31) 정견사견별체문(正見邪見別體門)

"모든 존재가 존재가 아니거늘, 어떻게 불사로 삼을 수 있습니까?"

"무슨 일인가를 하되 아무일도 하는 것이 아니며, 무슨 일인가를 하는 존재도 없다. 그러므로 좋은 일에서나 좋지 않은 일에서나 그대로 부처를 보는 것이다."

"부처를 본다는 것은 무슨 뜻입니까?"

"탐욕에 대하여 탐욕의 형상을 보지 않고 탐욕이라는 이법을 보는 것이다. 괴로움의 형상을 보지 않고 괴로움이라는 이법을 보는 것이다. 꿈의 형상을 보지 않고 꿈이라는 이법을 보는 것이다. 이것이 어디서든지 부처를 본다고 하는 것이다. 만약 형상만을 본다면 어디서든지 귀신을 보게 될 것이다."

(32) 법계보리차별문(法界菩提差別門)

"법계의 실체는 어디에 있습니까?"
"어디든지 다 법계의 장소이다."
"법계의 실체에도 계율을 지닌다든지 계율을 깨뜨린다든지 하는 일이 있습니까?"
"법계의 실체에는 범부와 성인, 천당과 지옥의 구별이 없으며, 시비(是非)나 고락(苦樂)도 없어서 언제나 허공과 같다."
"어떠한 곳이 깨달음의 장소입니까?"
"걸어가는 곳이 깨달음의 장소요, 존재를 보는 곳이 깨달음의 장소요, 누워 있는 곳이 깨달음의 장소요, 앉아 있는 곳이 깨달음의 장소요, 서 있는 곳이 깨달음의 장소이다. 손발의 움직임 하나하나가 모두 깨달음의 장소이다."

(33) 개시심심경계문(開示甚深境界門)

"부처의 경지는 어떠한 것입니까? 가르쳐 주시기 바랍니다."
"존재는 있는 것도 아니고 없는 것도 아니며, 그렇다고 있는 것도 아니고 없는 것도 아니라는 그런 견해에도 얽매이지 않는 것을 부처의 경지라고 말한다. 만약 마음이 목석과 같이 무심하다면 있다고 하는 지혜로써도 알 수 없고, 없다고 하는 지혜로써도 알 수 없다. 부처의 마음은 있다고 하는 마음으로써도 알 수 없고, 부처의 몸은 현상적인 모습으로써도 볼 수 없다. 균형잡힌 지식으로 이해된 것은 모두가 망상 분별이다. 그대가 갖가지 이해를 한다 하더라도 모두 자기 마음으로써 분별하는 것이요, 자기 마음으로써 망상하는 것이다. 모든 부처의 지혜는 사람들에게 설명할 수도 없고, 비밀로 숨겨 둘 수도 없으며, 또한 선정에 의하여 추측할 수도 없다. 이해를 넘어서고 지식을 넘어선 바를 부처의 경지라고 말하며, 또한 헤아릴 수 없는 것을 부처의 마음이라고 말한다. 부처의 마음이 이와 같다는 것을 믿는다면 당장에 한량없는 갠지스강의 모래알같이 수많은 번뇌를 없앨 수 있다. 만약 본심을 지키고 생각 생각에 부처의 지혜를 염송한다면, 그 사람의 도심(道心)은 나날이 무르익을 것이다."

(34) 제법부동적정문(諸法不動寂靜門)

"어떠한 것이 '여래의 지혜의 해[慧日]가 존재[有]라는 땅속으로 진다'고 하는 것입니까?"

"있지 않은 것을 있다고 본다면 지혜의 해는 존재라는 땅속으로 진다. 형상이 없는 것을 형상이 있다고 볼 경우도 마찬가지이다."

"어떠한 것을 흔들리지 않는 형상이라 합니까?"

"존재를 고정화하지 않으매 흔들려야 할 존재도 없고, 비존재를 고정화하지 않으매 흔들려야 할 비존재도 없다. 마음에 즉하되 무심(無心)이니 흔들려야 할 마음이 없고, 형상에 즉하되 무상(無相)이니 흔들려야 할 형상도 없다. 이것을 흔들리지 않는 형상이라 한다. 만약 이와 같이 증명한다면 이는 자신을 스스로 속이는 것이라 한다.

이상은 아직 진리를 이해하지 못한 것이다. 정말로 진리를 이해할 때에는 이해될 만한 이법은 존재하지 않는다."

(35) 제법인연무생문(諸法因緣無生門)

"눈앞에 생멸(生滅)이 있거늘 어찌하여 생멸이 없다고 합니까?"

"인연으로 말미암아 생겨난 것은 생겨났다고 할 수 없으니, 인연으로 말미암아 생겨났기 때문이다. 인연으로 말미암아 소멸하는 것은 스스로 소멸하지 못하니, 인연으로 말미암아 소멸하기 때문이다."

"어찌하여 인연으로 말미암아 생겨난 것은 생겨났다고 하지 않습니까?"

"인연으로 말미암아 생겨난다는 것은 다른 것에 말미암아 생겨난 것도 아니요, 스스로 생겨난 것도 아니요, 공동으로 생겨난 것도 아니요, 또 원인 없이 생겨난 것도 아니다. 또 생겨난 존재도 없고, 만들어 내는 주체도 없고, 생겨난 곳도 없다. 그러므로 생겨나지 않는다는 것을 알 수 있다. 눈앞에 생겨난 것은 허깨비가 생겨난 것이니 생겨난 것이 아니며, 허깨비가 소멸한 것이니 소멸한 것이 아니다."

(36) 제법인연가유문(諸法因緣假有門)

086 "범부는 어찌하여 나쁜 갈래[惡道]에 떨어지게 됩니까?"
"자아가 있기 때문이며, 어리석기 때문이다. 가정하여 보자.
'나는 술을 마셨다'라고 말하면, 지혜로운 이가 '그대는 술이 없을 때, 어찌하여 없는 술을 마시지 않는가?'라고 말한다.
어리석은 이가 또 말하기를 '나는 없는 술을 마셨다'라고 하면, 지혜로운 이가 '그대가 말하는 나라는 것은 도대체 어디에 있는가?'라고 말한다.
어리석은 이가 또 말하기를 '나는 죄를 지었다'라고 하면, 지혜로운 이가 '그대가 말하는 죄는 어떤 것인가?'라고 말한다.
이것은 모두가 인연으로 말미암아 생겨난 것이니 실체성이 없는 것이다. 생겨났을 때에 자아가 없음을 알고 있는 이상, 도대체 누가 짓고 누가 받는다는 말인가?
경에 이르기를 '범부는 억지로 분별하여 내가 탐욕하고, 내가 분노하고, 내가 어리석다고 생각하는데, 이처럼 어리석은 이는 세 가지 나쁜 갈래에 떨어진다'라고 하였으며, 또 경에 이르기를 '죄의 본질은 안에 있는 것도 아니고 밖에 있는 것도 아니고 중간에 있는 것도 아니다'라고 하였으니, 이는 죄에 장소가 없음을 밝힌 것이며, 장소가 없다는 것은 곧 적멸을 뜻한다. 사람이 지옥에 떨어지는 것은 자기 마음에 자아가 있다고 여겨 상상하고 분별하여, 내가 나쁜 짓을 하였으니까 내가 앙갚음을 받아야 한다든가, 내가 착한 일을 하였으니까 내가 보답을 받아야 한다든가 생각하기 때문이니, 이것이 나쁜 업이다. 본래부터 아무것도 없는 것을 멋대로 상상하고 분별하여 무엇인가 있다고 말하는 것이 나쁜 업이다."

"누가 자아를 구제할 수 있습니까?"

"이법이 자아를 구제할 수 있다. 왜냐하면 물질의 형상에 얽매이기 때문에 지옥에 떨어지며, 이법을 관찰함으로써 해탈을 얻는다. 만약 물질의 형상을 보고 상상하고 분별한다면, 바로 확탕지옥(鑊湯地獄)과 노탄지옥(爐炭地獄), 또는 우두(牛頭)와 아바(阿婆) 같은 옥졸의 형벌을 받게 될 것이니, 곧 눈앞에 생사의 형상이 드러난다. 그러나 만약 법계가 본질적으로 열반임을 안다면 상상하고 분별하는 일이 없게 될 것이니, 그것이 그대로 법계의 본질이다."

(37) 심성광대무애문(心性廣大無碍門)

"어떠한 것이 법계의 실체입니까?"

"마음 자체가 법계이다. 이 법계는 실체도 없고 또한 한계도 없다. 그 넓고 큼은 허공과 같아서 볼 수도 없으니, 이를 법계의 실체라 한다."

(38) 유지무지차별문(有知無知差別門)

"어떠한 것이 이법을 아는 것입니까?"
"이법은 감각과 지각을 초월한 것이다. 마음이 만약 감각이나 지각을 초월한다면, 이 사람은 이법을 아는 것이다. 이법은 인식할 수도 없고 볼 수도 없는 것이니, 마음이 만약 인식할 수도 없고 볼 수도 없다면 '이법을 보았다'고 한다. 일체의 이법을 알지 못하는 것을 '이법을 알았다'고 하고, 일체의 이법을 얻지 못하는 것을 '이법을 얻었다'고 하고, 일체의 이법을 보지 못하는 것을 '이법을 보았다'고 하고, 일체의 이법을 분별하지 못하는 것을 '이법을 분별하였다'고 하는 것이다."
"이법은 볼 수 없는 것이라고 한다면, 어떠한 것이 걸림없이 알고 보는 것입니까?"
"앎이 없는 것이 바로 걸림없이 아는 것이요, 봄이 없는 것이 바로 걸림없이 보는 것이다."

(39) 명각불각차별문(明覺不覺差別門)

"이법은 지각할 수 없는 것이라고 한다면, 부처를 '깨달은 이'라고 하는 것은 어떻게 되는 것입니까?"
"이법을 가지고 지각할 수 없는 것이라 하고, 부처를 깨달은 이라 하는 것은, 지각할 수 없는 것을 지각한다고 하며, 이법과 더불어 깨닫는 것을 부처의 깨달음이라고 하기 때문이다. 만약 힘써 마음의 형상을 살피고 이법의 형상을 보고, 힘써 마음자리를 살피면 이것이 적멸(寂滅)의 자리요, 무주(無住)의 자리요, 해탈(解脫)의 자리요, 공(空)의 자리요, 보리(菩提, 깨달음)의 자리이다. 마음자리는 자리가 없는 자리이니 법계(法界)의 자리요, 도량(道場)의 자리요, 법문(法門)의 자리요, 지혜의 자리요, 선정의 자리요, 걸림없는 자리이다. 만약 이렇게 생각하는 사람은 구덩이에 빠진 사람이다."

(40) 건립바라밀다문(建立波羅密多門)

"여섯 가지 바라밀이 일체지[一切智]를 낳을 수 있습니까?"

"바라밀이란 나도 없고 남도 없으니 누가 받고 누가 얻을 수 있겠는가? 중생이라는 존재는 공동 업보[共業]의 결과이니, 복을 받을 자격과 그 형상을 분별할 수 없다.

경에 이르기를 '난승여래(難勝如來)와 그 모임 중의 가장 초라한 거지에게조차 대비(大悲)로 법시(法施)를 완전하게 베풀었다'고 하였으니, 이러한 까닭에 단나(檀那, 布施)바라밀이라 한다.

사실도 없고 원인도 없고, 좋아하거나 싫어하거나 아끼는 마음도 없이 본성 그대로이며, 끝내 잘못이 없거늘 누가 옳음을 찾으랴! 시비가 일어나지 않는 것이 곧 계체(戒體)가 청정한 것이니, 이를 시라(尸羅, 持戒)바라밀이라 한다.

마음에 안팎과 너와 나의 구별이 없거늘 어찌 음성의 본질에 의지하랴! 오염됨이 없어서 허공처럼 평등한 것을 찬제(羼提, 忍

辱)바라밀이라 한다.

090　　감각기관의 한계를 여의고 끝까지 능력을 이끌어 내어 형상에 머물지 않는 것을 비리야(毘梨耶, 精進)바라밀이라 한다.

삼세(三世)에 걸쳐 형상이 없고, 한순간이라도 머무는 일이 없어서 사실과 이법을 처리하되 고요함에도 혼란함에도 거주하지 않고 본질적으로 있는 그대로인 것을 선정(禪定)바라밀이라 한다.

열반과 진여는 본질적으로 볼 수 없으며, 희론(戲論)을 일으키지 않으며, 마음이나 의식을 여의었으며, 방편에도 머물지 않는다. 이를 여여(如如)라 한다. 여기서는 작용할 수 없고, 작용하더라도 작용이 아니다. 경에 이르기를 '지혜로 뒷받침된 방편은 해탈이다'라고 하였으니 이를 반야(般若, 智慧)바라밀이라 한다."

(41) 심성원리결박문(心性遠離結縛門)

"해탈된 마음이란 무엇입니까?"

"마음은 물질이 아니므로 물질의 영역에 속하지 않으며, 마음은 물질이 아닌 것도 아니므로 물질이 아닌 것의 영역에도 속하지 않는다. 마음은 물질을 인정하지만 물질의 영역에 속한 것이 아니며, 마음은 물질이 아닌 것을 인정하지만 물질이 아닌 것의 영역에도 속한 것이 아니다. 마음은 볼 수 있는 물질의 형상은 아니며, 마음은 물질을 초월하였으나 물질이 없다는 것이 공(空)이라는 것은 아니다. 마음은 물질과 마음의 관점을 초월하였으나 허공과 같은 것도 아니다. 보살은 분명하게 공도 인정하고 불공(不空)도 인정하며, 연각은 공은 인정하더라도 불공은 인정하지 않으며, 성문은 공은 얻더라도 불공은 얻지 못한다."

(42) 무생이변문(無生離邊門)

"'일체 존재는 있는 것도 아니고 없는 것도 아니다'라는 것은 무슨 뜻입니까?"
"마음의 본질은 본질이 없는바 이것이 법의 본질이다. 마음은 물질이 아니므로 있는 것이 아니며, 끊임없이 작용하므로 없는 것이 아니다. 또 마음은 작용하면서도 항상 공(空)이므로 '있는 것도 아니며,' 공이면서 항상 작용하고 있으므로 '없는 것도 아니다.' 또 마음은 실체가 없으므로 '있는 것도 아니며,' 인연에 의하여 일어나므로 '없는 것도 아니다.'
범부는 있음에 머물고, 소승은 없음에 머물고, 보살은 있음에도 없음에도 머물지 않는다. 그러나 이것은 자기 마음이 멋대로 분별한 망상이다. 물질은 물질이 아니므로 물질에 물들지 않으며, 물질은 물질이 아닌 것이 아니므로 물질이 아닌 것에 물들지 않는다. 또 보이는 것도 보지 않고 보이지 않는 것도 보지 않는 것을 존재를 본다고 한다. 알려지는 것도 알지 못하고, 알려지지 않는 것도 알지 못하는 것을 존재를 안다고 한다. 이렇게 이해하는 것도 역시 망상이라 한다.

(43) 심덕자재무애문(心德自在無碍門)

마음 그대로가 무심이다. 마음이 무심이므로 법심(法心)이라 한다. 요즘 수행자는 이렇게 생각함으로써 일체의 미혹을 깨뜨린다.

마음은 허공 같아서 깨뜨릴 수 없으므로 금강심(金剛心)이라 한다.

마음은 일정한 곳에 머물지 않고 머물지 않는 곳에도 머물지 않으므로 반야심(般若心)이라 한다.

마음의 본질은 광대하여 작용하되 일정한 방향이 없으므로 마하연심(摩訶衍心, 大乘心)이라 한다.

마음의 본질은 툭 트여 걸림없으므로 보리심(菩提心)이라 한다.

마음은 한계도 없고 방향도 없다. 마음은 형상이 없으므로 외연(外延)이 없고, 끊임없이 작용하므로 외연이 없을 수 없다. 한계가 있는 것도 아니고 한계가 없는 것도 아니므로 실제심(實際心)이라 한다.

마음은 변화함도 없고 변화하지 않음도 없으며, 마음 자체가 본질이 없다. 곧 변화하지 않으면서도 본질 아님이 없고 변화하지 않는 것이 없으나 변화함과 변화하지 않음을 초월하였으므로 진여심(眞如心)이라 한다.

마음 자체가 변화를 초월하는 것을 '변화한다[異]' 하며, 물질에 따라 변화하는 것을 '변화가 없다[無異]' 하며, 또 진여심(眞如

心)이라 한다.

마음은 안팎과 중간에 있는 것이 아니며, 또한 여러 방향에 있는 것도 아니다. 마음이 머무는 곳이 없는 것이 진리가 머무는 곳이요, 법계가 머무는 곳이요, 또한 법계심(法界心)이라 한다.

또 마음의 본질은 있는 것도 아니고 없는 것도 아니며, 예나 이제나 변하지 않으므로 법성심(法性心)이라 한다.

마음은 생겨나는 일도 없고 사라지는 일도 없으므로 열반심(涅槃心)이라 한다.

만약 이렇게 이해한다면 이는 망상심(妄想心)이다. 뒤바뀐 견해를 깨닫지 못하여 자기 마음이 멋대로 대상을 만들어 내는 것을 파랑심(波浪心)이라 한다."

(44) 수심제법유무문(隨心諸法有無門)

"'자기 마음이 멋대로 대상을 만들어 낸다'는 것은 무슨 뜻입니까?"

"모든 존재가 있다고 보되 그 있는 것이 스스로 있는 것이 아니라 자기 마음이 멋대로 있다고 분별하는 것이다. 모든 존재가 없다고 보되 그 없는 것이 스스로 없는 것이 아니라 자기 마음이 멋대로 없다고 분별하는 것이다. 일체 존재에 대해서도 이와 마찬가지이니, 모두 자기 마음이 멋대로 있다고 분별하여 탐내고, 자기 마음이 멋대로 없다고 분별하여 탐내는 것이다.

도대체 탐욕이 무엇이길래 탐난다고 분별하는가? 그것은 모두 자기 마음이 멋대로 일으킨 견해이다. 자기 마음의 분별은 일정한 처소가 없으니 이를 망상이라 한다. 스스로 모든 외도(外道)의 생각을 초월하였다고 여기는 것도 역시 망상이며, 스스로 생각도 없고 분별도 없다고 여기는 것도 역시 망상이다. 걸어갈 때에 이법이 걷는 것이지 내가 걷는 것이 아니요 내가 걷지 않는 것도 아니라고 생각한다든가, 앉아 있을 때에 이법이 앉아 있는 것이지 내가 앉아 있는 것이 아니요 내가 앉아 있지 않는 것도 아니라고 생각한다면, 이렇게 이해하는 것도 역시 망상이다. 이상의 글로써 상응할 수 있으리라."

최상승론

最上乘論

【해 제】

1권. 『수심요론(修心要論)』이라고도 한다. 중국 선종의 제5조 대만홍인(大滿弘忍, 601~674)의 저술이다. 문답형식으로 수심요결(修心要訣)을 밝힌 동산법문(東山法門)의 강요서(綱要書)이다.

『만속장(卍續藏)』2·15·5 [110], 『대정장(大正藏)』 48 등에 수록되었다. 국내에서는 벽운암(碧雲庵, 1483)·안심사(安心寺, 1570) 등에서 판각된 바 있으며, 『법해보벌』(1883) 및 『선문촬요』 권상(1907)에 수록되었다.

스즈키 다이세츠(鈴木大拙)는 『교간 소실일서 및 해설(校刊少室逸書及解說)』 별책 부록(1936)에 돈황 출토본(敦煌出土本) 등 3본 대교(對校)를 수록하고, 『선사상사 연구(禪思想史硏究)』 제2(1949)에 교정본을 수록하였다.

최상승론最上乘論
— 도범취성 오해탈종 수심요론 導凡趣聖悟解脫宗修心要論 —

오조홍인(五祖弘忍) 대사의 말씀

만약 청정(淸淨)을 보호하지 못하면 일체의 수행이 보잘것없 095
다. 원컨대 선지식(善知識) 중에서 이 글을 베끼는 이가 있다면
정신을 집중하여 빠뜨리거나 틀리는 일이 없도록 하라. 후세 사
람들을 그르칠까 두렵다.

무릇 도(道)를 닦는 근본은 모름지기 이 몸과 마음이 본래 청
정하여 생겨나지도 않고 사라지지도 않으며 분별도 없음을 알아
야 한다. 자성(自性)의 원만하고 청정한 마음이 곧 본사(本師)이
며, 온 누리의 모든 부처님을 염송하는 것보다 낫다.
"자기 마음이 본래 청정함을 어떻게 알 수 있습니까?"
"『십지경(十地經)』에 이르기를 '중생의 몸 안에 금강(金剛)과
같은 불성(佛性)이 있으니, 마치 해와 같아서 본체가 밝고 원만하
며 한량없이 광대하다. 다만 오음(五陰)의 검은 구름에 덮여서 마 096
치 항아리 속에 넣은 등불과 같이 능히 비추지 못할 뿐이다. 비

유하건대 세상에서 구름과 안개가 팔방에서 동시에 일어나서 천하가 어두워지면 해가 어찌 빛날 수 있겠는가? 그러나 어찌하여 빛이 없겠는가? 빛은 본래 없어지지 않으나 다만 구름과 안개에 뒤덮인 바 되었기 때문이다. 모든 중생의 청정한 마음도 이와 같아서 다만 반연(攀緣)과 망념과 번뇌와 갖가지 견해의 검은 구름에 뒤덮인 바 되었을 뿐이다. 다만 뚜렷이 마음을 지키기만 하면 망념이 일어나지 않고 열반의 법이 자연히 나타나게 될 것이다'라고 하였다. 그러므로 자기 마음이 본래 청정함을 알 수 있다."

"자기 마음이 본래 생겨나지도 않고 사라지지도 않음을 어떻게 알 수 있습니까?"

"『유마경(維摩經)』에 이르기를 '여여(如如)는 생겨남도 없고 사라짐도 없다'고 하였다. 여여라는 것은 진여(眞如) 불성(佛性)이며 자성이 청정함이다. 청정함이란 것은 마음의 근원이다. 진여는 본래부터 있는 것이지 인연을 따라 생겨난 것이 아니다. 또 이르기를 '모든 중생도 다 이와 같으며, 모든 현인과 성인도 또한 이와 같다'고 하였다. '모든 중생'이란 곧 우리 같은 사람을 말하고, '모든 현인과 성인'이란 곧 모든 부처님을 말한다. 이름과 형상은 비록 구별이 있으나, 몸 속의 진여 법성은 모두 같아서 생겨나지도 않고 사라지지도 않으므로 '다 이와 같다'고 한 것이다. 그러므로 자기 마음이 본래 생겨나지도 않고 사라지지도 않음을 알 수 있다."

"자기 마음으로 본사(本師)를 삼는다는 것은 무엇을 말하는 것입니까?"

"이 참마음[眞心]이라는 것은 자연히 있는 것이지 외부로부터 온 것이 아니며, 요소가 모여서 이루어진 것도 아니다. 삼세(三世)에 존재하는 모든 것 가운데 스스로 마음을 지키는 것보다 더 가까이하여야 할 것은 없다. 만약 마음을 아는 자가 그것을 지키면 저 언덕[彼岸]에 도달하며, 마음을 미혹한 자가 그것을 버리면 삼도(三塗)에 떨어진다. 그러므로 삼세의 모든 부처님께서 자기 마음으로 본사를 삼았음을 알 수 있다. 그러므로 논(論)에 이르기를 '명확히 마음을 지키면 망념이 일어나지 않으니, 이것이 바로 무생(無生)이다'라고 하였다. 그러므로 마음이 곧 본사임을 알 수 있다."

"자기 마음이 염불(念佛)하는 것보다 낫다는 것은 무엇을 말하는 것입니까?"

"언제나 염불을 하더라도 생사를 면할 수는 없거니와 본심을 지키면 저 언덕에 도달한다. 『금강경(金剛經)』에 이르기를 '만약 물질로써 나를 보려 하거나 음성으로써 나를 찾으려 한다면, 이 사람은 삿된 도를 실천하는 것이니, 끝내 여래(如來)를 볼 수 없다'고 하였다. 그러므로 이르기를 '본래의 참마음을 지키는 것이 염불하는 것보다 낫다'고 하는 것이다. 또 이르기를 '낫다는 것은 사람들에게 수행을 권면하는 관점에서 하는 말이다'라고 하는 것이다. 실제로 궁극에 있어서는 과체(果體)가 평등하여 차별이 없다."

"중생과 부처의 참몸[眞體]이 이미 같다면 어찌하여 모든 부처님은 생겨나지도 않고 사라지지도 않아서 한량없는 쾌락을 받고 자유로워서 걸림이 없으며, 우리 중생들은 생사(生死)에 떨어져서 갖가지 고통을 받습니까?"

"온 누리의 모든 부처님은 법성(法性)을 깨달아서 자연히 마음의 바탕이 밝아져 망상이 생겨나지도 않고 바른 생각을 잃어버리지도 않으며, 〈나의 것이라는 마음[我所心]〉이 사라졌으므로 생사를 받지 않는다. 생사를 받지 않으므로 마침내 고요하다. 그러므로 모든 쾌락이 저절로 돌아옴을 알 수 있다. 그러나 모든 중생들은 참된 성품을 미혹하여 마음의 근본을 알지 못하고 갖가지 망령된 반연으로 바른 생각을 닦지 않으므로 증오심이 일어난다. 증오심 때문에 마음이라는 그릇이 깨져 새게 되며, 마음이라는 그릇이 깨져 새기 때문에 생사가 있다. 생사가 있기 때문에 갖가지 고통이 저절로 나타난다. 『심왕경(心王經)』에 이르기를 '진여 불성이 지견(知見)이라는 육식(六識)의 바다에 빠져서 생사에 잠겨 해탈을 얻지 못한다'고 하였다. 부지런히 노력하여 본래의 참마음을 지키면 망념이 생겨나지 않으며, 나의 것이라는 마음이 사라져 자연히 부처와 더불어 평등하여 차별이 없게 될 것이다."

"진여 법성이 동일하여 차별이 없으니, 미혹하였다면 함께 미혹하였을 것이고 깨달았다면 함께 깨달았을 것이거늘, 어찌하여 부처님은 성품을 깨달았으며 중생들은 미혹한 것입니까?"

"이 위로는 불가사의한 대목에 들어선 것이니, 범부가 이해할 수 있는 것이 아니다. 마음을 알았으므로 깨달았으며, 성품을 잃어버렸으므로 미혹한 것이다. 인연이 화합하면 곧 합하는 것이니 결정되어 있다고 말할 수는 없다. 다만 진제(眞諦)를 믿어 자기의 본심을 지켜라. 그러므로 『유마경』에 이르기를 '자기의 성품도 없고 남의 성품도 없다. 법은 본래 생겨남이 없으며, 이제 사라짐도 없다'고 하였다. 이것은 깨달아서 두 가지 변견(邊見)을 떠나서 무분별지(無分別智)에 들어간 것이다. 이 뜻을 이해한다면 수행과 법요(法要)에 있어서 마음을 지키는 것이 으뜸이다. 이 마음을 지키는 것은 열반(涅槃)의 근본이요, 도에 들어가는 중요한 문이요, 십이부경(十二部經)의 종지요, 삼세의 모든 부처님의 조상(祖上)이다."

"본래의 참마음을 지키는 것이 열반의 근본임을 어떻게 알 수 있습니까?"

"열반은 그 바탕이 고요하니 하염없이 안락하며, 내 마음이 이미 참마음이므로 망상이 끊어졌다. 망상이 끊어졌으므로 바른 생각을 갖추었으며, 바른 생각을 갖추었으므로 고요히 비추는 지혜가 생겨난다. 고요히 비추는 지혜가 생겨나므로 법성을 통달하며, 법성을 통달하므로 열반을 얻는다. 그러므로 본래의 참마음을 지키는 것이 열반의 근본임을 알 수 있다."

"본래의 참마음을 지키는 것이 도에 들어가는 중요한 문임을 어떻게 알 수 있습니까?"

"손톱 하나를 들어 부처의 형상을 그리거나 혹은 갠지스강의 모래알같이 수많은 공덕을 짓거나 간에 이것은 부처님께서 지혜 없는 중생을 가르쳐 인도하여 미래에 훌륭한 과보를 받을 업(業)

이나 부처를 볼 인(因)을 짓게 하는 것이다. 일찍부터 부처를 이루기를 바란다면 마땅히 본래의 참마음을 지켜야 한다. 삼세의 모든 부처님이 한량없으나, 그 중에 한 분이라도 참마음을 지키지 않고 부처를 이룬 분이 있다면 옳지 않다. 그러므로 경에 이르기를 '마음 한 곳을 제어하면 끝장내지 못할 일이 없다'고 하였으니, 본래의 참마음을 지키는 것이 도에 들어가는 중요한 문임을 알 수 있다."

101 "본래의 참마음을 지키는 것이 십이부경의 종지임을 어떻게 알 수 있습니까?"

"여래가 일체경(一切經) 가운데서 온갖 죄와 복, 온갖 인연과 과보를 말씀하시고, 때로는 온갖 산하와 대지, 초목 등등의 물건을 인용하여 한량없는 비유를 하시고, 때로는 한량없는 신통과 갖가지 변화를 나투신 것은 다만 부처님께서 지혜 없는 중생을 가르쳐 인도하시되, 그들에게 갖가지 욕심이 있어서 마음이 지향하는 바가 천차 만별이므로, 여래가 그들의 마음의 문을 따라서 일승(一乘)으로 이끌어들이기 위한 것이다. 내가 이미 중생의 불성이 본래 청정하여 마치 저 구름에 가려진 해와 같음을 터득하였으니, 다만 명확히 본래의 참마음을 지키기만 하면 망념의 구름이 사라지고 지혜의 해가 나타나게 될 것이다. 어찌 지식과 이론을 많이 배워서 생사의 고통을 취할 필요가 있으랴! 온갖 이치와 삼세의 일은, 비유하자면 거울을 닦아서 티끌이 없어지면 빛이 자연히 나타나는 것과 같다. 이제 무명(無明)의 마음 가운데서 배워 얻는 공부로는 끝내 감당할 수 없으니, 명확히 깨달아야 바른 생각을 잃지 않을 것이다. 하염없는 마음 가운데서 배워 얻는 공부야말로 참다운 배움이다. 비록 참다운 배움이라고는 하나 끝내 배울 것도 없다. 왜냐하면 나와 열반이 모두 실체가 없으므로 다르지도 않고 같지도 않기 때문이다. 그러므로 배울 것도 없다. 법성이 비록 비었으나, 명확히 본래의 참마음을 지키면 망념이 일어나지 않고 나의 것이라는 마음이 사라질 것이다. 그러므로 『열반경(涅槃經)』에 이르기를 '부처가 법을 설하지 못한다는 것을 아는 자를 다문(多聞)을 갖춘 이[具足多聞]라고 한다'고 하였다. 그러므로 본래의 참마음을 지키는 것이 십이부경의 종지임을 알 수 있다."

"본래의 참마음을 지키는 것이 삼세의 모든 부처님의 조상임을 어떻게 알 수 있습니까?"

"삼세의 모든 부처님이 심성(心性) 가운데서 태어났으니, 먼저 참마음을 지키면 망념이 일어나지 않고 나의 것이라는 마음이 사라져 부처를 이루게 된다. 그러므로 본래의 진심을 지키는 것이 삼세의 모든 부처님의 조상임을 알 수 있다.

위에서 말한 네 가지 문답을 자세히 말하고자 할진댄 어찌 끝이 있으랴! 내가 이제 그대에게 바라는 것은 스스로 본심이 그대로 부처임을 알라는 것이다. 그러므로 은근히 그대에게 권면하니, 천경 만론(千經萬論)이 본래의 참마음을 지키는 것에 지나는 것이 없으니, 이것이 바로 요점이다. 내가 이제 부지런히 노력하여 『법화경(法華經)』을 뒤져서 그대에게 큰 수레와 보배 창고, 밝은 구슬과 훌륭한 약 따위를 보여준다고 한들 그대가 그것을

103 취하지 않고 복용하지 않는다면 곤궁한 고통을 어찌할 도리가 없다. 망념이 일어나지 않고 나의 것이라는 마음이 사라지면 온갖 공덕이 자연히 원만해져서 밖에서 찾지 않아도 생사의 고통에서 벗어나게 된다. 어떤 경우에라도 바른 생각으로 마음을 살피고 현재의 쾌락에 빠져서 미래의 고통의 씨앗을 심지 말라. 스스로도 속고 남도 속여서 생사에서 벗어나지 못하게 될 것이니, 노력하고 또 노력하라. 인생이 비록 덧없으나 다 함께 미래에 부처를 이룰 인(因)을 지어야지 삼세를 헛되이 보내어 공부를 그르치지 말라. 경에 이르기를 '항상 지옥에 거처하면서 놀이동산으로 여기며, 악도(惡途)에 있으면서 제 집으로 여긴다'고 하였다. 우리 중생들의 모습이 지금 이렇거늘 이를 깨닫지 못하고 남들의 죽음에 놀라고 두려워하며 끝내 벗어나려는 마음이 없으니, 괴롭고도 괴롭도다.

처음 발심(發心)하여 좌선(坐禪)을 배우는 이는 『관무량수경(觀無量壽經)』에 의지하여 단정히 앉아 바른 생각을 하고, 눈을 감고 입을 닫고, 마음으로는 전방을 조용히 쳐다보되 편의에 따라 거리를 조절하며, 오늘 하루뿐이라는 결심을 하고 본래의 참마음을 지키며, 생각 생각에 머무르지 말고 호흡을 조절하되 헐떡거리게 하지 말라. 그렇게 하면 병고(病苦)를 이루게 될 것이다. 밤에 좌선할 때에는 때로는 온갖 좋거나 나쁜 경계를 보게 되거나, 104 푸르고 누르고 붉고 흰 따위의 여러 가지 삼매(三昧)에 들어가게 되거나, 때로는 몸에서 큰 광명이 나오는 것을 보게 되거나, 때로는 여래의 모습을 보게 되거나, 때로는 갖가지 변화를 보게 되더라도 다만 마음을 가다듬어 그것에 집착하지 말아야 함을 알아야 한다. 그것은 모두 헛것이요 망상으로부터 나타난 것이다. 경에 이르기를 '온 누리 국토가 다 허공과 같으며, 삼계가 허깨비이니, 오직 한마음이 만든 것이다'라고 하였다.

만약 삼매를 얻지 못하거나 온갖 경계를 보지 못할 경우에라도 이상하게 여길 필요가 없다. 그저 가거나 멈추거나 앉거나 눕거나 간에 항상 명확히 본래의 참마음을 지켜야 한다. 마침내 망념이 일어나지 않고 나의 것이라는 마음이 사라지면 모든 사물이 자기 마음에서 나지 않게 될 것이다. 그러므로 모든 부처님들이 수많은 언어와 가르침과 비유로 널리 말씀하신 것은 다만 중생들의 취향이 각각 같지 아니하여 교화의 문에 차별이 있기 때문이었으나, 실제로는 팔만사천 법문(法門)과 삼승(三乘)과 팔도위체(八道位體)와 칠십이현행종(七十二賢行宗)이 자기 마음이 곧 근본이라는 가르침에 지나는 것이 없다.

만약 스스로 본래의 마음을 깨달아 생각 생각에 갈고 단련하여 머물지 않는다면 곧 스스로 불성을 보게 될 것이다. 생각 생각에 항상 온 누리의 갠지스강의 모래알같이 수많은 부처님들을 공양하며 십이부경을 항상 읽으라. 만약 이 마음의 근원을 깨닫는다면 모든 마음과 뜻이 저절로 나타나 모든 서원을 갖추고, 모든 수행을 완성하고, 모든 일을 다 끝장내어 다시는 몸을 받지 않게 될 것이다. 마침내 이 망념이 일어나지 않고 나의 것이라는 마음이 사라지면 이 몸을 버리고 결정코 생사가 없는 불가사의 [無生不可思議]를 얻게 될 것이니, 부지런히 노력하되 잠깐도 소홀히 하지 말라.

이처럼 진실하여 거짓이 아닌 말은 얻어듣기도 어렵고, 얻어들어도 선뜻 실천하는 자는 갠지스강의 모래알같이 수많은 무리 중에 겨우 한 명쯤 있을 정도에 지나지 않는다. 선뜻 실천하여도 끝까지 도달하는 자는 억만 겁의 세월 중에 겨우 한 명쯤 있다. 좋이 스스로 안정하여 모든 감각기관을 잘 조절하고, 마음의 근원을 들여다보고, 항상 밝고 청정하도록 하여 무기심(無記心)이 생겨나지 않도록 하라."

"어떤 것을 무기심이라고 합니까?"

"모든 마음을 가다듬는 사람들이 외부의 경계를 반연하는 거친 마음을 조금 쉬고 안으로 진심을 단련하였으나, 마음이 미처 청정해지지 못하였을 때에 가거나 멈추거나 앉거나 눕거나 간에 항상 가만히 마음을 살피되 아직 청정함을 명확히 깨닫지 못하였으면서도 홀로 마음의 근원을 비추는 것을 무기심이라고 하니, 이는 샘[번뇌]이 있는 마음이다. 아직도 생사라는 큰 병을 면치 못하였거늘, 하물며 도무지 참마음을 지키지 않는 사람이랴! 이 사람이 생사라는 고통의 바다에 빠져 언제 벗어날 수 있으랴! 가엾구나. 노력하고 또 노력하라.

경에 이르기를 '중생으로서 정성이 안에서 나오지 않는 자는 삼세의 갠지스강의 모래알같이 수많은 부처님들을 만나더라도 어찌할 수 없다'고 하였다. 만약 부처님께서 능히 중생을 제도할 수 있었다면 과거에 부처님이 갠지스강의 모래알같이 한량없었거늘, 어찌하여 우리들은 성불을 하지 못하였을까? 이는 다만 정성이 안에서 나오지 않았기 때문이다. 이런 까닭에 고통의 바다에 빠졌으니, 노력하고 또 노력하여 부지런히 본래의 마음을 찾아 새지 않도록 하라.

과거는 나도 모르는 사이에 이미 지나갔고, 미래는 아직 오지 않았으며, 이 몸은 현재에 태어나 미묘한 법을 얻어들었으니, 분명히 서로 권면하여 이 말을 결정코 이해하여, 마음을 지키는 것이 으뜸가는 길임을 알아야 한다. 지성심(至誠心)을 내지 않고 성불하기를 기대하고, 한량없는 자유와 쾌락을 추구하고 시끄럽게 세속을 따르면서 명예와 이익을 탐욕스럽게 추구하다가 미래에 큰 지옥에 떨어져 갖가지 고통을 받게 될 것이니, 후회한들 미칠 수 있으랴! 어찌하겠는가, 어찌하겠는가? 노력하고 또 노력하라. 비록 해진 옷을 입고 거친 밥을 먹더라도 분명히 본래의 참마음을 지키면 마치 바보인 체하는 이가 말은 알아듣지 못하더라도 기력을 가장 적게 들이고 선뜻 공을 세울 수 있는 것과 같아서 이 사람이야말로 크게 정진하는 사람이다.

세상의 미혹한 사람들은 이 이치를 알지 못하고 무명심(無明心) 가운데서 흔히 간난과 신고를 겪으면서 널리 선행을 닦고 해탈을 기대하므로 생사의 고통으로 돌아가게 된다. 명확히 바른 생각을 잃어버리지 않고 중생을 제도하는 이가 가장 역량 있는 보살이다. 그대들에게 분명히 마음을 지키는 것이 으뜸이라고 말하겠다. 만약 부지런히 배우지 않는 자는 매우 어리석은 사람이다. 현재 한 생애의 인욕(忍辱)을 감내하지 못하고 미래만 겁(劫) 동안 재앙을 받고자 한다면 과연 그대에게 다시 무엇을 부탁하여야 할지 듣고 싶다.

팔풍(八風)이 불어도 흔들리지 않는 자가 참으로 보배의 산이다. 만약 과체(果體)를 아는 자는 모든 경계에 대하여 갠지스강의 모래알같이 수많은 작용을 일으키고, 물 흐르는 듯한 변재(辯才)가 있으며, 병에 따라 약을 준다. 망념이 일어나지 않고 나의 것이라는 마음이 사라져 버리면 그가 참으로 세상을 벗어난 대장부[出世丈夫]이다. 여래가 이 세상에 계실 때에 찬탄하심이 어찌 다함이 있겠는가? 내가 이 말을 하는 것은 지극한 마음으로 그대에게 권면하는 것이니, 망념이 일어나지 않고 나의 것이라는 마음이 사라져 버리면 그가 바로 세상을 벗어난 학인[出世之士]이다."

"〈나의 것이라는 마음[我所心]〉이란 무엇을 말합니까?"

"조금이라도 남들을 이겨 보려는 마음이 있는 것이다. 스스로 '내 능력이 이와 같다'고 생각한다면 그것이 바로 나의 것이라는 마음이니 열반 가운데 병통이다. 그러므로 『열반경』에 이르기를 '비유하건대 저 허공이 능히 모든 사물을 포용하되 허공이 스스로 내가 능히 포용한다고 생각하지 않는 것과 같다'고 하였다. 이러한 비유와 마찬가지로 나의 것이라는 마음이 사라져 버리면 금강삼매(金剛三昧)에 나아가게 된다."

"모든 수행하는 사람들이 진실되고 항상된 적멸(寂滅)을 구하면서 다만 세간의 덧없는 거친 선행만을 즐기고, 근본적인 진리[第一義諦]인 진실되고 항상된 미묘한 선(善)을 즐기지 않는다는 것은 이치에 맞지 않습니다. 다만 발심하여 이치를 반연하여 분별하는 마음을 일으키고자 한다면 이는 샘이 있는 마음입니다. 다만 마음을 없애고자 한다면 이는 무명의 어둠에 머무르는 것이니, 이것 또한 이치에 맞지 않습니다. 다만 마음을 제지하지 않고 이치에 반연하지 않고자 한다면 악(惡)에 나아가 허무[空]를 취하게 되어, 비록 사람의 몸을 받을지라도 축생의 짓을 하게 됩니다. 이때에 선정과 지혜와 방편이 없어서 깨달아서 밝게 불성을 보지 못하니, 이것이 수행인이 흔히 떨어지는 경지입니다. 어떻게 하여야 벗어나서 무여열반(無餘涅槃 : 육신마저 없앤 열반)에 이를 수 있겠습니까? 원컨대 참마음을 보여주십시오."

"믿는 마음이 갖추어지면 서원이 이루어지고 서서히 마음이 가라앉는다. 다시 그대 자신의 몸과 마음을 한가롭고 고요하게 하여, 일체에 반연하는 것이 없게 하고, 단정히 앉아 바른 생각을 하고, 호흡을 잘 조절하고, 그 마음을 경계하면 안에도 있지 않고 밖에도 있지 않고 중간에도 있지 않고, 즐겁고 한결같아서 점점 익숙해져 밝게 깨닫게 된다. 이 의식의 흐름은 물길처럼 콸콸 흐르고 불길처럼 활활 타올라 머무르지 않는다. 이미 이 의식을 깨달으면 안에도 있지 않고 밖에도 있지 않고 느긋하고 한결같아서 점점 익숙하여져 반복하여 녹아 버린다. 텅 비어 뚜렷하고 담담하게 머물면 이 의식의 흐름이 시원스럽게 저절로 없어진다.

이 의식을 없앤다면 이것은 십지보살(十地菩薩)의 장애와 미혹을 없앤 것이다. 이 의식이 없어지면 그 마음이 곧 텅 비어 뚜렷하고 고요하고 담박하고 조촐하고 느긋해질 것이나, 나로서는 더 이상 그 모습을 말할 수 없다. 그러나 그대가 알고자 한다면 『열반경』 제3권의 「금강신품(金剛身品)」과 『유마경』 제3권의 「견아촉불품(見阿閦佛品)」을 꺼내어 천천히 생각하면서 세심하게 뒤져서 익숙해지도록 보아라. 만약 이 경이 익숙해져서 실제로 얻어서 능히 가거나 멈추거나 앉거나 눕거나 간에 오욕(五欲)과 팔풍(八風)을 대하여 이 마음을 잃어버리지 않는다면 이 사람은 청한한 수행이 이미 확립되었으며, 할 일을 이미 끝장냈으니, 다시는 생사의 몸을 받지 않게 된다.

오욕이란 것은 물질과 소리와 냄새와 맛과 느낌이요, 팔풍이란 것은 이로움과 무너짐, 헐뜯음과 기림, 칭찬과 비난, 괴로움과 즐거움이다. 이것이 바로 수행하는 이가 불성을 닦고 단련하는 곳이니, 이 몸이 자유롭지 못함을 그다지 괴이쩍게 여기지 말라. 경에 이르기를 '세간에 부처가 머물 곳이 없다. 보살도 작용을 드러내지 못한다'고 하였다. 이 보신(報身)을 벗고자 한다면, 중생의 과거의 뿌리에 날카로움과 둔함이 있으므로 한 마디로 판단할 수는 없으나 상근기(上根器)라면 한순간이요, 하근기(下根器)라면 한량없는 세월이 필요할 것이다. 역량이 있을 때에 중생의 성품을 따라 보살의 선근(善根)을 일으키고 스스로도 이롭고 남도 이롭게 하며 불국토를 장엄하라. 모름지기 사의법(四依法)을 깨달아야 실상(實相)을 터득할 수 있으니, 만약 문구에 의지하여 집착한다면 참된 종지를 잃어버리게 될 것이다.

모든 비구(比丘)들이여, 그대들이 이를 배우고자 집을 나와서 도를 닦으니, 이것이 바로 출가(出家)이다. 생사의 형틀에서 벗어나는 것을 출가라 하니, 바른 생각을 갖추고 도를 닦아 성취한다. 몸뚱이와 팔다리와 뼈마디를 분해하더라도 목숨이 끊어질 때에 바른 생각을 잃어버리지 않는다면 참다운 불제자(佛弟子)를 성취하게 된다.

이제까지 이 글을 엮은 이는 곧바로 신심으로써 문구에 근거하여 의미를 취하여 이와 같은 글을 지었으나, 참으로 명확히 증득한 지혜는 아니다. 만약 성인의 이치에 어긋남이 있다면 그 죄를 참회하여 소멸시킬 것을 서원한다. 만약 성인의 진리에 합당하다면 그 공덕을 중생에게 다시 회향(廻向)하겠다. 원컨대 모두 본심(本心)을 깨달아 한목에 성불하기 바란다. 듣는 자마다 미래에 성불하라. 원컨대 당장 우리 문도부터 제도하기 바란다."

"이 글이 시작부터 끝까지 모두 자기 마음이 곧 도임을 밝힌 것이니, 이것은 과(果)와 행(行)의 두 문 가운데 어느 문에 포섭되는 것입니까?"

"이 글은 일승(一乘)을 드러내는 것으로 종지를 삼았다. 그러나 그 궁극적인 의도는 미혹한 이를 인도하여 깨달음에 나아가 스스로 생사를 벗어나 선뜻 남을 제도하게 하려는 것이니, 곧바로 말하면 스스로를 이롭게 하는 것일 뿐 남을 이롭게 하는 것은 말하지 않았다. 행문(行門)의 관점에서 말한다면 어떤 사람이 이 글에 의지하여 수행하면 곧 그 자리에서 성불하게 될 것이다.

내가 만약 그대를 속인다면 미래에 십팔 지옥(十八地獄)에 떨어지리라. 하늘과 땅을 두고 맹세하노라. 만약 나를 믿지 못한다면 태어나는 세상에서마다 호랑이에게 잡혀 먹히리라."

완 릉 록
宛陵錄

【해 제】

1권.『황벽단제선사 완릉록(黃檗斷際禪師宛陵錄)』이라고도 한다. 당대(唐代) 임제의현(臨濟義玄)의 스승인 황벽희운(黃檗希運, ?~850)이 대중(大中) 2년(848) 완릉(宛陵) 개원사(開元寺)에서 한 설법을, 그에게 법(法)을 받은 배휴(裴休, 797~870)가 엮은 문답체의 어록(語錄)이다. 그 요지는 즉심시불(卽心是佛)이다.

『가흥장(嘉興藏)』9,『만속장(卍續藏)』2·24·5 [119],『대정장(大正藏)』48,『불광장(佛光藏) : 선장(禪藏)』(『육조법보단경(六祖法寶壇經)』에 합철) 및『천성광등록(天聖廣燈錄)』8,『사가어록(四家語錄)』5,『고존숙어록(古尊宿語錄)』3 등에 수록되었다. 국내에서는『법해보벌』(1883) 및『선문촬요』권상(1907)에 수록되었으나, 끝부분의 상당법어 1편이 생략되었다.

완 릉 록 宛陵錄

황벽단제(黃檗斷際) 선사의 말씀

상공(相公) 배휴(裴休)가 황벽(黃檗)선사에게 여쭈었다.

"산중의 사오백 명 대중 가운데서 몇 명이나 스님의 법을 얻었습니까?"

선사께서 말씀하셨다.

"법을 얻은 사람은 그 수를 헤아릴 수 없다. 왜냐하면 도(道)는 마음의 깨달음에 있는 것이니, 어찌 언설에 있겠는가? 언설은 다만 어린이를 교화하는 데 필요할 뿐이다."

"부처란 무엇입니까?"

"마음이 곧 부처요 무심(無心)이 곧 도다. 다만 마음을 내어서 생각을 움직이거나, 있고 없음, 길고 짧음, 너와 나, 주관[能]이니 객관[所]이니 하는 마음만 없으면, 마음이 본래 부처요 부처가 본래 마음이다. 마음은 허공과 같다. 그러므로 이르기를 '부처님의 참된 법신(法身)은 허공과 같다'고 하였다.

부처를 따로 구하려 하지 말라. 구함이 있으면 모두가 고통이다. 설사 갠지스강의 모래알같이 수많은 세월 동안 육도 만행(六度萬行)을 실천하여 부처님의 보리(菩提, 깨달음)를 얻는다 하더라도 그것은 결코 궁극적인 깨달음이 아니다. 왜냐하면 그것은 인연의 조작에 속하기 때문이다. 인연이 다하면 덧없음[無常]으로 돌아가고 만다. 그러므로 이르기를 '보신(報身)과 화신(化身)은 참된 부처가 아니요, 또한 법을 설하는 자가 아니다'라고 하였다. 다만 자기 마음을 알기만 하면 나[我]도 없고 또한 남[人]도 없어서 본래 그대로 부처이다."

"성인의 무심은 곧 부처의 경지이지만 범부의 무심은 공적(空寂)한 상태에 빠지는 것이 아닙니까?"

"법에는 범부와 성인의 구별이 없으며, 또한 공적한 상태에 빠지는 것도 없다. 법이 본래 있는 것이 아니지만, '없다'는 견해도 내지 말라. 또한 법이 본래 없는 것이 아니지만, '있다'는 견해도 내지 말라. 법이 있느니 없느니 하는 것은 모두 알음알이로 헤아리는 견해로서, 마치 허깨비나 노을과도 같은 것이다. 그러므로 이르기를 '보고 듣는 것은 마치 허깨비나 노을 같고, 알고 느끼는 것은 바로 중생이다'라고 하였다. 조사 문중(祖師門中)에 있어서는 오로지 기틀을 쉬고 견해를 잊는 것을 논할 뿐이다. 그러므로 기틀을 쉬면 부처님의 도가 융성해지고, 분별하면 마구니[魔]의 장난이 치성해진다."

"마음이 본래 그대로 부처인데 육도 만행을 다시 닦아야 합니까?"

"깨달음은 마음에 달려 있는 것이오, 육도 만행과는 아무런 상관이 없다. 육도 만행이란 그저 교화의 방편(方便)으로서 중생을 제도하는 쪽의 일일 뿐이다. 설사 보리와 진여(眞如)·실제(實際)·해탈(解脫)·법신(法身), 나아가 십지(十地)·사과(四果) 등의 성인의 지위에 도달한다 할지라도 모두가 제도하는 문일 뿐이어서, 부처님의 마음과는 아무런 상관이 없다. 마음이 곧 그대로 부처이니, 온갖 제도하는 법문 가운데서 부처님의 마음이 으뜸이다. 다만 생사(生死)니 번뇌(煩惱)니 하는 따위의 마음만 없으면 보리 등의 법을 쓸 필요가 없다. 그러므로 이르기를 '부처님께서 말씀하신 모든 법은 나의 모든 마음을 제도하시기 위한 것이다. 나에게 모든 마음이 없거니, 모든 법을 어디에 쓰겠는가?'라고 하였다.

부처님으로부터 조사님네들에 이르기까지 모두가 다른 것은 말하지 않고, 오직 한마음만을 말하였을 뿐이며, 또한 일승(一乘)만을 말하였을 뿐이다. 그러므로 이르기를 '온 누리를 살펴보아도 다시 다른 가르침[乘]이 없다. 여기에 있는 대중들은 곁가지와 잎은 없고 오로지 모두 잘 익은 열매들뿐이다'라고 하였다. 그러므로 이 뜻은 믿기가 어렵다.

달마(達摩)대사께서 이 땅에 오셔서 양(梁)·위(魏) 두 나라에 머물렀는데, 오직 혜가(慧可)대사 한 분만이 자기 마음을 가만히 믿고 말끝에 문득 마음이 곧 그대로 부처임을 알았다. 몸과 마음이 모두 함께 없는 것을 큰 도(道)라고 한다. 큰 도는 본래 평등하다. 그러므로 모든 중생들이 하나의 참성품임을 깊이 믿는다. 마음이 성품과 다르지 않으니 성품이 곧 마음이다. 마음이 성품과 다르지 않은 사람을 일컬어 조사(祖師)라고 한다. 그러므로 이르기를 '마음과 성품을 터득하였을 때 비로소 불가사의하다고 말할 수 있다'고 하였다."

116 "부처님께서는 중생을 제도하십니까?"

"진실로 여래(如來)께서 제도할 중생은 없다. 나[我]도 오히려 얻을 수 없는데, 나 아닌 것이야 어찌 얻을 수 있겠는가? 부처와 중생을 모두 다 얻을 수 없다."

"현재 부처님의 삼십이상(三十二相)과 중생 제도가 분명히 있는데 스님께서는 어찌하여 없다고 말씀하십니까?"

"경에 이르기를 '무릇 형상이 있는 존재는 모두가 허망하니, 만약 모든 형상을 형상이 아닌 것으로 보면 곧 여래를 보게 된다'고 하였다. 부처니 중생이니 하는 것은 모두 그대가 망령되이 지어 낸 견해이니, 다만 본래의 마음을 알지 못한 탓으로 그와 같은 부질없는 견해를 짓게 된 것이다. 부처라는 견해를 짓는 순간 바로 부처라는 장애가 되고, 중생이라는 견해를 짓는 순간 바로 중생이라는 장애가 된다. 범부니 성인이니 하는 견해를 짓고, 깨끗하다느니 더럽다느니 하는 견해를 짓는 따위가 모두 그와 같은 장애가 되고 만다. 그것들이 그대의 마음을 장애하기 때문에 결국 윤회하게 된다. 이것은 마치 원숭이가 무엇인가를 잡았다 놓았다 하느라고 쉴 틈이 없는 것과 같다.

최상의 배움이란 모름지기 배울 것이 없어야 한다. 범부도 없고 성인도 없으며, 깨끗함도 없고 더러움도 없으며, 큼도 없고 작음도 없으며, 번뇌도 없고 조작도 없다. 이와 같이 한마음 가운데서 방편으로 부지런히 장엄하는 것이다. 설사 그대가 삼승(三乘)·십이분교(十二分敎)와 모든 견해들을 배웠다 하더라도, 그 모든 것을 다 버려야 한다. 그러므로 '가진 것을 모조리 없애 버리고 오직 침상(寢床) 하나만을 남겨 두고 병들어 누워 있다' 117 고 하였다. 이 말은 바로 모든 견해를 일으키지 않음을 말한 것이다. 한 법도 얻을 것이 없어서 법의 장애를 받지 않고, 삼계(三界)의 범부·성인의 경계를 훌쩍 벗어나야만 비로소 세간을 벗어난 부처라고 한다. 그러므로 이르기를 '허공처럼 의지할 바 없음에 머리 숙여, 외도(外道)의 굴레를 벗어난다'고 하였다.

마음이 이미 다르지 않으므로 법 또한 다르지 않으며, 마음이 이미 하염없으므로 법 또한 하염없다. 모든 법이 다 마음으로 말미암아 변화한 것이다. 그러므로 나의 마음이 비었으므로 모든 법이 비었으며, 천만 가지 중생들도 모두 다 이와 같다. 온 누리의 허공계가 같은 한마음의 본체이니, 마음이 본래 다르지 않고 법 또한 다르지 않건만, 다만 그대의 견해가 같지 않으므로 차별이 있게 되는 것이다. 마치 모든 하늘 사람들이 다 보배 그릇으로 음식을 받아 먹지만 각자의 복덕(福德)에 따라 밥의 빛깔이 다른 것과 같다.

온 누리의 모든 부처님께서는 진실로 한 법도 얻은 것이 없으니, 이것을 아뇩다라삼먁삼보리(阿耨多羅三藐三菩提, 無上正等正覺)라 한다. 오직 한마음일 뿐이요 진실로 다른 형상이 없으며, 또한 광채도 없고, 나을 것도 없고 못할 것도 없다. 나을 것이 없기 때문에 부처라는 형상도 없고, 못할 것이 없기 때문에 중생이라는 형상도 없다."

"마음은 형상이 없다고 할 수 있겠지만, 어찌하여 부처님의 삼십이상·팔십종호(八十種好)와 중생 제도가 전혀 없다고 할 수 있겠습니까?"

"삼십이상은 형상에 속한 것이니 '무릇 형상이 있는 존재는 모두가 허망하다'고 한 것이요, 팔십종호는 물질에 속한 것이니 '만약 물질로써 나를 보려 한다면 이 사람은 삿된 도를 실천하는 것이니 여래를 볼 수 없다'고 한 것이다."

"부처의 성품과 중생의 성품은 같습니까, 다릅니까?"

"성품 자체는 같고 다름이 없으나, 만약 삼승의 가르침의 관점에서는 부처의 성품과 중생의 성품이 다르다고 말한다. 그리하여 삼승의 원인과 결과가 있어서 같고 다름이 있게 된다. 그러나 만약 불승(佛乘)과 조사(祖師)가 서로 전한 관점에서는 그렇게 말하지 않고 오로지 한마음만을 가리킬 뿐이다. 한마음은 같지도 않고 다르지도 않으며, 원인도 아니고 결과도 아니다. 그러므로 이르기를 '오직 이 일승(一乘)의 도가 있을 뿐 이승도 없고 삼승도 없다. 그러나 부처님의 방편설만은 제외한다'고 하였다."

"무변신보살(無邊身菩薩)은 어찌하여 여래의 정수리를 보지 못합니까?"

"진실로 볼 수 없다. 왜냐하면 무변신보살이 곧 여래이므로 당연히 보지 못한다. 다만 그대에게 부처라는 견해를 짓지 않게 하여 부처라는 변견(邊見)에 떨어지지 않도록 하며, 중생이라는 견해를 짓지 않게 하여 중생이라는 변견에 떨어지지 않도록 하며,

'있다'는 견해를 짓지 않게 하여 있다는 변견에 떨어지지 않도록 하며, '없다'는 견해를 짓지 않게 하여 없다는 변견에 떨어지지 않도록 하며, 범부라는 견해를 짓지 않게 하여 범부라는 변견에 떨어지지 않도록 하며, 나아가서는 성인이라는 견해를 짓지 않게 하여 성인이라는 변견에 떨어지지 않도록 하는 것이다.

다만 모든 견해만 없으면 곧 그대로 무변신이다. 그러나 무엇인가 보는 곳이 있으면 곧 외도라 부른다. 외도는 모든 견해를 즐기고, 보살은 모든 견해에 흔들리지 않는다. 여래란 곧 모든 법에 여여(如如)하다는 뜻이다. 그러므로 이르기를 '미륵(彌勒)도 또한 그러하고, 모든 성현도 또한 그러하다'고 하였다. 여여하기 때문에 생겨나지도 않고 없어지지도 않으며, 볼 것도 없고 들을 것도 없다. 여래의 정수리는 뚜렷이 볼 수 있는 것이지만, 뚜렷이 보는 것도 없으므로 뚜렷하다는 변견에도 떨어지지 않는다. 그러므로 부처님의 몸은 하염없어서 숫자로써 헤아리는 범주에 떨어지지도 않지만, 다만 방편으로 허공에 비유할 뿐이다. '원만하기가 허공과 같아서 모자람도 없고 남음도 없으며[圓同太虛 無欠無餘]' 한가로워 일삼을 것이 없다. 다른 경계를 억지로 끌어들여 설명하려 하지 말라. 설명하려 하면 곧 알음알이가 이루어지고 만다. 그러므로 이르기를 '원성실성(圓成實性)은 의식의 바다에 잠겨서 나부끼는 쑥대꽃처럼 떠돈다'고 하였다.

또 이르기를 '나는 알았으며 배워서 얻었으며 깨달았으며 해탈하였으며 도의 이치를 얻었다'고 하였다. 그러나 자기가 강한 곳에서는 뜻대로 되지만 약한 곳에서는 뜻대로 되지 않는다면

120 이런 견해가 무슨 쓸모가 있겠는가? 그러므로 내가 그대에게 '한가하여 스스로 일 없도록 하고 부질없이 마음을 쓰지 말라. 참됨을 구하지 말고 다만 견해를 쉬어야 한다'고 하는 것이다. 그러므로 안으로 봄[內見]과 밖으로 봄[外見]이 모두 잘못이며, 부처의 도와 마구니의 도가 모두 나쁜 것이다. 그렇기 때문에 문수(文殊)보살이 두 견해를 일으키자마자 바로 두 철위산(鐵圍山) 지옥으로 쫓겨간 것이다.

문수보살은 진실한 지혜의 상징이고, 보현(普賢)보살은 방편적인 지혜의 상징이다. 방편과 진실이 서로 작용하여 끝내는 방편과 진실마저 없고 오직 한마음일 뿐이다. 마음은 결코 부처도 아니고 중생도 아니다. 서로 다른 견해가 있는 것이 아닌데, 부처라는 견해를 갖기만 하면 바로 중생이라는 견해를 짓게 된다. '있다'는 견해[有見]와 '없다'는 견해[無見], '영원 불변하다'는 견해[常見]와 '단멸한다'는 견해[斷見]가 바로 두 철위산을 이루어 견해의 장애가 되고 만다.

모든 중생의 본심의 본체가 본래부터 그대로 부처이니 이것은 닦아서 이루는 것도 아니고, 점차적인 단계에 속하는 것도 아니다. 밝음이나 어둠도 아니다. 밝음이 아니기 때문에 밝음도 없으며, 어둠이 아니기 때문에 어둠도 없다. 그러므로 '무명(無明)도 없으며 또한 무명이 다함도 없다.' 우리 종문(宗門)에 들어와서는 부디 뜻을 간절하게 가져야 한다. 이와 같이 볼 수 있는 것을 법이라 하고, 법을 보기 때문에 부처라 하고, 부처와 법이 모두 함
121 께 없는 것을 승가(僧伽)라 하며, 하염없는 중[無爲僧]이라 부르

며, 또한 일체 삼보(一體三寶)라 한다.

무릇 법을 구하는 이는 부처에 집착하여 구하지도 말고, 법에 집착하여 구하지도 말고, 승가에 집착하여 구하지도 말라. 마땅히 구하는 바가 없어야 한다. 부처에 집착하여 구하지 않기 때문에 부처도 없으며, 법에 집착하여 구하지 않기 때문에 법도 없으며, 승가에 집착하여 구하지 않기 때문에 승가도 없다."

"스님께서는 지금 법을 말씀하고 계시거늘, 어찌하여 승가도 없고 법도 없다고 말씀하십니까?"

"그대가 만약 설명할 수 있는 법이 있다고 본다면, '음성으로써 부처를 찾는 것[以音聲求我]'이 된다. 나[我]란 것이 있다는 견해를 내면 곧 처소(處所)인 것이다. 법 또한 법이라 할 수 있는 것이 없으니, 법이 그대로 곧 마음이다. 그러므로 조사께서 말씀하셨다.

    마음의 법을 부촉할 때에
    법이라 하는 법이 일찍이 무슨 법이던가?
    법도 없고 본래 마음도 없다
    마음, 마음 하는 법을 비로소 알리라

    付此心法時　法法何曾法
    無法無本心　始解心心法

진실로 한 법도 얻은 것이 없는 것을 '도량(道場)에 앉았다'고 한다. 도량이란 다만 모든 견해를 일으키지 않는 것이다. 법이 본래 실체가 없음을 깨닫는 것을 공여래장(空如來藏)이라 부르니, '본래 한 물건도 없거늘 어디에 티끌과 먼지가 있으랴!' 만약 이 소식을 안다면 유유자적하게 소요함을 논할 바 있겠는가?"

122 "본래 한 물건도 없다고 하니 한 물건도 없음이 과연 옳은 것입니까?"

"없다고 하여도 옳지 않다. 보리[깨달음]는 옳은 곳도 없으며, 그렇다고 앎이 없는 것도 아니다."

"어떤 것이 부처입니까?"

"그대의 마음이 곧 부처이다. 부처는 곧 그대로 마음이니, 마음과 부처가 서로 다르지 않기 때문에 마음이 곧 부처라고 하는 것이다. 마음을 떠나서는 따로 부처가 없다."

"만약 자신의 마음이 곧 부처라 한다면, 달마대사가 인도에서 오시어 어떻게 그것을 전하여 주셨습니까?"

"달마대사가 인도에서 오시어 전하여 주신 것은 오직 마음의 부처이다. 즉 그대의 마음이 본래 부처임을 바로 가리켜 주신 것이니, 마음과 마음이 다르지 않기 때문에 조사라 한다. 만약 곧 바로 이 뜻을 깨닫는다면 곧 삼승의 모든 지위를 단박에 뛰어넘어서 본래의 부처인 것이니, 결코 닦아서 이루는 것이 아니다."

"만약 그렇다면 온 누리의 모든 부처님께서 세상에 출현하시어 무슨 법을 말씀하셨습니까?"

"온 누리의 모든 부처님께서 세상에 출현하시어 다만 한마음의 법만을 말씀하셨다. 그러므로 부처님께서 마하대가섭(摩訶大迦葉)에게 그것을 가만히 부촉하셨다. 이 한마음의 법의 본체는 허공과 법계(法界)에 두루하므로 모든 부처라 한다. 이 법을 논하자면 어찌 그대가 언어 문구를 통하여 그것을 이해할 수 있겠는가? 또한 하나의 기틀, 하나의 경계를 통하여 그것을 이해할 수 있는 것이 아니요, 이 이치는 오직 가만히 계합할 따름이다. 이 하나의 문을 하염없는 법문[無爲法門]이라 한다. 만약 알고자 한다면 다만 무심(無心)을 알아야 한다. 홀연히 깨달으면 곧 되는 것이요, 만약 마음을 써서 배워 얻으려 하면 그럴수록 더욱더 멀어지게 된다. 갈팡질팡하는 마음과 모든 취하고 버리는 마음이 없어서, 마음이 목석(木石)같이 되어야 비로소 도를 배울 자격이 있다."

"지금 갖가지 망념(妄念)이 있는데, 스님께서는 어찌하여 없다고 하십니까?"

"망념은 본래 실체가 없는 것인데, 그대의 마음이 일으킨 것이다. 만약 그대가 마음이 곧 부처임을 안다면, 마음은 본래 허망함이 없는 것이거늘, 어찌 마음을 일으켜 다시 망념을 인정하겠는가? 그대가 만약 마음을 일으켜 생각을 내지 않는다면 자연히 망념은 없을 것이다. 그러므로 이르기를 '마음이 일어나면 갖가지 법이 일어나고, 마음이 사라지면 갖가지 법이 사라진다'라고 하였다."

"지금 바로 망념이 일어날 때에 부처는 어느 곳에 있습니까?"

"그대가 지금 망념이 일어난 것을 깨달았을 때에 그 깨달음이 바로 부처이다. 그러한 가운데 망념이 없다면 부처 또한 없다. 왜냐하면 그대가 마음을 일으켜 부처라는 견해를 지어서 문득

124 이루어야 할 부처가 있다고 하며, 중생이라는 견해를 지어서 문득 제도하여야 할 중생이 있다고 하니, 마음을 일으키고 생각을 움직이는 것이 모조리 그대의 견해가 작용하는 곳이기 때문이다. 만약 일체의 견해가 없다면 부처는 어느 곳에 있겠는가? 마치 문수가 부처라는 견해를 일으키자마자 바로 두 철위산 지옥으로 쫓겨간 것과 같은 것이다."

"지금 바로 깨달았을 때에 부처는 어느 곳에 있습니까?"

"물음은 어디로부터 왔으며, 깨달음은 어디로부터 일어났는가? 언어와 침묵, 움직임과 고요함, 모든 음성과 물질이 모두 불사(佛事)이거늘 어느 곳에서 부처를 찾겠는가? 머리 위에 머리를 얹지 말며, 부리 위에 부리를 더하지 말라. 그저 다른 견해만 내지 않으면 산은 산이요 물은 물이며, 승(僧)은 승이요 속(俗)은 속일 뿐이다. 산과 강과 대지와 해와 달과 별들이 모두 그대의 마음을 벗어나지 않으며, 삼천대천(三千大千)세계가 모두 그대의 자기인 것이다. 어느 곳에 수많은 일들이 있겠는가? 마음 밖에 따로 법이 없으니 눈 가득히 푸른 산이다. 허공계(虛空界)가 밝고 깨끗하여 한 털끝만큼도 그대에게 견해를 짓게 하지 않는다. 그러므로 모든 음성과 물질이 그대로 부처님의 지혜의 눈이다.

법은 홀로 일어나지 않고 경계를 의지해야만 비로소 생기는 것이니, 경계 때문에 그 많은 지혜가 있는 것이다. 종일 말하였으나 일찍이 무엇을 말하였으며, 종일 들었으나 일찍이 무엇을 들었으랴! 그러므로 석가 세존께서 마흔아홉 해를 말씀하셨건만 '일찍이 한 글자도 말하지 않았다'고 한 것이다."

"만약 그렇다면 어느 곳이 보리(깨달음)입니까?"

"보리는 일정한 처소가 없다. 부처라 하여 역시 보리를 얻는 것도 아니며, 중생이라 하여 보리를 잃는 것도 아니다. 보리는 몸으로도 얻지 못하며 마음으로도 구하지 못하는 것이니, 일체 중생이 그대로 보리의 형상이다."

"그렇다면 어떻게 보리심(菩提心)을 냅니까?"

"보리는 얻는 것이 아니다. 그대가 지금 얻음이 없는 마음을 내기만 한다면 결정코 한 법도 얻을 수 없으니 그대로가 보리심이다. 보리는 머무를 자리가 없기 때문에 얻을 그 무엇도 없다. 그러므로 이르기를 '내가 연등(燃燈) 부처님이 계신 곳에서 한 법도 얻은 것이 없었으므로 부처님께서 나에게 수기(授記)하셨다'고 하였다. 일체 중생이 본래 보리이니, 다시 보리를 얻을 필요가 없음을 분명히 알아야 한다.

그대가 지금 보리심을 낸다는 말을 듣고, 한마음을 가지고 부처를 배워서 얻는다고 하여 오로지 부처가 되려고 한다면, 그대가 삼아승지겁(三阿僧祇劫)을 닦는다 하여도 다만 보신(報身)·화신(化身)의 부처만을 얻을 뿐, 그대의 본래 참된 성품의 부처와는 아무런 상관도 없다. 그러므로 이르기를 '밖으로 구하는 형상 있는 부처는 그대와는 닮지 않았다'고 하였다."

"본래부터 이미 부처라면 어찌하여 사생(四生)과 육도(六道)가 있어 갖가지 형상이 같지 않습니까?"

"모든 부처님은 본체가 원만하여 다시는 더 늘어나고 줄어들 것이 없다. 또한 육도에 흘러들어도 곳곳마다 모두 원만하고, 온갖 사물이 모두 낱낱이 부처이다. 이것은 마치 한 방울의 수은(水銀)이 여러 곳으로 흩어질지라도 방울마다 모두 둥근 것과 같아서 만약 나뉘지 않았을 때에는 한 덩어리일 뿐이니, 이는 하나가 곧 일체요 일체가 곧 하나이다. 온갖 형상과 모양은 마치 집과 같아서 나귀의 집을 버리고 사람의 집으로 들어가기도 하고, 사람의 몸을 버리고 하늘의 몸이 되기도 하며, 나아가서는 성문(聲聞)·연각(緣覺)·보살(菩薩)·부처의 집도 모두 그대 자신이 취하고 버리는 곳이다. 그러므로 구별이 있거니와, 본성에야 무슨 차별이 있겠는가?"

"모든 부처님께서는 어떻게 큰 자비(慈悲)를 베풀어 중생을 위하여 법을 설하십니까?"

"부처님의 자비란 조건이 없기 때문에 큰 자비라고 한다. 사랑함[慈]이란 이루어야 할 부처가 있다는 견해를 내지 않는 것이고, 안스러워함[悲]이란 제도하여야 할 중생이 있다는 견해를 내지 않는 것이다. 설하는 법은 설함도 없고 보임도 없으며, 그 법을 듣는 자는 들음도 없고 얻음도 없다. 이것은 마치 마술사가 꼭두각시에게 법을 설하는 것과 같다. 이러한 법을 어떻게 '내가 선지식(善知識)으로부터 말끝에 알아차리고 이해하여 깨달았다'고 말하겠으며, 이러한 자비를 어떻게 '그대를 위하여 마음을 일으키고 생각을 움직여 가지고 배워서 얻었다'고 하겠는가? 스스로 본래의 마음을 깨닫지 못한 것이라면 끝내 아무런 이익도 없다."

"어떠한 것이 정진(精進)입니까?"

"몸과 마음을 일으키지 않는 것이 가장 굳건한 정진이다. 마음을 일으키자마자 밖으로 구하기만 하면 '가리왕(歌利王)이 사냥놀이를 즐기는 격'이라고 부른다. 마음이 밖으로 내닫지 않는 것이 곧 인욕 선인(忍辱仙人)이며, 몸과 마음이 함께 없는 것이 곧 부처님의 도이다."

"만약 마음이 없다면 어떻게 이 도를 실천하여 얻을 수 있겠습니까?"

"무심이 바로 도를 실천함이거늘 거기에 다시 더 얻고 말고 할 것이 있겠는가? 만약 잠깐이라도 한 생각 일으키면 곧 경계이고, 한 생각 없다 하여도 경계이니, 망령된 마음이 스스로 없어지면 더 이상 좇아가 찾을 것이 없다."

"어떤 것이 삼계(三界)를 벗어나는 것입니까?"

"선과 악을 도무지 생각하지 말라. 그 자리에서 곧 삼계를 벗어나게 될 것이다. 여래께서 세상에 출현하신 것은 삼계를 깨뜨리기 위함이니, 만약 모든 마음이 없다면 삼계 또한 있지 않다. 가령 작은 티끌 하나를 백 등분으로 부수어 그 중 구십구 등분은 없애고 한 등분만 남겼더라도, 대승(大乘)의 관점에서는 완전히 벗어난 것이 못 된다. 백 등분을 모두 다 없애야만 대승의 관점에서는 비로소 완전히 벗어난 것이다."

법당에 오르시어 말씀하셨다.

마음이 곧 부처이다. 위로는 모든 부처님으로부터 아래로는 꿈틀거리는 벌레에 이르기까지 모두 다 불성(佛性)이 있으며, 동일한 마음의 본체를 지녔다. 그러므로 달마대사가 인도로부터 오셔서 오직 한마음의 법만을 전하셨으니, 모든 중생이 본래 부처임을 곧바로 가리켜 주신 것이다. 깨달음이란 수행을 빌려 되는 것이 아니다. 다만 지금의 자기 마음을 알아서 자기 본성을 보는 것이니, 다시는 따로 구하지 말라.

'자기 마음을 안다'는 것은 무엇인가? 지금 말하는 것이 바로 그대의 마음이다. 만약 말하지 않고 작용하지 않는다면, 마음의 본체는 허공과 같아서 형상도 없고, 또한 방위와 처소도 없다. 그렇다고 그저 한결같이 없는 것만도 아니다. 있으면서도 볼 수가 없기 때문에 조사님이 이르기를 "참된 성품의 마음자리[眞性心地藏]는 머리도 없고 꼬리도 없으나 인연에 따라 중생을 교화하기 때문에 방편으로 그것을 지혜라 부른다"고 하였다.

129 만약 인연을 따르지 않을 때라도 없다고 말할 수 없으며, 그렇다고 따를 때라도 또한 자취가 없다. 이미 이러한 줄 알아서 '없음' 가운데 깃들여 쉰다면 곧 모든 부처님의 길을 가는 것이다. 경에 이르기를 '마땅히 머문 바 없이 그 마음을 내라'고 하였으니, 모든 중생이 생사에 윤회하는 것은 뜻으로 반연하고 분주히 조작하는 마음이 육도에서 멈추지 못하여, 마침내는 갖가지 고통을 받게 되는 것이다. 『정명경(淨名經, 維摩經)』에 이르기를 "교화하기 힘든 사람은 마음이 마치 원숭이와 같아서 여러 가지 법으로 그 마음을 제어한 다음에야 비로소 조복(調伏)시킨다"고 하였다. 그러므로 '마음이 일어나면 갖가지 법이 생겨나고 마음이

사라지면 갖가지 법이 사라진다.'

그러므로 모든 법이 마음으로 말미암아 만들어진 것이며, 인간·천상·지옥·육도·아수라가 모두 마음으로 말미암아 만들어진 것임을 알아야 한다. 지금 당장이라도 무심하기만 하면 모든 반연은 단박에 쉬게 되며, 망상과 분별을 내지 않으면 남도 없고 나도 없으며, 탐욕과 분노도 없으며, 미움과 사랑도 없으며, 승리도 패배도 없다.

수많은 갖가지 망상을 없애 버리기만 하면 성품은 본래부터 깨끗하다. 이것이 곧 보리(깨달음)·법·부처 등을 수행하는 것이다. 만약 이 뜻을 알지 못한다면, 설사 널리 배우고 애써 수행하며, 나무의 열매를 먹고 풀옷을 입고 고행을 하더라도 자기 마음은 알지 못한 것이니, 그것을 모두 삿된 수행이라고 한다. 모두 다 천마(天魔)·외도(外道)·물과 뭍의 여러 귀신이 되고 말 것이니, 이같이 수행한들 무슨 이로움이 있겠는가? 지공(誌公)이 이르기를 "본래 몸은 자기 마음이 짓는 것이거늘, 어찌 문자 속에서 찾으랴?"라고 하였다. 지금 자기 마음을 알아서 분별하는 망상을 쉬기만 하면 번뇌가 저절로 생겨나지 않는다. 『정명경』에 이르기를 "오직 침상(寢床) 하나만을 남겨 두고 병들어 누워 있다"고 하였는데, 이는 마음을 일으키지 않는 것이다. 지금 앓아 누워서 반연을 모두 쉬고 망상이 그쳐 없어지면, 그것이 바로 보리이다.

지금 만약 마음속이 부산하여 안정되지 않았다면, 그대의 배움이 비록 삼승(三乘)·사과(四果)·십지(十地)의 지위에 이르렀다고 하더라도 끝내 범부와 성인의 차별을 벗어나지 못한 것이다. 모든 행위는 끝내 덧없음으로 돌아가고 만다. 모든 것은 힘이 다할 때가 있게 마련이니, 마치 화살을 공중에 쏘면 힘이 다하여 땅에 도로 떨어지는 것처럼, 생사의 윤회에 다시 돌아가고 만다. 이와 같은 수행은 부처님의 뜻을 모르는 것이요 헛되이 쓰라린 고초를 받을 뿐이니, 어찌 크게 잘못됨이 아니겠는가? 지공이 이르기를 "세간에 뛰어난 밝은 스승을 만나지 못하면 대승의 법약(法藥)을 잘못 먹게 된다"고 하였다. 지금 다만 가거나 멈추거나 앉거나 눕거나 간에 오로지 무심함을 배우기만 하면, 분별도 없고 의지할 것도 없으며, 또한 머물러 집착할 것도 없다. 종일토록 흥뚱한 기운에 맡겨 둔 것이, 마치 바보와도 같아 보일 것이다. 세상 사람들이 모두 그대를 모른다 하여도, 그대가 일부러 알리려 할 필요가 없다. 마음이 마치 큰 바윗덩이와 같아서 도무지 갈라진 틈이 없고, 일체 법이 그대의 마음을 뚫고 들어가지 못하여 오롯이 어디에도 집착함이 없어야 한다. 이와 같아야만 비로소 조금이나마 상응할 자격이 있다.

  삼계(三界)의 경계를 뚫고 지나기만 하면 '부처님이 세간에 출현하셨다[佛出世]'라고 하며, 번뇌 없는 마음의 모습을 '샘이 없는 지혜[無漏智]'라고 한다. 인간과 천상계(天上界)의 업(業)을 짓지 않으며, 지옥의 업을 짓지 않으며, 일체의 마음을 일으키지 않고, 모든 반연이 전혀 일어나지 않으면 곧 이 몸과 마음이 자유로운 사람인 것이다. 그러나 한결같이 일어나지 않는 것이 아니라 뜻에 따라 일어난다. 경에 이르기를 "보살에게는 자기 뜻대로 태어나는 몸[意生身]이 있다"고 한 것이 바로 이것이다. 만약 마음이 없음을 모르고 형상에 집착하여 갖가지 견해를 짓는 것은 모두 마구니의 업에 속하는 것이다. 나아가서는 정토(淨土)의 불사(佛事)를 짓는다 하더라도 모두 업을 짓는 것이니, 이것을 부처의 장애[佛障]라고 한다. 그것이 그대의 마음을 가로막기 때문에 인과(因果)에 얽매여, 가고 머무름에 조금도 자유로움이 없다. 그러므로 보리 등의 법이 본래 있는 것이 아니다.

여래께서 말씀하신 것은 모두 사람을 교화하기 위한 것이다. 마치 가랑잎을 돈이라 하여 우는 어린이의 울음을 임시로 그치게 하는 것과 같은 이치이다. 실로 한 법도 있지 않음을 아뇩다라삼먁삼보리라 하니, 지금 이미 이 뜻을 알았다면 어찌 구구한 설명이 더 필요하겠는가? 다만 인연에 따라 묵은 업을 녹일 뿐이요, 다시 새로운 재앙을 짓지 말라. 마음속은 밝디밝으므로 지난날의 견해를 모두 버려야 한다. 그러므로 『정명경』에 이르기를 "가진 것을 없애 버려라"라고 하였고, 『법화경(法華經)』에 이르기를 "이십 년 동안 항상 똥을 치게 하였다"고 하였다. 이것은 오로지 마음속에 지은바 견해를 없애게 하는 것이다. 또 이르기를 "희론(戲論)의 똥을 쳐서 없앤다"고 하였다. 그러므로 여래장(如來藏)은 본래 스스로 비고 고요하여 결코 한 법도 남겨 두지 않으므로, 경에 이르기를 "모든 부처님의 나라도 또한 다 비었다"고 한 것이다.

만약 부처님의 도를 닦아 배워서 얻는다고 한다면, 이와 같은 견해는 전혀 상관할 바가 없다. 혹은 한 기틀이나 한 경계를 보이기도 하며, 눈썹을 치뜨기도 하고 눈을 부라리기도 하여 어쩌다 서로 통하기라도 하면 곧 이르기를 "계합하여 알았다"라고 하거나 혹은 "선(禪)의 이치를 깨달아서 증득하였다"라고 한다. 그러다가 갑자기 어떤 사람을 마주치기라도 하면 무슨 말을 하여야 할지 모르고 도무지 아는 게 없다. 그러다가 그 사람에게서 무슨 도리라도 얻게 되면 마음속으로 이내 환희한다. 그러나 만약 상대에게 절복(折伏)당하여 상대보다 못하게 되면 속으로 상심하게 된다. 이처럼 마음과 뜻으로 배운 선(禪)이 무슨 상관이 있겠는가?

비록 그대가 조그마한 도리를 얻었다 하더라도 그것은 다만 한낱 마음으로 헤아리는 법일 뿐이요, 선도(禪道)와는 아무런 상관이 없는 것이다. 달마대사께서 면벽(面壁)하신 것은 사람들이 집착하는 견처(見處)를 끊기 위한 것이었다. 그러므로 이르기를 "기틀을 잊는 것은 부처의 길이요, 분별은 마구니의 경계이다"라고 하였다. 이 성품은 그대가 미혹하였을 때라도 결코 잃은 것이 아니며, 깨달았을 때에도 역시 얻은 것이 아니다. 천진스런 자성(自性)은 본래 미혹할 것도 깨달을 것도 없으며, 온 누리의 허공계가 바로 나의 한마음의 본체이다. 그대가 아무리 몸부림친다 한들 어찌 허공을 벗어날 수 있겠는가?

허공은 본래부터 크지도 않고 작지도 않으며, 번뇌도 없고 조작도 없으며, 미혹함도 없고 깨달음도 없다. 그러므로 '밝게 사무쳐 보아 한 물건도 없으며, 또한 중생도 없고 부처도 없다'고 하였다. 털끝만큼의 분별도 용납하지 않으며, 의지할 것도 없으며, 집착할 것도 없다. 한 줄기 맑은 흐름이 자성의 '생멸이 없는 진리[無生法忍]'이니, 어찌 머뭇거리며 헤아리겠는가? 참부처는 입이 없으므로 법을 설할 줄 모르고, 참된 들음[眞聽]은 귀가 없으니 뉘라서 들을 수 있겠는가? 수고하였다. 자신을 소중히 하여라.

전심법요

傳心法要

【해 제】

1권. 『균주 황벽산 단제선사 전심법요(筠州黃檗山斷際禪師傳心法要)』 또는 『황벽희운선사 전심법요(黃檗希運禪師傳心法要)』라고도 하며, 그 설법한 지명을 따서 『종릉록(鍾陵錄)』이라고도 한다. 때로는 『완릉록(宛陵錄)』까지 포괄하는 명칭으로 사용하기도 한다. 당대(唐代) 임제의현(臨濟義玄)의 스승인 황벽희운(黃檗希運, ?~850)이 회창(會昌) 2년(842) 종릉(鍾陵) 용흥사(龍興寺)에서 한 설법을, 그에게 도(道)를 물은 배휴(裴休, 797~870)가 엮은 문답체의 어록(語錄)이다. 그 요지는 심즉시불(心卽是佛)이다.

『가흥장(嘉興藏)』 9, 『만속장(卍續藏)』 2·24·5 [119], 『대정장(大正藏)』 48, 『불광장(佛光藏) : 선장(禪藏)』(『육조법보단경(六祖法寶壇經)』에 합철) 및 『경덕전등록(景德傳燈錄)』 9, 『사가어록(四家語錄)』 4, 『고존숙어록(古尊宿語錄)』 2 등에 수록되었다. 국내에서는 『법해보벌』(1883) 및 『선문촬요』 권상(1907)에 수록되었다.

전심법요 傳心法要

황벽단제(黃檗斷際) 선사의 말씀

황벽(黃檗)선사께서 상공(相公) 배휴(裴休)에게 말씀하셨다.

  모든 부처와 일체 중생은 오직 한마음[一心]일 뿐이요, 다시 다른 법은 없다. 이 마음은 비롯함이 없는 먼 옛적부터 생겨난 적도 없고 없어진 적도 없으며, 푸르지도 않고 누렇지도 않으며, 일정한 틀도 없고 모양도 없으며, 있고 없음에 속하지도 않으며, 새롭거나 낡음을 따질 수도 없으며, 길지도 않고 짧지도 않으며, 크지도 않고 작지도 않다. 그것은 모든 한계와 분량, 명칭과 언어, 자취와 관계를 뛰어넘어 바로 그 몸 그대로 진실이다. 그러므로 생각을 일으켰다 하면 곧 어긋난다. 그것은 마치 저 허공과 같아서 끝도 없으며 헤아릴 수도 없다. 오직 이 한마음이 곧 부처이니, 부처와 중생이 다르지 않다. 중생은 다만 차별상에 집착하여 밖에서 구하나니, 구하면 구할수록 점점 더 잃게 되는 것이다.

부처에게 부처를 찾게 하고 마음으로 마음을 붙잡으려 한다면, 세월이 끝나고 몸이 다하더라도 끝내 얻을 수 없다. 이것은 망념(妄念)을 쉬고 사려(思慮)를 잊어버리면 부처가 저절로 눈앞에 나타난다는 사실을 알지 못하기 때문이다. 이 마음이 곧 부처이며, 부처가 곧 중생이다. 그러므로 중생에 있어서도 이 마음은 줄지 않고, 부처에 있어서도 이 마음은 늘지 않는다. 나아가서는 육도 만행(六度萬行)과 갠지스강의 모래알같이 수많은 공덕이 본래 스스로 갖추어져 있어서, 닦아서 보탤 필요가 없다. 인연을 만나면 곧 베풀고, 인연이 다하면 곧 고요하다. 만약 결정코 이 마음이 곧 부처임을 믿지 않고 차별상에 집착하여 수행하여 공용(功用)을 구하고자 한다면 모두가 망상일 뿐이요, 도(道)와는 서로 어긋난다.

이 마음이 곧 부처요 다시 다른 부처는 없으며, 또한 다른 마음도 없다. 이 마음은 마치 허공과 같이 밝고 깨끗하여 한 점의 형상도 없다. 그러므로 마음을 일으켜 생각을 움직이면 곧 법체(法體)와 어긋나고, 동시에 차별상에 집착하게 된다. 비롯함이 없는 먼 옛적부터 차별상에 집착한 부처는 없다. 육도 만행을 닦아서 부처를 이루고자 한다면 이는 곧 점차로 되는 것이니, 비롯함이 없는 먼 옛적부터 점차로 된 부처는 없다. 다만 한마음을 깨달으면 다시는 더 얻을 어떠한 법도 없으니, 이것이 곧 참부처이다. 부처와 중생의 한마음은 차별이 없으니 마치 저 허공과 같아서 섞임도 없으며 무너짐도 없다. 마치 온 누리를 비추는 햇살과도 같아서 해가 떠올라 밝음이 온 천하에 두루하더라도 허공은 일찍이 밝아진 적이 없으며, 해가 져서 어둠이 온 천하를 뒤덮더라도 허공은 일찍이 어두워진 적이 없다. 이렇게 밝은 경계와 어두운 경계가 서로 번갈아 바뀌지만 허공의 성품은 툭 트여 변하지 않나니, 부처와 중생의 마음도 또한 이와 같다.

만약 부처를 보되 깨끗하고 밝으며 속박을 벗어난 모습을 생각한다든가, 중생을 보되 때묻고 어두우며 죽고 사는 모습을 생각한다든가 하면, 이렇게 이해하는 사람은 갠지스강의 모래알같이 수많은 세월이 지나더라도 끝내 보리(菩提, 깨달음)를 얻지 못할 것이니, 이는 차별상에 집착하였기 때문이다. 오직 이 한마음은 거기에 티끌만큼의 어떤 법도 얻을 수 없으니, 이 마음이 곧 부처이다. 그런데 요즘 도를 배우는 이들은 이 마음의 본체를 깨닫지 못하고 문득 마음 위에 마음을 내어 밖에서 부처를 구하며 차별상에 집착하여 수행을 하고 있으니, 이것은 모두가 악법(惡法)이요 보리의 길이 아니다.

온 누리의 모든 부처님들에게 공양(供養) 올리는 것이 무심 도인(無心道人) 한 사람에게 공양 올리는 것만 못한다. 왜냐하면 무심한 사람에게는 일체의 마음이 없기 때문이다. 본래 있는 그대로의 여엿한 몸[如如之體]이 안으로는 목석과 같아서 움직이거나 흔들리지 않으며, 밖으로는 허공과 같아서 막히거나 걸리지 않으며, 주관과 객관도 없고, 일정한 방위와 처소도 없고, 또한 형상도 없고, 얻고 잃음도 없다. 후학(後學)들이 감히 이 법에 들어오지 못하는 것은 허무[空]에 떨어져 머물러 쉴 곳이 없을까 두려워하기 때문이다. 그러므로 벼랑을 보고는 물러나서 으레 널리 알음알이를 구한다. 그러므로 알음알이를 구하는 이는 쇠털과 같이 많고 도를 깨달은 이는 쇠뿔과 같이 드물다.

138 문수(文殊)보살은 이치[理]에 해당하고, 보현(普賢)보살은 실천[行]에 해당한다. 이치란 진공(眞空)으로서 걸림없는 이치요, 실천이란 형상을 여읜 끝없는 실천을 말한다. 관음(觀音)보살은 자비에 해당하고, 대세지(大勢至)보살은 지혜에 해당한다. 유마(維摩)는 정명(淨名, 깨끗한 이름)이란 뜻인데, 깨끗하다는 것은 성품을 두고 하는 말이고, 이름은 형상을 두고 하는 말이다. 성품과 형상이 다르지 않으므로, 그를 정명(淨名)이라 한다. 여러 큰보살들이 상징하는 것들은 사람이면 누구나가 다 지닌 것이어서 한마음을 여의지 않으니 깨달으면 곧 그렇게 되는 것이다.

그런데 요즘 도를 배우는 사람들은 자기 마음 가운데서 깨달으려 하지 않고 마음 밖으로 차별상에 집착하고 경계를 취하여 모두 도와는 등지고 있다. 갠지스강의 모래를 부처님께서 말씀하셨는데, 이 모래는 모든 불·보살(佛菩薩)과 제석천(帝釋天)·범천(梵天) 및 하늘 무리들이 자기를 밟고 지나간다 하여도 기뻐하지 않고, 소나 양·벌레·개미 등이 자기를 밟고 지나간다 하여도 성내지 않는다. 또한 이 모래는 보배나 향기를 탐내지도 않고, 똥이나 오줌·악취·쓰레기 등을 싫어하지도 않는다. 이런 마음이 곧 무심(無心)이니 모든 차별상을 여읜 것이다. 중생과 부처가 서로 차별이 없으니, 다만 이렇게 무심하기만 하면 그것이 바로 궁극적인 깨달음[究竟]이다. 도를 배우는 이가 그 자리에서 무심하지 않으면, 오랜 세월 동안 수행을 하더라도 끝내 도를 이루지 못할 것이니, 삼승(三乘)의 공행(功行)에 얽매인 바 되어 해탈을 얻지 못하는 것이다.

그러나 이 마음을 깨닫는 데는 더디고 빠름이 있다. 이 법문을 듣는 즉시 한 생각에 무심이 되는 이도 있으며, 십신(十信)·십주(十住)·십행(十行)·십회향(十廻向)에 이르러서야 무심이 되는 이도 있으며, 십지(十地)에 이르러서야 무심이 되는 이도 있다. 그러나 더디거나 빠르거나 간에 무심을 얻어 머무르면 그만이지, 다시 닦고 깨달을 것도 없다. 실로 얻었다 할 것도 없으나 진실하여 허망하지 않다. 한 생각에 얻은 이나 십지를 거쳐 얻은 이나 그 공용에 있어서는 꼭 마찬가지여서 다시는 깊고 얕은 차이가 없다. 그렇지 않으면 다만 긴 세월 동안 헛되이 수고로움을 받을 것이다.

악업(惡業)을 짓고 선업(善業)을 짓는 것이 모두 차별상에 집착하는 것이니, 차별상에 집착하여 악업을 지으면 헛되이 윤회를 받게 되고, 차별상에 집착하여 선업을 지으면 헛되이 수고로움을 받게 된다. 그러므로 그 무엇도 문득 말끝에 본래의 법을 스스로 깨닫는 것만 같지 못하다.

이 법이 곧 마음이니 마음 밖에 법이 없으며, 이 마음이 곧 법이니 법 밖에 마음이 없다. 마음은 스스로 무심이어서 또한 무심이라 할 것도 없다. 마음을 가지고 마음을 없애고자 한다면 마음이 도리어 있게 되나니, 그저 다만 가만히 계합할 따름이다. 모든 사유와 의론이 끊어졌으므로 이르기를 "말길이 끊어지고 마음 갈 곳이 없어졌다[言語道斷 心行處滅]"고 한다. 이 마음이 본래 청정한 부처이니, 사람이면 누구나가 다 그것을 지니고 있다. 꿈틀거리는 벌레와 모든 불·보살이 한 몸이요 다르지 않나니, 다만 망상 분별 때문에 갖가지 업을 짓고 과보를 받는다.

본래 부처자리에는 실로 한 물건도 없다. 툭 트여 고요하고 밝고 미묘하고 안락할 따름이다. 스스로 깊이 깨달아 들어가면 당장 그 자리에서 그렇게 될 것이니, 원만하고 완전하여 다시는 부족한 것이 없다. 설사 삼아승지겁(三阿僧祇劫)을 정진하고 수행하여 모든 지위를 거치더라도 한 생각 깨닫는 때에 이르러서는 원래 자기 부처를 깨달을 뿐이요, 궁극의 경지에는 한 물건도 더 보탤 것이 없다. 지나간 긴 세월의 공용을 관찰하여 보면 도무지 꿈속의 허망한 짓일 뿐이다. 그러므로 여래(如來)께서 이르기를 "내가 아뇩다라삼먁삼보리(阿耨多羅三藐三菩提, 無上正等正覺)에 있어서 실로 얻은 바가 있다면, 연등(燃燈) 부처님께서는 나에게 수기(授記)하시지 않았을 것이다"라고 하였으며, 또 이르기를 "이 법은 평등하여 높고 낮음이 없으니, 이것을 보리[깨달음]라 한다"라고 하였다.

본래 청정한 이 마음은 중생과 부처, 세계와 산하(山河), 형상 있는 것과 형상 없는 것 등 온 누리의 모든 것이 평등하여 너니 나니 하는 차별상이 없다. 본래 청정한 이 마음은 항상 뚜렷이 밝아 두루 비추고 있는데도 세상 사람들은 깨닫지 못하고, 다만 보고 듣고 느끼고 아는 것[見聞覺知]으로써 마음을 삼고, 보고 듣고 느끼고 아는 것에 뒤덮인 바 되어, 그 때문에 정교하고 밝은 본체를 보지 못한다. 그러나 당장에라도 무심하기만 하면, 본체가 스스로 나타나게 되나니, 그것은 마치 저 밝은 햇살이 공중에 떠오르면 온 누리를 두루 비추어 다시는 장애가 없게 되는 것과 같다. 그러므로 도를 배우는 이들이 보고 듣고 느끼고 아는 것을 그릇 인정하여 분별하고 활동하나, 이 보고 듣고 느끼고 아는 것을 텅 비워 버리면 마음 갈 길이 끊어져 들어갈 곳이 없다. 다만 보고 듣고 느끼고 아는 곳에서 본래 마음을 인식하여야 한다. 그러나 본래 마음은 보고 듣고 느끼고 아는 것에 속하지 않으며, 그렇다고 하여 보고 듣고 느끼고 아는 것을 여읜 것도 아니다. 다만 보고 듣고 느끼고 아는 곳에서 분별을 일으키지 말아야 하며, 또한 보고 듣고 느끼고 아는 곳에서 생각을 움직이지 말아야 하며, 또한 보고 듣고 느끼고 아는 것을 여의고 마음을 찾지 말아야 하며, 또한 보고 듣고 느끼고 아는 것을 버리고 법을 취하지 말아야 한다. 이처럼 즉(卽)하지도 않고 여의지도 않으며, 머물지도 않고 집착하지도 않으며, 종횡으로 자재하면 어느 곳이든지 도량(道場) 아님이 없다.

　세상 사람들은 모든 부처님께서 심법(心法)을 전하였다는 말을 듣고는 마음 위에 따로 깨닫고 취할 법이 있다고 여긴다. 그리하여 마음을 가지고 법을 찾으면서, 마음이 곧 법이고 법이 곧 마음인 줄 알지 못한다. 마음을 가지고 다시 마음을 찾으면 안 된다. 오랜 세월을 지내더라도 끝내 깨달을 날이 없을 것이다. 당장에 무심함만 같지 못하니, 그 자리가 본래의 법이다. 마치 힘센 장사가 자기 이마에 보배 구슬이 박혀 있는 줄 모른 채 밖으로 온 누리를 두루 다니며 찾아도 끝내 얻지 못하다가, 지혜로운 이가 그것을 가르쳐 주면 그때에 스스로 본래 구슬이 예와 같음을 보는 것과 마찬가지이다. 도를 배우는 사람이 자기 본심을 미혹하여 그것이 곧 부처임을 알지 못하고 밖으로 찾으면서 공용을 일으켜 쓰며 단계를 밟아 깨달으려 하지만 오랜 세월 동안 애써 구한다 하여도 영원히 도를 이루지 못할 것이니, 당장에 무심함만 같지 못하다.

결정코 일체의 법이 있다 할 것도 없고, 얻었다 할 것도 없고, 의지할 것도 없고, 머무를 것도 없고, 주관이니 객관이니 할 것도 없다는 사실을 알아야 한다. 망념을 일으키지 않으면 곧 보리[깨달음]를 깨닫는다. 도(道)를 깨달을 때 다만 본심의 부처를 깨달을 뿐이요, 오랜 세월 동안 들인 공용이 모두 헛된 수행이다. 마치 힘센 장사가 구슬을 찾았을 때 다만 본래 이마에 있는 구슬을 찾은 것일 뿐, 밖으로 찾아다녔던 노력과는 아무런 상관이 없는 것과 마찬가지이다. 그러므로 부처님께서는 "내가 아뇩다라삼먁삼보리에 있어서 실로 얻은 바가 없으나, 사람들이 믿지 않을까 염려스럽기 때문에 다섯 가지 눈[五眼]으로 본 것과 다섯 가지 말[五語]로 말한 것을 이끌어 보였던 것이다. 이것은 진실되어 허망하지 않은 것이니, 이것이 근본적인 진리[第一義諦]이다"라고 하였다.

도를 배우는 이들은 '사대(四大)로 몸을 삼으나 사대에는 자아(自我)가 없으며, 그 자아에도 또한 주체(主體)가 없다'는 사실을 의심하지 말아야 한다. 그러므로 이 몸에는 자아도 없으며 주체도 없음을 알아야 한다. 또한 '오음(五陰)으로 마음을 삼으나 오

음에는 자아가 없으며, 또한 주체도 없다. 그러므로 이 마음도 143
자아가 없으며 또한 주체도 없음을 알아야 한다. 육근(六根)·육
진(六塵)·육식(六識)이 화합하여 생멸하는 것도 또한 이와 같다.
십팔계(十八界)가 이미 실체가 없으니 일체가 모두 실체가 없다.
오직 본심이 있어서 텅 비어 깨끗하다.

'분별의 양식[識食]'과 '지혜의 양식[智食]'이 있으니, 즉 사대
로 된 몸은 주림과 질병을 근심거리로 삼나니 알맞게 영양을 공
급하여 맛들이지 않는 것을 지혜의 양식이라 하고, 욕정에 따라
맛을 취하고 멋대로 분별을 일으켜 입에 맞는 것만 구하면서 싫
증을 내지 않는 것을 분별의 양식이라 한다.

성문(聲聞)이란 음성을 의지하여 깨달음을 얻기 때문에 성문이
라 한다. 그들은 자기 마음을 알지 못하고 음성을 통한 설법을
듣고 거기에 알음알이를 일으킨다. 혹은 신통(神通)이나 상서로
운 모양·언어·동작 등에 의지하여 보리와 열반(涅槃)이 있음을
듣고 삼아승지겁을 닦아 불도를 이룬다. 이것은 모두 성문의 길
에 속하는 것이며, 그것을 성문불(聲聞佛)이라 한다. 다만 당장에
자기 마음이 본래 부처임을 깨달으면 한 법도 얻을 것이 없으며
한 행도 닦을 것이 없나니, 이것이 최상의 도이며, 이것이 진여
불(眞如佛)이다. 도를 배우는 이들이 한 생각 일어나는 것만을 두
려워하면 곧 도와는 멀어지나니, 생각마다 형상이 없고 생각마
다 하염없음이 곧 부처이다. 144

도를 배우는 이들이 부처를 이루고자 한다면 일체의 불법조차
배울 필요가 없다. 오직 구함이 없고 집착함이 없음을 배워야 한

다. 구함이 없으면 마음이 나지 않고, 집착함이 없으면 마음이 없어지지 않나니, 나지도 않고 없어지지도 않는 것이 곧 부처이다.

팔만사천 법문(法門)은 팔만사천 번뇌를 다스리기 위한 것이니, 다만 교화하여 이끌어 주는 법문일 뿐이요, 본래 일체의 법이 없다. 그러므로 여의면 곧 법이요, 여읠 줄 아는 이가 곧 부처다. 다만 일체 번뇌를 여의기만 하면 얻어야 할 법이 없다.

도를 배우는 이들이 깨닫는 비결을 터득하고자 한다면, 다만 마음 위에 한 물건도 덧붙이지 말아야 한다. "부처님의 참된 법신은 마치 허공과 같다"는 비유가 있다. 법신이 곧 허공이며 허공이 곧 법신인데도 "법신이 허공계에 두루한다"고 하면, 사람들은 허공 가운데 법신을 포함하고 있다고 생각하여, 법신이 곧 허공이며 허공이 곧 법신임을 모른다. 만약 결정코 허공이 있다고 한다면 허공은 법신이 아니다. 그렇다고 결정코 법신이 있다고 한다면 법신은 허공이 아니다. 다만 허공이라는 알음알이를 내지 말라. 허공이 곧 법신이다. 법신이라는 알음알이를 내지 말라. 법신이 곧 허공이다. 허공과 법신이 다른 형상이 없으며, 부처와 중생이 다른 형상이 없으며, 생사와 열반이 다른 형상이 없으며, 번뇌와 보리가 다른 형상이 없으니, 일체의 차별상을 여읜 것이 곧 부처이다.

범부는 경계를 취하고, 도를 닦는 이들은 마음을 취하나, 마음과 경계를 함께 잊어야만 참된 법이다. 경계를 잊기는 오히려 쉬우나 마음을 잊기는 매우 어렵다. 사람들이 마음을 감히 잊어버리지 못하는 것은 허무[空]에 떨어져 부여잡을 곳이 없을까 두려워하기 때문이다. 이는 공이 본래 공이라고 할 것도 없고, 오로지 한결같은 참된 법계[一眞法界]임을 모르기 때문이다.

이 신령스런 깨달음의 성품은 비롯함이 없는 먼 옛적부터 허공과 수명이 같아서 일찍이 생긴 적도 없고 사라진 적도 없으며, 있은 적도 없고 없은 적도 없다. 일찍이 더럽거나 깨끗한 적도 없고, 시끄럽거나 고요한 적도 없고, 젊거나 늙은 적도 없다. 방위와 처소도 없고, 안팎의 구분도 없고, 수량도 없고 형상도 없고, 색상도 없고 소리도 없다. 그러므로 찾을 수도 없고 구할 수도 없으며, 지혜로써 알 수도 없고, 말로써 표현할 수도 없으며, 경계인 사물로써 이해할 수도 없고, 공용으로써 이를 수도 없다. 모든 불·보살과 일체의 꿈틀거리는 벌레까지라도 똑같은 대열반(大涅槃)의 성품이다. 성품이 곧 마음이요, 마음이 곧 부처요, 부처가 곧 법이니, 한 생각 참됨을 여의면 모두가 망상이 된다. 마음을 가지고 다시 마음을 찾지 말고, 부처를 가지고 다시 부처를 구하지 말고, 법을 가지고 다시 법을 구하지 말라.

그러므로 도를 배우는 이들은 당장에 무심하여 가만히 계합할 따름이니, 마음으로 헤아린다면 곧 어긋난다. 마음으로써 마음에 전하는 이것이 바른 견해이니, 밖으로 경계를 좇아 경계를 마음이라고 그릇 인정하지 말라. 이것은 도둑을 자식으로 그릇 인정하는 격이다.

탐욕과 분노와 어리석음이 있기 때문에 계율과 선정과 지혜를 세운 것이다. 당초 번뇌가 없거늘 깨달음인들 어디 있겠는가? 그러므로 조사께서 이르기를 "부처님께서 일체 법을 말씀하신 것은 일체의 마음을 없애기 위한 것이다. 나에게 일체의 마음이 없거니, 일체 법이 무슨 소용이 있겠는가?"라고 하였다. 본래 청정한 이 부처에게 다시 한 물건도 덧붙이지 말아야 한다. 이것은 마치 허공이 수많은 보배로써 장엄한다 할지라도 끝내 머물 수 없는 것과 같다. 불성(佛性)도 저 허공과 같아서 비록 한량없는 공덕과 지혜로써 장엄한다 할지라도 끝내 머물 수 없는 것이다. 다만 본성을 미혹하여 더더욱 보지 못할 뿐이다.

이른바 심지법문(心地法門)이란 모든 법이 이 마음을 의지하여 건립되었으므로 경계를 만나면 마음이 있고, 경계가 없으면 마음도 없는 것이다. 따라서 깨끗한 성품 위에다 도리어 경계에 대한 알음알이를 짓지 말라.

이른바 정혜(定慧)란 비추는 작용이 역력하여 고요하면서도 또렷한 것이요, 보고 듣고 느끼고 아는 것이란 모두 경계 위에서 알음알이를 짓는 것이다. 임시로 중근기나 하근기의 사람들을 위하여 설법하는 경우라면 몰라도, 몸소 깨닫고자 한다면 이와 같은 견해를 지어서는 안 된다. 이것은 모두 경계의 얽매임이다. 법에 떨어지는 곳이 있어서 있다는 견해에 떨어진 것이다. 다만 일체 법에 대하여 있다느니 없다느니 하는 견해를 짓지만 않으면, 곧 법을 보는 것이다.

9월 1일 선사께서 배휴에게 말씀하셨다.

달마스님께서 중국에 오신 이후로 오로지 한마음만을 말씀하셨고 한 법만을 전하셨다. 또한 부처로써 부처를 전하시고 다른 부처를 말씀하지 않으셨으며, 법으로써 법을 전하시고 다른 법을 말씀하지 않으셨다. 법이란 설명될 수 없는 법이며, 부처란 취할 수 없는 부처이니 본래 청정한 이 마음이다. 오직 이 일승(一乘)만이 진실이고, 나머지 이승(二乘)은 진실이 아니다.

반야(般若)는 지혜라는 뜻이니, 이 지혜는 형상이 없는 본래의 마음이다. 범부는 도(道)에 나아가지 않고 단지 육정(六情)만을 함부로 하여 육도(六道)에 떠돈다. 도를 배우는 이들이 한 생각 생사를 헤아리면 곧바로 마구니의 길에 떨어지고, 한 생각 모든 견해를 일으키면 곧바로 외도(外道)에 떨어진다. 또한 생겨남이 있음을 보고 없어짐으로 나아가면 성문도(聲聞道)에 떨어지고, 생겨남이 있음은 보지 않고 오로지 없어짐만을 보면 연각도(緣覺道)에 떨어진다. 법은 본래 생겨남이 없으므로 이제 또한 없어짐도 없으니, 이 두 견해를 일으키지 않고 싫어하지도 않고 좋아하지도 않으며 일체의 모든 법이 오직 한마음이어야만 비로소 불승(佛乘)이 된다. 범부는 모두가 경계를 좇아 마음을 일으키므로 좋고 싫음이 있다. 만일 경계가 없기를 바란다면 마땅히 그 마음을 잊어야 하나니, 마음을 잊으면 곧 경계가 텅 비며, 경계가 텅 비면 곧 마음이 없어진다. 만약 마음을 잊지 않고 경계만을 없애려 한다면, 경계는 없어지지 않으면서 더욱 시끄러워질 뿐이다.

그러므로 온갖 법은 오직 마음뿐이다. 마음조차도 얻을 수 없거늘 다시 무엇을 구하겠는가? 반야를 배우는 사람이 얻어야 할 어떤 법도 없는 줄 알게 되면, 삼승(三乘)에는 뜻이 끊어져 오직 하나의 진실뿐이다. 증득하여 깨달았다고 할 것이 없는 자리인데도 "나는 깨달았노라" 한다면, 모두가 증상만(增上慢)을 내는 사람이다.『법화경(法華經)』회상에서 소매를 떨치고 나가 버린 사람들은 모두가 이러한 무리들이다. 그러므로 부처님께서는 이르시기를 "내가 아뇩다라삼먁삼보리(阿耨多羅三藐三菩提, 無上正等正覺)에 있어서 실로 얻은 것이 없다"고 하셨으니, 그저 가만히 계합할 따름이다.

예사 사람들은 죽는 순간에 다만 오온(五蘊)은 실체가 없고, 사대(四大)는 자아(自我)가 없음을 본다. 그러나 참된 마음은 모양이 없어서 가지도 않고 오지도 않는다. 태어났다고 하여 성품이 오는 것이 아니고, 죽었다고 하여 성품이 가는 것이 아니다. 담연히 둥글고 고요하여 마음과 경계가 한결같다. 다만 이렇게 될 수만 있다면 그 자리에서 단박에 깨달아 삼세(三世)에 얽매이지 않을 것이니, 곧 세간을 뛰어넘은 사람이다. 절대로 털끝만큼이라도 또한 마음에 딸려감이 없어야 한다. 만약 모든 부처님께서 맞아주시는 것과 같은 갖가지 훌륭한 광경이 눈앞에 나타난다 할지라도 따라갈 마음이 없어야 하며, 갖가지 나쁜 광경이 나타난다 할지라도 역시 마음에 두려움이 없어야 한다. 다만 스스로 마음을 잊고서 법계(法界)와 같아지면, 바로 자재(自在)를 얻을 것이니, 이것이 곧 요긴한 대목이다.

10월 8일 선사께서 배휴에게 말씀하셨다.

변화하여 보인 성곽[化城]이란 이승(二乘) 및 십지(十地)·등각(等覺)·묘각(妙覺)을 말한 것이다. 이것은 모두 중생을 이끌어 주기 위한 방편으로 세운 가르침이므로, 모두 변화하여 보인 성곽이다. 보배가 있는 곳[寶所]이란 참된 마음으로서의 본래 부처이며, 자성의 보배를 말한다. 이 보배는 사량 분별에 속하지 않으니, 그 자리에는 아무것도 세울 수 없다. 부처도 없고 중생도 없으며, 주관도 없고 객관도 없거늘 어느 곳에 성곽이 있겠는가? 만약 "이곳을 이미 변화하여 보인 성곽이라 한다면 어느 곳이 보배 있는 곳인가?"라고 묻는다면, 보배 있는 곳이란 가리킬 수 없으니, 가리킨다면 곧 방위와 처소가 있게 되므로, 참으로 보배가 있는 곳이 될 수 없다. 그러므로 경에 이르기를 "가까이 있다"라고만 하였을 뿐, 그것이 얼마라고 한정하여 말하지 않은 것이니, 오로지 그 자체에 계합하면 바로 진실인 것이다.

천제(闡提, 斷佛種者·信不具者)란 믿음이 갖추어지지 않았다는 뜻이다. 육도(六道)의 모든 중생들과 이승(二乘)들은 부처님의 과보[佛果]가 있음을 믿지 않으니, 그들을 모두 선근(善根)이 끊긴 천제라 한다. 보살(菩薩)이란 불법이 있음을 굳게 믿고 대승과 소승을 차별하지 않으며, 부처와 중생을 같은 법성(法性)으로 보니, 이들을 선근이 있는 천제라 한다.

무릇 부처님의 설법을 듣고 깨닫는 사람을 성문(聲聞)이라 하고, 인연을 관찰하여 깨닫는 사람을 연각(緣覺)이라 한다. 그러나 자기 마음속에서 깨닫지 못한다면, 비록 부처가 된다 하더라도 역시 성문불(聲聞佛)이라 한다. 도를 배우는 이들이 흔히 교법(教

法)에 있어서는 깨달으나, 심법에 있어서는 깨닫지 못하나니, 이렇게 하면 비록 오랜 세월 동안 수행한다 하더라도 끝내 본래의 부처는 아니다. 만약 마음에서 깨닫지 못하고 교법에서 깨닫는다면, 마음은 가벼이 여기고 가르침만 중히 여겨 흙덩이나 쫓는 개 꼴이 되어 마음을 잊게 된다. 그러므로 본래의 마음에 계합하면 될 뿐이요 법을 구할 필요가 없으니, 마음이 곧 법이다.

예사 사람들은 흔히 경계가 마음에 장애가 되고, 현실[事]이 이치[理]에 장애가 되어 늘 경계로부터 도망쳐 마음을 편히 하려 하고 현실을 물리쳐서 이치를 보존하려 한다. 그러나 이들은 오히려 마음이 경계에 장애가 되고, 이치가 현실에 장애가 된다는 사실은 모르고 있다. 다만 마음을 비우기만 하면 경계는 저절로 비고, 이치를 고요하게만 하면 현실은 저절로 고요해지나니 거꾸로 마음을 쓰지 말아야 한다. 보통 사람들이 흔히 마음을 비우려 들지 않는 것은 허무[空]에 떨어질까 두려워하기 때문이니, 자기 마음이 본래 비었음을 모르는 것이다. 어리석은 사람은 경계를 없애고 마음을 없애지는 않는다. 그러나 지혜로운 사람은 마음을 없애고 경계를 없애지는 않는다.

보살은 마음이 허공과 같아서 모든 것을 다 버리고 자기가 지은 복덕마저도 맛들이지 않는다. 그러나 이 버림에는 세 등급이 있다. 즉 안팎의 몸과 마음을 다 버려서까지 허공과 같이 어디에고 집착하지 않고, 그런 다음에 곳에 따라 중생에게 응하되, 제도하는 주체도 제도될 대상도 모두 잊는 것이 〈위대한 버림[大捨]〉이다. 만약 한편으로 도를 실천하고 덕을 펴면서 한편으로는 그것을 선뜻 놓아 버리어 바라는 마음이 전혀 없으면 〈예사 버림[中捨]〉이다. 또한 착한 일을 널리 실천하면서도 바라는 바가 있다가 법을 듣고서는 실체가 없음을 알고 집착하지 않으면, 이것이 〈작은 버림[小捨]〉이다.

큰 버림은 마치 촛불이 바로 정면에 있는 것과 같아서 더 미혹될 것도 깨달을 것도 없으며, 예사 버림은 촛불이 옆에 있는 것과 같아서 밝기도 하고 어둡기도 하며, 작은 버림은 마치 촛불이 뒤에 있는 것과 같아서 구덩이나 함정을 보지 못한다. 그러므로 보살은 마음이 허공과 같아서 일체를 다 버린다. 과거의 마음을 얻을 수 없음이 과거를 버린 것이고, 현재의 마음을 얻을 수 없음이 현재를 버린 것이며, 미래의 마음을 얻을 수 없음이 미래를 버린 것이니, 이른바 삼세(三世)를 함께 버렸다고 하는 것이다.

여래께서 가섭(迦葉)에게 법을 부촉하실 때로부터 마음으로써 마음에 전하였으니, 마음과 마음이 서로 다르지 않다. 허공에다 도장을 찍으면 아무런 인발도 찍히지 않는다. 그렇다고 물건에다 도장을 찍으면 도장이 법을 이루지 못한다. 그러므로 마음으로써 마음에 찍는 것이니, 마음과 마음이 다르지 않다. 찍음[能]과 찍혀짐[所]이 함께 계합하기는 매우 어렵다. 그러므로 그것을 얻은 사람은 매우 적다. 그러나 마음은 곧 무심(無心)이요, 얻음은 얻음이 아니다.

부처님에게는 세 몸[三身]이 있는데, 법신은 자성의 허통(虛通)한 법을 설하고, 보신(報身)은 일체 청정한 법을 설하고, 화신(化

身)은 육도 만행법을 설한다. 법신의 설법은 언어・음성・형상・문자로써 구할 수 없으며, 설할 바도 없고 증득할 바도 없어서 자성이 허통할 뿐이다. 그러므로 이르기를 "한 법도 설한 것이 없는 것을 설법이라 이름한다"고 하였다. 보신이나 화신은 근기에 따라 감응하여 나타나고, 설하는 법 또한 현실에 따르고 근기에 맞추어 섭수하여 교화하는 것이니, 모두 참다운 법이 아니다. 그러므로 '보신과 화신은 참다운 부처가 아니며, 법을 설하는 자가 아니다'라고 한 것이다.

153 이른바 하나의 밝고 정밀한 것[一精明]이 나뉘어 육화합(六和合)이 되나니, 하나의 밝고 정밀한 것이란 바로 한마음[一心]이요, 육화합이란 육근(六根)이다. 이 육근은 각각 육진(六塵)과 화합하는데, 눈은 물질과 화합하고, 귀는 소리와 화합하고, 코는 냄새와 화합하고, 혀는 맛과 화합하고, 몸은 느낌과 화합하고, 뜻은 법(法)과 화합한다. 그러한 가운데 육식(六識)을 내어 십팔계(十八界)가 된다. 만약 이 십팔계가 어디에도 존재하지 않음을 알면, 육화합이 하나로 묶여 하나의 밝고 정밀한 것이 된다. 하나의 밝고 정밀한 것이란 곧 마음이다. 그런데 도를 배우는 이들은 이것을 모두 알면서도, 하나의 밝고 정밀한 것과 육화합에 대하여 알음알이만을 지어, 마침내 교설에 묶여 본래 마음에 계합하지 못한다.

여래께서 세간에 나타나시어 일승(一乘)의 참된 법을 말씀하시려 하나, 그렇게 하면 중생들이 믿지 않고 비방하여 고통의 바다에 빠지게 될 것이며, 그렇다고 전혀 말씀하시지 않는다면 설법에 인색한 간탐(慳貪)에 떨어져 중생을 위하는 것이 못 된다고 여기시어, 미묘한 도를 널리 베푸시고 방편을 세워 삼승(三乘)이 있음을 설하셨다. 가르침에는 대승과 소승이 있고, 깨달음에는 깊고 얕음이 있으나, 이것은 모두 근본 법이 아니다. 그러므로 이르기를 "오직 일승의 길이 있을 뿐, 나머지 둘은 참된 것이 아니다"라고 하셨다. 그러나 끝내 한마음의 법을 나타내시지 못하였기 때문에 가섭을 불러 법좌(法座)를 함께하시고 따로 한마음을 부촉하셨으니, 이는 언설을 여읜 설법이다. 이 한 가닥의 법령이 따로 행하여지고 있으니, 만약 계합하여 깨달을 수 있는 사람은 그 즉시 부처의 지위에 이른다.

배휴가 여쭈었다.
"도란 무엇이며 어떻게 닦아야 합니까?"
선사께서 대답하셨다.
"도가 무슨 물건이기에 닦으려 하는가?"
"그렇다면 여러 지방의 큰스님들이 서로 이어받아 참선하여 도를 배우는 것은 무엇 때문입니까?"
"둔한 근기를 이끌어 주는 말이니 의지할 것이 못 된다."
"그것이 둔한 근기를 이끌어 주는 말이라고 하신다면, 날랜 근기를 이끌기 위해서는 무슨 법을 설하셨습니까?"
"날랜 근기라면 어찌 외부에서 찾으려 하겠는가? 저 자신마저도 실체가 없거늘 어찌 인식작용의 대상이 되는 법이 따로 있겠는가? '법, 법 하는데 어떤 모양이더냐?'라고 한 경전의 말씀을 보지 못하였는가?"

"그렇다면 전혀 구하여 찾을 필요가 없다는 말씀입니까?"

"그렇게 한다면 마음의 수고를 더는 것이겠지."

"그렇다면 온통 부정하는 것이니 (도가) 없다는 것이 아닙니까?"

"누가 그것을 없다 하였는가? 또 그것이 무엇이기에 그대는 찾으려 하는가?"

"이미 찾는 것을 허락하지 않으시고서는, 어찌하여 그것을 부정하지도 말라 하십니까?"

155 "찾지 않으면 그것으로 되었다. 누가 그대에게 그것을 부정하라 하였는가? 눈앞의 허공을 보라. 어떻게 저것을 부정하겠는가?"

"이 법이 곧 허공과 같다고 생각하면 되겠습니까?"

"허공이 언제 그대에게 같다느니 다르다느니 말하더냐? 내 슬쩍 이렇게 말하니, 그대는 당장 여기에 알음알이를 내는구나."

"남에게 알음알이를 내지 않도록 하셔야지요?"

"나는 그대를 혼란케 한 적이 없다. 요컨대 알음알이라는 것은 정식(情識)에 속한 것이니, 정식이 생기면 지혜가 막히게 된다."

"여기에 정식을 일으키지 않으면 되겠습니까?"

"정식을 내지 않으면 누가 이러쿵저러쿵 말하겠는가?"

"스님께서는 제가 한 말씀이라도 드리기만 하면, 어찌하여 바로 말에 떨어진다[話墮]고 하십니까?"

"그대 스스로 말을 알아듣지 못하는 사람이거늘 무슨 잘못에 떨어짐이 있겠는가?"

"그렇다면 이제까지의 수많은 언설들이 모두 방편으로 대꾸한 것들이어서, 사람들에게 가리켜 보이신 실다운 법이란 아주 없었다는 말씀입니까?"

"실다운 법이란 뒤바뀜[顚倒]이 없거늘, 지금 그대의 물음 자체가 뒤바뀌었으니, 그러면서 무슨 실다운 법을 찾는다는 말인가?"

"물음 자체가 뒤바뀐 것이라면, 스님의 대답은 어떻습니까?"

"그대는 거울을 가지고 얼굴을 비추어 볼지언정 남의 일에는 상관하지 말라."

그러고는 다시 말씀하셨다.

"어리석은 개와도 같아서 움직이는 물건을 보기만 하면 문득 짖어대니, 바람에 흔들리는 초목과 별다를 게 없다."

또다시 말씀하셨다.

"우리의 이 선종(禪宗)은 위로부터 이제껏 이어 내려오면서 사람들에게 알음알이를 구하게 한 적이 없었다. 오로지 도를 배우라고만 하였을 뿐이니 이것은 이끌어 주기 위한 방편설이다. 그러나 도 또한 배울 수 없는 것이니, 정식(情識)을 두고 알음알이를 배우게 되면 도에는 도리어 어둡게 된다. 도에 일정한 방위와 처소가 없는 것을 이름하여 대승심(大乘心)이라 한다. 이 마음은 안팎과 중간 어디에도 있지 않으며, 실로 방위와 처소가 없는 것이니, 무엇보다도 알음알이를 짓지 말아야 한다. 지금까지 그대에게 설한 것은 정식으로 헤아리는 곳이니, 정식으로 헤아림이 다하면 마음에는 방위도 처소도 없다.

이 도라는 것은 천진하여 본래 이름이 없다. 다만 세상 사람들이 이것을 알지 못하여 정식 가운데서 헤맨다. 그러므로 모든 부처님께서 나오시어 이 일을 설파하시되 모든 사람들이 깨닫지 못할까 걱정하시어 방편으로 〈도〉라는 이름을 세우셨으니, 이름에 얽매여서 알음알이를 내서는 안 된다. 그러므로 이르기를 '물고기를 잡았으면 통발을 잊어버려라!'라고 하는 것이다. 몸과 마음이 자연히 도에 통달하고 마음을 알아 본래의 근원에 통달한 이를 사문(沙門)이라 부른다. 사문이라는 열매는 생각을 쉬어서 이루는 것이지, 배워서 되는 것이 아니다. 그대들은 남의 집에 세살이 하듯이, 마음을 가지고 마음을 찾으면서 배워서 얻으려 하니, 얻을 날이 언제이겠는가?

옛사람들은 영리하여 한 말씀을 들으면 당장에 배움을 끊었다. 그러므로 그들을 '배울 것이 끊어진 하릴없는 한가로운 도인 [絶學無爲閑道人]'이라고 하였다. 지금 사람들은 많은 지식과 많은 견해를 얻고자 하며, 널리 글의 뜻을 캐면서, 그것을 수행이라고 여길 뿐, 많은 지식과 견해가 장애가 된다는 사실을 알지 못한다. 이는 마치 어린이에게 젖만 많이 먹일 줄 알지 소화가 되는지 안 되는지 도무지 모르는 것과 마찬가지이다. 삼승의 도를 배우는 사람들이 다 이 모양이니 모두 '먹고 소화시키지 못한 자'라고 한다. 이른바 알음알이가 녹아내리지 않으면 모두가 독약이 된다는 것이니, 알음알이는 생멸 속에나 있는 것이지, 진여 가운데에는 이러한 일이 전혀 없다. 그러므로 이르기를 '우리 임금님의 곳간에는 이러한 칼이 없다'고 하였다.

　이제껏 알고 있었던 모든 알음알이를 깨끗이 비워 버리고 거기에 어떠한 분별도 없다면 곧 그것이 공여래장(空如來藏)이다. 이 여래장에는 한 티끌도 있을 수 없으니, 이것이 곧 '존재를 깨뜨리는 법왕이 세간에 출현하심[破有法王出現世間]'이다. 또 이르기를 '나는 연등 부처님 계신 곳에서 한 법도 받은 바가 없었다'고 하였으니, 이 말씀은 오로지 그대들의 정식을 비우기 위하여 하신 것이다. 알음알이가 녹아내리고, 안팎으로 정식이 다하여 전혀 의지하거나 집착함이 없다면, 이러한 이를 하릴없는 사람이라고 한다.

　삼승의 가르침은 근기에 맞추어 치료하는 약이니 편의에 따라 말씀하여 주신 것이요, 때에 맞추어 시설하신 것이므로 저마다 서로 말씀이 다르다. 다만 깨달아 알기만 하면 미혹되지 않는다. 무엇보다도 한 근기를 대상으로 하시는 말씀에 있어서 글자에 얽매여 알음알이를 내지 말아야 한다. 왜냐하면 실로 여래께서는 정해진 바 없는 법을 설하시기 때문이다. 우리의 선종은 이런 일을 따지지 않는 것이니, 다만 마음을 그칠 줄 알면 그것으로 되었으니, 다시 앞뒤를 생각할 필요가 없다."

　"예로부터 마음이 곧 부처라 하는데, 어느 마음이 부처입니까?"

　"그대는 몇 개의 마음을 가졌는가?"

　"그렇다면 범부의 마음 그대로가 부처입니까, 아니면 성인의 마음 그대로가 부처입니까?"

"어느 곳에 범부의 마음이니 성인의 마음이니 하는 차별이 있는가?"

"지금 삼승 가운데서 범부와 성인을 말씀하셨는데, 스님께서는 어찌하여 그것이 없다고 하십니까?"

"삼승을 말하는 가운데 분명 그대에게 말하기를 '범부와 성인의 마음이 허망하다'고 하였다. 그런데도 그대는 지금 이해하지 못하고 아직 있음에 집착하여 공(空)이라는 실체가 있는 것으로 여기고 있으니, 어찌 허망하지 않겠는가? 허망하기 때문에 마음이 미혹되는 것이다. 그대가 만약 범부의 정식과 성인의 경계를 없애기만 한다면, 마음 밖에 따로 부처가 없다. 달마조사께서 서쪽에서 오시어 모든 사람이 다 부처임을 곧바로 가리켜 주셨다. 그런데도 그대는 이해하지 못하고 범부와 성인에 집착하고 마음을 밖으로 치달리며 도리어 스스로 마음을 미혹시키고 있다. 그러므로 그대에게 말하기를 '마음이 그대로 곧 부처'라고 하였으니, 한 생각 정식이 일어나면 그 즉시 육도의 다른 갈래에 떨어지게 된다. 비롯함이 없는 먼 옛적부터 오늘에 이르기까지 한결같이 다르지 않아 어떠한 다른 법도 없으니, 그러므로 그를 정등각(正等覺)을 성취하였다고 한다."

"스님께서 말씀하신 '그대로 곧[卽]'이라 함은 무슨 도리입니까?"

"무슨 도리를 찾는가? 어떤 도리라도 있기만 하면 바로 곧 본래의 마음과는 달라진다."

"앞서 말씀하신 '비롯함이 없는 먼 옛적부터 오늘에 이르기까지 한결같이 다르지 않다'고 하신 이치는 무엇입니까?"

"다만 찾기 때문에 그대 스스로 그것과 달라지는 것이다. 그대가 만약 찾지 않는다면 어디에 다를 것이 있겠는가?"

"이미 다르지 않다면, 굳이 '그대로 곧'이라고 하실 필요가 있겠습니까?"

"그대가 만약 범부와 성인을 인정하지 않는다면, 누가 그대에게 굳이 '그대로 곧'이라는 말을 하겠는가? '그대로 곧'이 '그대로 곧'이 아니라면, 마음 또한 마음이 아닌 것이니, 그런 가운데 마음과 '그대로 곧'이라는 것을 다 잊으면, 그대가 머뭇거리며 무엇을 찾겠는가?"

"'망념이 자신의 마음을 가로막는다'고 하니 무엇으로써 망념을 없애야 할지 모르겠습니다."

"망념을 일으키고 망념을 없애는 것 또한 망념이 된다. 망념은 본래 뿌리가 없지만, 다만 분별 때문에 생긴다. 그대가 다만 범부와 성인의 두 곳에 알음알이를 내지 않는다면 자연히 망념이 없어질 것이니, 다시 그것을 어떻게 떨쳐 버리려 한다면 전혀 될 수 없다. 털끝만큼도 의지하고 집착함이 없으면, 이른바 '내가 두 팔을 다 버렸으니 반드시 부처를 이루리라'라고 한 것이 된다."

"이미 의지하고 집착함이 없다면, 어떻게 서로 주고받았습니까?"

"마음으로써 마음에 전하였다."

"마음으로써 서로 전하였다면 어떻게 마음이 없다고 할 수 있습니까?

"한 법도 얻을 수 없는 것을 마음으로써 서로 전한다고 하는 것이니, 만약 이 마음을 깨닫기만 하면 곧 마음도 없고 법도 없다."

"마음도 없고 법도 없다면 어떻게 전한다고 할 수 있습니까?"

"그대는 마음을 전한다는 말을 듣고는 얻을 만한 무엇이 있다고 생각한다. 그러므로 조사께서 이르기를 '심성(心性)을 깨달았을 때에야 불가사의(不可思議)라 한다. 분명히 깨달아 얻을 바가 없으니, 얻었을 때라도 알았다 하지 못한다'고 하였다. 만약 이것을 그대에게 알도록 한다 하여도 어떻게 감당하겠는가?"

"눈앞의 허공을 경계가 아니라고 할 수 있겠습니까? 경계를 가리켜 마음을 보는 것이 어떻게 없다고 하겠습니까?"

"어떠한 마음이 그대로 하여금 경계 위에서 보게 하는가? 설령 볼 수 있다 하더라도 경계를 비추는 마음일 뿐이다. 마치 사람이 거울로 얼굴을 비추는 것과 같아서 눈썹과 눈을 분명하게 볼 수 있다 하더라도, 그것은 본래 그림자일 뿐이니 그대의 일과 무슨 상관이 있겠는가?"

"거울에 의지하지 않는다면 어떻게 볼 수 있겠습니까?"

"의지함에 빠진다면 항상 그 무엇에 의지하여야 한다. 그렇게 하여서야 언제 깨달을 수 있겠는가? 그대는 '손을 털고 그대에게 내어 보일 아무것도 없구나. 수천 가지로 말한들 모두 헛수고로다'라는 말을 들어 보지 못하였는가?"

"마음을 분명히 알았다면 비출 만한 아무것도 없는 것입니까?"

"아무것도 없다면 어찌 더 비출 필요가 있겠는가? 그대는 눈을 뻔히 뜨고 잠꼬대를 하지 말라."

법당에 오르시어 말씀하셨다.

"온갖 것을 아는 것이 아무것도 구하지 않음이 가장 으뜸인 것만 훨씬 못하다. 도인이란 하릴없는 사람이어서 실로 허다한 마음도 없고 말할 만한 도리도 없다. 더 이상 일이 없으니, 헤어져 돌아가거라."

배휴가 여쭈었다.

"어떠한 것이 세간의 이치입니까?"

"언어와 문자에 얽매인 이치를 설하여 무엇하겠는가? 본래 청정한 것이거늘, 어찌 언설을 빌려 문답을 하겠는가? 다만 일체의 마음이 없기만 하면 번뇌 없는 지혜[無漏智]라 한다. 그대가 날마다 가거나 멈추거나 앉거나 눕거나 모든 언어에 있어서 하염있는 법[有爲法]에 집착하지 않는다면, 말하고 눈 깜짝이는 모두가 번뇌 없는 지혜와 같다. 지금과 같은 말법(末法) 시대에 접어들면서 참선의 도를 배우는 사람들이 대부분 온갖 소리와 빛깔에 집착하고 있다. 어찌 자기 마음을 여의었다고 하겠는가? 마음이 허공과 같고 마른 나무나 돌덩이처럼 되며, 또한 타고 남은 재나 꺼진 불처럼 되어야 한다. 그래야만 바야흐로 도에 상응할 자격이 조금 있는 것이다. 만일 이와 같지 못하다면 뒷날 모두 염라대왕에게서 엄한 문책을 받게 될 것이다. 그대가 다만 있다느니 없다느니 하는 모든 법을 떠나기만 하면, 마음이 마치 허공에 떠 있는 해와 같아서 빛이 자연히 비추지 않아도 비추는 것이니, 이 어찌 '힘 덜리는 일[省力事]'이 아니겠는가? 이런 때에 이르러서는 쉬어 머물 곳이 없어서, 모든 부처님이 실천하신 수행을 하게 되고, '머문 바 없이 그 마음을 낸다'는 것이 된다. 이것이 바로 그대의 청정한 법신(法身)이며 아뇩다라삼먁삼보리라 한다. 만약 이 뜻을 이해하지 못한다면 많은 지식을 배워 얻고 애써 고행을 하고 풀옷을 입고 나무열매를 먹는다 할지라도 뛰어넘을 수는 없다. 다만 삼 년, 오 년, 십 년이 지나도 반드시 자기 마음은 모르리니, 이것을 모두 삿된 수행이라 한다. 결정코 천마(天魔)의 권속(眷屬)이 되리니, 이와 같이 수행한다면 무슨 이익이 있겠는가?

지공(誌公)이 말하기를 '부처란 본래 자기 마음으로 지은 것이거늘, 어찌 문자 가운데서 찾겠는가? 설령 그렇게 하여 삼현(三賢)과 사과(四果)와 십지 만심(十地滿心)의 지위를 얻는다 하더라도, 그것은 역시 범부와 성인의 테두리를 벗어나지 못한 것이다'라고 하였다.

그대는 보지 못하였는가? '모든 존재가 덧없으니, 이것은 나고 없어지는 법이다'라고 하였으며, '힘이 다하면 화살은 다시 떨어지나니, 뜻과 같지 않은 내생(來生)을 초래할 것이로다. 어찌 함없는 실상의 문[無爲實相門]에 한 번 뛰어 여래의 지위에 바로 드는 것만 같으랴! [證道歌]'라고 하였다. 그러나 그대는 이 정도의 근기가 아니므로 옛사람이 세우신 방편문에서 알음알이를 널리 배워야 한다. 지공이 이르기를 '세간에 뛰어난 밝은 스승을 만나지 못하면 대승의 법약(法藥)을 잘못 먹게 된다'라고 하였다. 그대는 지금 언제든지 가거나 멈추거나 앉거나 눕거나 간에 무심(無心)을 닦아 오래오래 되면 반드시 실제로 얻는 것이 있을 것이다. 그러나 그대는 역량이 부족하므로 단박에 뛰어넘지 못하며 다만 삼 년, 오 년, 혹은 십 년 동안을 하면 머리를 들여밀 곳을 얻어 자연히 알게 될 것이다. 그러나 그대는 이렇게 해내지 못하기 때문에 굳이 마음을 가지고 선(禪)을 배우고 도(道)를 배우려 하니, 그것이 불법과 무슨 상관이 있겠는가?

그러므로 경에 이르기를 '여래의 설법은 모두 사람을 교화하기 위한 것이다. 이것은 마치 가랑잎을 돈이라 하여 어린이의 울음을 그치게 하는 것과 같다'고 하였다. 따라서 법이란 결정코 실다운 무엇이 있는 것이 아니다. 만약 무엇인가 실제로 얻을 것이 있다고 한다면, 그 사람은 우리 종문(宗門)의 사람이 아니다. 뿐만 아니라 그대의 본분과도 아무런 상관이 없다. 그러므로 경에 이르기를 '실로 한 법도 얻을 것이 없는 것을 무상정각(無上正覺)이라 한다'고 하였다. 만약 이 뜻을 이해한다면, 부처님의 도와 마구니의 도가 모두 잘못되었음을 알게 될 것이다.

본래 깨끗하고 밝아 모나지도 둥글지도 않고, 크고 작음도 없고, 길고 짧은 모양도 없으며, 번뇌[漏]도 작위(作爲)도 없고, 미혹함도 깨달음도 없다. 그러므로 이르기를 '분명히 깨달아 한 물건도 없으니, 중생도 없고 부처도 없다. 갠지스강의 모래알같이 수많은 대천세계(大千世界)는 바다의 물거품이요, 모든 성현들은 스치는 번갯불과 같다'고 하였다. 모든 것이 진실한 마음만 같지 못하다. 법신은 예로부터 지금까지 부처님과 조사와 더불어 마찬가지이니, 어디 털끝만큼이라도 모자람이 있겠는가? 이와 같은 뜻을 이해하였다면 열심히 노력할지어다. 이승을 마칠 즈음에는 내쉬는 숨이 들이쉬는 숨을 보장하지 못한다."

"육조(六祖)스님께서는 경전을 모르셨는데, 어떻게 법의(法衣)를 전수받아 조사가 되셨으며, 신수(神秀)상좌는 오백 대중의 수좌(首座)로서 교수사(敎授師)가 되어 서른두 가지의 경론을 강의할 수 있었는데, 왜 법의를 전수받지 못하였습니까?"

"신수스님에게는 마음이 있었기 때문이니, 이는 하염 있는 법으로서 닦고 깨닫는 것을 옳다고 여겼기 때문이다. 그러므로 오조(五祖)스님께서 육조에게 부촉하셨다. 육조는 당시에 다만 가만히 계합하여 은밀히 주신 여래의 매우 깊은 뜻을 얻으셨으므로 그에게 법을 부촉하셨다. 그대는 듣지 못하였는가?

    법이란 본래 법이어서 법이라고 할 것도 없나니
    법이라고 할 것이 없는 법을 또한 법이라 한다
    이제 법 없음을 부촉할 때에
    법, 법 하는 것이 일찍이 무슨 법이었던고?

    法本法無法　無法法亦法
    今付無法時　法法何曾法

라고 하였다. 이 뜻을 이해하면 바야흐로 출가자라고 한다.

만약 믿지 못하겠다면, 어찌하여 도명(道明)상좌가 대유령(大庾嶺) 꼭대기까지 달려와서 육조를 찾았겠는가! 그때 육조께서 묻기를 '그대는 무엇을 찾으러 왔는가? 옷을 찾는가, 아니면 법을 찾는가?'라고 하니, 도명상좌가 '옷 때문이 아니라 오로지 법 때문에 왔습니다'라고 하였다. 육조께서 말씀하기를 '그대는 잠시 마음을 거두고 선(善)도 악(惡)도 도무지 생각하지 말라' 하시자 도명상좌가 말씀을 받드니, 육조께서 '선도 생각하지 말고 악도 생각하지 말라. 바로 이러할 때에 부모가 낳기 이전 도명상좌의 본래면목(本來面目)을 나에게 가져와 보아라'라고 하셨다. 도명상좌가 이 말을 듣고 곧바로 가만히 계합하여 문득 절하며 말하기를 '마치 물을 마셔 보고 차고 더움을 스스로 아는 것과 같사옵니다. 제가 오조의 문하에서 삼십 년 동안 잘못 공부하다가 오늘에야 비로소 지난날의 잘못을 깨달았습니다'라고 하자, 육조께서 말씀하기를 '그렇도다'라고 하셨다.

이제야 비로소 조사가 서쪽에서 오시어 사람의 마음을 곧바로 가리켜 성품을 보아 부처를 이루게 하심이 언설에 있지 않음을 알 것이로다.

어찌 듣지 못하였는가? 아난(阿難)이 가섭에게 묻기를 '세존(世尊)께서 금란가사(金襴袈裟)를 전하신 외에 따로 무슨 법을 전하셨습니까?' 하니, 가섭이 아난을 불렀다. 아난이 대답하자, 가섭이 말하기를 '문 앞의 깃대[刹竿]를 꺾어 버려라' 하였으니, 이것이 바로 조사의 표방(標榜)이다. 몹시 총명한 아난이 삼십 년 동안 시자(侍者)로 있으면서 많이 들어 얻은 지혜 때문에 부처님으로부터 '천 일 동안 닦은 너의 지혜가 하루 동안 도를 배우느니만 못하다'라는 꾸지람을 들었다. 만약 도를 배우지 않는다면 물 한 방울도 소화시키기 어렵다."

"어떻게 하여야 수행의 등급에 떨어지지 않겠습니까?"

"종일토록 밥을 먹되 일찍이 한 톨의 쌀알도 씹은 바가 없으며, 종일토록 걸어다니되 일찍이 한 조각의 땅도 밟은 바가 없다. 이러할 때에 나와 남 등의 차별상이 사라져, 종일토록 갖가지 일을 하면서도 그 경계에 미혹되지 않아야 비로소 '자재한 사람'이라 할 수 있다. 다시는 때마다 생각 생각에 일체의 차별상을 보지 말고 앞뒤의 삼제(三際 : 과거·현재·미래)를 인정하지 말라. 과거는 이미 지나갔으며, 현재는 머물지 않고, 미래는 아직 오지 않았으니, 편안하고 단정하게 앉아 움직이는 대로 내맡겨 얽매이지 않아야만 비로소 '해탈하였다'고 할 수 있다. 노력하고 또 노력하라. 이 문중(門中)의 천 사람 만 사람 가운데서도 오로지 서너 명만이 얻었을 뿐이다. 만약 도 닦기를 일삼지 않는다면 재앙을 받을 날이 있으리라. 그러므로 이르기를 '힘을 다하여 금생에 모름지기 끝장내야 한다. 뉘라서 긴 세월 동안 남은 재앙을 받겠는가?'라고 하였다."

몽산법어
蒙山法語

【해 제】

　1권. 서명은 『몽산법어』로 되어 있으나, 실제로는 송대(宋代) 환산정응(晥山正凝)과 그의 제자 휴휴암주(休休庵主) 몽산덕이(蒙山德異, 1232~1300?) 및 동산 숭장주(東山崇藏主), 고담(古潭) 그리고 고려의 보제존자(普濟尊者) 나옹혜근(懶翁惠勤) 등 5사(師)의 설법 11편을 엮은 것이다.
　고려 말에 전래되어 조선 세조조(世祖朝)에 혜각존자(慧覺尊者) 신미(信眉)가 언해(諺解)하여 〈환산정응 선사가 몽산에게 주신 법어〉·〈동산 숭장주가 행각을 떠나는 제자를 보내며 하신 법어〉·〈몽산화상이 대중에게 주신 말씀〉 및 〈고담화상의 법어〉를 『사법어(四法語)』라 하고, 〈몽산화상이 고원상인에게 주신 말씀〉·〈몽산화상이 각원상인에게 주신 말씀〉·〈몽산화상이 유정상인에게 주신 말씀〉·〈몽산화상이 총상인에게 주신 말씀〉·〈몽산화상의 무자화두 십절목〉·〈휴휴암 좌선문〉 및 〈보제존자가 참선하는 각오스님에게 주신 말씀〉을 『몽산화상법어약록(蒙山和尙法語略錄)』이라 하여 간경도감(刊經都監, 1467)에서 간행했으며, 이는 다시 고운사(孤雲寺, 1517)·빙발암(氷鉢庵, 1535)·중대사(中臺寺, 1543)·송광사(松廣寺, 1577) 등에서도 판각된 바 있다. 『선문촬요』 권상(1907)에 수록되었다.

몽산법어 蒙山法語

(1) 환산정응 선사가 몽산에게 주신 법어
　　[皖山正凝禪師示蒙山法語]

　선사께서 몽산(蒙山)이 와서 절하는 것을 보시고 먼저 물으셨다.
"그대는 확신이 섰는가?"
　몽산이 대답하였다.
"만약 확신이 서지 않았다면 여기에 오지 않았을 것입니다."
"충분히 확신이 섰더라도 계행(戒行)을 꼭 지녀야 하는 것이니, 계행을 지녀야 쉽게 영험을 얻을 수 있다. 만약 계행이 없다면 공중에 세운 누각과 같으니, 계행을 지니고 있는가?"
"현재 오계(五戒)를 지니고 있습니다."
"이 뒤로는 오직 무자 화두(無字話頭)만을 참구하되 생각으로 헤아리지도 말고, 있다느니 없다느니 하는 알음알이를 내지도 말고, 경전이나 어록 따위를 보지도 말고, 다만 외곬으로 무자(無字)만을 들되 하루 이십사 시간 네 가지 위의[四威儀 : 行・住・坐・

臥] 안에 모름지기 또렷또렷하여 마치 고양이가 쥐를 잡듯이, 닭이 알을 품듯이 끊어지지 않도록 하여야 한다. 사무쳐 터득하기 전에는 마치 늙은 쥐가 관짝을 쏠듯이 옮기지 않아야 한다. 때때로 다시 채찍질하여 의정(疑情, 의심)을 일으키되 '일체 중생이 모두 불성을 가지고 있거늘, 조주(趙州)는 어찌하여 없다고 하였을까? 그 뜻이 무엇일까?' 하라. 이미 의정이 생겼거든 묵묵히 무자만을 들고서 광명을 돌이켜 스스로 살펴보아라. 오직 이 무자로써 자기를 알고자 하며, 조주를 알고자 하며, 부처님과 조사님네들이 사람들에게 미움받던 곳을 붙잡고자 하라. 다만 나의 이런 말을 믿고 곧장 나아가면 결정코 깨달을 때가 있을 것이니, 결단코 그대를 그르치지는 않을 것이다."

(2) 동산 숭장주가 행각을 떠나는 제자를 보내며 하신 법어 [東山崇藏主送子行脚法語]

무릇 행각할 때에는 모름지기 이 도(道)로써 회포(懷抱)를 삼아야 한다. 현성한 공양을 받으면서 어영부영 세월을 보내서는 안 된다.

모름지기 생사(生死)라는 두 글자를 이마에 못질하여 하루 이십사 시간 체면치레를 젖혀 두고 이것을 찾아 분명히 알아야만 된다.

만약 무리를 따르고 떼를 좇아서 헛되이 세월을 보낸다면, 죽을 때 염라대왕(閻羅大王)이 밥값을 청구할 것이니, 내가 그대를 위하여 말해 주지 않았다고 이르지 말라.

공부를 하되 모름지기 날마다 타산하고 때마다 점검하여야 한다. 새벽에 일어날 때부터 밤에 잠자리에 들 때까지 '어느 곳이 힘을 얻은 곳이며, 어느 곳이 힘을 얻지 못한 곳인가? 어느 곳이 잃은 곳이며, 어느 곳이 잃지 아니한 곳인가?' 하고 살펴보아야 한다. 만약에 이처럼 공부하여 나아가면 결정코 집에 이를 때가 있을 것이다.

도(道)를 공부하는 사람이 경전도 보지 않고, 예불도 하지 않고, 방석에 앉자마자 졸다가 잠이 깨면 또 어지러이 생각하고, 선상(禪床)에서 내려서자마자 남들과 어지러이 사귀는 것이 보통이니, 만약에 이와 같이 도를 닦는다면 미륵(彌勒)이 하생(下生)할 때에 이르러도 뜻을 이루지 못할 것이다.

모름지기 무섭게 정신을 차려서 한낱 무자 화두(無字話頭)만을 들되 낮이나 밤이나 저와 더불어 붙들어 보라. 일 없는 갑 속에 앉아 있어서도 안 되며, 또 방석 위에 죽은 듯이 앉아 있기를 고집해도 안 된다. 모름지기 활발히 산 공부를 하여야 한다.

잡념이 어지러이 일어날 때에 절대로 저와 싸우려고 해서는 안 된다. 싸우면 싸울수록 더욱 치성해진다. 숱한 사람이 이곳에서 나아가야 할지 물러서야 할지 몰라서 벗어나지 못하고 미치광이가 되어 일생을 망쳐 버린다.

모름지기 어지러이 일어나는 곳을 향하여 잠깐 놓아 버리고, 한 번 몸을 옮겨 바닥에 내려 한 번 포행(布行)하고, 다시 선상에 올라 두 눈을 뜨고 두 주먹을 쥐고 등마루를 곧추세워 전과 같이 화두를 들면 이내 시원함을 느끼게 될 것이니, 한 냄비의 끓는 물에 찬물 한 바가지를 끼얹은 것과 비슷하다. 다만 이와 같이 공부하되 세월이 오래 되면 자연히 집에 이를 때가 있을 것이다.

공부가 잘되지 않더라도 번뇌심을 일으켜서는 안 된다. 번뇌마(煩惱魔)가 마음에 들어올까 두렵다. 만약 공부가 수월하게 되더라도 환희심을 일으켜서는 안 된다. 환희마(歡喜魔)가 마음에 들어올까 두렵다.

갖가지 병통을 말로는 다할 수 없다. 대중 가운데 노성(老成)한 도반(道伴)이 있거든 간곡히 때때로 가르침을 청하라. 만약에 없거든 조사님네들이 공부하던 말씀을 다시 한 번 보면 조사님을 직접 뵈온 것과 마찬가지이다.

이제 이 도에 있어서는 그 사람을 만나기가 어려우니 무턱대고 앞으로 나아가라. 그대가 어서 칠통(漆桶)을 타파하고 돌아와 나의 등을 밀어 주기를 기대한다. 간곡히 부탁한다.

(3) 몽산화상이 대중에게 주신 말씀 [蒙山和尙示衆]

만약 이곳에 와서 나와 함께 고요함을 즐기려고 한다면 이 세상의 인연을 버리고 집착과 뒤바뀐 생각을 없애라. 진실로 생사(生死)라는 큰일을 해결하기 위해서는 암자의 규칙을 잘 지키고, 인사(人事)를 딱 끊고, 먹고 입는 것을 되어가는 대로 하라. 밤 열한 시 이전에는 자지 말고, 거리에도 나가지 말고, 초청에도 응하지 말라. 깨닫기 전에는 글을 읽지도 말고, 예식 때가 아니면 경전도 보지 말라.

법답게 삼 년 동안을 공부하였으되 만약 견성하여 종지를 통달하지 못한다면, 내[山僧]가 그대들을 대신하여 지옥에 떨어지겠다.

(4) 고담화상의 법어 [古潭和尙法語]

만약 참선을 하려고 한다면 여러 말이 필요치 않다. 조주(趙州)의 무자 화두(無字話頭)를 생각 생각 이어서 가거나 멈추거나 앉거나 눕거나 간에 눈앞에 마주하라. 금강과 같이 굳은 뜻을 세워 한 생각이 만년 가게 하라. 광명을 돌이켜 스스로 비추어 살펴보아라. 혼침(昏沈 : 흐리멍덩한 상태. 無記)이나 산란(散亂 : 번뇌가 죽 끓듯 하는 상태. 掉擧)이 생기거든 죽자꾸나 하고 있는 힘을 다하여 채찍질을 하여 천 번 갈고 만 번 단련하면 더욱더 새로워질 것이요, 세월이 오래 되면 정밀하게 이어지게 될 것이다. 들지 않아도 저절로 들려지는 것이 마치 흐르는 물과 같아서 마음과 경계가 비고 고요하여 쾌락하고도 편안하게 될 것이다.

선마(善魔)가 오더라도 기뻐하지 말고, 악마(惡魔)가 오더라도 두려워하지 말라. 마음에 미움과 사랑을 일으키면 바른 생각을 잃고 미치광이가 될 것이다.

뜻 세우기를 산과 같이 하고, 마음 안정하기를 바다와 같이 하면 큰 지혜가 해와 같이 온 누리를 두루 비칠 것이요, 미혹의 구름이 다 흩어지면 만리의 푸른 하늘 가을 달이 맑은 물에 사무칠 것이다. 허공에서 불꽃이 일고 바다 밑에서 연기가 나면 갑자기 댓돌 맞듯이, 맷돌 맞듯이 겹겹의 현관(玄關)을 타파하게 될 것이다. 조사님네들의 공안(公案)을 한 꼬챙이에 몽땅 꿰며 부처님의 미묘한 진리가 두루 원만치 않음이 없을 것이다.

174 이런 때에 이르러서는 일찌감치 덕 높은 선지식(善知識)을 찾아 기미(機味)를 완전히 돌려서 바름도 치우침도 없게 하라. 밝은 스승이 허락하거든 다시 숲속으로 들어가서 띳집이나 동굴에서 고락(苦樂)을 되어가는 대로 하되 하염없이 자유로워서 성품이 마치 연꽃과 같게 하라. 때가 되거든 산에서 나와 밑 없는 배를 타고 흐름을 따라 미묘함을 얻어 널리 인간과 천상계(天上界)를 제도하여 모두 깨달음의 언덕에 올라 함께 부처[金仙]를 증득하라.

(5) 보제존자가 참선하는 각오스님에게 주신 말씀
[普濟尊者示覺悟禪人]

한 생각 일어나고 한 생각 사라짐을 생사(生死)라고 한다. 생사의 흐름 속에서 죽자 사자 있는 힘을 다하여 화두를 들어야 한다. 화두가 순일(純一)해지기만 하면 일어나고 사라짐이 바로 없어지는데, 이 일어나고 사라짐이 없어진 상태를 고요하다[寂]고 한다. 고요한 가운데 화두마저 사라진 상태를 무기(無記)라 하고, 고요한 가운데서도 화두가 또렷한 상태를 신령하다[靈]고 한다. 이 텅 비고 고요하며 신령한 앎이 무너지거나 뒤섞이지 않게 하여야 하는 것이니, 이렇게 공부를 쌓으면 머지않아 깨닫게 될 것이다.

(6) 몽산화상이 고원상인에게 주신 말씀
〔蒙山和尚示古原上人〕

화두에 의심이 끊어지지 않는 것을 참의심이라고 한다. 만약에 의심이 잠깐 생겼다가 다시 의심이 없어진다면 이것은 참마음으로 의심을 낸 것이 아니라 억지로 낸 것이다. 그러므로 혼침(昏沈)이니 도거(掉擧)니 하는 것이 온통 끼여들게 된다

좌선을 할 때에는 단정하여야 한다. 첫째 수마(睡魔, 졸음)가 오거든 마땅히 이것이 무슨 경계인가를 알아차려야 한다. 눈꺼풀이 무거워지는 것을 깨닫자마자 이내 정신을 차리고 화두를 한두 번 소리내어 들어라. 수마가 물러나거든 평소와 같이 앉아 있고, 만약에 물러나지 않거든 이내 바닥에 내려 수십 보를 포행(布行)하여 눈이 청명해지거든 다시 자리에 가서 결단코 화두를 돌이켜보고 언제나 채찍질하여 의심을 일으켜야 한다. 이렇게 오래오래 하면 공부가 제대로 익어서 바야흐로 수월하게 될 것이다. 마음을 써서 화두를 들지 않아도 저절로 눈앞에 나타나는 때가 이르면 경계와 몸과 마음이 온통 이전과 같지 아니하며, 꿈속에서도 또한 화두가 기억될 것이니, 이와 같은 때에 큰 깨달음이 가까우리라.

미혹한 채 깨달아지기를 기다리지 말고, 다만 움직이거나 고요하거나 간에 끊어짐이 없이 공부하여야 한다. 자연히 바깥의 경계는 들어오지 않고 참경계는 날로 증진하여 점차로 무명(無明)을 깨뜨릴 역량이 생기게 될 것이다. 역량이 충실해지면 의심덩어리가 깨지고 무명이 깨질 것이며, 무명이 깨지면 곧 미묘한 도(道)를 보게 될 것이다.

무릇 참선의 묘(妙)는 또렷또렷함에 있다. 영리하다면 먼저 공안(公案)을 챙겨 바른 의심이 있거든 도리어 조급하지도 않고 느슨하지도 않게 화두를 들어 정밀하게 광명을 돌이켜 스스로 살펴보아라. 이렇게 하면 쉽게 큰 깨달음을 얻어 몸과 마음이 안락해질 것이다.

만약 마음가짐이 조급하면 육단심(肉團心, 심장)이 흔들려 혈기가 고르지 못하는 따위의 병통이 생겨날 것이니, 이것은 바른 길이 아니다. 다만 진정한 신심을 내어 참마음 가운데에 의심이 있으면 자연히 화두가 눈앞에 나타날 것이다. 만약 용을 써서 화두를 든다면 공부가 힘을 얻지 못할 것이다. 움직이거나 고요하거나 간에 의심하는 공안이 흩어지지도 않고 뻗지르지도 않으며, 화두가 조급하지도 않고 느슨하지도 않아서 자연히 눈앞에 나타나면, 이와 같은 때에라야 공부가 힘을 얻게 될 것이다. 이 경계를 보호하고 지켜서 언제나 이어지게 하되 좌선중에 다시 선정의 힘을 보태어 서로 돕는 데에 묘가 있다.

홀연히 댓돌 맞듯이, 맷돌 맞듯이 마음 갈 길이 한 번 끊어지면 이내 크게 깨닫게 될 것이니, 깨닫고 나서 다시 깨달은 뒤의 일을 물으라.

(7) 몽산화상이 각원상인에게 주신 말씀
[蒙山和尙示覺圓上人]

참선은 모름지기 조사관(祖師關)을 사무쳐야 하며, 묘오(妙悟)는 마음이 갈 길이 끊어져야 한다. 조사관을 사무치지 못하고 마음이 갈 길을 끊지 못하면 온통 풀에 의지하고 나무에 붙은 정령(精靈)일 따름이다.

어떤 중이 조주(趙州)에게 묻되 "개에게도 불성이 있습니까?" 하니, 조주가 이르기를 "없다"라고 하였으니, 다못 이 무자(無字)는 종문(宗門)의 한 관문이다. 이것은 유심(有心)으로도 뚫을 수 없고 무심(無心)으로도 뚫을 수 없다. 또렷또렷하고 영리하다면 곧바로 뒤치어 조주를 붙잡아서 내게 화두를 가져오라. 만약 털 끝만큼이라도 있다면 아직 문 밖에 있는 것이다.

각원(覺圓)상좌는 아느냐, 모르느냐? 묘각(妙覺)이 원만히 밝다면 마땅히 조주가 이 무슨 면목(面目)인가를 알아야 한다. '없다'고 한 뜻은 무엇인가? '꿈틀거리는 중생이 다 불성이 있다'고 하였거늘, 조주는 어찌하여 '없다'고 하였는가? 필경에 '없다'고 한 뜻이 어디에 있는가?

본각(本覺)을 밝히지 못하였으면 낱낱이 의심이 생길 것이니, 크게 의심하면 곧 큰 깨달음이 있을 것이다. 미혹한 채 깨달아지기를 기다리지도 말고, 또 의식으로써 깨달음을 구하지도 말고,

또 있다느니 없다느니 하는 알음알이도 짓지 말고, 아주 없다는 알음알이도 짓지 말고, '쇠로 만든 빗자루'라는 생각도 짓지 말고, '나귀 매는 말뚝'이라는 생각도 짓지 말라.

178 의심덩어리가 날로 치성하게 하여 하루 이십사 시간 네 가지 위의 안에 외곬으로 이 무자 화두를 들되 정밀하게 광명을 돌이켜 스스로 살펴보아라. 보아 오고 보아 가며, 의심하여 오고 의심하여 가서 도무지 재미없는 때에 적이 재미있을 것이니, 번뇌심을 일으키지 말라.

의심이 깊어지면 화두를 들지 않아도 자연히 눈앞에 나타날 것이다. 그렇다고 환희심을 내지도 말라. 잘되든 안 되든 내버려 두고 마치 늙은 쥐가 관짝을 쏠듯이 다만 이 무자 화두만을 들어서 살펴보아라.

만약 좌선중에 미묘한 선정의 힘을 얻거든 바로 화두를 붙들어야 한다. 다만 용을 쓰지 않고 하는 데에 묘(妙)가 있으니, 만약에 용을 써서 붙들게 되면 이내 선정의 경계가 흩어지게 될 것이다. 능히 마음을 잘 써서 홀연히 선정에 들게 될 때에는 선정에 맞들여 화두를 잊지 말아야 한다. 만약 화두를 잊어버리면 허무[空]에 떨어져 미묘한 깨달음을 얻지 못할 것이다. 선정에서 일어날 때에도 선정의 힘을 보호하여야 하며, 움직이거나 고요하거나 간에 한결같아서 혼침(昏沈)이나 도거(掉擧)가 몽땅 끊어져도 환희심을 내지 말라.

홀연히 '확' 하는 한 소리에 조주의 관문을 사무쳐 버리면 하는 말마다 이치에 맞아서 화살과 화살촉이 맞듯이 조주가 사람들에게 미움을 받은 곳을 알아채고, 법마다 원만히 통달하여 차별기연(差別機緣)을 낱낱이 알게 될 것이니, 이때야말로 깨달은 뒤의 생애를 구하여야 한다. 만약 그렇지 못하면 어떻게 법기(法器)를 이룰 수 있으랴! 마땅히 옛 성인들의 본보기를 잘 살펴보아야 한다. 절대로 두찬(杜撰)을 하여서는 안 된다.

(8) 몽산화상이 유정상인에게 주신 말씀
[蒙山和尙示惟正上人]

오조법연(五祖法演) 화상이 대중에게 설법하기를 '석가와 미륵조차 그의 종'이라고 하였으니, 그는 누구일까? 그 자리에서 사무쳐 깨달아 이치에 맞게 이른다면 분단생사(分段生死)를 벗어나게 될 것이니, 다시 백 자나 되는 장대 끝[百尺竿頭]에서 한 걸음 더 내디뎌야 대장부(大丈夫)의 일을 끝마치게 될 것이다.

유정(惟正)상좌는 선뜻 사무쳐 깨달았느냐, 못 깨달았느냐? 못 깨달았으면 서둘러 정신을 차려 진실한 공부를 하여 법답게 참구하되 큰 깨달음으로써 입문(入門)을 삼아야 한다.

이른바 참구한다는 것은 마땅히 '석가와 미륵은 부처님이신데 어찌하여 그들조차 그의 종이라고 하였을까? 필경 그는 누구일까?' 하고 의심하여야 한다. 의심이 치성해지면 더욱 '그는 누구일까?' 하는 의심을 붙들어 돌이켜 스스로 살펴보아라.

마음가짐을 너무 조급하게 하지 말아야 한다. 조급하면 색심(色心, 심장)이 흔들려 병통이 생기게 될 것이다. 너무 느슨하게 하지 말아야 한다. 느슨하면 화두를 잊어버리고 혼침(昏沈)이나 도거(掉擧)에 빠지게 될 것이다. 그 마음을 잘 쓰는 데에 묘(妙)가 있으니, 진정한 신심을 내어 일체의 세간심(世間心)을 다 없애 버리고 또렷또렷하고 정밀하게 화두를 붙들어라.

좌선하는 가운데 힘을 얻기가 가장 쉽다. 처음 앉을 때에 정신을 바짝 차려 몸을 쭉 펴서 단정히 하라. 등마루가 굽어서는 안 된다. 머리를 곧추세우고 눈알을 움직이지 말고 평소대로 눈을 뜨라. 눈동자가 움직이지 않으면 몸과 마음이 모두 고요해질 것이다. 고요해진 뒤에라야 선정에 들게 될 것이다.

선정 가운데 화두가 눈앞에 나타나야 한다. 선정에 맛들여 화두를 잊어버려서는 안 된다. 화두를 잊어버리면 허무[空]에 떨어져 도리어 선정에 미혹될 것이니, 옳지 않다. 선정 가운데 힘을 얻기는 쉬우나 또렷또렷하여 어둡지 않아야 한다.

홀연히 일체의 좋고 궂은 경계가 나타날 때가 있더라도 도무지 그것을 상관하지 말아야 한다. 화두가 분명하면 순식간에 경계가 자연히 깨끗해질 것이다. 선정에서 일어날 때에도 천천히 몸을 움직여 선정의 힘을 보호하여 지켜야 한다.

움직임 속에서도 화두를 지녀서 의심을 붙들어라. 힘을 쓰지 않아도 정밀하게 이어져 끊어짐이 없을 때라야 공부가 점차로 한 조각을 이루어서 마치 맑은 가을에 들물이 맑고 깨끗하여 비록 바람이 불더라도 온통 맑은 물결인 것과 같을 것이다.

이러한 때에 이르면 큰 깨달음이 가까우리니, 아무쪼록 마음을 가져 깨달음을 기다리지도 말고, 남이 설파(說破)하여 주기를 기대하지도 말고, 이리저리 생각하지도 말고, 풀이하고 이해하여 알기를 구하지도 말라. 다만 화두만 들어 살펴보아라. 만약 딴 공안에 의심이 있거나 경전의 말씀에 의심이 있거든 몽땅 뭉뚱그려 '그는 누구일까?' 하는 데에 가져다 살펴보아라.

뭇 의심이 다그쳐 폭발할 때에 댓돌 맞듯이, 맷돌 맞듯이 '확' 하는 한 소리에 바른 눈이 열려 밝아지면 이내 집에 이른 말과 기연(機緣)에 맞는 말과 화살과 화살촉이 서로 맞듯이 말을 하게 되며, 차별기연(差別機緣)을 알아서 전에 있던 일체의 의심과 응어리가 얼음처럼 녹아서 남음이 없게 될 것이다. 법마다 원만히 통달하여 당(堂)에 오를지라도 부디 작은 깨달음에 만족하지 말고 다시 오너라. 그대에게 지시하여 더욱 나아가 실(室)에 들어 일대사(一大事)를 사무쳐 마치게 하겠다.

(9) 몽산화상이 총상인에게 주신 말씀 [蒙山和尙示聰上人]

황벽(黃檗)이 백장(百丈)스님께서 마조(馬祖)스님께 두번째 참문하였던 기연(機緣)을 말씀하시는 것을 보자 문득 혀를 쑥 내밀었으니, 이는 백장의 힘을 얻은 것인가, 마조의 힘을 얻은 것인가?

암두(巖頭)가 덕산(德山)의 '퀙' 하는 한 소리를 당하여 문득 절을 하였으니, 이는 은혜를 아는 절인가, 은혜에 보답하는 절인가?

또 [암두가] 동산(洞山)의 말씀에 답하기를 "내가 그때에 한 손은 들어올리고 한 손은 내렸다" 하였으니, 어떤 곳이 그가 들어 올리고 그가 내렸던 곳인가?

두 노장님의 골수(骨髓)를 꿰뚫어 보았다면 얼른 한 마디 일러서 제방(諸方)의 혓바닥을 끊어 버릴 수 있을 것이니, 그대가 문안에 들어섰다고 허락하려니와, 만일 그렇지 못하다면 서둘러서 참구하여야 한다.

만약 참구하는 길에 들어섰다면 이내 공부하는 법을 이야기하리라. 곧바로 본분(本分)에 의지하여 법답게 하여야 된다. 본래부터 참구하던 공안(公案)에 의심을 일으켜야 한다. 큰 의심 끝에 큰 깨달음이 있다. 천 가지 만 가지 의심을 몽땅 한 의심에 뭉뚱그려 본래부터 참구하던 공안에서 끝장을 보도록 하여야 한다. 만약 화두에 대하여 의심을 일으키지 않으면 이는 큰 병통이다. 그리고 모든 반연을 없애 버리고 네 가지 위의와 하루 이십사 시간 중에 외곬으로 화두를 들어 광명을 돌이켜 스스로 살펴보아라.

좌선하는 가운데 힘을 얻는 경우가 가장 많으니, 좌선하여 법을 얻을지언정 눈알을 굴리거나 눈을 부릅떠서 몸과 마음과 바깥 경계를 돌아보지 말아야 한다.

어찌하다 혼침(昏沈)이나 도거(掉擧)가 있거든 적이 정신을 바짝 차려 한두 번 소리내어 화두를 들면 자연히 모든 마장(魔障)이 사라지게 될 것이다. 눈이 안정되면 마음이 안정되고, 마음이 안정되면 몸이 안정될 것이다. 만약 선정을 얻었을 때에 그것으로써 능사(能事)를 삼아서는 안 된다. 어찌하다 화두를 잊어버리고 허무[空]에 잠기고 고요함에 빠지면 큰 깨달음을 얻기는커녕 도리어 큰 병통이 될 것이다.

우리 달마(達摩)조사께서 서쪽에서 오셔서 외곬으로 바로 가리키는 것만을 주창하여, 큰 깨달음으로써 입문(入門)을 삼고 선정이나 신통을 말씀하지 않았으니, 이는 그것이 하찮은 일이었기 때문이다. 만약 선정 가운데 밝게 깨달았다면 지혜가 광대해져 물과 뭍을 마음대로 다니게 될 것이다.

공부가 어찌하다 잘되기도 하고 안 되기도 하여 아무 재미없는 때에 이르거든 바로 더욱 나아가서 점차로 고비에 들어가야 하는 것이니, 부디 놓아 버리지 말라. 또렷또렷하면 곧 고요함에 들어가게 되며, 고요한 뒤에라야 선정을 이루게 된다. 선정에도 저마다 이름이 있어서 바른 선정[正定]도 있고 삿된 선정[邪定]도 있으니 마땅히 알아두어야 한다. 선정에서 일어난 뒤에는 몸과 마음이 가볍고 맑아서 모든 곳에서 수월해져 활동하는 가운데 화두가 한 조각이 되더라도 더욱 자세히 마음을 써야 한다.

공부를 해나감에 있어서 처음부터 끝까지 고요 정(靜)과 맑을 정(淨) 두 글자를 떠나지 말라. 고요함이 지극하면 곧 깨닫게 되고, 맑음이 지극하면 광명이 통달하게 된다.

기상이 엄숙하고 풍채가 맑아서 움직이거나 고요한 두 경계가 마치 가을 하늘과 비슷해지는 것이 첫째 고비이니, 이때에는 얼른 때를 따라서 더욱 나아가야 한다.

맑은 가을 들물과 같으며, 옛 사당 안에 있는 향로와 비슷해져 고요하면서도 또렷또렷하여 마음이 갈 길이 끊어졌을 때에는 이 육신이 인간 속에 살아 있다는 사실마저 잊고 다만 끊임없이 이어지는 화두만 보이게 된다. 이때에 바깥 번뇌는 쉬려 하고 안의 광명은 생기려 하는데 이것이 바로 두번째 고비이다. 여기에서 만약 깨달았다는 마음을 내면 순일(純一)해진 묘(妙)가 끊어지게 될 것이니 큰 손해이다.

　이러한 허물이 없을 경우에는 움직이거나 고요하거나 간에 한결같고, 자나 깨나 또렷또렷하여 화두가 눈앞에 나타나게 될 것이니, 마치 물에 비친 달그림자가 여울물 속에 펄펄 살아서 건드려도 흩어지지 않고 헤쳐도 없어지지 않는 것과 같다. 이때에 안으로는 고요하여 흔들리지 않고 밖으로는 흔들어도 움직이지 않게 될 것이니, 이것이 세번째 고비이다. 의심덩어리가 깨지면 바른 안목이 열릴 때가 멀지 않을 것이다.

　홀연히 댓돌 맞듯이, 맷돌 맞듯이 쪼듯이 끊어지고, 터지듯이 갈라지면 자기가 환히 밝아져 부처님과 조사님네들이 사람들에게 미움을 받던 곳을 알게 될 것이다. 그러나 다시 큰스님을 찾아뵙고 단련해 주기를 청하여 큰 법기(法器)를 이루어야 하며, 조금 얻은 것으로 만족해서는 안 된다.

　깨달은 뒤에 큰스님을 찾아뵙지 않으면 뒷일을 마치지 못함을 면치 못하게 될 것이니 그 손해가 하나둘이 아니다. 행여나 부처님과 조사님네들의 기연(機緣)에 대하여 걸리는 곳이 있다면, 이는 깨달음이 얕아서 현묘함을 다하지 못하였기 때문이다. 이미 현묘함을 다하였다면 또다시 물러나서 자취를 감추고 보림(保任)하되 역량을 온전히 갖추어 일대장교(一大藏敎)와 유가(儒家)·도가(道家)의 서적들을 다 보아 여러 생애의 습기(習氣)를 녹여야 한다.

　청정하여 끝이 없고, 뚜렷이 밝아 걸림이 없어야 비로소 높이 날고 멀리 가게 된다. 이렇게 되어야 광명이 성대해져 옛 종풍(宗風)이 욕되지 않게 되기를 기대할 수 있다.

　어찌하다 예전의 행위를 고치지 못하면 문득 예사 무리에 떨어져, 말할 때에는 깨달은 듯하나 경계를 대하면 도로 미혹하여 하는 말이 술에 취한 사람과 같고, 하는 짓이 속인과 같아서 기틀의 숨고 나타남을 알지 못하고, 말의 바르고 삿됨을 알지 못하며, 인과(因果)의 도리를 부정하게 되니, 아주 큰 해독이 될 것이다.

　선배들의 경우에 바르고 삿된 큰 본보기가 있다. 일을 마친 사람은 생사의 언덕에서 능히 거친 것을 바꾸어 곱게 하고, 능히 짧은 것을 바꾸어 길게 하되 지혜의 광명과 해탈로써 '일체 법을 내는 삼매의 왕〔出生一切法三昧王〕'을 얻고, 이 삼매로써 의생신(意生身)을 얻고, 나중에는 묘응신(妙應身)·신신(信身)을 얻게 될 것이니, 도(道)가 큰 바다와 같아서 들어갈수록 깊어질 것이다.

　달마조사께서 송(頌)하기를

　　부처님의 마음을 깨닫는 데는 아무런 차별이 없으나
　　행실과 견해가 서로 어우러져야 조사라고 부른다

　　　悟佛心宗　等無差互
　　　行解相應　名之曰祖

186 하였으니, 더 이상 종문(宗門)에는 부처님과 조사님네들을 뛰어넘는 방략이 있다고 말하지 말라.

총(聰)상인아! 믿느냐? 믿고 믿지 않음은 뒷날 스스로 알게 되리라.

(10) 몽산화상의 무자 화두 십절목 [蒙山和尙無字十節目]

어떤 중이 조주(趙州)에게 묻되 "개에게도 불성이 있습니까?" 하니, 조주가 이르기를 "없다" 하였으니, '꿈틀거리는 중생이 다 불성이 있다'고 하였거늘 조주는 어찌하여 '없다'고 하였는가? 만약 조주의 선(禪)을 말재주로 살펴보려 한다면 뒷날 쇠방망이를 맞게 될 것이다.

자못 삼세(三世) 모든 부처님의 골수와 역대(歷代) 모든 조사님네들의 안목을 한목에 드러내어 그대의 면전에 보여준들 알지 못할 것이다. 성질 급한 사람이 한 어깨에 메어 가면 나[山僧]의 주장자로도 그를 치려고 아니할 것이니, 일러라. 마침내 어떠한가?

이 무자(無字)가 전혀 손잡이[巴鼻, 把柄]가 없되 적이 손잡이가 있으니, 어떤 이는 이르기를 "이것은 차별지(差別智)를 여는 열쇠"라고 한다. 삼십 방을 때림이 좋으리라. 그렇다면 이것은 상인가, 벌인가? 곧바로 이치에 맞게 이를지라도 그대가 어디서 조주를 보았는가?

187 모두 이르기를 "조주 고불(古佛)의 눈빛이 온 누리를 비춘다"

고 하니, 이 무자에 대하여 이른 것을 보건대 성명(性命)이 본색 납자(本色衲子)의 손안에 떨어져 있거늘 한 무리의 사람들이 다시 저 무자를 향하여 재미를 찾으니 어찌 일생을 어리석게 보냄이 아니겠는가?

비록 그러나 조주가 말한 무자를 그대는 어떻게 이해하는가? 조주의 날랜 칼에 찬 서릿발이 이글이글하니, 머뭇거리며 '어떠한가?' 묻는다면 몸뚱이가 두 동강이 나리라.

'훽' 하고 이르되 '어리석은 사람 앞에는 꿈이야기를 하는 것이 아니다'라고 하였다.

또한 우리 임금님의 곳간에는 이러한 칼이 없으니 마침내 조주는 이 어떤 면목인가? 묘희(妙喜)화상이 이르되 "이는 '있다'·'없다'고 하는 없음도 아니며, 아주 없다고 하는 없음도 아니다"라고 하였으니, 도리어 묘희를 알겠는가? 만약 안목을 갖추지 못하였다면 이리저리 헤아릴수록 알음알이만 보태게 될 것이니, 부디 삼가고 삼가라. 영리한 사람은 일러라. 조주의 뜻은 무엇인가?

요사이 흔히 이르기를 "무자는 쇠로 만든 빗자루"라 하니, 조주의 뜻이 과연 그러한가, 아닌가? 다른 후어(後語)를 인용하여 증명하려는 이가 있으니 잘못 안 눈먼 놈이로다. 부질없이 배운 알음알이를 가지고 조사님네들의 마음을 묻어 버리지 말라. 훽!

어떤 사람이 이르기를 "무자는 나귀 매는 말뚝"이라 하니 그대가 어디서 꿈에라도 조주를 보았느냐? 무간지옥(無間地獄)에 떨어질 업(業)을 불러들이려 하지 않는다면 여래(如來)의 바른 법륜(法輪)을 비방하지 말라. 폐단과 병통을 모두 걷어 버렸으니, 마침내 이 무자는 어느 곳에 있는가?

이 무자는 유심(有心)으로도 무심(無心)으로도 다 뚫을 수 없다. 목숨을 내놓고 화두를 들기 이전을 향하여 착안(着眼)하여 홀연히 다시 의정을 일으켜 남김없이 사무쳐 알면 천칠백 공안(公案)을 누가 감히 그대의 면전을 향하여 들겠는가?

모든 부처님과 조사님네들의 큰 기틀과 큰 작용인 신통삼매(神通三昧)와 삼현(三玄)과 삼요(三要)와 갖가지 차별지(差別智)와 온갖 무애혜(無礙慧)가 다 이로부터 나왔다. 그러나 어느 것이 그대의 자기인가?

일대장교(一大藏敎)가 이것을 간절히 주석한 것이니, 일찍이 이 무자도 주석하였는가, 못 하였는가? 영리하다면 바로 뒤쳐서 자기를 환히 밝혀 조주를 붙잡으며, 부처님과 조사님네들이 사람들에게 미움받던 곳을 알아차리리니, 그대가 일대장교를 '피고름 씻은 종이 조각'이라고 하더라도 허락하겠다. 그렇더라도 이 무자는 어디서 나왔는가?

189 이와 같이 무자를 주장하는 것이 무슨 기특함이 있는가? 종문(宗門) 중의 숱한 공안 가운데 요긴하고 미묘함이 이 무자를 넘어서는 것이 있는가, 없는가? 만약 있다고 한다면 어찌하여 이와 같이 저를 평가하며, 만약 없다고 한다면 조주가 태어나기 전에는 부처님과 조사님네들이 없었으랴! 안목을 갖춘 납승(衲僧)은 한 점도 속이기 어려우니, 빨리 일러라.

(11) 휴휴암 좌선문(休休庵坐禪文)

　무릇 좌선(坐禪)이라는 것은 모름지기 지극한 선(善)에 도달하여 스스로 또렷또렷하여야 한다.
　온갖 사상을 끊어 버리고 혼침(昏沈)에 떨어지지 아니함을 좌(坐)라 하고, 욕망 가운데 있으면서도 욕망이 없으며, 번뇌 속에 있으면서도 번뇌를 떠남을 선(禪)이라 한다.
　밖에서 받아들이지도 아니하고 안에서 내어 쫓지도 아니하는 것을 좌라 하고, 머무름도 없고 의지함도 없어서 언제나 광명이 눈앞에 나타나는 것을 선이라 한다.
　밖에서 흔들어도 움직이지 아니하며 속으로 고요하여 흔들리지 아니함을 좌라 하고, 광명을 돌이켜 스스로를 살펴보아 법의 근원을 사무치는 것을 선이라 한다.
　나쁜 경계이거나 좋은 경계이거나 간에 흔들리지 아니하고 소리나 빛깔에 따라 바뀌지 아니하는 것을 좌라 하고, 어둠에 비춰면 해나 달보다 밝고 만물을 교화하면 하늘이나 땅보다 뛰어난 것을 선이라 한다.
　차별 있는 경계에서 차별 없는 법에 들어가는 것을 좌라 하고, 차별 없는 법에서 차별 있는 지혜를 보이는 것을 선이라 한다.
　뭉뚱그려 말한다면 치성하게 작용을 하되 바른 본체는 어엿하여 자재로이 묘(妙)를 얻어서 일마다 걸림이 없는 것을 좌선이라 한다. 간략히 말하자면 이와 같으나, 자세히 말하자면 종이와 먹으로는 능히 다할 수가 없다.

나가(那伽, 龍)의 큰 선정[大定]은 고요함도 없고 움직임도 없으며, 진여의 미묘한 본체는 생겨남도 없고 사라짐도 없다. 보아도 보이지 아니하고, 들어도 들리지 아니하며, 비었으되 빈 것이 아니며, 있으되 있는 것이 아니다. 크기로 말하면 남김없이 둘러싸고, 작기로 말하면 아무것도 받아들이지 못한다. 신통과 지혜, 광명과 수량, 큰 기틀과 큰 작용이 무궁무진하니, 뜻 있는 사람은 마땅히 잘 참구하여 서둘러 정신을 차려서 큰 깨달음으로써 입문(入門)을 삼아야 한다. '확' 하는 외마디 소리 후에 숱한 영묘(靈妙)가 다 저절로 갖추어지게 될 것이니, 어찌 사마(邪魔) 외도(外道)가 서로 주고받음으로써 스승과 제자가 되며, 얻는 바가 있는 것으로써 궁극적인 목표를 삼는 것과 같으랴!

선경어

禪警語

【해 제】

1권. 『박산화상 참선경어(博山和尙參禪警語)』 또는 『박산경어』, 『참선경어』라고도 한다. 명대(明代) 박산무이(博山無異, 1575~1630)가 참선을 할 때에 생길 수 있는 병통과 그 대치방법을 제시하고, 선자(禪者)를 경책(警策)하기 위하여 지은 글을 수좌(首座) 성정(成正)이 엮은 것이다. 본래 상하 2권 7편으로 구성되어 있으나, 그 중 제1편에 해당하는 〈처음 발심하여 공부하는 이들에게 주는 경계의 말씀[示初心做工夫警語]〉의 촬요본이다.

『만속장(卍續藏)』 112, 『불광장(佛光藏) : 선장(禪藏)』(『선관책진(禪關策進)』에 합철) 등에 수록되었다. 국내에서는 『법해보벌』(1883) 및 『선문촬요』 권상(1907)에 수록되었다.

선 경 어 禪警語

박산무이(博山無異) 선사의 말씀

  공부(工夫, 參禪)를 하되 가장 먼저 생사심(生死心)을 깨뜨려야 한다. 바깥 세계와 몸과 마음이 모두 거짓 인연이므로 그것을 실제로 주재(主宰)하는 실체가 없다는 사실을 똑똑히 보아야 한다. 만약 본래 갖추어져 있는 큰 이치를 밝히지 못하면 생사심을 깨뜨리지 못한다. 생사심을 깨뜨리지 못하면 죽음을 재촉하는 귀신[無常殺鬼]이 생각 생각에 멈추지 않으니, 이것을 어떻게 따돌릴 수 있겠는가? 오직 이 한 생각만을 수단 방편으로 삼아 마치 활활 타오르는 불길 속에서 살길을 찾듯이 하여야 한다. 한 걸음도 함부로 나아갈 수 없고, 한 걸음도 멈출 수 없으며, 다른 생각은 하나도 할 수 없고, 다른 사람에게 도움을 청할 수도 없다. 이러한 상황을 당해서는 오직 사나운 불길도 돌아보지 말고, 목숨도 돌아보지 말고, 다른 사람의 도움을 바라지도 말고, 다른 생각을 하지도 말고, 잠시 멈추려 하지도 말고, 곧장 앞으로 내달아 뛰쳐나오는 길만이 묘수(妙手)이다.

192   공부를 하되 의정(疑情, 의심)을 일으키는 일이 가장 중요하다. 무엇을 의정이라 하는가? 예컨대 우리가 태어났으되 어디로부터 왔는지 모르니 그 온 곳을 의심하지 않을 수 없고, 죽되 어디로 가는지 모르니 그 가는 곳을 의심하지 않을 수 없다. 생사문제라는 관문(關門)을 뚫지 못하면 문득 의정이 생겨나서 눈꺼풀 위에 맺혀 있어서 놓으려야 놓을 수 없고 쫓으려야 쫓을 수 없다. 그러다가 홀연히 하루 아침에 의심덩어리를 두드려 깨뜨리고 나면 생사라는 두 글자가 이 무슨 부질없는 것일까 보냐? 엑!

　공부를 하되 무엇보다 고요한 경계(境界)에 맛들이는 일을 두려워해야 한다. 고요한 경계는 자기도 모르는 사이에 말라죽은 듯한 적막 속에 갇히게 만든다. 사람들은 대개 시끄러운 경계는 싫어하고, 고요한 경계는 싫증을 내지 않는다. 수행하는 사람이 내내 시끄러운 바닥에 있다가 한번 고요한 경계를 만나게 되면 마치 엿이나 꿀을 먹는 것과 같고, 마치 오랜 피로 끝에 단잠을 즐기는 것과 같으니, 어찌 스스로 알 수 있으랴!

　공부를 하되 마음을 바르고 굳세고 곧게 가져 인정(人情)을 가까이하지 말아야 한다. 인정에 따라 어울리다 보면 공부가 향상되지 못한다. 공부가 향상되지 못할 뿐만 아니라 날이 가고 달이

193   가면 반드시 속된 중의 축에 휩쓸리게 될 것이 틀림없다.

　공부하는 사람은 고개를 쳐들어도 하늘을 보지 못하고, 고개

를 숙여도 땅을 보지 못하며, 산을 보아도 산이 아니요, 물을 보아도 물이 아니다. 가도 가는 줄 모르고, 앉아도 앉은 줄 모르며, 천 사람 만 사람 가운데 있어도 한 사람도 보지 못해야 한다. 온몸과 안팎이 오직 하나의 의심덩어리뿐이니, 의심덩어리를 깨뜨리지 못하면 맹세코 마음을 쉬지 말라. 이것이 공부하는 데에 가장 긴요한 것이다.

공부를 하되 죽고 살지 못할까 두려워하지 말고, 오직 살고 죽지 못할까 두려워해야 한다. 결단코 의정과 함께 한 곳에 매어두기만 하면 시끄러운 경계는 굳이 버리려 하지 않아도 저절로 버려지고, 허망한 마음은 굳이 맑히려 하지 않아도 저절로 맑아지게 된다. 육근(六根)의 문턱이 자연히 텅 비고 넓어져 손짓하면 곧 오고, 부르면 곧 대꾸하거늘 어찌 살지 못할까 걱정하랴!

공부를 하되 화두(話頭)를 들 때에 마치 고양이가 쥐를 잡듯이 또렷하고 분명하게 하여야 한다. 옛사람이 이르기를 "적군의 목을 베지 못하면 맹세코 쉬지 않겠다"라고 하였으니, 그렇게 하지 않으면 귀신의 굴[鬼窟] 속에 앉아 멍청하게 한평생을 보내고 말 것이니, 무슨 이익이 있으랴!

고양이가 쥐를 잡을 때에는 두 눈을 딱 부릅뜨고 네 다리를 떡 버티고 다만 쥐를 잡아 입에 넣고야 만다. 설사 닭이나 개가 곁에 있더라도 돌아볼 겨를이 없다. 참선하는 사람도 또한 이와 같아서 다만 분연히 이 이치를 밝혀야 한다. 설사 팔풍경계(八風

境界)가 눈앞에 엇갈리더라도 돌아볼 겨를이 없다. 자칫 딴생각이 일어나면 쥐는커녕 고양이마저 달아나 버릴 것이다.

공부를 하되 옛 스님들의 공안(公案)을 헤아려 함부로 해석해서는 안 된다. 설사 낱낱이 풀이하여 이해한다고 하여도 자기 공부와는 아무런 상관이 없다. 그런 사람은 옛 스님들의 한 말씀 한 말씀이 마치 큰 불덩어리와 같음을 알지 못한다. 가까이 할 수도 없고 만질 수도 없거늘, 하물며 어떻게 그 속에서 앉고 눕고 하겠는가? 더구나 그 속에서 크다 작다 분별하고, 위다 아래다 따진다면 목숨을 잃지 않을 자 거의 없을 것이다.

195 공부를 하되 문구나 찾아 좇으려 하지 말고, 언어나 기억하려 하지 말라. 아무 이익도 없을 뿐만 아니라 공부에 장애가 되어 진실한 공부가 도리어 알음알이로 전락하여 버릴 것이니, 마음의 자취가 끊어지기를 바란들 되겠는가?

공부를 하되 무엇보다 견주어 헤아리는 일을 두려워해야 한다. 마음을 가지고 접근하려 하면 도(道)와는 더욱 멀어지게 될 것이니, 미륵(彌勒)이 하생(下生)할 때까지 공부를 하더라도 아무런 상관이 없는 일이다. 만약 의정이 문득 일어난 사람이라면 마치 철벽(鐵壁)이나 은산(銀山) 속에 앉아 있는 것과 같아서 살길을 찾아야 할 것이다. 만약 살길을 찾지 못한다면 어떻게 안온하게 지낼 수 있으랴! 다만 이와 같이 해나가면 시절이 도래하여 저절로 끝장을 내게 될 것이다.

황벽(黃檗)선사가 이르기를 "진로(塵勞, 번뇌)에서 벗어나는 것은 예삿일이 아니니, 고삐를 꼭 잡고 한바탕 달려라. 한 차례 추위가 뼛속에 사무치지 않으면 어찌 매화 향기가 코를 찌르랴!"라고 하였는데, 이 말씀이 가장 친절한 말씀이니, 이 게송으로써 때때로 스스로를 채찍질하면 공부가 저절로 향상될 것이다.

공부를 하되 가장 긴요한 것은 간절 절(切)자이니, 절자가 가장 힘이 있다. 간절하지 않으면 게으름이 생기고, 게으름이 생기면 방종하여 못 할 짓이 없게 된다. 마음가짐이 참으로 간절하다면 방종과 게으름이 어찌 생겨날 수 있으랴! 그러므로 간절 절자 하나면 옛사람의 경지에 이르지 못할까 걱정할 필요도 없고, 생사를 깨뜨리지 못할까 걱정할 필요도 없다.

간절 절(切)자 하나면 당장에 선(善)과 악(惡)과 무기(無記)의 삼성(三性)을 뛰어넘을 수 있다. 마음가짐이 아주 간절하면 선도 생각하지 않을 것이요, 마음가짐이 아주 간절하면 악도 생각하지 않을 것이며, 마음가짐이 아주 간절하면 무기(無記)에도 떨어지지 않을 것이다. 화두가 간절하면 도거(掉擧, 散亂)도 없을 것이며, 화두가 간절하면 혼침(昏沈)도 없을 것이다.

간절 절(切)자 하나가 가장 간절한 말이니, 마음가짐이 간절하면 틈이 없으므로 마장(魔障)이 끼여들지 못하고, 마음가짐이 간절하면 있다느니 없다느니 하는 따위의 분별을 일으키지 않으므로 외도(外道)에 떨어지지 않는다.

공부를 하되 무엇보다 생각을 기울여 시나 게송이나 글 따위를 짓는 일을 두려워해야 한다. 시나 게송으로 일가(一家)를 이루면 시승(詩僧)이라 불리고, 글을 잘하면 문자승(文字僧)이라 불리게 되는데, 이것은 참선과는 아무런 상관이 없다. 무릇 나쁜 경계나 좋은 경계가 사람의 마음을 흔드는 경우를 만나게 되면 그 즉시로 알아차려 깨뜨리고, 화두를 들어 경계의 반연(攀緣)을 따라 굴러가지 말아야 된다. 어떤 이는 이르기를 "바짝 조여댈 것 없다"고 하나, 이 말이 가장 사람을 그르치게 하는 것이니, 학인(學人)은 살피지 않을 수 없다.

공부를 하되 미혹한 채 깨달아지기를 기다리지 말라. 마치 사람이 길을 갈 때에 길 위에 멈추어 있으면서 집에 도달하기를 기대한다면 끝내 집에 도달할 수 없고, 반드시 걸어가야 집에 도달할 수 있는 것과 같다. 만약 미혹한 채 깨달아지기를 기다린다면 끝내 깨달을 수 없나니, 반드시 애써서 부딪쳐 깨달아야 할 것이지 깨달아지기를 기다려서는 안 된다.

공부를 하되 실 한 올, 털 한 끝만큼의 딴생각도 내지 말아야 한다. 가거나 멈추거나 앉거나 눕거나 간에 외곬으로 본래부터 참구하던 화두를 들어서 의정을 일으켜 분연히 해답을 찾으려 하여야 한다. 만약 실 한 올, 털 한 끝만큼이라도 딴생각을 내면 옛사람이 말한 '잡된 독이 심장에 들어가니 지혜의 생명〔慧命〕이 위태롭다'라고 한 격이니, 학인은 삼가지 않을 수 없다.

내가 말한 딴생각이라 함은 세간법뿐만 아니니, 마음을 찾는 일을 내놓고는 불법 안의 어떤 좋은 일일지라도 몽땅 딴생각이라 부른다. 어찌 불법 안의 일뿐이랴! 마음 바탕 위에서 취하거나 버리거나 집착하거나 교화하거나 하는 일이 몽땅 딴생각이다.

공부를 하되 더 이상 마음 쓸 곳이 없는 경지와 만 길 낭떠러지와 같은 경지, 물도 다하고 산도 다한 경지, 초승달 그림자가 물소뿔에 새겨지는 경지에 이르게 되면 마치 늙은 쥐가 쇠뿔 속에 들어간 것과 같아서 저절로 끝장을 내게 될 것이다.

공부를 하되 무엇보다 영리한 마음 하나를 두려워해야 한다. 영리한 마음은 상극인 음식〔藥忌〕과 같아서 어찌하다 한 번 먹었다 하면 아무리 좋은 약이 나타나더라도 구제할 수 없게 된다. 진정으로 참선하는 사람이라면 눈은 소경 같고 귀는 귀머거리 같아야 한다. 마음이 조금이라도 일어나면 마치 은산이나 철벽에 부딪히는 것과 같을 것이니, 이렇게 하여야 비로소 공부가 상응하게 될 것이다.

199 공부를 하되 시끄러운 곳을 피하고 고요한 곳을 찾아서 눈을 감고 귀신의 굴 속에 앉아 살길을 찾으려 해서는 안 된다. 옛사람이 말한 "흑산(黑山) 밑에 앉으니 사수(死水)가 스며든다"는 격이니, 무슨 일을 이루랴! 다만 경계와 반연 속에서 공부를 해나가야 비로소 이것이 힘을 얻는 곳이다. 화두 한 구절을 문득 일으켜서 눈썹 위에 두어, 가거나 앉거나 옷을 입거나 밥을 먹거나 손님을 맞이하거나 배웅하거나 간에 오직 화두 한 구절의 해답만을 밝혀야 한다. 그러던 어느 날 아침, 세수하다가 콧구멍을 만지듯이 원래부터 아주 가까운 곳에 있었음을 알게 될 것이다.

공부를 하되 향상되지 않는다고 두려워하지 말라. 향상되지 않으면 향상되도록 하는 것이 바로 공부이다. 향상되지 않는다고 곧장 퇴각하는 북을 친다면 설사 백겁(百劫)이나 천생(千生)을 지낸들 어찌할 수 있으랴! 의정이 막 일어나서 놓아 버리려야 놓아 버릴 수 없을 때가 바로 향상하는 길이다. 이때에는 생사(生死)라는 두 글자를 가져 이마 위에 붙여 두어야 한다. 마치 사나운 호랑이에게 쫓기고 있어서 곧장 내달아 집에 도착하지 않으면 반드시 목숨을 잃게 되는 격이니, 어찌 어정거릴 수 있으랴!

200 공부를 하되 다만 하나의 공안에만 마음을 쏟아야지 모든 공안에 알음알이를 지어서는 안 된다. 설사 풀이하여 이해한다 하더라도 그것은 끝내 지식일 뿐 깨달음은 아니다. 『법화경(法華經)』에 이르기를 "이 법은 생각이나 분별로써 이해할 수 있는 것

이 아니다"라고 하였으며, 『원각경(圓覺經)』에 이르기를 "생각으로써 여래(如來)의 원만하게 깨달은 경지를 헤아리는 것은 마치 반딧불로써 수미산(須彌山)을 태우려는 것과 같아서 끝내 이룰 수 없다"고 하였으며, 동산(洞山)스님이 이르기를 "마음과 의식으로써 현묘한 종지를 배우려 한다면 이는 서쪽으로 가려 하면서 동쪽으로 향하여 가는 것과 마찬가지이다"라고 하였다. 무릇 공안을 파고드는 사람들은 살갗 아래 핏줄이 있다면 부끄러운 줄 알아야 된다.

도(道)는 잠시라도 여읠 수 없는 것이니, 여읠 수 있는 것이라면 도가 아니다. 공부는 잠시라도 끊어져서는 안 되는 것이니, 끊어진다면 공부가 아니다. 진정으로 참구하는 사람은 마치 불이 눈썹을 태우듯이, 머리에 붙은 불을 끄듯이 공부해야 하거늘 어느 겨를에 딴 일에 마음을 쓰겠는가? 옛 스님이 이르기를 "한 사람이 만 명의 적군과 싸울 경우, 어찌 얼굴을 마주하여 눈알을 깜박일 틈이나 있겠는가?"라고 하였다. 이 말이 공부를 하는 데에 가장 요긴한 말이니 몰라서는 안 된다.

공부를 하되 새벽이나 밤이나 감히 게을러서는 안 된다. 자명(慈明)스님은 밤에 졸음이 쏟아지면 송곳으로 살갗을 찌르면서 "옛사람은 도(道)를 위해서라면 밥도 먹지 않고 잠도 자지 않았다고 하는데, 나는 도대체 어찌된 사람인가?"라고 말씀하였다 한다.

공부를 하되 의식 속에서 헤아리고 생각해서는 안 된다. 헤아리고 생각하는 일은 공부를 조금도 제대로 되지 못하게 하고 의정을 일으킬 수도 없게 한다. 그러므로 〈사유복탁(思惟卜度, 알음알이)〉이라는 네 글자는 바른 믿음에 장애가 되고, 바른 수행에 장애가 되며, 아울러 도안(道眼)에 장애가 되는 것이니, 학인들은 그것을 태어날 때부터의 원수 집안처럼 대해야만 된다.

공부를 하되 거량(擧揚)하는 곳을 향하여 지레 짐작하지 말아야 한다. 지레 짐작하면 진짜 멍텅구리이니, 참구하는 일과는 들어맞지 않는다. 모름지기 의정을 일으켜서 철저하게 지레 짐작할 곳도 없고, 또한 지레 짐작할 것도 없게끔 하여야 한다. 마치 허공 중의 누각(樓閣)이 사방 팔방으로 다 뚫린 것과 같아서 걸림이 없을 것이다. 그렇지 않다면 도둑을 잘못 알고 제 자식으로 여기며, 종을 잘못 알고 상전으로 여기는 꼴이 된다. 옛 스님이 이르기를 "당나귀의 안장을 보고 아버지의 턱뼈라고 부르지 말라"고 하였으니, 이를 두고 한 말씀이다.

공부를 하되 남이 설파(說破)하여 주기를 기대해서는 안 된다. 설파하여 준다 하더라도 그것은 끝내 남의 것일 뿐, 자기와는 아무런 상관이 없다. 마치 어떤 사람이 장안(長安)으로 가는 길을 물을 때에 길만 가르쳐 달라고 해야지 장안의 소식까지 물어서는 안 되는 것과 마찬가지이다. 그가 장안의 소식을 낱낱이 설명하여 준다 하더라도 그것은 끝내 그가 본 것일 뿐, 길을 물은 사람이 직접 본 것은 아니다. 마찬가지로 힘써 수행하지 않고 남이 설파하여 주기를 기대하는 것도 이와 같다.

공부를 하되 공안을 염송(念誦)만 해서는 안 된다. 염송하여 오고 염송하여 간들 공부와 무슨 상관이 있으랴! 미륵이 하생할 때까지 염송하더라도 공부와는 아무런 상관이 없다. 차라리 아미타불(阿彌陀佛)을 염송하면 이익이나 얻을 수 있지 않겠는가? 염불(念佛)을 굳이 하지 말라고 하지 않는 것은 그것이 낱낱이 화두를 드는 데도 방해가 되지 않기 때문이다. 만약 〈무자(無字)〉 화두를 든다면 무자에 나아가 의정을 일으키고, 〈백수자(栢樹子)〉 화두를 든다면 백수자에 나아가 의정을 일으키고, 〈일귀하처(一歸何處)〉 화두를 든다면 일귀하처에 나아가 의정을 일으켜야 한다. 일단 의정이 일어나면 온 누리가 하나의 의심덩어리가 되어 부모에게서 물려받은 이 몸과 온 누리가 있는 줄도 모르며, 안팎 할 것 없이 온통 한 덩어리가 되어서는 어느 날 대나무 테를 맨 물통이 저절로 터지듯이 의심덩어리가 풀리게 된다. 그리고 나서 선지식(善知識)을 다시 만나면 입을 열기도 전에 일대사(一大事)를 끝마치게 될 것이다.

공부를 하되 잠시라도 바른 생각을 잃어버려서는 안 된다. 만약 바른 생각을 잃어버리고 한 생각을 참구한다면 반드시 이단(異端)에 빠져 헤매다가 돌아오지 못하게 될 것이다.
어떤 사람이 정좌(靜坐)하여 오직 맑고 고요함만을 좋아하며 순수하고 청정하고 티끌이 끊어진 것으로써 불사(佛事)를 삼는다면 이는 바른 생각을 잃어버렸다고 하여야 할 것이니, 맑고 고요한 데에 떨어졌기 때문이다.

어떤 사람이 강의하고 담론하고 움직이고 고요한 것을 잘못 알아 불사를 삼는다면 이는 바른 생각을 잃어버렸다고 하여야 할 것이니, 식신(識神, 영혼)을 인정하였기 때문이다.

어떤 사람이 망령된 마음을 가지고 억지로 내리눌러서 망령된 마음이 일어나지 못하게 하는 것으로써 불사를 삼는다면 이는 바른 생각을 잃어버렸다고 하여야 할 것이니, 돌로 풀을 눌러 놓은 것과 마찬가지이며, 파초 잎을 벗겨 내는 것과 마찬가지이기 때문이다.

어떤 사람이 자기 몸이 허공과 같다고 관찰하여 생각을 일으키지 않기를 담벼락과 같이 한다면 이는 바른 생각을 잃어버렸다고 하여야 할 것이니, 허무[空]에 떨어진 외도(外道)이며 혼령(魂靈)이 흩어지지 않은 시체이기 때문이다.

통틀어 말한다면 모두가 바른 생각을 잃어버렸기 때문이다.

공부를 하되 일단 의정이 일어나면 다시 그 의정을 깨뜨려야 한다. 깨뜨려지지 않을 때에는 마땅히 바른 생각을 굳건히 지니고 큰 용맹심을 일으켜서 간절하고 또 간절하게 해야만 된다. 경산(徑山)스님이 이르기를 "대장부가 결단코 이 일대사인연(一大事因緣)을 끝장내려 한다면 한꺼번에 안면을 바꾸고 서둘러 등마루를 곧추세우고는 인정(人情)을 돌아보지 말고 평소에 자기가 의심하던 것을 붙잡아 이마 위에 딱 붙여 놓아라. 항상 남의 돈 백만 관(貫)을 빚진 사람이 빚쟁이에게 쫓기되 갚을 길은 없고 남에게 창피당할 일은 두렵고 하여 서둘 일도 없는데 서두르고, 바쁠 것도 없는데 바빠하고, 큰일도 없는데 큰일이라도 난 듯이 하여야 비로소 공부를 해나갈 자격이 있다"고 하였다.

선문촬요

하 권

수심결

修心訣

【해 제】

『고려국 보조선사 수심결(高麗國普照禪師修心訣)』, 『보조선사 수심결』 또는 『목우자수심결(牧牛子修心訣)』이라고도 한다. 고려 보조지눌(普照知訥, 1158~1210)의 저술이다. 전편을 통하여 마음 닦는 요결(要訣)을 논술하되, 정혜등지(定慧等持)의 필요를 말하고 돈오점수(頓悟漸修)의 방법을 제시하였다.

『가흥장(嘉興藏)』 9, 『만속장(卍續藏)』 2·18·5 [113], 『대정장(大正藏)』 48 등에 수록되었다. 국내에서는 간경도감(刊經都監, 1467)에서 비현합(丕顯閤) 결(訣), 혜각존자(慧覺尊者) 언해(諺解)의 『목우자수심결』이 간행된 바 있으며, 벽운사(碧雲寺, 1483)·봉서사(鳳棲寺, 1499·1500)·송광사(松廣寺, 1799) 등에서 판각되었다. 『법해보벌』(1883)·『선문촬요』 권하(1408) 및 『한국불교전서』 제4책(1982)·『보조전서』(1989) 등에 수록되었다.

강건기(姜健基)가 강의한 『마음 닦는 길』(1990)과 오광익(吳光益)이 강의한 『수심결』(1994)이 간행된 바 있다.

수 심 결 修心訣

보조(普照)선사의 말씀

　삼계(三界)의 뜨거운 번뇌가 마치 불타는 집[火宅]과 같거늘 어찌 그대로 머물러 긴 고통을 달게 받겠는가? 윤회를 면하려면 부처 되기를 구하는 것보다 나은 것이 없다. 만약 부처 되기를 구한다면 부처는 곧 이 마음이니, 마음을 어찌 멀리서 찾을 것인가? 이 몸을 떠나지 않는다. 이 육신은 헛것이어서 나기도 하고 죽기도 하나, 참마음[眞心]은 허공과 같아서 끊어지지도 않고 변하지도 않는다.

　그러므로 이르기를 "육신은 무너지고 흩어져 불로 돌아가고 바람으로 돌아가나, 한 물건은 언제나 신령하여 하늘을 덮고 땅을 덮는다"고 한 것이다.

　슬프다! 요즘 사람들은 길을 잃은 지 이미 오래 되어 제 마음이 바로 참부처[眞佛]임을 알지 못하고 제 성품이 바로 참법[眞法]임을 알지 못하여, 법을 구하려 하면서도 멀리 성인들에게 미루고, 부처를 구하려 하면서도 제 마음을 살피지 않는다. 만약 어떤 이가 '마음 밖에 부처가 있고, 성품 밖에 법이 있다'고 하여, 이 소견을 고집하면서 부처의 도(道)를 구하려 한다면, 비록 티끌처럼 많은 세월이 지나도록 몸을 사르고 팔을 태우며, 뼈를 두드려 골수를 내며, 피를 뽑아 경전을 쓰며, 언제나 앉고 눕지 않으며, 하루 묘시(卯時 : 오전 5~7시)에 한 끼만 먹으며, 나아가서는 대장경 전부를 다 읽고 갖가지 고행을 닦더라도 그것은 모래를 삶아 밥을 지으려는 것과 같아서 다만 수고로움만을 더할 뿐이다. 다만 제 마음만 알면 갠지스강의 모래알같이 수많은 법문과 한량없는 미묘한 이치를 구하지 않더라도 저절로 얻게 될 것이다.

그러므로 세존(世尊)께서 이르시기를 "일체 중생을 널리 살펴보니, 모두 여래(如來)의 지혜와 덕상(德相)을 두루 갖추고 있다"고 하셨고, 또 "일체 중생의 갖가지 허깨비 놀음이 모두 여래의 원만히 깨달은 미묘한 마음에서 나왔다"고 하셨으니, 이로써 이 마음을 떠나서는 부처를 이룰 수 없음을 알 수 있다.

과거의 모든 여래도 다만 마음을 밝힌 사람이요, 현재의 모든 성현들도 마음을 닦는 사람이며, 미래에 수행할 사람도 마땅히 이런 법에 의지하여야 할 것이다. 그러므로 수도하는 사람들은 부디 밖에서 찾지 말라. 심성은 물들지 않아서 본래 스스로 원만히 이루어진 것이니, 다만 망령된 반연(攀緣)만 떠나면 곧 그대로 어엿한 부처[如如佛]이다.

"만약 불성(佛性)이 현재 이 몸에 있다고 한다면 이미 이 몸 안에 있어서 범부를 떠나지 않았거늘, 어찌하여 나는 지금 불성을 보지 못합니까? 다시 해석하여 모두를 깨닫게 하여 주십시오."

"그대의 몸 안에 있지만 그대 스스로가 보지 못할 뿐이다. 그대가 하루 이십사 시간 배고픈 줄 알고 목마른 줄 알며, 추운 줄 알고 더운 줄 알며, 성내기도 하고 기뻐하기도 하는데, 결국 그것은 무슨 물건인가? 우리 육신은 땅·물·불·바람 등 네 가지 인연이 모인 것이므로 그 바탕은 완고하여 감정이 없는데, 어찌 보고 듣고 느끼고 알 수가 있겠는가? 그러므로 능히 보고 듣고 느끼고 아는 것은 반드시 그대의 불성이다.

그러므로 임제(臨濟)스님은 이르기를 '사대(四大)는 법을 설할 줄도 모르고 법을 들을 줄도 모르며, 허공도 법을 설할 줄도 모르고 법을 들을 줄도 모른다. 다만 그대의 눈앞에 뚜렷이 밝으면서 형용할 수 없는 그것만이 비로소 법을 설하고 법을 들을 줄 안다'고 하였다. 이른바 형용할 수 없는 것이란 곧 모든 부처님의 법인(法印)이며, 그대의 본래 마음이다. 그러므로 불성이 현재 그대 몸에 있거늘 어찌 밖에서 찾을 필요가 있겠는가? 만약 그대가 이 말을 믿지 못한다면 옛 성인들이 도(道)에 들어간 인연을 간략히 들어서 그대의 의심을 풀어 줄 터이니, 그대는 진실하게 믿어라.

옛날 이견왕(異見王)이 바라제존자(婆羅提尊者)에게 물었다.
'어떤 것이 부처입니까?'
존자가 대답하였다.

'성품을 본 이가 부처입니다.'

'스님께서는 성품을 보셨습니까?'

'나는 불성(佛性)을 보았습니다.'

'성품이 어디에 있습니까?'

'성품은 작용하는 데에 있습니다.'

'그것이 어떻게 작용하기에 나에게는 지금 보이지 않습니까?'

'지금도 버젓이 작용하고 있으나, 임금님 스스로가 보지 못할 뿐입니다.'

'내게도 그것이 있습니까?'

'만약 임금님께서 작용한다면 그것 아닌 것이 없지만, 만약 임금님께서 작용하지 않는다면 그 본체마저 보기 어렵습니다.'

'그것이 작용할 때에는 몇 군데로 나타납니까?'

'여덟 군데로 나타납니다.'

'그 여덟 군데로 나타나는 것을 내게 설명하여 주십시오.'

'탯속에 있으면 몸이라 하고, 세상에 있으면 사람이라 하고, 눈에 있어서는 본다고 하고, 귀에 있어서는 듣는다고 하고, 코에 있어서는 냄새를 맡고, 혀에 있어서는 말하고, 손에 있어서는 쥐고, 발에 있어서는 걷습니다. 펴면 온 누리를 모두 감싸고, 거두면 한 티끌 속에 들어갑니다. 아는 이들은 그것이 불성인 줄 알거니와, 모르는 이들은 영혼[精魂]이라고 말합니다.'

왕은 이 말을 듣고 곧 마음이 트여 깨달았다.

또 어떤 중이 귀종(歸宗)스님에게 물었다.

'어떠한 것이 부처입니까?'

귀종스님이 말하였다.

'내가 이제 그대에게 일러주려고 하나, 그대가 믿지 않을까 걱정이다.'

'스님의 성실하신 말씀을 어찌 감히 믿지 않겠습니까?'

'그대가 바로 부처니라.'

'어떻게 보림(保任)하오리까?'

'한 꺼풀 눈을 가리니 허공꽃이 어지러이 떨어지느니라.'

그 중은 그 말끝에 깨달았다.

위에서 든바 옛 성인들이 도에 들어간 인연은 명백하고 간단하여, 수고를 덜기에 도움이 될 것이다. 그러므로 이 공안(公案)에 의하여 믿고 알아차린 것이 있으면, 그는 곧 옛 성인들과 손을 마주잡고 함께 갈 것이다."

"스님께서 말씀한 견성(見性)이 참다운 견성이라면, 이는 곧 성인입니다. 마땅히 신통 변화를 나타내어 남보다 다른 점이 있어야 할 터인데, 왜 요즘 마음을 닦는 사람들 가운데 한 사람도 신통 변화를 나타내는 이가 없습니까?"

"그대는 함부로 미친 소리를 하지 말라. 삿된 것과 바른 것을 분별하지 못하면 그는 미혹하고 뒤바뀐 사람이다. 요즘 도를 배우는 사람들이 입으로는 진리를 말하면서, 마음은 퇴굴심(退屈心)을 내어 도리어 깜냥이 못 된다고 여기는 잘못에 떨어져 모두 그대와 같은 의심을 한다. 도를 배우면서 선후(先後)를 알지 못하고, 이치를 말하면서 본말(本末)을 분간하지 못하면 그것은 삿된 견해이지 진실한 수행이라 할 수 없다. 자기만 그르칠 뿐 아니라 남까지 그르치는 것이니 어찌 삼가지 않을 것인가?

무릇 도에 들어가는 데는 그 문이 많지만 요약해서 말하면 돈오(頓悟, 단박에 깨달음)와 점수(漸修, 차츰 닦음)의 두 문에 지나지 않는다. 비록 돈오돈수(頓悟頓修)가 최상의 근기를 가진 사람이 들어갈 수 있는 문이라 하나, 과거를 미루어 보면, 이미 여러 생애 동안 깨달음을 의지하여 닦아 차츰 익혀오다가 금생에 이르러 듣는 즉시 깨달아 한목에 모두 마친 것이니, 실제로 말하면 그것도 먼저 깨닫고 뒤에 닦는[先悟後修] 기틀이다.

그러므로 이 돈오와 점수의 두 문은 모든 성인들의 길이다. 과거의 모든 성인은 누구나 먼저 깨닫고 뒤에 닦았으며, 그 닦음을 의지하여 증득하지 않은 분이 없다. 그러므로 이른바 신통 변화는 깨달음에 의지하여 닦아 차츰 익혀야 나타나는 것이요, 깨달을 때에 곧 나타나는 것은 아니다.

경에 이르기를 '이치로는 돈오이므로 깨달음과 동시에 번뇌를 녹이려니와 실제로는 단박에 없어지는 것이 아니라 단계를 따라 없어진다'고 하였다. 그러므로 규봉(圭峰)스님도 먼저 깨닫고 뒤에 닦는 이치를 깊이 밝혀 이르기를 '언 못이 온전히 물인 줄은 알지만 햇볕을 빌려 녹이고, 범부가 곧 부처인 줄은 깨달았지만 법의 힘을 빌려 익히고 닦는다. 얼음이 녹아 물이 홍건히 흘러야 물을 대고 씻는 공덕을 나타내며, 망념이 사라져 마음이 신령하게 통해야 신통과 광명의 작용을 나타낸다'고 하였다.

이로써 실제에 있어서 신통 변화는 하루 아침에 이루어지는 것이 아니요, 차츰 익혀야 비로소 나타나는 것임을 알 수 있다. 하물며 실제에 있어서의 신통은 깨달은 사람의 경지에서는 오히려 요망하고 괴이한 일이며, 또한 성인에게 있어서도 하찮은 일이니, 비록 그것이 나타나더라도 요긴히 여겨 쓸 것이 아니다. 그러나 요즘 어리석은 무리들은 망령되이 말하기를 '한 생각 깨달으면 곧 한량없는 미묘한 작용과 신통 변화가 따라서 나타난다'고 한다. 만약 이렇게 이해한다면, 그것은 이른바 선후를 알지 못하고 본말을 분간하지 못하는 것이다. 선후와 본말을 알지 못하고서 부처의 도를 구하려 한다면, 그것은 마치 모난 나무를 가져다 둥근 구멍에 맞추려는 것과 같으니, 어찌 큰 잘못이 아니겠는가?

이미 방편을 알지 못하기 때문에 아득하다는 생각[懸崖想]을 지어 스스로 퇴굴심을 내어 부처의 씨알[佛種性]을 끊는 이가 적지 않다. 스스로가 밝지 못하므로 다른 사람의 깨달음이 있어도 믿지 않아, 신통이 없는 이를 보고는 곧 업신여기는 마음을 낸다. 그것은 성현을 속이는 것이니 참으로 슬픈 일이다."

"스님께서는 돈오와 점수의 두 문이 모든 성인들의 길이라 하셨습니다. 깨달음이 이미 돈오라면 어찌 차츰 닦을 필요가 있으며, 닦음이 점수라면 어찌 단박에 깨닫는다고 하겠습니까? 돈오와 점수의 두 뜻을 다시 설명하여 남은 의심을 끊어 주십시오."

"돈오란, 범부가 미혹하였을 때는 사대(四大)로 몸을 삼고 망상(妄想)으로 마음을 삼아, 제 성품이 참법신[眞法身]인 줄 알지 못하고, 자기의 신령한 앎이 참부처인 줄 알지 못하고, 마음 밖에서 부처를 찾아 허덕이며 헤매다가 갑자기 선지식(善知識)의 지시를 받고 바른 길에 들어가 한 생각에 광명을 돌이켜 제 본성을 보면, 이 성품자리는 원래 번뇌가 없고 샘이 없는 지혜의 성품이 본래부터 스스로 갖추어져 있어 모든 부처와 털끝만큼도 다르지 않다. 그러므로 돈오라 한다.

또 점수란, 비록 제 본성이 부처와 다르지 않음을 깨달았으나 오랫동안 익혀온 습기(習氣)는 갑자기 끊어 없애기 어려우므로 깨달음에 의지하여 닦아 차츰 익혀서 공(功)을 이루고 성인의 태[聖胎]를 길러 오랜 세월이 지나 성인이 된다. 그러므로 점수라 한다. 마치 아기가 처음 태어났을 때에 모든 기관이 갖추어진 것은 어른과 다름이 없지만, 그 힘이 아직 충실하지 못하므로 제법 세월을 지낸 뒤에야 비로소 어른이 되는 것과 같다."

"어떤 방편을 써야 한 생각에 기틀을 돌이켜 문득 제 성품을 깨닫겠습니까?"

"다만 그대 자신의 마음인데, 다시 무슨 방편을 쓰겠는가? 만약 방편을 써서 다시 알려고 한다면, 그것은 마치 어떤 사람이 제 눈을 보지 못하고 눈이 없다고 하면서 다시 보려고 하는 것과 같다. 이미 제 눈인데 어떻게 다시 보겠는가? 만약 잃지 않았음을 알면, 그것이 곧 눈을 보는 것이다. 다시 보려는 마음이 없는데, 어떻게 보지 못한다는 생각인들 있겠는가? 자기의 신령한 앎도 이와 같아서 이미 제 마음인데 어찌 다시 알려고 하는가? 만약 알려고 한다면 알 수 없을 것이니, 다만 알 수 없는 것임을 알면, 그것이 곧 성품을 보는 것이다."

"근기가 아주 뛰어난 사람은 들으면 쉽게 알겠지마는 중하(中下)의 사람은 의혹이 없을 수 없으니, 다시 방편을 설하여 미혹한 이들이 깨달아 들어가게 하여 주십시오."

"도는 알고 모르는 데에 속하는 것이 아니다. 그대는 미혹을 가지고 깨닫기를 기다리는 마음을 버리고 내 말을 들어라. 모든 법은 꿈과 같고 또 허깨비와 같다. 그러므로 망령된 생각은 본래 고요하고, 티끌과 같은 경계[대상]는 본래 실체가 없다. 모든 존재가 다 실체가 없는 곳에 신령한 앎이 어둡지 않나니, 이 비고 고요하며 신령한 앎[空寂靈知]이 바로 그대의 본래 면목이며, 또한 삼세의 모든 부처님과 역대 조사와 천하 선지식이 비밀히 서로 전한 법인(法印)이다.

만약 이 마음만 깨달으면 진실로 이른바 단계를 밟지 않고 바로 부처의 지위에 올라 걸음마다 삼계를 뛰어넘고 집에 돌아가 단박에 의심을 끊게 된다. 인간과 천상계(天上界)의 스승이 되고 자비와 지혜가 서로 돕고 자리(自利)와 이타(利他)를 모두 갖추어, 인간과 천상계의 공양을 받되 하루에 만 냥의 황금을 소비할 것이다. 그대가 만약 이와 같으면 참다운 대장부(大丈夫)이니 일생의 할 일을 이미 마친 것이다."

"제 분수에 의거한다면 어떤 것이 비고 고요하며 신령한 앎입니까?"

"그대가 지금 내게 묻는 그것이 바로 그대의 비고 고요하며 신령한 앎인데, 왜 돌이켜보지 않고 아직도 밖에서 찾는가? 내가 이제 그대의 분수에 의거하여 본래의 마음을 바로 가리켜 그대가 문득 깨닫게 할 터이니, 그대는 마음을 깨끗이 하여 내 말을 들어라.

아침부터 저녁까지 이십사 시간 동안 보고 듣고 웃고 말하고 성내고 기뻐하고, 옳다고 하고 그르다고 하는 갖가지 행동과 운전은 결국 무엇이 그렇게 운전하고 행동하도록 하는가 말하여 보라.

만약 몸뚱이가 운전한다면, 무슨 까닭으로 어떤 사람이 한 번 목숨이 끊어지면 몸은 채 허물어지거나 썩지 않았는데도 눈은 보지 못하고, 귀는 듣지 못하고, 코는 냄새를 맡지 못하고, 혀는 말하지 못하고, 몸은 움직이지 못하고, 손은 쥐지 못하고, 발은 걷지 못하는가? 이로써 보고 듣고 동작하는 것은 반드시 그대의 본래 마음이지 그대의 몸뚱이가 아님을 알 수 있다.

하물며 이 몸뚱이를 이루고 있는 사대(四大)는 그 성품이 실체가 없어서, 마치 거울 속에 비친 그림자와 같고 물 속에 비친 달과 같은데 어찌 능히 항상 분명히 알며, 밝디밝고 어둡지 않아 느끼는 대로 갠지스강의 모래알같이 수많은 미묘한 작용을 통달할 수 있겠는가? 그러므로 옛사람이 '신통과 묘용(妙用)이여, 물을 긷고 나무를 나르는 것이다'라고 한 것이다.

또 이치에 들어가는 길은 많으나 그대에게 한 문을 가리켜 그대가 근원에 돌아가게 하겠다. 그대는 까마귀의 우는 소리나 까치의 지저귀는 소리를 듣는가?"

"네, 듣습니다."

"그대는 그대의 듣는 성품을 돌이켜 들어 보아라. 거기에 과연 수많은 소리가 있는가?"

"그 속에 이르러서는 온갖 소리와 온갖 분별을 도무지 얻을 수 없습니다."

"기특하고 기특하구나. 이것이야말로 관음보살이 이치에 들어간 문이다. 내가 다시 그대에게 묻겠다. 그대는 이르기를 '그 속에 이르러서는 온갖 소리와 온갖 분별을 도무지 얻을 수 없다'고 하였는데, 이미 얻을 수 없다면 그런 때에는 그것은 허공이 아닌가?"

"원래 비지 않고 밝디밝아 어둡지 않습니다."

"어떤 것이 비지 않은 것의 본체인가?"

"모양이 없으므로 말로 표현할 수 없습니다."

"이것이야말로 모든 부처님과 조사님네들의 생명이니 다시는 의심하지 말라. 이미 모양이 없는데 다시 크고 작음이 있겠으며, 크고 작음이 없는데 어찌 한계가 있겠는가? 한계가 없으므로 안팎이 없고, 안팎이 없으므로 멀고 가까움이 없고, 멀고 가까움이 없으므로 저것과 이것이 없다. 저것과 이것이 없으면 가고 옴이 없고, 가고 옴이 없으면 나고 죽음이 없고, 나고 죽음이 없으면 예와 지금이 없고, 예와 지금이 없으면 미혹함과 깨달음이 없고, 미혹함과 깨달음이 없으면 범부와 성인이 없고, 범부와 성인이 없으면 더럽고 깨끗함이 없고, 더럽고 깨끗함이 없으면 옳고 그름이 없고, 옳고 그름이 없으면 일체의 명칭과 언어가 도무지 있을 수 없다. 이미 온통 이와 같이 없어서 모든 감각기관과 대상과 일체의 망념과 나아가서는 갖가지 모양과 갖가지 명칭과 언어가 다 있을 수 없으니, 이것이 어찌 본래부터 비고 고요하며, 본래부터 한 물건도 없는 것이 아니겠는가?

그러나 모든 존재가 다 실체가 없는 곳에 신령한 앎이 어둡지 않아, 무정물(無情物)과는 달리 성품이 스스로 신령스럽게 안다. 이것이 바로 그대의 비고 고요하며 신령한 앎인 청정한 마음의 본체이다. 이 청정하고 비고 고요한 마음이 삼세(三世)의 모든 부처님의 수승하고 깨끗하고 밝은 마음이며, 또한 중생의 근본인 깨달음의 성품이다. 이것을 깨달아 지키는 이는 진여(眞如)에 앉아 움직이지 않고 해탈할 것이요, 이것을 미혹하여 등지는 이는 여섯 갈래[六趣]에 나아가 오랫동안 윤회할 것이다. 그러므로 이르기를 '한마음을 미혹하여 여섯 갈래에 나아가는 이는 가는 사람이요 움직이는 사람이다. 법계(法界)를 깨달아 한마음으로 돌아오는 이는 오는 사람이요 고요한 사람이다'라고 하였다.

미혹함과 깨달음의 차이는 있지만 그 근원은 하나이다. 그러므로 '이른바 법이란 중생의 마음이다'라고 한 것이다. 이 비고 고요한 마음은 성인이라 해서 늘지도 않고 범부라 해서 줄지도 않는다. 그러므로 '성인의 지혜에 있어도 빛나지 않고, 범부의 마음에 숨어도 어둡지 않다'고 한 것이다. 성인에 있어도 늘지 않고 범부에 있어도 줄지 않는다면 부처님과 조사님네들이 예사 사람들과 무엇이 다르겠는가? 예사 사람들과 다른 것은 스스로 그 마음을 보호하는 것뿐이다.

만약 그대가 이 말을 믿어 의심이 단박에 쉬고 대장부의 뜻을 내어 진정한 견해를 일으켜 몸소 그 맛을 보고 스스로 끄덕일 경지에 이르면 그것이 마음을 닦는 사람의 깨달은 곳이요, 다시 계급과 단계가 없기 때문에 〈단박에[頓]〉라고 하는 것이다. 그것은 마치 어떤 이가 '믿음의 인(因) 가운데서 모든 부처님의 과(果)의 공덕과 계합하여 털끝만큼도 다르지 않아야 비로소 믿음을 이룬다'고 한 말과 같다."

"이미 이러한 이치를 깨달아 다시 계급이 없다면 어찌하여 깨달은 뒤에 다시 닦아 차츰 익히고 차츰 이룰 필요가 있겠습니까?"

"깨달은 뒤에 차츰 닦는다는 이치는 이미 앞에서 충분히 설명하였는데, 그래도 의심을 풀지 못하니, 거듭 설명하겠다. 그대는 마음을 깨끗이 하여 자세히 들어라.

범부는 비롯함이 없는 아득한 옛날부터 오늘에 이르기까지 다섯 갈래[五道]를 헤매면서 나고 죽되 〈나라는 관념[我相]〉에 굳게 집착하여 오랫동안 망상과 뒤바뀜과 무명(無明)의 씨알과 습기(習氣)가 한데 어울려 성품을 이루었다. 비록 금생에 이르러 제 성품이 본래 비고 고요하여 부처와 다름이 없음을 단박에 깨달았을지라도, 그 오랜 습기를 갑자기 끊어 없애기 어렵다. 그러므로 역경(逆境)과 순경(順境)을 만나면 성내고 기뻐하며, 옳으니 그르니 하는 생각이 불길처럼 일어났다 사라졌다 하며, 손티[客塵] 번뇌가 이전과 다름이 없다. 만약 지혜로써 공들이고 노력하지 않으면 어떻게 무명을 다스려 크게 쉬는 경지에 이를 수 있겠는가?

그것은 마치 어떤 이가 '단박에 깨달으면 비록 부처와 같지만,

많은 생애의 습기가 깊으니, 바람은 멈췄으나 물결은 아직 출렁이고, 이치는 나타났으나 망념은 그래도 침노한다'라고 한 말과 같다. 또 대혜종고(大慧宗杲) 선사도 이르기를 '때때로 영리한 무리들은 힘을 많이 들이지 않고서 이 일을 깨닫고는 곧 아주 쉽다는 생각을 내어 다시는 닦지 않는다. 그러나 오랜 세월을 지내면 여전히 흘러 다니면서 윤회를 벗어나지 못한다'고 하였으니, 어찌 한 번 깨달았다 하여 뒤에 닦는 일을 버려 두어서야 되겠는가? 그러므로 깨달은 뒤에도 언제나 비추고 살펴보아 망념이 문득 일어나거든 결코 따르지 말라. 덜고 또 덜어 하염없음[無爲]에 이르러서야 비로소 궁극적인 깨달음[究竟]이 되는 것이니, 천하 선지식의 깨달은 뒤 소 먹이는 수행[牧牛行]이 바로 이것이다.

비록 뒤에 닦는다 하나, 망념이 본래 비고 심성이 본래 깨끗한 것임을 먼저 단박에 깨달았으므로 악을 끊어도 끊을 것이 없고 선을 닦아도 닦을 것이 없으니, 이것이 참다운 닦음이며 참다운 끊음이다. 그러므로 '온갖 행을 고루 닦더라도 오직 무념(無念)으로써 근본을 삼는다'고 하였다.

규봉종밀(圭峰宗密) 스님도 먼저 깨닫고 뒤에 닦는 이치를 통틀어 결론하기를 '이 성품이 원래 번뇌가 없고, 샘이 없는 지혜의 성품이 본래부터 스스로 갖추어져 있어 부처와 다름이 없음을 단박에 깨닫고, 그것에 의지하여 닦으면 그것을 최상승선(最上乘禪)이라 하고, 또 여래청정선(如來淸淨禪)이라 한다. 만약 생각 생각에 닦아 익히면 저절로 차츰 백천 삼매(三昧)를 얻을 것이니, 달마(達摩)스님의 문하에서 대대로 서로 전해 오는 것이 바로 이 선이다'라고 하였다. 그러므로 돈오와 점수의 이치는 마치 수레의 두 바퀴와 같아서 하나라도 빠뜨리면 안 된다.

어떤 이는 선악의 성품이 빈 것임을 알지 못하고 굳게 앉아 움직이지 않으면서 몸과 마음을 눌러 억제하기를 마치 돌로 풀을 누르는 것과 같이 하는 것으로써 마음을 닦는다고 하나, 그것은 큰 미혹이다. 그러므로 이르기를 '성문(聲聞)들은 마음마다 미혹을 끊지만, 그 끊으려는 마음이 바로 도둑이다'라고 하였다. 다만 살생과 도둑질·음행·거짓말 등이 성품에서 일어남을 자세히 관찰하면 일어나도 일어남이 없어서 그 자리에서 곧 고요해질 것이니, 어찌 다시 끊을 필요가 있겠는가? 그러므로 이르기를 '생각이 일어남을 두려워하지 말고, 다만 그것을 알아채는 것이 늦을까 두려워하라'고 하였고, 또 이르기를 '생각이 일어나거든 곧 알아채라. 알아채면 곧 없어질 것이다'라고 하였다. 그러므로 깨달은 사람의 경지에서는 비록 손티 번뇌가 있으나 다 제호(醍醐)를 이룬다.

다만 미혹이란 근본이 없는 것임을 비추어 알면 허공꽃인 삼계(三界)는 바람에 걷히는 연기와 같고, 허깨비인 육진(六塵, 六境)은 끓는 물에 녹는 얼음과 같다. 만약 이렇게 생각 생각에 닦아 익히되, 살피고 돌아보기를 잊지 않고, 선정과 지혜를 고루 가지면[定慧等持] 사랑하고 미워하는 마음이 저절로 엷어지고, 자비와 지혜가 저절로 밝아지며, 죄업이 저절로 없어지고, 공행(功行)이 저절로 늘어나서 번뇌가 다할 때에 나고 죽음도 곧 끊어지게 된다.

　만약 미세한 흐름이 아주 끊어지고 원만히 깨달은 큰 지혜가 밝게 홀로 있으면 곧 온 누리에 천백억의 화신(化身)을 나타내어 중생들의 부름에 따르고 기틀에 응하게 된다. 그것은 마치 달이 하늘에 나타나면 그 그림자가 온갖 물에 두루 비치는 것과 같아서 응용이 다함이 없어서 인연이 있는 중생을 제도하면서 쾌락하여 근심이 없을 것이니, 그것을 대각 세존[大覺世尊] 이라 한다.”

　“깨달은 뒤에 닦는 문 가운데 선정과 지혜를 고루 가진다는 이치를 아직 자세히 모르겠으니, 다시 설명하여 미혹을 깨닫고 해탈의 문으로 이끌어 들어가게 자세히 가르쳐 주십시오.”

　“만약 법과 뜻을 말한다면, 이치에 들어가는 천 가지 문이 모두 선정과 지혜 아님이 없다. 그 강령(綱領)을 들면 제 성품의 본체와 작용의 두 가지 뜻이니, 앞에서 말한바 비고 고요하며 신령한 앎이 바로 그것이다. 선정은 본체요 지혜는 작용이니, 본체가 그대로 작용이므로 지혜가 선정을 여의지 않고, 작용이 그대로 본체이므로 선정이 지혜를 여의지 않는다. 선정이 곧 지혜이므로 고요하면서 항상 알고, 지혜가 곧 선정이므로 알면서 항상 고요하다. 조계(曹溪, 六祖)스님이 이르기를 '마음이 어지럽지 않음이 자성의 선정이요, 마음이 어리석지 않음이 자성의 지혜이다' 라고 한 것과 같다.

　만약 이와 같음을 깨달아서 고요함과 앎에 자유로워서 선정과 지혜가 둘이 아니게 되면 그것은 단박에 깨닫는 문[頓門]에 들어간 이가 선정과 지혜를 아울러 닦는 것이다. 만약 먼저 고요함으로써 어지러운 생각[散亂]을 다스리고, 그 뒤에 또렷또렷함으로써 흐리멍덩한 상태[昏沈]를 다스린다 하여 앞과 뒤로 대치(對治)하여 혼침과 산란을 고루 다스려 고요함에 들어가면 이것은 차츰 닦는 문[漸門]에 속하는 하등 근기의 수행이다.

그는 비록 또렷또렷함과 고요함을 고루 가진다 하나, 고요함만을 취해 수행함을 벗어나지 못할 것이니, 어찌 할 일을 마친 사람의 본래의 고요함과 본래의 앎을 여의지 않고 자유롭게 두 가지를 아울러 닦는 것이라 하겠는가? 그러므로 조계스님이 이르기를 '스스로 깨달아 수행하는 것은 다툼에 있지 않다. 만일 앞과 뒤를 다투면 그는 미혹한 사람이다'라고 하였다.

그러므로 깨달은 사람의 경지에서 선정과 지혜를 고루 가진다는 뜻은 공들이고 노력함에 떨어지지 않고, 원래 스스로 하염없어서[無爲] 어떤 특별한 때가 없는 것이다. 즉 빛깔을 보고 소리를 들을 때에도 다만 그러하고, 옷 입고 밥 먹을 때에도 다만 그러하고, 똥 누고 오줌 눌 때에도 다만 그러하고, 남과 이야기할 때에도 다만 그러하고, 나아가서는 가거나 멈추거나 앉거나 눕거나 말하거나 침묵하거나 기뻐하거나 성내거나 간에 언제든지 그러하여 마치 빈 배가 물결을 타고 오르락내리락 하고, 흐르는 물이 산을 굽이굽이 도는 것과 같아서 마음 마음이 앎이 없다.

그리하여 오늘도 되는 대로 흥뚱거리고, 내일도 되는 대로 흥뚱거리면서, 온갖 반연을 따라도 아무 장애가 없고, 악과 선을 끊거나 닦지도 않으며, 순박하고 거짓이 없어서 보고 들음이 예사로워 한 티끌도 상대되는 것이 없으니 번뇌를 떨어 버리려고 공들일 필요가 없으며, 한 생각도 망령된 감정이 일어나지 않으니 반연을 잊으려고 노력할 필요가 없다.

그러나 업장은 두텁고 습기는 무거우며, 관행(觀行)은 약하고 마음은 들뜨며, 무명의 힘은 크고 지혜의 힘은 적어, 선과 악의 경계에서 움직이고 고요함이 서로 갈마드는 것을 벗어나지 못하니, 마음이 담담하지 못한 이에게는 반연을 잊고 번뇌를 떨어 버리는 공부가 없을 수 없다. 그러므로 옛사람이

'여섯 감각기관이 대상을 대하여 마음이 반연을 따르지 않는 것을 선정이라 하고, 마음과 대상이 모두 비어 비추어 보아 미혹이 없는 것을 지혜라 한다. 이것이 비록 차별상을 따르는 문의 선정과 지혜로써 차츰 닦는 문에 속하는 하등 근기의 수행이나 대치하는 문에서는 없을 수 없는 것이다.

만약 번뇌가 들끓거든 먼저 선정의 문으로써 이치에 맞추어 어지러운 생각을 거두어 잡아, 마음이 반연을 따르지 않고 본래의 고요함에 계합하게 한다. 만약 혼침이 더욱 많으면 지혜의 문으로써 사물을 가리고 실체가 없음을 관찰하여, 비추어 보아 미혹이 없어 본래의 앎에 계합하게 한다.

선정으로써 어지러운 생각을 다스리고, 지혜로써 무기(無記)를 다스려, 움직이고 고요한 차별상을 없애고 대치하는 공부를 마치면 대상을 대하여도 생각 생각에 근본으로 돌아가고, 반연을 만나도 마음 마음이 도에 계합하여 자유롭게 아울러 알아야 비로소 하릴없는 사람이 될 것이다. 만일 이렇게 하면 참으로 선정

과 지혜를 고루 가져 불성을 밝게 본 이라 할 수 있다'
라고 말한 것과 같다."

"그대의 결론에 의하면, 깨달은 뒤에 닦는 문 가운데서 선정과 지혜를 고루 가진다는 뜻에는 두 가지가 있으니, 하나는 자성의 선정과 지혜요, 다른 하나는 차별상을 따르는 선정과 지혜입니다.

자성의 문에서는 '고요함과 앎에 자유로우며 원래 스스로 하염없어서 한 티끌도 상대되는 것이 없으니 번뇌를 떨어 버리려고 공들일 필요가 없으며, 한 생각도 망령된 감정이 일어나지 않으니 반연을 잊으려고 노력할 필요가 없다'고 하고, 판정하기를 '그것은 단박에 깨닫는 문에 들어간 이가 자성을 여의지 않고 선정과 지혜를 고루 가지는 것이다'라고 하였습니다. 그리고 차별상을 따르는 문에서는 '이치에 맞추어 어지러운 생각을 거두어 잡아 사물을 가리고 실체가 없음을 관찰하여, 혼침과 산란을 고루 다스려 하염없음에 들어간다'고 하고, 판정하기를 '이것은 차츰 닦는 문에 속하는 하등 근기의 수행이다'라고 하였습니다.

그러나 그 두 문의 선정과 지혜에 대하여 의심이 없지 않습니다. 만약 한 사람이 하는 수행이라면 먼저 자성의 문에 의지하여 선정과 지혜를 아울러 닦은 뒤에 다시 차별상을 따르는 문의 다스리는 공부를 합니까? 아니면 먼저 차별상을 따르는 문에 의지하여 혼침과 산란을 고루 다스린 뒤에 자성의 문에 들어갑니까?

만약 먼저 자성의 선정과 지혜에 의지한다면, 고요함과 앎에 자유로우므로 아예 다스리는 공부가 없을 것이니, 무엇 때문에 차별상을 따르는 문의 선정과 지혜를 취할 필요가 있겠습니까? 그것은 마치 흰 옥에 무늬를 새겨 본바탕을 해치는 것과 같습니다. 또 만약 먼저 차별상을 따르는 문의 선정과 지혜로 다스리는 공부를 이룬 뒤에 자성의 문으로 나아간다면, 그것은 완연히 차츰 닦는 문[漸門]에 속하는 하등 근기가 깨닫기 전에 점차로 익히는 것이니, 어찌 단박에 깨닫는 문[頓門]의 사람이 먼저 깨닫고 뒤에 닦으매 노력이 없는 노력을 한다고 하겠습니까? 만약 동시이므로 먼저와 나중이 없다면, 두 문의 선정과 지혜가 돈(頓)과 점(漸)이 다른데 어떻게 동시에 아울러 수행할 수 있겠습니까?

그렇다면 단박에 깨닫는 문에 속하는 하등 근기는 자성의 문에 의지하여 자유로우므로 노력할 필요가 없고, 차츰 닦는 문의 하등 근기는 차별상을 따르는 문에 나아가 다스리는 공부에 힘쓸 것입니다. 두 문의 근기가 돈과 점이 다르고, 낫고 못함이 분명하거늘, 어찌하여 먼저 깨닫고 뒤에 닦는 문 가운데서 두 가지를 함께 해석하십니까? 다시 회통(會通)하여 의심을 끊게 하여 주십시오."

"내 해석은 분명한데 그대가 스스로 의심을 내는구나. 말을 따라 견해를 일으키면 더욱 의혹이 생기고, 뜻을 얻어 말을 잊으면 굳이 따질 필요가 없다. 만약 그 두 문에 나아가 각기 수행할 것을 판단한다면, 자성의 선정과 지혜를 닦는 이는 단박에 깨닫는 문에서 노력이 없는 노력으로 움직임과 고요함을 함께하여, 자성을 스스로 닦아 스스로 불도를 이루는 사람이다.

차별상을 따르는 문의 선정과 지혜를 닦는 이는 깨닫기 전의 차츰 닦는 문의 하등 근기가 다스리는 공부를 써서 마음 마음 의혹을 끊고 고요함을 취하여 수행이라 하는 사람이다. 이 두 문의 수행은 돈과 점이 각각 다르니 혼동하면 안 된다.

그러나 깨달은 뒤에 닦는 문과 차별상을 따르는 문의 대치하는 것을 함께 말한 것은 오로지 차츰 닦는 문의 근기가 수행할 바만을 취한 것이 아니라 그 방편을 취하여 길을 빌리고 숙소를 의탁한 것뿐이다. 왜냐하면 이 단박에 깨닫는 문에도 근기가 뛰어난 이도 있고 또 근기가 모자라는 이도 있으므로 한가지로 그 가는 길을 판단할 수 없기 때문이다.

만약 번뇌가 엷어지고 몸과 마음이 가뿐하여, 선에 있으면서 선을 여의고 악에 있으면서 악을 여의어 여덟 가지 바람[八風]에도 흔들리지 않고 세 가지 느낌[三受]에도 고요한 사람은, 자성의 선정과 지혜에 의하여 자유롭게 아울러 닦으면 천진하여 조작이 없고 움직이거나 고요하거나 항상 선정이어서 자연의 이치를 성취할 것이니, 어찌 차별상을 따르는 문의 다스리는 방법을 빌리겠는가? 병이 없으면 약을 찾지 않는다.

비록 먼저 단박에 깨달았으나, 번뇌가 매우 두텁고 습기가 아주 무거워 대상을 대하면 생각 생각에 감정을 일으키고, 반연을 만나면 마음 마음 대립하여, 혼침과 산란에 끄달려 고요함과 앎의 항상함에 어두운 이는 차별상을 따르는 문의 선정과 지혜를 빌려 대치하기를 잊지 않고, 혼침과 산란을 고루 다스려 하염없음에 들어가는 것이 마땅하다.

229   비록 대치하는 공부를 빌려 잠깐 동안 습기를 억제하더라도 먼저 심성이 본래 깨끗하고 번뇌가 본래 빈 것임을 깨쳤으므로, 차츰 닦는 문에 속하는 하등 근기의 오염된 수행에 떨어지지 않는다. 왜냐하면 깨닫기 전에 수행이 있으면 비록 공들여 잊지 않고 생각 생각에 익히고 닦으나, 곳곳에서 의심을 일으켜 걸림이 없을 수 없음은 마치 어떤 물건이 가슴 속에 걸린 것 같아서, 불안한 모습이 항상 앞에 나타난다.

그러다가 오랜 세월이 지나 대치하는 공부가 익으면 몸과 마음과 손티 번뇌가 가뿐해진 것 같을 것이다. 그러나 비록 가뿐해지더라도 아직 의심의 뿌리를 끊지 못하였으므로 마치 돌로 풀을 누른 것 같아서, 그래도 나고 죽는 세계에서 자유롭지 못할 것이다. 그러므로 '깨닫기 전의 수행은 진정한 수행이 아니다'라고 하는 것이다.

깨달은 사람의 경지에서는 비록 대치하는 방편이 있으나 생각 생각에 의심이 없어 오염된 수행에 떨어지지 않는다. 그리하여 오랜 세월을 지내면 자연히 천진(天眞)의 미묘한 성품에 계합하여 고요함과 앎에 자유로우므로 생각 생각에 일체의 대상을 반연하면서도 마음 마음 모든 번뇌를 길이 끊어서 자성을 여의지 않고, 선정과 지혜를 고루 가져 위없는 보리(菩提, 깨달음)를 성취하여 앞에 말한 수승한 근기를 가진 사람과 아무 차별이 없게 된다.

230   차별상을 따르는 문의 선정과 지혜가 비록 차츰 닦는 문에 속하는 근기의 수행이나, 깨달은 사람의 경지에서 본다면 쇠[鐵]를

불리어 금을 이루는 격이라 할 수 있다. 만약 이런 이치를 안다면, 어찌 두 문의 선정과 지혜에 대하여 앞과 뒤의 차례가 있다고 두 가지로 보는 의심이 있겠는가? 원컨대 도를 닦는 사람들은 이 말을 잘 음미하여 다시는 의심을 내어 스스로 물러서는 일이 없도록 하라.

만약 대장부의 뜻을 갖추어 위없는 보리를 구하려 한다면, 이것을 버리고 어떻게 하겠는가? 부디 문자에 집착하지 말고 바로 참뜻을 알아 낱낱이 자기에게로 돌리어 근본에 계합하면 스승 없이 얻은 지혜가 저절로 나타나고, 천진한 이치가 밝고 어둡지 않아서 지혜의 몸을 성취하되, 다른 이에게 의지하여 깨달은 것이 아니다.

그러나 이 미묘한 뜻은 비록 모든 사람을 위한 것이기는 하나 만약 전생에 지혜의 종자를 심은 대승(大乘)의 근기가 아니면 선뜻 한 생각에 바른 믿음을 내지 못할 것이며, 한갓 믿지 않을 뿐만 아니라 다시 비방하여 도리어 무간지옥(無間地獄)의 업을 짓는 이가 흔히 있다. 그러나 비록 믿어 받아들이지 않더라도 한 번 귀를 스치어 잠시라도 인연을 맺으면, 그 공덕은 이루 헤아릴 수 없다.

그러므로 『유심결(唯心訣)』에 이르기를 '듣고서 믿지 않더라도 부처 될 씨알의 인연을 맺고, 배우고서 이루지 못하더라도 인간과 천상계의 복보다 뛰어나다'고 하였다. 부처를 이룰 바른 인(因)을 잃지 않을 터인데, 하물며 들어서 믿고 배워 이루어 지키고 잊어버리지 않는 자의 공덕이야 어찌 다 헤아릴 수 있겠는가?

과거에 윤회(輪廻)하던 업을 돌아본다면 몇천 겁 동안을 흑암지옥(黑暗地獄)에 떨어지고 무간지옥에 들어가 갖가지 고통을 받은 것이 얼마이며, 또 부처의 도를 구하려 하였으나 착한 벗을 만나지 못하여, 오랜 세월을 생사의 바다에 빠진 채 깜깜 그것을 깨닫지 못하여 온갖 악업을 지은 것이 얼마인가? 어쩌다 한 번 생각하면 모르는 결에 긴 한숨이 나오거늘, 어찌 또 어영부영 지내어 지난날의 재앙을 다시 받겠는가? 또 누가 나로 하여금 지금 인간으로 태어나 만물의 영장이 되게 하여 진리를 닦는 길을 잃지 않게 하였는지 알 수 없다. 참으로 눈먼 거북이 나무를 만나고, 작은 겨자씨가 바늘귀에 꽂힌 격이니, 그 다행함을 어찌 다 말할 수 있겠는가?

내가 지금 스스로 물러날 생각을 내거나, 혹은 게으름을 부려 항상 뒤로 미루다가 잠깐 사이에 목숨을 마치고 나쁜 갈래[惡趣]에 떨어져서 갖은 고통을 받을 때에는 한 구절이나마 불법을 들어서 믿고 알고 수지하여 고통을 면하려 한들 어찌 될 수 있겠는가? 위태할 때에 다달아서는 후회하여도 아무 쓸데없다. 원컨대 모든 도를 닦는 사람들은 방일하지 말고, 탐욕과 음욕에 집착하지 말고, 머리에 붙은 불을 끄듯이 살피고 돌아보기를 잊지 말아야 한다.

덧없는 세월은 빠르다. 몸은 아침 이슬과 같고 목숨은 지는 해와 같다. 오늘은 살아 있다 하나 내일을 보장하기 어려우니, 부디 마음에 새겨라. 부디 마음에 새겨라.

우선 세상의 하염 있는[有爲] 선(善)에 의지하더라도 세 갈래

[三惡途]의 괴로운 윤회를 벗어나 천상계와 인간에서 훌륭한 과보를 얻어 온갖 쾌락을 누리거늘, 하물며 이 최상승(最上乘)의 매우 깊은 법문을 잠깐만 믿더라도 이루어지는 그 공덕은 어떤 비유로도 그 조그만 부분이나마 설명할 수 없다.

그러므로 '어떤 사람이 온 누리의 칠보(七寶)로써 그 세계에 사는 중생들에게 공양하여 모두 만족하게 하고, 또 그 세계의 일체 중생을 교화하여 사과(四果)를 얻게 하면, 그 공덕은 한량없고 끝없을 것이나, 밥 한 끼 먹는 동안에 이 법을 바로 생각하여서 얻는 공덕보다는 못하다'고 하였다. 이로써 우리의 이 법문은 가장 귀하고 가장 높아 어떤 비유도 할 수 없음을 알아야 한다. 그러므로 경에 이르기를 '한 생각 깨끗한 마음이 바로 도량(道場)이니 갠지스강의 모래알같이 수많은 칠보탑을 만드는 것보다 훌륭하다. 보탑은 끝내 부서져 티끌이 되지만 한 생각 깨끗한 마음은 정각(正覺)을 이룬다'고 하였다. 원컨대 도를 닦는 사람들은 이 말을 연구하고 음미하여 부디 마음에 새겨라. 이 몸을 이 생애에서 제도하지 못하면 또 어느 생애를 기다려 제도하랴! 지금 닦지 않으면 오랜 세월 동안 어긋날 것이며, 지금에 힘써 닦으면 닦기 어려운 수행도 차츰 어렵지 않게 되어 공행(功行)은 저절로 나아갈 것이다.

아아! 그런데 요즘 사람들은 주린 때에 왕의 맛난 음식을 대하고서도 먹을 줄을 알지 못하며, 병들어 의사를 만나고서도 약 먹을 줄 모르는구나. 그야말로 '어찌할 것인가, 어찌할 것인가 하지 않는 이는 나로서도 어찌할 수 없다'라고 한 말과 같다.

또 이 세상의 하염 있는 일은 그 모습을 볼 수 있고 그 공덕도 징험할 수 있으므로 사람들은 그 한 가지 일만 얻더라도 희유하다고 찬탄한다. 그러나 우리의 이 마음의 법문은 그 형태를 관찰할 수 없고 그 모습을 볼 수 없고 말길이 끊어지고 마음이 갈 곳이 없어졌다. 그러므로 천마(天魔)와 외도(外道)들이 비방하려야 문이 없고, 제석(帝釋)과 범왕(梵王) 등 모든 하늘들이 칭찬하려야 미칠 수 없다. 그런데 하물며 지식이 얕은 범부들로야 어찌 비슷하게라도 할 수 있겠는가?

슬프다! 우물 안의 개구리가 어찌 바다의 넓음을 알며, 여우가 어찌 사자처럼 부르짖을 수 있겠는가? 그러므로 이 말법(末法) 세상에서 이 법문을 듣고, 희유하다는 생각을 내어 믿고 알고 수지하는 이는 이미 한량없는 세월 동안 모든 성인을 받들어 섬기어 온갖 선근(善根)을 심어 지혜의 바른 인연을 깊이 맺은 최상의 근기임을 알 수 있다.

그러므로 『금강경(金剛經)』에 이르기를 '이 글귀에 대하여 선뜻 신심(信心)을 내는 이는 이미 한량없는 부처님이 계신 곳에서 온갖 선근을 심었음을 알 수 있다'고 하였고, 또 이르기를 '대승의 마음을 낸 이와 최상승의 마음을 낸 이를 위하여 설한다'고 하였다. 원컨대 도를 구하는 사람들은 미리 겁약한 마음을 내지 말고, 부디 용맹스런 마음을 내야 한다. 지난 세월에 얼마나 좋은 인연을 맺었는지 알 수 없다.

만약 뛰어나고 훌륭한 법문을 믿지 않고 낮고 못난 근기로 자처하여 어렵다는 생각을 내어 지금 닦지 않으면, 비록 지난 세상의 선근이 있었더라도 지금 그것을 끊는 것이므로 더욱 어렵고 더욱 멀어질 것이다. 이미 지금 보배가 있는 곳에 이르렀으니 빈손으로 돌아가지 말아야 한다. 한번 사람의 몸을 잃으면 오랜 세월 동안 돌이키기 어렵다. 청컨대 부디 삼가라.

　지혜 있는 사람이라면 보배가 있는 곳을 알면서도 도리어 찾지 않고서 어찌 외롭고 가난함을 길이 원망하겠는가? 만약 보배를 얻고자 한다면 몸뚱이를 놓아 버려라."

진심직설

眞心直說

【해 제】

　고려 보조지눌(普照知訥, 1158~1210)이 1204년에 지은 것이다. 전편을 「진심정신(眞心正信)」에서 「진심소재(眞心所在)」에 이르는 15장으로 나누어 경론(經論)과 조록(祖錄) 등을 인용하여 사람마다 본래 갖추고 있는 참마음[眞心]의 명칭과 본질, 미망(迷妄)의 근원, 참마음을 드러내고 증득하는 방법 등을 설명하였다.

　『가홍장(嘉興藏)』9, 『만속장(卍續藏)』2·18·5 [113], 『대정장(大正藏)』48 등에 수록되었으며, 대천계사(大天界寺, 1594)에서 판각된 바 있다. 국내에서는 송광사(松廣寺, 1799) 등에서 판각된 바 있으며, 『법해보벌』(1883)·『선문촬요』권하(1908) 및 『한국불교전서』제4책(1982)·『보조전서』(1989) 등에 수록되었다.

　이기영(李箕永)이 역주·해설한 『진심직설』(1978)과 김춘배(金春培)가 강의한 『세계일화(世界一花)』(1992)가 간행된 바 있으며, 중국에서도 임추오(林秋梧)의 『진심직설 백화주해(白話註解)』(1933)가 간행된 바 있다.

진심직설 眞心直說

보조(普照)선사의 말씀

(1) 참마음에 대한 바른 믿음〔眞心正信〕

『화엄경(華嚴經)』에 이르기를 '믿음은 도(道)의 근원이요 공덕(功德)의 어머니로서 일체의 선근(善根)을 길러 낸다'고 하였고, 또 『유식론(唯識論)』에 이르기를 '믿음은 수청주(水淸珠)와 같나니, 흐린 물을 능히 맑게 하기 때문이다'라고 하였다.

이로써 온갖 선(善)이 발생하는 데는 믿음이 그 길잡이가 된다는 것을 알 수 있다. 그러므로 불경 첫머리에 '이와 같이 내가 들었다〔如是我聞〕'라는 구절을 내세운 것도 믿음을 일으키게 하기 위한 것이다.

어떤 이가 물었다.

"조사문〔祖門〕의 믿음은 교학문〔敎門〕의 믿음과 어떻게 다릅니까?"

내가 답하였다.

"그것은 여러 가지로 같지 않다. 교학문에서는 인간과 천상계(天上界)로 하여금 인과(因果)를 믿게 한다. 즉 복락(福樂)을 좋아하는 이는 십선(十善)이 미묘한 인(因)이 되고, 인간과 천상계에 태어나는 것이 즐거운 과(果)가 된다고 믿는다. 비고 고요한 것을 좋아하는 이는 생멸(生滅)의 인연이 바른 인이 되고, 고(苦)·집(集)·멸(滅)·도(道)가 성인(聖人)의 과가 된다고 믿는다. 불과(佛果)를 좋아하는 이는 삼아승지겁(三阿僧祇劫)에 걸친 육도(六度, 六波羅蜜)가 큰 인이 되고, 보리(菩提, 깨달음)와 열반(涅槃)이 바른 과가 된다고 믿는다.

그러나 조사문의 바른 믿음은 앞의 것과 다르다. 일체의 하염 있는[有爲] 인과를 믿지 않고, 다만 자기가 본래 부처이므로 천진(天眞)한 자성(自性)이 사람마다 갖추어져 있고, 열반의 미묘한 본체가 낱낱이 원만하게 이루어졌으므로, 남에게서 구하려 하지 않고 원래 스스로 갖추어졌음을 믿는 것이다.

삼조승찬(三祖僧璨) 스님은 말씀하기를 '둥글기가 허공과 같아서 모자람도 남음도 없거늘 취하고 버림으로 말미암아 그 때문에 어엿하지 못하다'고 하였다.

또 지공(誌公)은 말씀하기를 '형상[相]이 있는 몸 가운데 형상이 없는 몸이요, 무명(無明)의 길 위에 생멸 없는 길이로다'라고 하였다.

또 영가현각(永嘉玄覺) 스님은 말씀하기를 '무명의 실다운 성품[實性]이 곧 불성이요, 허깨비와 같은 빈 몸[空身]이 바로 법신(法身)이다'라고 하였다.

그러므로 중생이 본래 부처임을 알아야 한다. 이미 바른 믿음을 내었을진댄 모름지기 앎을 확충해야 한다. 영명연수(永明延壽) 스님은 말씀하기를 '믿기만 하고 알지 못하면 무명이 더욱 자라고, 알기만 하고 믿지 않으면 삿된 견해가 더욱 자란다'고 하였다. 그러므로 믿음과 앎을 아울러야 도에 빨리 들어갈 수 있다."

"처음 믿는 마음을 내었으나 아직 도에 들어가지 못하였더라도 이익이 있습니까?"

"『대승기신론(大乘起信論)』에 이르기를 '만약 어떤 사람이 이 법을 듣고 나서 겁약(怯弱)한 마음을 내지 않으면, 그는 결정코 부처의 씨알을 이어받아 반드시 모든 부처님의 수기(授記)를 받을 것임을 알아야 한다. 가령 어떤 사람이 온 누리에 가득 찬 중생을 교화하여 십선을 실천하게 하더라도, 어떤 사람이 밥 한 끼 먹을 동안이나마 이 법을 바로 생각하는 것만 못하니, 이 공덕은 앞의 공덕보다 많아서 비유할 수가 없다'고 하였다.

또 『금강반야경(金剛般若經)』에 이르기를 '한순간만이라도 깨끗한 믿음을 내면, 부처님께서는 그것을 모두 알고 모두 보신다. 그러므로 그 중생은 이와 같은 한량없는 복덕을 얻는다'고 하였다.

천리를 가려면 첫걸음이 발라야 하나니, 첫걸음이 어긋나면 천리가 다 어긋남을 알아야 한다. 하염없는 나라[無爲國]에 들어가려면 첫 믿음이 발라야 하나니, 첫 믿음을 잃으면 온갖 선(善)이 다 무너진다. 그러므로 조사님[三祖僧璨]이 말씀하기를 '털끝만큼이라도 어긋남이 있으면 하늘과 땅 사이처럼 벌어진다'라고 한 것이 바로 이 이치이다."

(2) 참마음의 또 다른 이름[眞心異名]

어떤 이가 말하였다.

"이미 바른 믿음을 냈거니와 어떤 것을 〈참마음[眞心]〉이라 하는지 아직 모르겠습니다."

내가 말하였다.

"허망을 여읜 것을 〈참〉이라 하고 신령하게 밝은 것을 〈마음〉이라 하니, 『능엄경(楞嚴經)』에서 이 마음을 밝혔다."

"오직 참마음이라고만 합니까, 따로 다른 이름이 있습니까?"

"부처님의 가르침과 조사님네들의 가르침에서 세운 이름이 같지 않다. 부처님의 가르침 가운데

『보살계경(菩薩戒經)』에서는 〈마음땅[心地]〉이라 하였으니, 이는 온갖 선을 내기 때문이요,

『반야경(般若經)』에서는 〈보리(菩提)〉라 하였으니, 이는 깨달음의 바탕이 되기 때문이요,

『화엄경』에서는 〈법계(法界)〉라 하였으니, 이는 서로 사무치고 융통하여 거두어들이기 때문이요,

『금강반야경』에서는 〈여래(如來)〉라 하였으니, 온 곳이 없기 때문이요,

『반야』에서는 〈열반(涅槃)〉이라 하였으니, 모든 성인들의 돌아가는 곳이기 때문이요,

『금광명경(金光明經)』에서는 〈여여(如如)〉라 하였으니, 진실하고 항상되어 변하지 않기 때문이요,

『정명경(淨名經, 維摩經)』에서는 〈법신(法身)〉이라 하였으니, 보신(報身)과 화신(化身)이 의지하기 때문이요,

『대승기신론』에서는 〈진여(眞如)〉라 하였으니, 나지도 않고 사라지지도 않기 때문이요,

『열반경(涅槃經)』에서는 〈불성(佛性)〉이라 하였으니, 삼신(三身)의 본체이기 때문이요,

『원각경(圓覺經)』에서는 〈총지(摠持)〉라 하였으니, 공덕을 흘려내기 때문이요,

『승만경(勝鬘經)』에서는 〈여래장(如來藏)〉이라 하였으니, 숨겨덮고 갈무리하고 거두어들이기 때문이요,

『요의경(了義經, 圓覺經)』에서는 〈원각(圓覺)〉이라 하였으니, 어둠을 부수고 홀로 비추기 때문이다.

그러므로 영명연수(永明延壽) 선사의 『유심결(唯心訣)』에 이르기를 '하나의 법이 천 가지 이름을 가진 것은 인연을 따라 이름 지었기 때문이다'라고 하였다. 여러 경에 두루 있으므로 이루 다 인용할 수 없다."

"부처님의 가르침은 알았거니와, 조사님네들의 가르침에서는 어떠합니까?"

"조사의 문에는 이름과 말이 끊어졌으므로 하나의 이름도 세우지 않거늘 어찌 많은 이름이 있겠는가? 그러나 취향과 근기에 따라 그 이름이 또한 여러 가지이다.

때로는 〈자기(自己)〉라 하였으니, 중생의 본성이기 때문이요,

때로는 〈바른 눈[正眼]〉이라 하였으니, 온갖 형상을 바로 보기

때문이요,

때로는 〈미묘한 마음[妙心]〉이라 하였으니, 비고 신령스러우며 고요하고 비추기 때문이요,

때로는 〈주인 어른[主人翁]〉이라 하였으니, 처음부터 짐을 졌기 때문이요,

때로는 〈밑 없는 발우[無底鉢]〉라 하였으니, 가는 곳마다 살림을 하기 때문이요,

때로는 〈줄 없는 거문고[沒絃琴]〉라 하였으니, 그 자리에서 소리가 나기 때문이요,

때로는 〈꺼지지 않는 등불[無盡燈]〉이라 하였으니, 미혹한 생각을 비추어 부수기 때문이요,

때로는 〈뿌리 없는 나무[無根樹]〉라 하였으니, 뿌리와 꼭지가 견고하기 때문이요,

때로는 〈취모검(吹毛劍)〉이라 하였으니, 번뇌의 뿌리를 끊기 때문이요,

때로는 〈하염없는 나라[無爲國]〉라 하였으니, 바다처럼 고요하고 강처럼 맑기 때문이요,

때로는 〈보배 구슬[牟尼珠]〉이라 하였으니, 가난을 구제하기 때문이요,

때로는 〈열쇠 없는 자물쇠[無鑐鎖]〉라 하였으니, 여섯 감각기관을 잠그기 때문이요, 나아가서는 〈진흙소[泥牛]〉·〈나무말[木馬]〉·〈마음의 근원[心源]〉·〈마음의 도장[心印]〉·〈마음의 거울[心鏡]〉·〈마음의 달[心月]〉·〈마음의 구슬[心珠]〉이라 하였는

데, 그 갖가지 다른 이름을 이루 다 적을 수 없다.

만약 참마음을 통달하면 모든 이름을 다 알 수 있고, 참마음에 어두우면 모든 이름에 다 막히니, 부디 이 참마음에 대하여 자세히 알아야 한다."

(3) 참마음의 미묘한 본체〔眞心妙體〕

어떤 이가 물었다.

"참마음의 이름들은 이미 알았거니와 그 본체는 어떠합니까?"

내가 답하였다.

"『방광반야경(放光般若經)』에 이르기를 '반야는 아무 형상이 없으므로 생멸하는 형상이 없다'고 하였고, 또 『대승기신론』에 이르기를 '진여 자체는 모든 범부·성문·연각·보살·부처에 있어서 늘어남도 줄어듦도 없다. 과거에 생겨난 것도 아니며 미래에 사라지는 것도 아니다. 결국 상주하고 항구하며 본래부터 스스로 일체 공덕을 완전히 갖추고 있다'고 하였다. 이상의 경과 논에 의거하면 참마음의 본체는 인과를 벗어났고, 고금(古今)을 꿰뚫었으며, 범부와 성인을 세우지 아니하며, 온갖 상대가 끊어졌다. 마치 허공이 어디나 두루한 것처럼 그 미묘한 본체는 뚜렷하고 고요하여 온갖 희론(戲論)이 끊어져 나지도 않고 없어지지도 않으며, 있는 것도 아니고 없는 것도 아니며, 움직이지도 않고 흔들리지도 아니하여 고요히 항상 머문다. 그러므로 〈옛날의 주인 어른〔舊日主人翁〕〉이라고도 부르고, 〈위음왕불 저쪽의 사람〔威音那畔人〕〉이라고도 하며, 또 〈공겁 이전의 자기〔空劫前自己〕〉라고도 한다.

한결같이 마음이 공평하고 비어서 털끝만한 티의 가리움도 없고, 모든 산과 강과 땅덩이, 풀과 나무와 숲, 온갖 물건이나 모든 현상, 깨끗하고 더러운 모든 법이 다 여기서 나온다. 그러므로 『원각경』에 이르기를 '선남자(善男子)여, 위없는 법의 왕이 큰 다라니문(陀羅尼門)을 가지고 있으니, 그것은 일체의 청정한 진여와 보리와 열반 및 바라밀을 흘려내어 보살을 가르친다'고 하였다.

규봉종밀(圭峰宗密) 스님은 말씀하기를 '마음이란 것은 깊고 비었으며 미묘하고 순수하며 빛나고 신령하고 밝아서 가는 것도 없고 오는 것도 없으면서 가만히 삼제(三際)에 통하고, 가운데도 아니고 가도 아니면서 시방(十方)에 두루 사무친다. 없어지지도 않고 나지도 않는데 어찌 네 산〔四山, 生老病死〕이 해칠 수 있으며, 성품을 여의고 차별상을 여의었는데 어찌 다섯 빛깔〔五色〕이 눈멀게 하겠는가?'라고 하였다.

그러므로 영명연수 선사의 『유심결』에 이르기를 '무릇 이 마음이란 온갖 미묘하고 신령스러움이 모두 모여 온갖 법의 왕이 되고, 삼승(三乘)과 오성(五性)이 가만히 귀의하여 모든 성인의 어머니가 된다. 혼자 높고 홀로 귀하여 견줄 데가 없고 짝할 것이 없으니, 실로 큰 도의 근원이며 참법의 골수이다'라고 하였다. 그것을 믿으면, 삼세(三世)의 보살이 다 같이 공부한 것도 이 마음을 공부한 것이며, 삼세의 부처님이 다 같이 깨달으신 것도 이 마음을 깨달으신 것이며, 대장경이 설명하여 나타낸 것도 이 마음을 나타낸 것이며, 일체 중생이 미혹한 것도 이 마음을 미혹한 것이며, 일체 수행인이 발심하여 깨달은 것도 이 마음을 깨달은 것이며, 일체 조사님네들이 서로 전하신 것도 이 마음을 전하신 것이며, 천하의 납승(衲僧)들이 참구한 것도 이 마음을 참구한 것이다.

그러므로 이 마음을 통달하면 일마다 다 옳고, 물건마다에 온전히 드러난다. 이 마음을 미혹하면 가는 곳마다 뒤바뀌고 생각마다 어리석게 된다. 이 본체는 일체 중생이 본래부터 가진 부처의 성품이요, 또 일체 세계가 발생하는 근원이다. 그러므로 세존(世尊)께서는 영취산(靈鷲山)에서 침묵하였고, 선현(善現, 須菩提) 존자는 바위 밑에서 말을 잊었으며, 달마(達摩)스님은 소실(少室)에서 벽을 향해 앉았으며, 유마거사(維摩居士)는 비야리성(毘耶梨城)에서 입을 다물었던 것이니, 그것은 다 이 마음의 미묘한 본체를 밝히신 것이다. 그러므로 처음으로 조사의 문에 들어오는 이는 무엇보다 먼저 이 마음의 본체를 알아야 한다."

(4) 참마음의 미묘한 작용〔眞心妙用〕

어떤 이가 물었다.
"미묘한 본체는 이미 알았거니와 미묘한 작용이란 어떤 것입니까?"
내가 답하였다.

"옛사람이 말씀하기를

바람이 움직이매 마음이 나무를 흔들고
구름이 생기매 성품이 티끌을 일으킨다
만약 오늘의 일을 밝히려 하면
본래의 사람을 잊어버린다

風動心搖樹　雲生性起塵
若明今日事　昧却本來人

라고 하였으니, 이것은 곧 미묘한 본체가 작용을 일으키는 것이다. 참마음의 미묘한 본체는 본래 움직이지 않아 편안하고 고요하며 진실하고 항상한데, 진실하고 항상한 본체에서 미묘한 작용이 나타나서 흐름을 따라 미묘함을 얻음에 방해를 받지 않는다. 그러므로 조사님[摩拏羅]이 게송으로 읊었다.

마음이 온갖 경계를 따라 움직이니
움직이는 구비마다 모두 그윽하다
흐름에 따라 성품을 깨달으면
기쁨도 없고 근심도 없다

心隨萬境轉　轉處實能幽
隨流認得性　無喜亦無憂

언제든지 일상생활에서 활동하고 작용하며 베풀어 쓰는 것이나, 동쪽으로 가고 서쪽으로 가는 것이나, 밥 먹고 옷 입는 것이나, 숟가락을 들고 젓가락을 놀리는 것이나, 왼쪽을 돌아보고 오른쪽을 흘기는 것 따위가 다 참마음의 미묘한 작용이 나타난 것이다. 그런데 범부들은 미혹하고 뒤바뀌어 옷 입을 때에는 다만 옷 입는 것만 알고, 밥 먹을 때에는 다만 밥 먹는 것만 알아, 모든 일에 있어서 다만 차별상을 따라 움직인다.

그러므로 날마다 활용하면서도 깨닫지 못하고 눈앞에 있는데도 알지 못한다. 그러나 만약 그가 성품을 아는 사람이라면 활동하고 작용하는 가운데 일찍이 잊어버린 적이 없다. 그러므로 조사님[婆羅提尊者]이 말씀하였다.

> 탯속에 있으면 몸이라 하고
> 세상에 있으면 사람이라 하고
> 눈에 있어서는 빛깔을 보고
> 귀에 있어서는 소리를 듣고
> 코에 있어서는 냄새를 맡고
> 입에 있어서는 말하고
> 손에 있어서는 물건을 쥐고
> 발에 있어서는 걸어다닌다
> 두루 나타나면 온 누리를 다 싸고
> 거두어들이면 한 티끌 속에 있다
> 그것을 아는 이들은 부처의 성품이라 하고
> 모르는 이들은 영혼[精魂]이라 한다

그러므로 도오원지(道吾圓智) 스님이 홀(笏)을 들고 춤춘 것이나, 석공혜장(石鞏慧藏) 스님이 활을 당긴 것이나, 비마(秘魔)스님이 삼지창을 든 것이나, 구지(俱胝)스님이 손가락을 세운 것이나, 흔주자회(忻州自悔) 스님이 땅을 친 것이나, 운암담성(雲巖曇晟) 스님이 사자상(獅子像)을 희롱해 보인 것 등이 모두 다 하나의 이 큰 작용을 밝히지 않은 것이 없으니 일상생활에서 미혹하지 않았으므로 자연히 자유자재하여 걸림이 없었던 것이다."

(5) 참마음의 본체와 작용은 같은가, 다른가?
〔眞心體用一異〕

어떤 이가 말하였다.
"참마음의 본체와 작용은 같은 것인지, 다른 것인지 모르겠습니다."
내가 말하였다.
"차별상으로 본다면 같은 것이 아니요, 성품으로 본다면 다른 것이 아니다. 그러므로 그 본체와 작용은 같은 것이 아니며 동시에 다른 것도 아니다. 어떻게 그런 줄을 아는가? 시험삼아 설명하리라.
미묘한 본체는 움직이지 아니하여 온갖 상대가 끊어졌고 일체의 차별상을 여의었으니, 성품을 통달하여 증득한 이가 아니면 그 이치를 헤아리지 못한다. 미묘한 작용은 인연을 따라 온갖 사물에 응하여 망령되이 허망한 차별상을 세워 형상이 있는 듯하다. 그러므로 형상이 있느냐, 형상이 없느냐의 관점에서 보면 같은 것이 아니다.

또 작용은 본체에서 생기는 것이므로 작용이 본체를 여의지 않고, 본체는 작용을 내는 것이므로 본체가 작용을 여의지 않는다. 그러므로 서로 여의지 않는 이치의 관점에서 보면 서로 다른 것이 아니다.

마치 저 물은 젖는 것으로써 본체를 삼으니 본체는 움직이지 않기 때문이며, 물결은 움직임으로써 형상을 삼으니 바람으로 말미암아 일어나기 때문이다. 물의 성품과 물결의 형상이 하나는 움직이고 하나는 움직이지 않기 때문에 같은 것이 아니요, 그러나 물결 밖에 따로 물이 없고 물 밖에 따로 물결이 없어서 그 젖는 성품은 같은 것이기 때문에 서로 다른 것이 아닌 것과 같다.

이상으로 미루어 보면 본체와 작용이 같은 것인지, 다른 것인지를 알 수가 있을 것이다."

(6) 참마음은 미혹함 속에 있다〔眞心在迷〕

어떤 이가 물었다.

"참마음의 본체와 작용이 사람마다 다 갖추어져 있는데, 어찌하여 성인과 범부가 같지 않습니까?"

나는 답하였다.

"참마음은 성인이나 범부나 본래 같은 것이다. 그러나 범부는 망령된 마음으로 사물을 참[眞]이라고 그릇 인정하여 깨끗한 제 성품을 잃어버리고 멀어지게 되었다. 그러므로 참마음이 앞에 나타나지 못하고, 다만 마치 어둠 속에 있는 나무 그림자나 땅 속으로 흐르는 샘물과 같아서 그것이 있지만 알지 못할 뿐이다.

그러므로 경에 이르기를 '선남자여, 비유하건대 마치 깨끗한 마니 보배구슬[摩尼寶珠]이 다섯 빛깔에 비취어 방향을 따라 저마다 다른 빛깔이 나타나면 어리석은 사람은 그 마니 보배구슬에 실제로 다섯 빛깔이 있다고 보는 것과 같다. 선남자여, 원만히 깨어 있는 깨끗한 성품이 몸과 마음에 나타나, 사물을 따라 저마다 응해 주면, 어리석은 사람은 깨끗한 원각(圓覺)에 실제로 그런 몸과 마음의 자성이 있다고 말하는 것도 또한 그와 같다'고 하였다.

또 『조론(肇論)』에 이르기를 '이 건곤(乾坤)과 우주(宇宙) 가운데에 한 보배가 있어서 형산(形山)에 숨어 있다'라고 하였으니, 이것은 참마음이 번뇌에 싸여 있다는 말이다.

또 자은규기(慈恩窺基) 스님은 말씀하기를 '법신은 본래부터 있나니 모든 부처가 마찬가지이다. 그러나 범부는 망념에 덮여 그것을 가지고 있으면서도 깨닫지 못하고 번뇌에 싸여 있기 때문에 〈여래장(如來藏)〉이라는 이름을 얻었다'고 하였다. 또 상공(相公) 배휴(裵休)는 '종일토록 원만히 깨어 있으면서 아직 원만히 깨어 있지 못하는 자는 범부이다'라고 하였다. 그러므로 비록 번뇌 속에 있으나 그 번뇌에 물들지 않는 것이, 마치 백옥(白玉)이 진흙 속에 던져져 있되 그 빛이 변하지 않는 것과 같은 줄을 알 수 있다."

(7) 참마음은 망심을 쉰 것이다〔眞心息妄〕

어떤 이가 물었다.

"참마음이 망심(妄心) 속에 있으면 곧 범부인데, 어떻게 하여야 망심에서 벗어나 성인을 이룰 수 있겠습니까?"

내가 답하였다.

"옛사람이 말씀하기를 '망심이 없어지는 그곳이 곧 보리이다. 생사와 열반이 본래 평등하다'고 하였고, 또 경〔圓覺經〕에 이르기를 '중생들의 허깨비와 같은 몸〔幻身〕이 사라지므로 허깨비와 같은 마음〔幻心〕도 사라지고, 허깨비와 같은 마음이 사라지므로 허깨비와 같은 번뇌〔幻塵〕도 사라지고, 허깨비와 같은 번뇌가 사라지므로 허깨비와 같은 열반〔幻滅〕도 사라지고, 허깨비와 같은 열반이 사라지므로 허깨비〔幻〕가 아닌 것은 사라지지 않는다. 그것은 마치 거울을 닦을 때에 때〔垢〕가 없어지면 광명이 나타나는 것과 같다'고 하였다. 또 영가현각 스님이 말씀하기를 '마음은 감각기관이요 법은 곧 대상이니, 이 둘은 마치 거울의 때와 같다. 때가 없어지면 광명이 나타나듯이 마음과 법을 모두 잊으면 성품이 곧 진실이다'라고 하였으니, 이것이 바로 허망에서 벗어나 진실을 이루는 것이다."

"장주(莊周)는 말하기를 '마음이란 뜨겁기로 말하면 타는 불과 같고, 차갑기로 말하면 얼음과 같고, 빠르기로 말하면 굽혔다 펴는 사이에 사해(四海) 밖을 두 번 어루만진다. 가만히 있을 때는 깊고 고요하며, 움직일 때는 하늘에까지 닿으니, 그것은 오직 사람의 마음이로다'라고 하였습니다. 이것은 장주가 먼저 범부의 마음은 이처럼 다스리기 어려움을 말한 것입니다. 종문(宗門)에서는 어떤 법으로 망심을 다스리는지 모르겠습니다."

"무심(無心)의 법으로써 망심을 다스린다."

"만약 사람으로서 마음이 없으면 곧 나뭇등걸과 같을 것이니, 청컨대 방편을 베풀어 무심에 대하여 말씀하여 주십시오."

"이제 말한 무심이란 마음 자체가 없어서 무심이라 한 것이 아니요, 다만 마음속에 어떤 물건도 없는 것을 무심이라 한 것이다. 마치 빈 병이라 말할 때에, 병 속에 물건이 없는 것을 빈 병이라 하지 병 자체가 없는 것을 빈 병이라 하지 않는 것과 같다. 그러므로 조사님[德山宣鑑]이 말씀하기를 '너는 다만 마음에 일이 없고 일에 마음이 없으면, 저절로 비고 신령스럽고 고요하며 미묘할 것이다'라고 하였으니, 이것이 마음의 참뜻이다.

이것에 의거하면, 망심이 없다는 것이지 참마음의 미묘한 작용이 없다는 것이 아니다. 종래의 여러 스님들이 무심 공부에 대하여 말씀한 것이 여러 가지로 저마다 다르니, 지금 그 대의를 뭉뚱그려 간략히 열 가지로 밝히겠다.

첫째는 깨달아 살피는 것[覺察]이다. 이른바 공부할 때에 항상 생각을 끊고 생각이 일어나는 것을 막되 한 생각이 막 일어나거든 곧 그것을 깨달아 부수는 것이다. 망념이 부서졌음을 깨달아 다음 생각이 생겨나지 않으면 이 깨달은 지혜마저도 쓸 필요가 없다. 망념과 깨달음을 함께 잊어버리면 그것을 무심이라 한다.

그러므로 조사님이 말씀하기를 '생각이 일어남을 두려워하지 말고, 다만 그것을 알아챔이 늦을까 두려워하라'고 하였고, 또 게송[信心銘]에 이르기를 '진실을 찾으려 애쓰지 말고 오직 망령된 견해를 쉬라'라고 하였다. 이것이 바로 깨달아 살펴어 망심을 쉬는 공부이다.

둘째는 쉬고 쉬는 것[休歇]이다. 이른바 공부할 때에 선도 생각하지 않고 악도 생각하지 아니하여, 마음이 일어나거든 곧 쉬고, 인연을 만나거든 곧 쉬는 것이다. 옛사람[石霜慶諸]이 말씀하기를 '한 자락 흰 비단인 듯 싸늘하고, 옛 사당[廟] 안의 향로인 듯 괴괴하여 분별을 여의어 바보와 같고 말뚝과 같게 되어야 비로소 조금이나마 참마음과 합할 것이다'라고 하였으니, 이것이 바로 쉬고 쉬어 망심을 쉬는 공부이다.

셋째는 마음을 없애고 경계(대상)를 두는 것이다. 공부할 때에 모든 망념을 모두 쉬어 바깥 경계를 돌아보지 않고, 다만 스스로 마음을 쉬는 것이니 망심만 쉬면 경계가 있은들 무슨 방해가 되겠는가? 즉 옛사람[臨濟義玄]의 이른바 '사람은 빼앗고 경계는 빼앗지 않는다[奪人不奪境]'는 법문이다. 그러므로 어떤 이는 말씀하기를 '여기 꽃다운 풀은 있으나, 온 성 안에 친구가 없다'고 하였고, 또 방공(龐公)은 말씀하기를 '다만 스스로 만물에 무심하면, 만물이 항상 나를 둘러싸고 있은들 무슨 방해가 되겠는가?'라고 하였다. 이것이 바로 마음을 없애고 경계를 두어 망심을 쉬는 공부이다.

넷째는 경계를 없애고 마음을 두는 것이다. 공부할 때에 안팎의 모든 대상을 모두 비워 고요하다고 관찰하고, 다만 한마음만 두어 외로이 드러나 홀로 서는 것이다. 그러므로 옛사람[龐公]이 말씀하기를 '모든 법과 짝하지 않고 모든 대상과 상대하지 않는다'고 하였다. 만약 그 마음이 경계에 집착하면 그것은 곧 망심이다. 지금 이미 경계가 없어졌는데 무슨 망심이 있겠는가? 즉 참마음이 홀로 비추어 도에 장애가 되지 않을 것이니, 옛사람[임제의현]의 이른바 '경계를 빼앗고 사람을 빼앗지 않는다[奪境不奪人]'는 것이다. 그러므로 어떤 이는 말씀하기를 '동산에 꽃이 이미 다 떨어졌는데 수레와 말은 아직도 붐빈다'고 하였고, 또 말씀하기를 '칼 쓰는 삼천 사람 지금 어디 있는고? 홀로 장주(莊周)가 태평을 이룩하였네'라고 하였다. 이것이 바로 경계를 없애고 마음을 두어 망심을 쉬는 공부이다.

다섯째는 마음도 없애고 경계도 없애는 것이다. 공부할 때에 먼저 바깥 경계를 비우고, 다음에는 안에 있는 마음을 없애는 것이니, 이미 안팎의 마음과 경계가 함께 비었는데, 결국 망심이 어디서 일어나겠는가? 그러므로 관계지한(灌溪志閑) 스님이 말씀하기를 '시방에 벼랑이 없고 사면에 문도 없어, 옷을 벗은 듯 물을 뿌린 듯 깨끗하다'고 하였으니, 즉 조사님[임제의현]의 '사람과 경계를 함께 빼앗는다[人境兩俱奪]'는 법문이다. 그러므로 말씀하기를 '구름이 흩어지고 물은 흘러가니, 온 누리가 고요히 비었구나'라고 하였다. 또 말씀하기를 '사람도 소도 모두 볼 수 없으니, 바로 달 밝은 때로다'라고 하였다. 이것이 바로 마음도 없애고 경계도 없애어 망심을 쉬는 공부이다.

여섯째는 마음도 두고 경계도 두는 것이다. 공부할 때에 마음은 마음자리에 머물고, 경계는 경계자리에 머물러, 때로 마음과 경계가 서로 맞서더라도 마음이 경계를 취하지 않고 경계는 마음에 이르지 않아 저마다 서로 부딪치지 않으면 저절로 망념이 생기지 않아 도에 장애가 없을 것이다. 그러므로 경[法華經]에 이르기를 '이 법이 법의 자리에 머물러 세간의 모든 상(相)이 항상 머문다'고 하였으니, 즉 조사님[임제의현]의 '사람과 경계를 모두 빼앗지 않는다[人境俱不奪]'라는 법문이다. 그러므로 말씀하기를 '한 조각 달이 바다에서 나오니, 몇 집에서 사람이 누각에 오르는가?'라고 하였고, 또 말씀하기를 '산꽃 천만 송이에 노는 사람 돌아갈 줄 모른다'고 하였다. 이것이 바로 경계도 두고 마음도 두어 망심을 없애는 공부이다.

일곱째는 안팎을 온전히 본체로 삼는 것이다. 공부할 때에 산과 강과 땅덩이, 해와 달과 별, 안의 몸과 바깥 세상 등 모든 법이 모두 참마음의 본체이므로 고요히 비고 밝아 털끝만큼도 다름이 없어 대천세계의 모래알처럼 수많은 세계를 부수어 한 조각으로 만드는 것이니, 다시 어디에서 망심을 얻어 오겠는가? 그러므로 승조(僧肇)법사도 '천지가 나와 한 뿌리요, 만물이 나와 한 몸이다'라고 하였다. 이것이 바로 안팎을 온전히 본체로 삼아 망심을 없애는 공부이다.

여덟째는 안팎을 온전히 작용으로 삼는 것이다. 공부할 때에 일체 안팎의 몸과 마음과, 세계의 모든 법과, 또 일체의 활동하고 작용하고 베풀어 쓰는 것을 모두 관찰하여 참마음의 미묘한 작용이라고 보는 것이다. 어떤 생각이든 막 일어나자마자 곧 미묘한 작용이 앞에 나타났다고 보니, 모두 다 미묘한 작용인데 망심이 어느 곳에 발붙이겠는가? 그러므로 영가현각 스님은 말씀하기를 '무명의 실다운 성품이 곧 불성이요, 허깨비와 같은 빈 몸[空身]이 바로 법신이다'라고 하였고, 또 지공(誌公)의 『십이시가(十二時歌)』에 이르기를 '새벽 세시[寅時]라네. 미치광이 근기 안에 도인의 몸을 숨겼으니 앉거나 눕거나 그것이 원래 도(道)임을 알지 못하고, 다만 허덕이며 고생만 한다'라고 하였다. 이것이 바로 안팎을 온전히 작용으로 삼아 망념을 쉬는 공부이다.

아홉째는 본체가 곧 작용인 것이다. 공부할 때에 비록 본체에 가만히 합하여 한맛으로 비어 고요하나, 그 가운데에 안으로는 신령한 밝음이 숨어 있으니, 그것이 본체가 곧 작용인 것이다. 그러므로 영가현각 스님은 말씀하기를 '또렷또렷하면서도 고요하면 옳은 것이요, 또렷또렷하나 망상이 죽 끓듯 하면 그른 것이다. 고요하면서도 또렷또렷하면 옳은 것이요, 고요하나 흐리멍덩하면 그른 것이다'라고 하였으니, 고요한 가운데에 흐리멍덩함을 용납하지 않고, 또렷또렷한 가운데에 어지러운 생각을 쓰지 않는데 망상이 어떻게 생기겠는가? 이것이 바로 본체가 곧 작용인 것으로써 망심을 없애는 공부이다.

열째는 본체와 작용을 벗어나는 것이다. 공부할 때에 안팎을 나누지 않고 동서남북도 가리지 않고 사방 팔면을 다만 하나의 큰 해탈문으로 만들어 뚜렷이 본체와 작용을 나누지 않는다. 털

끝만큼도 샐 틈이 없이 온몸을 부수어 한 조각으로 만드는 것이
니, 그 망심이 어디서 일어날 것인가? 옛사람도 말씀하기를 '온
몸에 꿰맨 자리가 없고 위아래가 온통 둥글다'고 하였다. 이것이
바로 본체와 작용을 벗어남으로써 망심을 없애는 공부이다.

이상의 열 가지 공부하는 법은 전부 쓸 것이 아니요 한 가지
문만 가리어 공부를 성취하면, 망념은 저절로 사라지고 참마음
이 곧 나타날 것이다. 그 근기를 따라서 전생의 익힌 것이 어느
법에 인연이 있는지 그것을 따라 곧 익혀라. 이 공부는 공들임이
없는 공부이므로 애를 써서 하는 공부가 아니다. 이 망심을 쉬는
법문이 가장 긴요하기 때문에, 지나치게 말이 많아졌으니 글을
번거롭게 여기지 말라."

(8) 참마음은 네 가지 위의에 통한다 [眞心四儀]

어떤 이가 말하였다.
"앞에서 망심을 쉰다고 말씀하였는데, 다만 앉아서만 익히는
것인지, 가거나 멈추거나 하는 데에도 통하는 것인지 모르겠습
니다."
내가 말하였다.
"여러 경과 논에 앉아서 익히는 것을 많이 말하였으니 그것은
이루기 쉽기 때문이며, 또 가거나 멈추거나 하는 데에도 통하는
것이니 오래오래 하여 차츰 익어지게 되기 때문이다. 『대승기신
론』에 이르기를 '만약 지(止)를 닦는다면 고요한 곳에 머물러 단

정히 앉아 뜻을 바로하되 호흡에도 의지하지 않고, 형상에도 의지하지 않고, 허공에도 의지하지 않고, 땅·물·불·바람에도 의지하지 않고, 나아가서는 보고 듣고 느끼고 아는 것에도 의지하지 않고, 망상이 일어나거든 일어나자마자 곧 버리며, 그 버린다는 생각까지도 버려야 한다. 모든 법은 본래 생각이 없어 생각 생각에 일어나지도 않고 생각 생각에 사라지지도 않는 것이니, 또 마음이 밖으로 경계를 생각한 뒤에 마음으로 마음을 없애 버리려 하지 말라. 만약 마음이 흩어지거든 곧 거두어들여 바른 생각에 머무르게 하여야 한다. 그 바른 생각이란 오직 마음뿐으로서 바깥 대상이 없으며, 또 그 마음도 제 형상이 없어 생각 생각에 얻을 수 없는 것이다.

만약 앉았다가 일어나 가거나 오거나 나아가거나 멈추거나 어떤 일을 하거나 언제든지 항상 방편을 생각하여 수순하고 관찰하여 오래 익혀 순일하고 익숙해지면, 그 마음이 안주하게 될 것이다. 마음이 안주하기 때문에 차츰 선정이 강렬하고 예리하게 되어, 수순하여 진여삼매(眞如三昧)에 들어, 번뇌를 아주 조복받고 신심이 더욱 늘어나 물러나지 않는 지위를 빨리 이루게 될 것이다. 그러나 오직 의혹하고 믿지 않고 비방하고 죄가 무겁고 업장이 두텁고, 교만하고 게으른 사람들은 들어갈 수 없다'고 하였으니, 여기에 의거하면 네 가지 위의[四儀]에 다 통하는 것이다.

『원각경』에 이르기를 '먼저 여래의 사마타행(奢摩陀行)에 의하여 계율을 굳게 지키고 대중 속에서 편안히 생활하며 조용한 방에 고요히 앉으라'고 하였으니, 이것은 처음으로 익히는 것이다. 영가현각 스님은 '걸어다니는 것도 선정이요 앉아 있는 것도 선정이니, 말하고 침묵하고 움직이고 고요함에 바탕이 항상 편안하다'고 하였으니, 이 말에 의거해도 역시 네 가지 위의에 다 통하는 것이다. 통틀어 그 공부를 말한다면 앉아서도 마음을 쉬지 못하거늘, 하물며 가거나 멈추거나 하면서 어떻게 도에 들겠는가? 만약 공부에 완전히 익숙한 사람이라면, 일천 성인이 오더라도 놀라서 일어나지 않을 것이요 온갖 요망한 마귀가 있더라도 돌아보지 않을 것이니, 어찌 가거나 멈추거나 앉거나 하는 가운데서 공부하지 못하겠는가?

만약 어떤 사람이 원수를 갚고자 하더라도 가거나 멈추거나 앉거나 눕거나 밥 먹고 활동하는 어느 때든지 잊지 못하며, 또 누구를 사랑하는 데도 그와 같다. 그런데 더구나 미워하거나 사랑하는 일은 유심(有心)의 일로서, 그 유심 가운데서도 오히려 이룰 수 있거늘, 지금 이 공부는 무심(無心)의 일이니, 어찌 네 가지 위의 가운데서 항상 앞에 나타나지 않을까 의심하겠는가? 다만 믿지 않고 행하지 않을까 두려울 뿐이요, 만약 행하고 믿으면 네 가지 위의 가운데서 도를 결코 잃지 않을 것이다."

(9) 참마음은 어디에 있는가? [眞心所在]

어떤 이가 물었다.

"망심을 쉬면 참마음이 나타난다 하니, 그러면 그 참마음의 본체와 작용은 지금 어디에 있습니까?"

내가 말하였다.

"참마음의 미묘한 본체는 어느 곳에나 두루 있다. 영가현각 스님은 말씀하기를 '그 자리를 떠나지 않고 항상 담연(湛然)하지만, 찾으면 그대는 보지 못할 것이다'라고 하였고, 또 경에 이르기를 '그것은 허공의 성품이기 때문이며, 언제나 움직이지 않기 때문이며, 여래장 안에서 일어나거나 사라짐이 없기 때문이다'라고 하였고, 또 대법안 문익(大法眼文益) 스님은 말씀하기를 '곳곳마다 보리의 길이요, 사물마다 공덕의 숲이다'라고 하였으니, 이것이 곧 본체가 있는 곳이다.

참마음의 미묘한 작용은 대상을 따라 감응(感應)되는 대로 그를 따라 나타남이 마치 골짜기의 메아리와 같다. 법등(法燈)스님은 말씀하기를 '예나 지금이나 떨어지지 않고 언제나 분명히 눈앞에 있다. 조각구름은 서녘 골짜기에서 생기고, 외로운 학(鶴)은 먼 하늘에서 내린다'고 하였다. 그러므로 위부(魏府)의 원화엄(元華嚴)은 말씀하기를 '불법은 일상생활 가운데 있다. 즉 가거나 멈추거나 앉거나 눕거나 차 마시고 밥 먹고, 말을 주고받고, 동작하고 활동하는 모든 곳에 있지만, 마음을 일으키고 생각을 움직이면 이는 도리어 옳지 않다'고 하였다. 그러므로 본체는 어느 곳에나 두루하여 모든 작용을 일으키지만, 다만 인연이 있고 없음이 일정하지 않기 때문에 미묘한 작용이 일정하지 않을 뿐이지, 미묘한 작용이 없는 것이 아니다. 그러나 마음을 닦는 사람으로 하염없는 바다에 들어가 생사(生死)를 건너고자 한다면 참마음의 본체와 작용이 있는 곳을 몰라서는 안 될 것이다."

(10) 참마음은 생사를 벗어났다 〔眞心出死〕

어떤 이가 물었다.
"나는 일찍이 견성(見性)한 사람은 생사를 벗어난다고 들었습니다. 그러나 과거의 조사님네들은 다 견성한 사람이지만 모두 생사가 있었고, 지금 세상의 수도하는 사람들도 다 생사가 있는데, 어떻게 생사를 벗어난다 하십니까?"
내가 답하였다.
"생사는 본래 없는 것인데 망령되이 헤아려 있다고 한다. 어떤 사람이 병든 눈으로 허공에 어른거리는 허공꽃을 볼 때에, 눈병이 없는 사람이 허공꽃이 없다고 말하면 그는 그 말을 믿지 않다가, 눈병이 나아 허공꽃도 저절로 없어져야 비로소 꽃이 없음을 믿게 된다. 다만 그 꽃이 없어지지 않았더라도 그 꽃은 원래가 공(空)한 것이므로 병자가 망령되이 집착하여 꽃이라 한 것이지 그 본체가 실제로 있는 것은 아니다.

그와 같이 사람들이 망령되이 생사를 그릇 인정하여 있다고 할 때에, 생사가 없는 사람이 본래 생사가 없다고 말하면 그는 그 말을 믿지 않다가, 하루 아침에 망심이 쉬어 생사가 저절로 없어져야 비로소 본래 생사가 없음을 알게 된다. 다만 생사가 쉬지 않았을 때도 실제로 있는 것은 아니지만 망령되이 생사가 있다고 그릇 인정한 것이다.

그러므로 경[圓覺經]에 이르기를 '선남자여, 일체 중생이 비롯함이 없는 먼 옛날로부터 지금까지 갖가지로 뒤바뀐 것이 마치 길 잃은 사람이 사방의 방위를 착각하는 것과 같아서 망령되이 사대(四大)를 인정하여 제 몸의 모습을 삼고, 육진(六塵, 六境)의 반연하는 그림자로써 제 마음의 모습을 삼으니, 비유하면 병든 눈으로 허공에 어른거리는 허공꽃을 보고, 나아가서는 그 온갖 허공꽃이 허공에서 없어지더라도 결코 없어진 곳이 있다고 말할 수 없는 것과 같다. 왜냐하면 생긴 곳이 없기 때문이다. 일체 중생들은 생멸이 없는 가운데서 망령되이 생멸을 보므로 생사에 윤회한다고 말한다'라고 하였다.

이 경문에 의거하면, 원만히 깨어 있는 참마음을 사무쳐 깨달으면 본래 생사가 없음을 진실로 알 수 있다. 지금 생사가 없음을 알았지만 그래도 생사를 벗어나지 못하는 것은 아직 공부가 투철하지 못하기 때문이다.

그러므로 경전에 설하기를, 암바(菴婆)라는 여인이 문수(文殊)보살에게 '생사가 바로 생사가 아닌 법을 분명히 알았는데, 무엇 때문에 생사에 흘러 다닙니까?'라고 물었더니, 문수보살은 '그 힘이 아직 충분하지 못하기 때문이다'라고 하였다. 그 뒤에 진산주(進山主, 洪道)가 수산주(修山主, 紹修)에게 '생사가 바로 생사가 아닌 법을 분명히 알았는데, 무엇 때문에 생사에 흘러 다닙니까?'라고 물었더니, 수산주는 '죽순이 결국 대나무가 되겠지만, 지금 당장 그것으로 뗏목을 만들려 한들 되겠는가?'라고 하였다.

그러므로 생사가 없음을 아는 것이 생사가 없음을 체득함만 못하고, 생사가 없음을 체득하는 것이 생사가 없음에 계합함만 못하고, 생사가 없음에 계합하는 것이 생사가 없음을 활용함만 못한 줄을 알 수 있다.

그런데 요즘 사람들은 아직 생사가 없음도 알지 못하거늘, 하물며 생사가 없음을 체득하겠으며, 생사가 없음에 계합하겠으며, 생사가 없음을 활용할 수 있겠는가? 그러므로 생사를 그릇 인정하는 이로서는 생사가 없는 법을 믿지 않는 것이 당연하지 않겠는가?"

(11) 참마음을 드러내는 근본공부와 보조공부 [眞心正助]

어떤 이가 물었다.

"앞에서 말한 바와 같이 망심을 쉬면 참마음이 나타나겠지만, 만약 망심을 쉬지 못하였을 때에는 다만 망심을 쉬고 무심 공부만을 해야 하겠습니까? 달리 그 망심을 다스리는 법이 있습니까?"

내가 답하였다.

"근본적인 방법[正]과 보조적인 수단[助]이 다르다. 무심히 망심을 쉬는 것으로써 근본적인 방법을 삼고, 온갖 선(善)을 익히는 것으로써 보조적인 수단을 삼는다. 비유하면 거울이 티끌에 덮였을 때에, 손으로 문질러 닦으나 다시 세척제로 문질러야 비로소 광명이 나타나는 것과 같다. 티끌은 번뇌요, 손은 무심 공부요, 세척제는 온갖 선행이요, 거울의 광명은 참마음이다.

『대승기신론』에서는 이렇게 말하였다.

또 다음으로 믿음을 성취한 발심(發心)이란 것은 어떤 마음을 일으킨다는 것인가? 대략 세 가지가 있다. 무엇을 세 가지라 하는가? 첫째는 곧은 마음[直心]이니 진여법을 바로 생각하기 때문이요, 둘째는 깊은 마음[深心]이니 온갖 선행을 즐겨 모으기 때문이요, 셋째는 크게 가엾이 여기는 마음[大悲心]이니 모든 중생의 괴로움을 없애 주려 하기 때문이다.

[물음] 위에서는 말하기를 '법계는 한덩어리[一相]이므로 부처의 본체는 둘이 없다'라고 하였는데, 무엇 때문에 진여만 생각하지 않고 다시 온갖 선행을 구하여 배워야 하는가?

[대답] 비유하건대 마치 큰 마니 보배구슬[摩尼寶珠]이 자체의 성품은 밝고 깨끗하나 광석(鑛石)으로서의 더러운 때가 있으니, 만약 어떤 사람이 비록 보배의 성품을 생각하더라도 방편으로써 갖가지로 갈고 닦지 않으면 끝내 깨끗해질 수 없는 것과 같다. 중생들의 진여의 법도 그 자체의 성품은 비고 깨끗하나 한량없는 번뇌의 더러운 때가 있으니, 만약 어떤 사람이 비록 진여를 생각하더라도 방편으로써 갖가지로 훈습(熏習)하고 수행하지 않으면 깨끗해질 수 없다. 때가 한량없어서 모든 법에 두루하기 때문에 온갖 선행을 닦아 그것을 다스리는 것이다. 만약 누구나 온갖 선법(善法)을 수행하면 저절로 진여의 법으로 돌아가게 될 것이기 때문이다.

이 『대승기신론』에 의거하면, 망심을 쉬는 것으로써 근본적인 방법을 삼고, 온갖 선법을 닦는 것으로써 보조적인 수단을 삼았다. 그러므로 선을 닦을 때에도 무심과 서로 상응하여 인과에 집착하지 않아야 한다. 만약 인과에 집착하면 곧 범부들의 인간과 천상계의 과보에 떨어져 진여를 증득하기 어려우므로 생사를 벗어나지 못할 것이다. 만약 무심과 서로 상응하면 그것은 진여를 증득하는 방편이요, 생사를 벗어나는 중요한 방법이므로 광대한 복덕을 아울러 얻는다. 『금강반야경(金剛般若經)』에 이르기를 '수보리(須菩提)야, 보살이 차별상에 머물지 않고 보시하면 그 복덕은 이루 헤아릴 수 없다'고 하였다.

그러나 요즘 세상 사람들의 공부하는 것을 보면, 그들은 겨우 한낱 본래의 불성이 있음을 알면 곧 스스로 천진(天眞)만을 믿고 많은 선행을 익히지 않으니, 어찌 참마음에 통달하지 못할 뿐이겠는가? 도리어 게을러져서 나쁜 갈래[惡道]에 떨어짐을 면치 못하거늘, 하물며 생사를 벗어날 수가 있겠는가? 그러므로 그런 소견은 아주 그릇된 것이다."

(12) 참마음의 공덕 [眞心功德]

어떤 이가 물었다.

"유심(有心)으로 닦은 인(因)은 그 공덕을 의심하지 않으려니와, 무심(無心)으로 닦은 인은 그 공덕이 어디서 옵니까?"

내가 답하였다.

"유심으로 닦은 인은 하염 있는 과보를 얻고, 무심으로 인을 삼으면 성품의 공덕을 나타낸다. 그 모든 공덕은 본래 스스로 갖추었으나 망심에 덮여 나타나지 못하다가, 이제 이미 망심이 없어졌으므로 그 공덕이 앞에 나타나는 것이다. 그러므로 영가현각 스님은 말씀하기를 '삼신(三身)과 사지(四智)가 몸 가운데 뚜렷하고, 팔해탈(八解脫)과 육신통(六神通)이 마음땅에 도장[印]이로다'라고 하였다. 이것은 그 몸 가운데 스스로 성품의 공덕을 갖추었다는 것이다. 옛 게송에 '만약 누구나 한순간이나마 고요히 앉으면, 갠지스강의 모래알만큼 수많은 칠보탑(七寶塔)을 만드는 것보다 훌륭하다. 보탑은 결국 티끌이 되겠지마는 한 생각 깨끗한 마음은 정각(正覺)을 이룬다'고 하였다. 그러므로 무심의 공덕이 유심의 그것보다 크다는 것을 알 수 있다.

홍주(洪州)의 수료(水潦)스님이 마조(馬祖)스님에게 나아가 절하고 '어떤 것이 서쪽에서 온 분명한 뜻입니까?'라고 묻다가 마조스님에게 채이어 거꾸러지고는 홀연히 깨닫고 일어나 손뼉을 치고 크게 웃으며 말씀하기를 '매우 기이하고 또 매우 기이하다. 백천 삼매와 한량없는 미묘한 이치를 다만 하나의 털끝을 향해 문득 일시에 그 근원을 깨달았구나' 하고 절하고 물러갔다. 이로써 보면, 공덕이란 밖에서 오는 것이 아니요, 본래 스스로 갖추어져 있는 것이다.

사조도신(四祖道信) 스님이 나융(懶融)선사에게 말씀하기를 '무릇 백천 법문도 모두 마음으로 돌아가고, 갠지스강의 모래알같이 수많은 공덕도 다 마음의 근원에 있어서, 일체의 계율·선정·지혜 등의 법문과 신통 변화가 모두 스스로 갖추어져 그대 마음을 여의지 않았다'고 하였다. 이 조사의 말씀에 의거하면, 무심의 공덕이 아주 많건마는, 다만 현상적인 공덕만을 좋아하는 사람은 무심의 공덕에 대해 스스로 믿음을 내지 않을 뿐이다."

(13) 참마음의 공능을 징험하는 방법〔眞心驗功〕

어떤 이가 물었다.
"참마음이 앞에 나타날 때, 어떻게 그 참마음이 성숙하여 걸림이 없음을 알 수 있습니까?"
내가 답하였다.
"도를 배우는 사람으로서 참마음이 앞에 나타났을 때에, 아직 습기를 버리지 못하고 전에 익힌 경계를 만나면, 때로는 생각을 잃는 수가 있다. 마치 소를 먹일 때에 소를 잘 다루어 이끄는 대로 따르게 되었더라도, 그래도 채찍과 고삐를 놓지 않고, 마음이 부드럽고 걸음이 평온하여 곡식밭에 몰고 들어가더라도 곡식을 해치지 않게 되기를 기다려서 비로소 손을 놓는 것과 같다. 그런 경지에 이르러서는 목동의 채찍과 고삐를 쓰지 않더라도 자연히 곡식을 해치지 않을 것이다. 그와 같이 도인이 참마음을 얻은 뒤에는 먼저 공을 들여 보호하고 지켜 큰 힘의 작용이 있어야 비로소 중생을 이롭게 할 수 있는 것이다.

만약 이 참마음을 징험하려면 먼저 평소에 미워하거나 사랑하는 경계를 가지고 때때로 눈앞에 있다고 생각해 보라. 여전히 미워하거나 사랑하는 마음이 일어나면 곧 도의 마음이 아직 성숙하지 못한 것이요, 미워하거나 사랑하는 마음이 나지 않으면 그것은 도의 마음이 성숙한 것이다.

그러나 그렇게 성숙하였더라도 그것은 아직도 미워하거나 사랑하는 마음이 저절로 일어나지 않는 것은 못 되니, 또다시 마음을 징험해 보라. 미워하거나 사랑하는 경계를 만났을 때에, 특히 미워하거나 사랑하는 마음을 일으켜 그 경계를 취하게 하여도 마음이 일어나지 않으면 그 마음은 걸림이 없어서, 마치 한데에 놓아둔 흰소가 곡식을 해치지 않는 것과 같다.

옛날에 부처님을 꾸짖고 조사님네들을 꾸짖는 사람들은 이 마음과 서로 상응하였는데, 요즘 보면 겨우 종문(宗門)에 들어간 이들이 도의 멀고 가까움은 알지 못하고, 곧 부처님 꾸짖기와 조사님네들 꾸짖기만을 배우는 것은 너무 경솔한 짓이다."

(14) 참마음은 알음알이가 없다 [眞心無知]

어떤 이가 물었다.

"참마음과 망심이 경계를 대하였을 때에 참마음인가 망심인가를 어떻게 분별합니까?"

내가 답하였다.

"망심은 경계를 대하면 알음알이[知]로 알아서 순경과 역경에 대해서 탐욕하고 분노하는 마음을 일으키고, 또 그 중간의 경계에 대해서 어리석은 마음을 일으킨다. 그 경계에 대해서 탐욕과 분노와 어리석음의 삼독(三毒)을 일으키면, 그것은 망심임을 충분히 알 수 있다. 조사님[三祖僧璨]이 말씀하기를 '맞다 틀리다 서로 다투는 것, 이것이 마음의 병통이다'라고 하였다. 그러므로 옳고 옳지 않음을 대립시키는 것이 바로 망심임을 알 수 있다.

만약 그것이 참마음이라면 알음알이 없이 알아서 공평하고 원만히 비추므로 나뭇등걸과 다르고, 미워하거나 사랑하는 마음을 일으키지 않기 때문에 망심과 다르다. 경계를 대해서도 마음이 비고 밝아 미워하거나 사랑하지 않고, 알음알이가 없이 아는 것이 참마음이다. 그러므로 『조론』에 이르기를 '무릇 성인의 마음은 미묘하고 형상이 없으므로 있다고도 할 수 없고, 쓸수록 더욱 부지런하므로 없다고도 할 수 없고, 나아가서는 있는 것이 아니기 때문에 알아도 알음알이가 없고, 없는 것이 아니기 때문에 알음알이 없이 안다'고 하였다. 그러므로 알음알이가 없이 아는 것이 성인의 마음과 다르다고 말할 수 없다.

또 망심은 유(有)에 있어서는 유에 집착하고 무(無)에 있어서는 무에 집착하여, 항상 두 가지 변견(邊見)에 치우쳐 중도(中道)를 알지 못한다. 영가현각 스님은 말씀하기를 '망심을 버리고서 진리를 취하면 취하고 버리는 마음이 교묘한 거짓을 이룬다. 그러므로 공부하는 사람들이 수행할 줄 알지 못하여 도둑을 그릇 인정하여 자식을 삼는 것이 된다'고 하였다.

만약 그것이 참마음이라면 유무(有無)에 있으면서도 유무에 떨어지지 않고 항상 중도에 있다. 그러므로 조사님[삼조승찬]이 말씀하기를 '세간 인연도 따르지 말고 공(空)의 확신에도 머물지 말라. 한가지[一種]를 바로 지니면 모두가 저절로 사라지리라'고

266 하였고, 또 『조론』에 이르기를 '그러므로 성인은 유(有)에 있어서도 유에 집착하지 않고, 무(無)에 있어서도 무에 집착하지 않는다. 비록 유무를 취하지 않으나 또 유무를 버리지도 않는다. 그러므로 번뇌[塵勞]를 마음의 빛으로 화합하며 다섯 갈래[五趣]로 두루 돌아다니되 고요히 갔다가 홀연히 와서 담담하게, 하는 것이 없으면서도 하지 않는 것이 없다'고 하였다. 이것은 성인이 사람을 위해 손을 내밀어, 다섯 갈래로 두루 돌아다니면서 중생을 교화할 때에, 비록 갔다 왔다 하더라도 갔다 왔다 하는 형상이 없음을 말한 것이다. 그러나 망심은 그렇지 않다. 그러므로 참마음과 망심은 같지 않다. 또 참마음은 평상(平常)의 마음이요, 망심은 평상이 아닌 마음이다."

"평상의 마음이란 어떠한 것입니까?"

"사람은 누구나 한 점의 신령한 밝음을 갖추고 있다. 그것은 맑고 고요하기가 허공과 같아 어느 곳에나 두루한다. 세속 일에 대해서는 임시로 이치의 성품[理性]이라 하고, 심리작용[行識]에 대해서는 방편으로 참마음이라 부른다. 털끝만큼의 분별이 없지마는 인연을 만나서는 어둡지 않고, 한 생각도 취하고 버림이 없지마는 사물에 부딪히면 모두 거두어들이어 온갖 대상을 따라서 옮기지 않는다. 설사 흐름을 따라 미묘한 작용을 얻더라도 제자리를 떠나지 않고 맑고 고요하다. 그러므로 찾으면 그대가 볼 수 없다는 것을 알 것이니 이것이 곧 참마음이다."

"평상이 아닌 마음이란 어떠한 것입니까?"

267 "경계에는 성인과 범부가 있고, 경계에는 더러움과 깨끗함이

있으며, 경계에는 단(斷)과 상(常)이 있고, 경계에는 이치와 일이 있으며, 경계에는 남과 사라짐이 있고, 경계에는 움직임과 고요함이 있으며, 경계에는 가고 옴이 있고, 경계에는 아름다움과 추함이 있으며, 경계에는 선과 악이 있고, 경계에는 원인과 결과가 있다. 자세히 논하면 천차만별이 있지마는, 지금 말한 열 가지 상대가 다 평상이 아닌 경계이다.

마음이 이 평상이 아닌 경계를 따라 생기고, 또 이 평상이 아닌 경계를 따라 사라진다. 평상이 아닌 경계의 마음이란 앞의 평상의 참마음에 대립시키기 때문에 평상이 아닌 망심이라 하고, 참마음은 본래 갖추어져 있어 평상이 아닌 경계를 따라 갖가지 차별을 일으키지 않기 때문에 평상의 참마음이라 하는 것이다."

"참마음은 평상하여 모든 인과가 없거늘, 어찌하여 부처님은 인과와 선악의 보응(報應)을 말씀하셨습니까?"

"망심은 갖가지 경계를 좇으면서 그 갖가지 경계를 알지 못하고 갖가지 마음을 일으킨다. 그러므로 부처님은 갖가지 인과의 법을 말씀하여 그 갖가지 망심을 조복시키려 하였기 때문에 인과를 세워야 되었던 것이다. 그러나 만약 참마음이라면 갖가지 경계를 따르지 않으므로 갖가지 마음을 일으키지 않는다. 그러므로 부처님이 갖가지 법을 말씀하지 않았던 것이니, 거기에 무슨 인과가 있겠는가?"

"참마음은 평상하여 일어나지 않습니까?"

"참마음은 때때로 작용하나 경계를 따라 생기는 것이 아니라 다만 미묘한 작용으로 노닐어 인과에 어둡지 않을 뿐이다."

(15) 참마음은 어디로 가는가? 〔眞心所往〕

어떤 이가 물었다.

"참마음을 통달하지 못한 사람은 참마음에 어둡기 때문에 선악의 인(因)을 짓는다. 선의 인을 짓기 때문에 좋은 세계에 태어나고, 악의 인을 짓기 때문에 나쁜 세계에 들어가는데 업을 따라 삶을 받는 이치는 의심할 것이 없다. 그러나 참마음을 통달한 사람은 망령된 생각이 모두 없어지고 참마음에 계합하여 선악의 인이 없을 것이니, 그러면 죽은 뒤에 그 영혼은 어디에 의탁합니까?"

내가 답하였다.

"의탁할 것이 있는 것이 의탁할 것이 없는 것보다 낫다고 말하지 말라. 또 의탁할 것이 없는 것을 불쌍한 떠돌이 인생처럼 여기거나 주인 없는 외로운 영혼과 같이 여기지 말라. 그대가 특별히 이렇게 묻는 것은 의탁할 것이 있기를 기대하는 것이 아닌가?"

"그렇습니다."

"성품을 통달하면 그렇지 않다. 모든 중생들은 깨닫는 성품에 어둡기 때문에 망령된 생각과 사랑하는 생각으로 업을 짓고 인을 만들어 여섯 갈래〔六趣〕에 태어나서 선악의 과보를 받는다. 가령 천상의 업을 지어 인을 만들면 꼭 천상의 과보를 받아 제가 마땅히 태어날 곳을 내놓고 그 밖의 곳에는 수용(受用)되지 못한다. 다른 갈래도 그와 같아서 그 업을 따르기 때문에 제가 태어난 곳은 기껍게 여기고 태어나지 않은 곳은 기껍지 않게 여기며, 제가 태어난 곳은 제가 의탁할 곳이라 여기고 남이 태어난 곳은 남이 의탁할 곳이라 여긴다.

그러므로 망령된 생각이 있으면 망령된 인이 있고, 망령된 인이 있으면 망령된 과가 있으며, 망령된 과가 있으면 의탁할 곳이 있고, 의탁할 곳이 있으면 너와 나가 갈라지고, 너와 나가 갈라지면 옳고 옳지 않음이 있다.

이제 참마음을 통달하면 생멸이 없는 깨달음의 성품에 계합하여 생멸이 없는 미묘한 작용을 일으킨다. 미묘한 본체는 진실하고 항상되어 본래 생멸이 없으나, 미묘한 작용은 인연을 따르므로 생멸이 있는 듯하다. 그러나 본체에서 생긴 작용이므로 작용이 곧 본체인데 거기에 무슨 생멸이 있을 수 있겠는가?

통달한 사람은 참마음의 본체를 증득하였는데 생멸이 무슨 상관인가? 그것은 물이 젖는 성질로 본체를 삼고 물결로 작용을 삼는 것과 같으니, 젖는 성질은 원래 생멸이 없거니 물결 속의 젖는 성질인들 무슨 생멸이 있겠는가? 그러나 물결은 젖는 성질을 여의고는 따로 없으므로 물결에도 생멸이 없는 것이다.

그러므로 옛사람이 말하기를 '온 대지(大地)가 사문(沙門)의 외짝 바른 눈이며, 온 대지가 하나의 가람(伽藍)이니, 이곳이 이치를 깨달은 사람이 안신입명(安身立命)할 곳이다'라고 하였다. 이미 참마음을 통달하였다면 사생(四生)과 육도(六道)가 모두 사라지고, 산과 강과 땅덩이가 모두 참마음이니 이 참마음을 여의고서는 따로 의탁할 곳이 없다. 이미 삼계의 망령된 인이 없으니 반드시 여섯 갈래의 망령된 과도 없다. 이미 망령된 과가 없으니 무슨 의탁할 곳을 말하겠는가? 따로 너와 나도 없다. 이미 너와 나가 없으니 무슨 옳고 옳지 않음이 있겠는가?

즉 온 누리가 오직 한 참마음이니 온몸으로 수용하여 따로 의탁할 곳이 없다. 또 나투고자 하는 곳에 마음대로 가서 태어나되 아무 장애가 없다. 그러므로 『경덕전등록(景德傳燈錄)』에 이르기를 상서(尙書) 온조(溫操)가 규봉(圭峰)스님에게 묻기를 '이치를 깨달은 사람이 한번 수명이 다하면 어디에 의탁합니까?' 하니, 규봉은 대답하기를 '모든 중생이 누구나 신령하고 밝은 깨달음의 성품을 갖추지 않은 이가 없어서 부처와 다름이 없다. 만약 그 성품이 곧 법신임을 깨달으면 본래 생사가 없거늘 무슨 의탁할 곳이 있겠는가? 신령하고 밝아 어둡지 않고 항상 분명히 알며, 어디서 온 곳도 없고 어디로 갈 곳도 없다. 다만 비고 고요함으로써 자기 몸을 삼고 육신을 자기 몸으로 그릇 인정하지 말라. 신령스런 앎으로써 자기 마음을 삼고 망념을 자기 마음으로 그릇 인정하지 말라. 만약 망념이 일어나더라도 그것을 전혀 따르지 않으면, 목숨을 마칠 때에도 저절로 그 업이 얽매지 못할 것이요, 비록 중음(中陰)에 있더라도 향하는 곳이 자유로워 천상계나 인간에 마음대로 의탁할 것이다'라고 하였다.

이것이 곧 죽은 뒤에 참마음이 가는 곳이다."

[부록] 진심직설(眞心直說) 자서(自序)

어떤 이가 물었다.

"조사님네들의 미묘한 도를 알 수 있습니까?"

나는 답하였다.

"옛사람이 말하지 않았던가? 도는 앎[知]에도 속하지 않고 알지 못함[不知]에도 속하지 않는다. 앎은 망상(妄想)이요, 알지 못함은 무기(無記)이다. 만일 참으로 의심 없는 경지에 이르면 그것은 마치 탁 트인 허공과 같거늘 어찌 구태어 시비(是非)를 일으키는가?"

"그렇다면 부처님과 조사님네들께서 세상에 나오신 것이 중생들에게 아무 이익도 없습니까?"

"부처님이나 조사님네들께서 세상에 나오셨으나 사람들에게 따로 법을 주신 것이 없고, 다만 중생들로 하여금 스스로 본성을 보게 한 것 뿐이다. 『화엄경』에 이르기를 '모든 법이 곧 마음의 자성임을 알면 지혜의 몸을 이룬다. 남에 의하여 깨닫는 것이 아니다'라고 하였다. 이런 까닭에 부처님이나 조사님네들은 사람들로 하여금 문자에 집착하지 않고, 다만 마음을 아주 쉬어 제 본심을 보게 하였다. 그러므로 덕산(德山)스님은 누구나 문에 들어오면 곧 방망이[棒]로 때렸고, 임제(臨濟)스님은 누구나 문에 들어오면 곧 '훽' 하고 할(喝)을 하였다. 이것도 이미 머리를 더듬는 일이 너무 지나친 것이거늘, 어찌 다시 말을 세울 필요가 있겠는가?"

"일찍이 들으매, 마명(馬鳴)보살은 『대승기신론』을 짓고, 육조혜능(六祖慧能) 스님은 『법보단경(法寶壇經)』을 설하고, 오조황매(五祖黃梅) 스님은 『금강반야경』을 전하였는데 그것은 모두 단계적으로 사람들을 깨우치려 하신 것이니, 어찌 유독 법에만 방편이 없다고 해서야 되겠습니까?"

"묘고산(妙高山) 봉우리는 원래 헤아림을 허락하지 않지만, 둘째 봉우리는 조사님네들이 슬쩍 말로 알게 하는 것을 허락하였다."

그는 또 물었다.

"감히 바라노니, 둘째 봉우리에서 슬쩍 방편을 드리워 주시겠습니까?"

나는 답하였다.

"옳은 말이다. 큰 도(道)는 현묘하고 텅 비어 있는 것도 아니고 없는 것도 아니며, 참마음은 그윽하고 미묘하여 생각할 수도 없음을 어찌하랴! 그러므로 그 문에 들어가지 못하면 비록 오천 권의 대장경(大藏經)을 살펴보더라도 많다고 여기지 않으며, 참마음을 밝게 통달하면 다만 한마디 말일지라도 무어라 하는 것은 벌써 군일이다."

이제 눈썹을 아끼지 않고 삼가 몇 장(章)을 적어 참마음을 밝혀 도에 들어가는 첫 계단을 삼게 하는 것이다. 이에 서문을 쓰노라.

眞心直說序

　或曰 祖師妙道 可得知乎. 曰 古不云乎. 道不屬知, 不屬不知, 知是妄想, 不知是無記. 若眞達不疑之地, 猶如太虛寬廓, 豈可强生是非耶. 或曰 然則諸祖出世, 無益群生耶. 曰 佛祖出頭, 無法與人. 只要衆生自見本性. 華嚴云 知一切法, 卽心自性成就慧身, 不由他悟. 是故, 佛祖不令人泥着文字. 只要休歇見自本心. 所以德山入門便棒, 臨濟入門便喝, 已是探頭太過. 何更立語言哉. 或曰 昔聞馬鳴造起信, 六祖演壇經, 黃梅傳般若, 皆是漸次爲人, 豈獨無方便於法可乎. 曰 妙高頂上, 從來不許商量, 第二峰頭諸祖略容話會. 或曰 敢祈第二峰頭略垂方便耶. 曰 然哉是言也. 奈何大道玄曠非有非無, 眞心幽微絶思絶議. 故不得其門而入者, 雖檢五千之藏敎, 不以爲多; 洞曉眞心者, 但出一言之擬比, 早是剩法矣. 今不惜眉毛, 謹書數章, 發明眞心, 以爲入道之基漸也. 是爲序.

고려국 보조선사 권수정혜결사문

高麗國普照禪師勸修定慧結社文

【해 제】

『권수정혜결사문』 또는 『정혜결사문』이라고도 한다. 고려 보조지눌(普照知訥, 1158~1210)의 저술이다.

저자의 나이 33세(1190) 때 공산(公山) 거조사(居祖寺)에서 정혜결사(定慧結社)를 맺고 그 결사의 이념과 수행의 지침을 밝힌 선언서이다. 형상(形相)에 집착하고 명리(名利)에 골몰하는 당시의 불교교단에 대한 비판으로부터 시작하여 명리를 버리고 산림(山林)에 은둔하여 습정 균혜(習定均慧)에 힘쓰고 달사 진인(達士眞人)의 고행(高行)을 본받을 것을 강조하였다.

송광사(松廣寺, 1608)·용장사(龍藏寺, 1635)·운흥사(雲興寺, 1681)·봉인사(奉印寺, 1860) 등에서 판각된 바 있으며, 『삼문직지(三門直指)』(1769)·『선문촬요』권하(1908)·『한국불교전서』제4책(1982) 및 『보조전서』(1989) 등에 수록되었다.

고려국 보조선사 권수정혜결사문
高麗國普照禪師勸修定慧結社文

　내 들으니, '땅에서 넘어진 사람은 땅을 짚고 일어난다'고 하였다. 그러므로 땅을 의지하지 않고서 일어나려는 것은 될 수 없는 일이다.

　한마음[一心]을 미혹하여 끝없는 번뇌를 일으키는 이는 중생이요, 한마음을 깨달아 끝없는 미묘한 작용을 일으키는 이는 부처이다. 미혹함과 깨달음은 다르지만, 중요한 것은 모두 한마음에 유래한다는 사실이다. 그러므로 마음을 떠나서 부처를 찾으려는 것도 또한 될 수 없는 일이다.

　내[知訥]가 젊어서부터 조사(祖師)의 문에 몸을 던져 선방(禪房)을 두루 돌아다니면서 부처님과 조사님네들이 중생을 위하여 자비(慈悲)를 드리우신 법문(法門)을 자세히 살펴보았으나, 결국은 우리들로 하여금 모든 반연(攀緣)을 쉬고 마음을 비워 가만히 계합하고 밖으로 치달아 찾지 않게 한 것이었으니, 경전에서 이르신바 '부처의 경계(境界)를 알려 하거든 마땅히 그 뜻을 허공처럼 맑게 하라'고 하신 말씀이 바로 이것이다.

　무릇 (부처님과 조사님네들의 말씀을) 보고 듣고 외우고 익히는 사람들은 불법(佛法)을 만나기 어렵다는 마음을 일으켜 스스로 지혜로써 살피어 닦는다면, 그것은 스스로 불심(佛心)을 닦고, 스스로 불도(佛道)를 이루어 몸소 부처의 은혜를 갚게 된다.

　그러나 우리들이 아침저녁으로 하는 소행의 자취를 돌이켜보니, 불법을 빙자하여 나와 남을 구별하고 이양(利養)의 길에서 허덕이며 풍진(風塵) 속의 일에 골몰하여 도덕(道德)은 닦지 않고 옷과 밥만 축내니, 비록 출가(出家)하였다 하나 무슨 보람이 있겠는가?

　아아! 삼계(三界)를 벗어나려 하면서 티끌(세속)을 끊는 수행이 없고, 한갓 사내의 몸이 되었을 뿐이지 대장부(大丈夫)의 뜻은 없으니, 위로는 도를 넓히는 데 어긋나고, 아래로는 중생을 이롭게 하지 못하며, 중간으로는 네 가지 은혜를 저버렸으니 진실로 부끄럽다.

　내가 이것을 길이 탄식한 지 오래 되었더니, 마침 임인년(1182) 정월에 수도 보제사(普濟寺)의 담선법회(談禪法會)에 참석하였다가 하루는 동학(同學) 십여 인과 약속하기를 "이 법회가 끝나거든 우리는 명예와 이익을 버리고 산속에 은둔하여 결사(結社)를 만들어 항상 선정을 익히고 아울러 지혜를 닦기에 힘쓰며, 예불하고 독경하고, 나아가서는 노동으로 운력(運力)하는 데까지 저마다 소임을 따라 경영하고, 인연을 따라 심성(心性)을 수양하여 한평생을 거침없이 지내어 달사(達士)와 진인(眞人)의 높은 수행을 따른다면 얼마나 유쾌하겠는가?"라고 하였다.

여러 사람들은 이 말을 듣고 말하기를 "지금은 말법(末法)의 시대에 해당하여 정도(正道)가 가리워졌는데, 어떻게 선정과 지혜에 힘쓸 수 있겠는가? 부지런히 아미타불(阿彌陀佛)을 염송하여 정토(淨土)에 태어날 업(業)을 닦는 것만 같지 못하다"고 하였다.

나는 말하였다.

"시대는 비록 바뀔지라도 심성은 변하지 않는 것이다. 법도가 흥하고 쇠한다고 본다면 이는 바로 삼승(三乘)의 방편을 배우는 이들의 견해이니, 지혜 있는 사람은 그렇게 생각하여서는 안 된다. 그대들과 나는 이 최상승(最上乘)의 법문을 만나 보고 듣고 익혔으니, 어찌 전생(前生)의 인연이 아니겠는가? 그런데 그것을 스스로 다행스럽게 여기지 않고 도리어 제 분수에 맞지 않는다는 생각을 내어 즐겨 방편을 배우는 사람이 되려 하는가? 그것은 이른바 조상을 저버리고 마지막 부처의 씨알을 끊는 사람이 된다고 할 것이다.

염불과 독경과 온갖 수행은 다 사문(沙門)이 가질 떳떳한 법이니 무엇인들 해로움이 있겠는가? 그러나 그 근본을 캐지 않고 차별상에 집착하여 밖으로 찾으면 지혜 있는 사람의 비웃음을 살까 두렵다.

『화엄론(華嚴論)』에 이르기를 '이 일승(一乘)의 가르침은 근본지(根本智)로써 이루어지는 것이므로 일체지승(一切智乘)이라 한다. 허공과 같이 넓은 온 누리가 부처의 경계가 되기 때문에 모든 부처님과 중생의 마음 경계가 서로 섞이는 것이 마치 그림자처럼 겹쳐 있다. 그러므로 부처님이 있는 세계니 부처님이 없는 세계니 말하지 않고, 상법(像法)이니 말법(末法)이니 말하지 않는다. 이 같은 때에〈부처님이 항상 출현하고 정법(正法)이 항상 있다〉고 한 그것은 요의경(了義經)이요, 다만 이곳은 더러운 세계니 딴 곳은 깨끗한 세계니, 부처가 있는 세계니 부처가 없는 세계니, 상법이니 말법이니 말한 것은 불료의경(不了義經)이다'라고 하였다.

또 이르기를 '여래(如來)는 삿되고 뒤바뀐 소견을 가진 모든 중생들을 위하여 이 세상에 출현하시어 약간의 복덕을 받을 수 있는 경계를 간략히 말씀하셨지만, 실제로 부처님은 출현하심도 없고 입멸하심도 없다. 오직 도를 바로 아는 이라야 그 지혜와 경계가 저절로 합해져 부처님이 출현하셨다느니 입멸하셨다느니 하는 생각을 내지 않고, 다만 선정과 관행(觀行)의 두 가지 법문으로 마음의 번뇌를 다스린다. 그러므로 생각이 있고 차별상이 있어 '나'라는 것이 있는 소견으로 도를 찾는다면 끝내 알지 못할 것이다. 그러므로 지혜로운 사람에게 의지하여 자기 교만을 꺾고 공경하는 마음이 철저하여야 비로소 선정과 지혜의 두 가지 법문으로 결택(決擇)할 수 있다'고 하였다. 과거 성인의 가르침이 이렇거늘 어찌 경솔하게 함부로 말할 수 있겠는가? 맹세코 요의(了義)의 간절한 말씀을 따르고 권학(權學)의 방편의 말에 의지하지 말라.

우리 사문들이 비록 말법의 시대에 태어나 성품이 미련하고 어리석지만, 그렇다고 스스로 물러서는 마음을 내어 차별상에 집착하여 도를 찾는다면 이전 사람들이 배워 얻은 선정과 지혜의 미묘한 법문은 어떤 사람이 실천할 일이겠는가? 실천하기 어렵다 하여 그것을 버려 두고 닦지 않는다면, 금생에 닦지 않았기 때문에 아무리 오랜 세월을 지내더라도 더욱 어려울 것이다. 그러나 금생에 힘써서 닦으면 아무리 닦기 어려운 실천이라도 닦아 익힌 힘이 있기 때문에 차츰 어렵지 않게 될 것이다. 옛날에 도를 얻은 사람 가운데 범부로부터 시작하지 않은 이가 있었던 가? 또 저 여러 경론(經論) 가운데 과연 말세(末世) 중생이라 하여 샘(번뇌)이 없는 도[無漏道]를 닦지 못하게 한 구절이 있었던 가?

『원각경(圓覺經)』에 이르기를 '말세 중생이라도 허망한 마음만 내지 않으면, 부처님께서 현세(現世)의 보살이라고 말씀하신다'고 하였고, 또 『화엄론』에 이르기를 '만약 이 법이 범부의 경계가 아니요, 보살이 수행할 바라 한다면, 그는 부처의 지견(知見)을 없애고 정법을 파괴하는 것임을 알아야 한다'고 하였다.

지혜 있는 사람은 이와 같이 부지런히 수행하지 않을 수 없는 것이다. 설령 수행하여 성취하지 못한다 하더라도 선(善)의 씨알을 잃지 않으면 그래도 내생(來生)에 쌓아 익힐 좋은 인연이 될 것이다.

그러므로 『유심결(唯心訣)』에 이르기를 '듣고 믿지 않더라도 부처 될 씨알의 인연을 맺고, 배워서 이루지 못하더라도 인간과 천상계(天上界)의 복보다 낫다'고 하였다. 이로써 미루어 본다면 말법이니 정법이니 시대의 다름을 말할 것이 아니고, 자기 마음의 어둡고 밝음을 걱정할 것이 아니다. 다만 믿는 마음을 일으켜서 분수에 따라 수행하여 정법의 인연을 맺어 비겁하거나 나약한 생각을 멀리 떠나야 한다. 마땅히 세상의 쾌락은 영원하지 않고 정법은 듣기 어려움을 알아야 한다. 어찌 어영부영 인생을 헛되이 보내겠는가?

278 이렇게 미루어 생각하면 오랜 과거로부터 온갖 몸과 마음의 괴로움을 헛되이 받아 아무런 이익이 없었고, 현재에도 한량없는 핍박이 있으며, 미래에 받을 괴로움도 끝이 없어 버리기도 어렵고 떠나기도 어렵건만 그것을 깨닫지 못한다. 그런데 더구나 이 몸과 목숨은 나고 죽음이 덧없어서 찰나도 보장하기 어려움에 있어서랴!

그것은 부싯돌의 불이나 바람 앞의 등불이나 흐르는 물이나 지는 해로도 비유할 수 없는 것이다. 세월은 급하고 빨라서 가만히 늙음을 재촉하고 있는데 마음을 닦지 못하고 죽음의 문에 점점 다가가는구나. 옛날에 함께 놀던 이를 생각하면 현명한 이도 있고 어리석은 이도 있었으나, 오늘 아침에 손꼽아 보면 아홉은 죽고 한 사람 살았구나. 더구나 살아 있는 이도 저와 같이 차츰 쇠잔하여 가거늘, 앞으로 남은 세월인들 얼마나 되겠는가? 그런데도 멋대로 탐욕과 분노와 질투와 교만과 방종으로 명예와 이익을 추구하면서 헛되이 세월을 죽이고 너절한 말로 천하의 일을 논한다. 행여나 계율을 지킨 덕도 없으면서 부질없이 신도의 보시를 받아들이고 남의 공양을 받으면서 부끄러워할 줄 모른다. 이 따위 허물이 한량없으니, 덮어둘 수 있을 것이며, 슬퍼하지 않을 수 있을 것인가? 그러므로 지혜 있는 사람이라면 모름지기 삼가고 조심하여 몸과 마음을 채찍질하고, 스스로 자기의 허물을 알아 뉘우쳐 바르게 고치고 부드럽게 하며, 밤낮으로 부지런히 수행하여 온갖 고뇌를 속히 떠나야 한다.

다만 부처님과 조사님네들의 성실한 말씀을 밝은 거울로 삼아 자기 마음은 본래부터 신령하고 밝으며 맑고 깨끗하며, 번뇌는 실체가 없음을 비추어 보아, 다시 삿됨과 바름을 애써 결택하여 자기 소견을 고집하지 않고, 마음에 어지러운 생각이 없어서 혼미하지 않으며, 단견(斷見)을 가지지 않고 공(空)에도 유(有)에도 집착하지 않아 깨달은 지혜가 항상 밝아 청정한 행실을 정밀하게 닦고, 큰 서원(誓願)을 세워 중생을 두루 건져야 할 것이니, 이것은 나 혼자만 해탈하기 위한 것이 아니기 때문이다.

세간의 일에 갖가지로 얽매이고, 때로는 병으로 괴로워하고, 때로는 악마나 귀신의 침해를 받는 따위의 일로 몸이나 마음에 불안함이 있으면 온 누리의 부처님 앞에 지극한 마음으로 참회하여 무거운 업장(業障)을 없애라. 예불과 염불을 아울러 수행하며, 하는 것과 쉬는 것을 때를 알아서 하고, 움직이고 고요하고 활동하고 말하고 침묵하고 간에 언제나 나나 남의 몸과 마음은 인연을 따라 허깨비처럼 일어나 그 실체가 없고 빈 것이어서 마치 물거품이나 구름이나 그림자와 같으므로 비방하거나 칭찬하거나 옳다느니 그르다느니 하는 음성이 목구멍에서 망령되이 나오는 것이 빈 골짜기의 메아리와 같고 또 바람소리와 같은 것임을 환히 알아야 한다.

280 　그렇게 허망한 모든 경계에서 그 근본 원인을 살펴 경계를 따라 마음이 흔들리지 않고 온몸이 안정하여, 마음의 성(城)을 굳게 지키고 관조(觀照)를 기르면, 고요하여 돌아갈 곳이 있고 편안하여 끊어짐이 없을 것이다. 그때에는 사랑하거나 미워하는 마음이 저절로 엷어지고, 자비와 지혜가 저절로 더욱 밝아지며, 죄업(罪業)이 저절로 없어지고, 공행(功行)이 저절로 나아갈 것이다.

　그리하여 번뇌가 없어질 때에는 생사가 끊어지고, 생멸이 사라지면 적조(寂照)가 앞에 나타나 응용함이 무궁하여 인연이 있는 중생을 제도하리니, 그것이 이른바 할 일을 다 마친 사람의 자리에 있어서의 점차(漸次) 없는 가운데의 점차이며, 공용(功用) 없는 가운데의 공용이 되는 것이다."

　그들은 또 물었다.

　"그대가 지금 말한 것은 먼저 자신의 성품이 깨끗하고 미묘한 마음을 믿고 알아야 비로소 그 성품을 의지하여 선(禪)을 닦을 수 있다 함이니, 그것은 옛날부터 불심을 스스로 닦아 불도를 스스로 이루는 요긴한 방법이다. 그런데 어찌하여 선을 닦는 사람을 보면 신통과 지혜를 내지 못하는가? 만약 신통을 나타낼 수 없다면 어찌 실답게 수행한 사람이라 하겠는가?"

　나는 웃으며 대답하였다.

　"신통과 지혜는 불심과 법력(法力)을 바로 믿고 더욱 수행하여 공을 들임으로써 얻어지는 것이다. 마치 거울을 닦을 때에 때가 차츰 없어지면 차츰 밝아지고, 밝아지면 영상(影像)이 천차 만별로 비치는 것과 같다. (이것은 다만 원만히 닦아 일을 끝장냄[圓修辦事]을 비유한 것이다.) 만일 믿음과 앎이 바르지 못하고 공행이 깊지 못하여 흐리멍덩하게 앉아서 졸거나 침묵하는 것만을 선이라 한다면 어찌 신통이 저절로 나타나겠는가?

옛 스님은 이르기를 '그대들은 다만 자기 성품의 바다를 향하여 실답게 닦을 것이요, 삼명(三明)이나 육통(六通)을 바라지 말라. 왜냐하면 그것은 성인에게 있어서 하찮은 일이기 때문이다'라고 하였다.

그러므로 마음을 알아 근본을 통달하여야 한다. 뿌리를 얻기만 하면 그 곁가지를 걱정하지 말라.

사산인(史山人)이 규봉종밀(圭峰宗密) 선사에게 물었다.

'마음을 닦는 법이란 마음만 깨달으면 그만인가? 따로 수행하는 법문이 있는가? 만약 따로 수행하는 법문이 있다면, 무엇이 이른바 선문(禪門)의 단박에 깨닫는[頓悟] 뜻이며, 마음만 깨달으면 그만이라 한다면, 어찌하여 신통과 광명을 내지 못하는가?'

규봉스님이 대답하였다.

'언 못이 온전히 물인 줄은 알지마는 햇볕을 받아야 녹고, 범부가 바로 진실인 줄은 깨달았지마는 법력을 빌려 닦고 익혀야 한다. 얼음이 녹아 물이 홍건히 흘러야 물을 대고 물건을 씻는 공덕을 나타내며, 망념이 사라져야 신령하게 통하여 신통과 광명의 작용을 나타내는 것이니, 마음을 닦는 것 이외에 따로 수행하는 길이 없다.'

282 이로써 상호(相好)나 신통에 대하여 근심하지 말고 먼저 자기의 마음을 돌이켜 비추어 보아 믿음과 앎이 참되고 바르며, 단견(斷見)과 상견(常見)에 떨어지지 않고, 선정과 지혜의 두 가지 법문을 의지하여 마음의 온갖 때를 다스리는 것이 옳은 것임을 알아야 한다.

만약 믿고 앎이 바르지 못하면 닦는 관행(觀行)이 모두 무상에 속하여 마침내 물러나 상실하게 될 것이다. 이것은 이른바 어리석은 이의 관행이니, 어찌 지혜로운 사람의 수행이라 하겠는가?

저 교가(敎家)에서도 관행의 깊고 얕음과 잘되고 잘못됨을 가리어 분별하여서 그 뜻이 매우 자세하다. 그러나 공부하는 사람들이 다만 그 말만 익혀 혹은 성현의 높은 경지에서나 할 일이라고 미루고, 안으로 자기 마음을 찾지 못하고, 또 오랫동안 연마하지 못하고 그 공능(功能)만을 알고자 한다.

원효(元曉)법사는 말하였다.

'세상의 어리석은 이들의 관행은 안으로는 마음이 있다고 헤아리면서 온갖 이치를 밖으로 찾는다. 이치 찾기를 더욱 세밀히 하면 할수록 더욱 바깥 차별상만 취하게 되니, 이치를 등지고 더욱 멀어져 마치 하늘과 땅 사이 같으므로 마침내 타락하여 끝없는 생사를 받는다. 지혜로운 이의 관행은 이와 반대로 밖으로 모든 이치를 잊어버리고 안으로는 자기 마음을 찾되 찾는 마음이 지극하니 이치를 몽땅 잊고 취할 바를 모두 잊어 취하는 마음까

283 지도 전혀 없다. 그러므로 지극한 이치가 없는 지극한 이치를 얻어 마침내 물러나지 않아서 머무름이 없는 열반[無住涅槃]에 머

문다.

또 소성(小聖, 소승인)은 마음이 있다고 헤아리되, 먼저 생겨난 성품이 있다고 하기 때문에 너무 미세한 마음으로 ─ 소성은 점세(漸細)·점미(漸微)·미미(微微)의 세 가지 방편으로 도에 들어간다 ─ 마음이 아주 없어져 지혜도 없고 관조도 없어 허공세계와 다르지 않다. 보살[大士, 대승인]은 마음이 본래 생겨난 성품이 없는 줄을 알기 때문에 미세한 생각을 여의어 아주 없어지지는 않고 진실로 비추는 지혜가 있어 법계(法界)를 증득하여 안다.'

이와 같이 어리석은 이와 지혜로운 이, 소승인과 대승인의 그 관행이 잘되고 잘못됨을 가리어 분별하여 털끝만큼도 숨기지 않았다. 선종이나 교종에서 예나 이제나 뜻을 얻어 관행한 사람은 모두 자기 마음을 통달하여, 망상과 반연이 본래 스스로 생겨남이 없음을 알아서 지혜와 지혜의 작용 가운데 끊임이 없고 법계(法界)를 증득하여 알게 되니, 어리석은 이와 소승인과는 영원히 그 길이 다르다. 그런데 어찌 자기 마음을 관찰하지 않고 진실과 허망을 분별하지 않으며 깨끗한 업을 쌓지 않고서 먼저 신통과 도력(道力)을 찾을 수 있겠는가? 이는 마치 배를 채 부릴 줄도 모르면서 그 물굽이를 탓하는 사람과 같다."

또 물었다.

"만약 자기의 진성(眞性)이 본래부터 스스로 원만하게 이루어진 것이라는 관점에서 보면 다만 마음에 맡겨 자유로이 하여도 옛 성현의 길에 부합하겠거늘, 무엇 때문에 다시 관조하여 밧줄도 없이 스스로 얽매일 필요가 있겠는가?"

나는 대답하였다.

"말법 시대의 사람들은 얄팍한 지혜[乾慧]가 많아서 아직도 괴로운 윤회(輪廻)를 벗어나지 못하므로, 마음만 내면 곧 허망한 것을 받들고 거짓에 의탁하며, 말만 내면 곧 그 분수에 넘치고 깜냥에 지나서 지견(知見)이 치우치고 메마르고 실천과 앎이 일치하지 않는다. 요즘 선문(禪門)에서 보편적으로 공부하는 사람들은 흔히 이런 병통이 많아 모두 말하기를 '자기 마음이 본래 깨끗하여 있음에도 없음에도 속하지 않거늘, 어찌하여 몸을 수고로이 하여 부질없이 수행에 애쓸 필요가 있겠는가'라고 한다. 그러므로 걸림없는 자유로운 행을 본받아 진정한 수행을 내버리니, 다만 몸과 입만이 단정하지 못할 뿐 아니라 또 마음의 길까지도 구부러져 있어 전혀 깨닫지 못한다.

혹 어떤 이는 경전의 법상(法相)에 대한 방편설(方便說)에 집착하여 스스로 물러서는 마음을 내고, 수고로이 점행(漸行)을 닦아서 성종(性宗)에 어긋나 부처님의 말세 중생들을 위한 비밀한 말씀—『원각경』에 특히 종지가 있다—을 믿지 않고, 먼저 들은 법을 고집하여 삼[麻]은 걸머지고 금(金)은 버린다.

나는 자주 이 같은 부류의 사람들을 만나 아무리 설명하여 주어도 끝내 믿지 않고, 다만 더욱 의심하고 비방할 뿐이었다. 그러나 먼저 심성이 본래 깨끗하고 번뇌가 본래 실체가 없는 것임을 믿고 알고, 그 앎을 의지하여 익히고 닦는 것이 어떻겠는가? 밖으로는 계율을 지니되 구속이나 집착을 잊고, 안으로는 선정을 닦되 그것이 억누르는 것이 아니다. 그러므로 이른바 악을 끊되 끊어도 끊음이 없고, 선(善)을 닦되 닦아도 닦음이 없어야 진정한 닦음과 끊음이 된다고 할 수 있다. 만약 이와 같이 선정과 지혜를 아울러 써서 온갖 행을 고루 닦는 것을 어찌 부질없이 침묵만 지키는 어리석은 선[癡禪]이나 오직 문자만 찾는 미친 지혜[狂慧]에 견주겠는가?

또 선정을 닦는 한 법문은 가장 친절하여 성품에 갖추어져 있는 샘(번뇌)이 없는 공덕을 낸다. 잘 닦은 이는 걷거나 섰거나 앉거나 눕거나, 혹은 말하거나 침묵하거나 간에 언제든지 생각 생각에 비고 현묘하며 마음마다 밝고 미묘하여 온갖 덕(德)과 신통 광명이 거기서 나오리니, 어찌 도를 찾음에 있어서 본성만 믿고 스스로 편안하기만 하여 선정과 지혜를 오롯이 닦지 않겠는가?

『익진기(翼眞記)』에 말하였다.

'선정과 지혜라는 두 단어는 바로 삼학(三學)의 준말이니, 갖추어 말하면 계율과 선정과 지혜이다. 계율이란 잘못을 막고 악을 그친다는 뜻으로 삼악도(三惡道)에 떨어짐을 면하게 하는 것이요, 선정이란 이치에 맞추어 어지러운 마음을 거두어 잡는다는 뜻으로 육욕(六欲)을 뛰어넘게 하는 것이요, 지혜란 법을 가리고 공(空)을 관찰한다는 뜻으로 미묘하게 생사를 벗어나게 하는 것이다. 그러므로 번뇌가 없는 성인이 처음 수행할 때에 모두 이것을 배웠기 때문에 삼학이라 하는 것이다.

또 이 삼학에는 상(相)을 따르는 것과 성(性)에 맞추는 것의 구별이 있다. 상을 따르는 것은 위에 말한 바와 같고, 성에 맞추는 것은 이른바 이치에 본래 〈나〉가 없는 것이 계율이요, 이치에 본래 어지러움이 없는 것이 선정이요, 이치에 본래 헤맴이 없는 것이 지혜이다. 이 이치만 깨달으면 그것이 진정한 삼학이다.'

또 옛 스님이 이르기를 '내 법문은 과거의 부처님께서 전하여 주신 것으로서 선정과 정진을 말하지 않고, 다만 부처의 지견을 통달하게 할 뿐이다'라고 하였다.

이것은 상을 따르는 대치(對治)의 이름만을 부순 것이지, 성에 맞추는 삼학을 부순 것이 아니다.

그러므로 조계(曹溪, 六祖)스님이 '마음에 잘못이 없는 것이 자성(自性)의 계율이요, 마음에 어지러움이 없는 것이 자성의 선정이요, 마음에 어리석음이 없는 것이 자성의 지혜이다'라고 한 것은 이것을 두고 한 말이다.

또 선이라고 말하는 것에는 깊고 얕음이 있다. 이른바 외도선(外道禪)과 범부선(凡夫禪)·이승선(二乘禪)·대승선(大乘禪) 그리고 최상승선(最上乘禪)이 그것이다. 그 자세한 것은 『선원제전집(禪源諸詮集)』에 실려 있는 것과 같거니와 지금 말한바 '심성이 본래 깨끗하고 번뇌가 본래 실체가 없는 것'이라는 이치는 최상승선에 해당하는 것이다.

그러나 실제로 공을 들이는 면에서 볼 때에는 처음으로 마음을 내어 공부하는 사람에게는 권승(權乘)의 대치하는 뜻이 없을 수 없다. 그러므로 이『권수정혜결사문(勸修定慧結社文)』에서는 방편〔權〕과 실제〔實〕를 아울러 설명하였으니, 이해하지 않으면 안 된다.

선정과 지혜가 그 이름은 다르나, 중요한 것은 그 당사자의 신심(信心)이 물러나지 않고 끝까지 결판내는 데에 달려 있다. 그러므로 『대지도론(大智度論)』에 이르기를 '세상의 예삿일에 있어서도 부지런히 노력하지 않으면 그 일을 이루지 못하거늘, 하물며 위없는 깨달음을 배움에 있어서 선정을 쓰지 않아서야 되겠는가?'라 하고, 게송으로 읊었다.

    선정은 금강(金剛)의 갑옷이니
    능히 번뇌의 화살을 막네
    선정은 지혜를 지키는 창고지기이며
    온갖 공덕의 복밭이로다

      禪定金剛鎧　能遮煩惱箭
      善爲守智藏　功德之福田

    분주한 티끌이 하늘의 해를 덮으면
    큰 비가 그것을 능히 씻고
    망상의 바람이 마음을 어지럽히면
    선정이 능히 그것을 없앤다

      囂塵蔽天日　大雨能掩之
      覺觀風散心　禪定能滅之

또 『대방등대집경(大方等大集經)』에 이르기를 '선정을 옳게 한 이는 진정한 내 아들이다'라 하고, 게송으로 읊었다.

한적하여 하염없는[無爲] 부처 경계여
거기서 깨끗한 깨달음을 얻는다
만일 선정에 머무는 이를 비방한다면
그는 바로 부처를 비방함일세

閑靜無爲佛境界
於彼能得淨菩提
若有毁謗住禪者
是名毁謗諸如來

또 『정법념처경(正法念處經)』에 이르기를 '온 누리의 인명을 구제하여도 밥 한 끼 먹을 동안 마음을 단정히 하고 뜻을 바르게 함만 못하다'고 하였고, 또 『대승기신론(大乘起信論)』에 이르기를 '만약 누구나 이 법을 듣고 비겁하거나 나약한 마음을 내지 않으면, 그는 결정코 부처의 씨알을 이어 반드시 모든 부처님의 수기(授記)를 받을 것이다. 설령 어떤 사람이 삼천대천(三千大千)세계에 가득한 중생을 교화하여 십선(十善)을 실천하게 하더라도, 그것은 어떤 사람이 밥 한 끼 먹을 동안 이 법을 바로 생각하는 것보다 못하여, 그 공덕은 앞 사람의 공덕보다 많기가 비유할 수 없다'고 하였으니, 이로써 선정에 의지하여 수행하면 그 착한 공덕은 이루 다 말할 수 없음을 알 수 있다.

만약 선정을 하지 못하면 업식(業識)이 아득하여 의지할 데가 없다. 그러므로 목숨이 끝날 때에는 바람과 불이 핍박하여 사대(四大)가 흩어지고 마음은 미친 듯 번민하여 그 소견은 뒤바뀌고 어지러워, 위로는 하늘로 솟구칠 계책도 없고, 아래로는 땅으로 들어갈 방도 없다. 그러므로 당황하고 두려워하여 의지할 곳이 없고, 몸이 쓸쓸하기는 매미가 허물을 벗어 놓은 것 같다. 막막하고 아득한 길을 외로운 혼이 혼자 가리니, 아무리 보배와 재물이 많다하나 하나도 가져가지 못하고, 아무리 귀한 종족의 권속들이 있다 하나 한 사람도 따라와 구호할 이가 없다. 이를 일러 '자기가 지어 자기가 받는다[自作自受]'고 하는 것이니 대신할 사람이 아무도 없다. 그때를 당하여 어떤 눈[眼]이 있어 고해(苦海)를 건너는 나루가 되겠는가? 약간의 하염 있는[有爲] 공덕이 있다 하여 이 환란을 벗어날 수 있다고 말하지 말라.

백장(百丈)스님이 말하였다.

'비록 복과 지혜가 있고 들은 것이 많아도 도저히 구원하지 못한다. 마음의 눈이 열리지 못하였기 때문에 오직 생각하는 온갖 경계를 반연하여 돌이켜 비출 줄을 알지 못한다. 또 부처의 도를 보지 못하여 일생에 지은 온갖 악업이 모두 앞에 나타나되 두려워하거나 혹은 즐거워하며, 육도(六道)와 오온(五蘊)이 앞에 나타나되 모두 장엄한 집이나 배나 수레나 빛나는 광명으로 보인다. 제멋대로 보이는 바에 맛들여 그 모두가 좋은 경계로 변하니, 그 보이는 바를 따라 업이 무거운 곳에 태어나므로 전혀 자유 의지가 없다. 그러므로 용(龍)으로 태어날지 축생이나 양민이나 천민으로 태어날지 도무지 결정하지 못한다.'

그러므로 높은 식견과 원대한 뜻이 있는 사람은 우선 '삼세(三世)의 업보가 털끝만큼도 어기지 않고 도망할 땅이 없으니 만일 지금 인연이 어긋나 닦지 못하면 뒤에 반드시 괴로움을 받을 것이므로 참으로 마음 아픈 일이다'라고 깊이 관찰한다. 초저녁이나 밤중이나 새벽에 고요히 온갖 반연을 잊고, 오뚝이 단정하게 앉아 밖의 대상을 취하지 않고, 마음을 거두어 안으로 비추어 보되, 먼저 고요함[寂寂]으로써 반연하는 생각[緣慮]을 다스리고, 다음에는 또렷또렷함[惺惺]으로써 혼침(昏沈)을 다스려, 혼침하고 산란함을 고루 제어하되 취하고 버린다는 생각이 없어 마음이 뚜렷하고 확 트여 어둡지 않게 하여 생각 없이 알고, 들어서 아는 것이 아니므로 어떤 경계도 끝내 취하지 않는다. 혹 세상의 인연을 따라 어떤 일을 하더라도 할 일인지 하지 않을 일인지를 모두 관찰하여 온갖 실천할 일을 버리지 않으며, 하는 일이 있더라도 허명(虛明)을 잃지 않고 맑고 항상 고요히 안정하여야 한다.

일숙각(一宿覺, 永嘉玄覺)이 이르기를 '고요함이란 바깥 경계의 좋고 나쁜 일들을 생각하지 않음이요, 또렷또렷함이란 혼침(昏沈)과 무기(無記) 따위를 일으키지 않는 것이다. 만약 고요하기만 하고 또렷또렷하지 않으면 그것은 혼침이요, 또 또렷또렷하기만 하고 고요하지 않으면 그것은 반연하는 생각이다. 고요하지도 않고 또렷또렷하지도 않으면 그것은 다만 반연하는 생각일 뿐 아니라 또 혼침에 빠지는 것이요, 고요하기도 하고 또렷또렷하기도 하면 그것은 뚜렷하면서도 고요한 것이니, 이것이 곧 근원으로 돌아가는 미묘한 성품이다'라고 하였으며, 『십의론주(十疑論註)』에는 '무념(無念)이란 곧 진여삼매(眞如三昧)이니, 부디 또렷또렷하고 고요하여 반연을 일으키지 않고 실상(實相)에 맞추어야 한다'고 하였다.

또 옛 스님이 이르기를 '범부는 생각도 있고 앎도 있으며, 이승은 생각도 없고 앎도 없으며, 모든 부처님은 생각 없이 아신다'고 하였다.

이상의 가르침은 마음을 닦는 사람이 선정과 지혜를 고루 가져 불성(佛性)을 밝게 보는 미묘한 법문이다. 그러므로 지혜 있는 사람은 부디 자세히 살펴야 할 것이니, 어찌 한갓 큰 뜻만 표방하여 수행을 버려서야 되겠는가?"

(선정과 지혜를 고루 가지는 데에는 다섯 가지의 마음을 일으키는 것[五種起心]과 여섯 가지 헤아림[六種料簡]이 있다. 그 대강의 뜻이 이 글에 있으니 생각할지어다.)

또 물었다.

"모든 부처님의 미묘한 도는 깊고 넓어 생각하기 어렵거늘, 지금 말세(末世)의 중생들로 하여금 자기 마음을 비추어 보아 불도를 이루기를 기대하게 하니, 그가 상근기(上根機)가 아니면 반드시 의심하고 비방할 것이다."

나는 웃으면서 말하였다.

"아까 물은 뜻은 그렇게도 높은 체하더니 지금의 이 물음은 어찌 이다지도 낮추는가? 너무 경솔히 듣지 말라. 그대에게 말하리라. 마명(馬鳴)보살은 백 가지의 대승 경전을 간추려『대승기신론』을 지었는데, 곧바로 내세우기를 '이른바 법이란 중생의 마음이다. 이 마음이 세간과 세간을 벗어난 모든 법을 포섭하였다. 이 마음에 의하여 마하연(摩訶衍, 大乘)의 이치를 나타내 보인다'

고 하였으니, 그것은 중생들이 자기 마음이 신령하고 미묘하고 자재(自在)함을 알지 못하고, 밖을 향하여 도를 구할까 염려하였기 때문이다.

또 『원각경』에 이르기를 '모든 중생들의 갖가지 허깨비[幻化]는 모두 부처의 원만히 깨달은 미묘한 마음에서 생겨난 것이니, 마치 헛꽃이 허공에서 생긴 것과 같다'고 하였다.

또 배휴(裵休) 상국(相國)은 말하기를 '혈기(血氣)가 있는 무리는 반드시 앎이 있다. 앎이 있는 것은 다 그 본체가 같으니, 이른바 진실하고 깨끗하고 밝고 미묘하며 비고 트이고 신령하고 통달하여 우뚝이 홀로 높은 것이다. 그것을 등지면 범부요, 그것을 따르면 성인이다'라고 하였다.

또 운개 지(雲蓋智) 선사는 항상 그 제자들에게 말하기를 '다만 자기 마음을 속이지만 않으면 마음은 스스로 신령하고 성스럽다'고 하였다.

이상은 여러 경론과 선지식(善知識)들이 남긴 말 가운데 있는 미묘한 뜻이다. 그런데 요즘 사람들은 자기 자신을 속여 날마다 응용하면서도 믿지도 않고 닦지도 않는다. 어쩌다 믿는 이가 있더라도 결택하지 않고, 제멋대로 찬성하거나 반대하여 단견과 상견을 벗어나지 못하고 자기 소견만 고집하니, 어떻게 그들과 도를 이야기하겠는가?"

또 물었다.

"경전 가운데 갖가지 삼매(三昧)와 한량없는 미묘한 법문을 연설한 것이 그물처럼 퍼져서 하늘을 포함하고 땅을 둘러쌌다. 모든 보살이 그 가르침에 의지하여 받들어 행하여 번뇌를 끊고 열반을 증득하는 지위에 이르면 마침내 삼현(三賢)·십지(十地)와 등각(等覺)·묘각(妙覺)의 차등이 있다. 그러하거늘 지금 다만 또렷또렷함과 고요함의 두 가지 법문에 의지하여 혼침과 반연하는 생각을 다스림으로써 마침내 궁극적인 지위를 얻겠다는 것은 마치 작은 물거품을 보고서 큰 바다를 다 보았다는 것과 같은 것이니, 그것은 잘못된 소견이 아니겠는가?"

나는 대답하였다.

"요즘 마음을 닦는 사람들 중에서 부처의 씨알을 갖춘 이가 돈종(頓宗)의 바로 가리키는 문에 의지하여 결정적인 믿음과 앎을 낸 이는 자기 마음이 본래 항상 고요하고 또렷또렷함을 바로 알아서 그것에 의지하여 수행하기 때문에 비록 온갖 행을 갖추어 닦더라도 오직 〈생각 없음[無念]〉으로써 종지를 삼고 〈조작 없음[無作]〉으로써 근본을 삼는다. 생각이 없고 조작이 없기 때문에 시간과 지위에 차츰 닦는 수행이 없고, 또 법이니 뜻이니 하는 차별상이 없다. 갖추어 닦기 때문에 수많은 법문과 모든 지위의 공덕이 미묘한 마음 자체에 갖추어져 있어서 마치 여의주(如意珠)와 같다.

그 가운데 있는 또렷또렷하고 고요한 이치를, 때로는 바로 생각을 여읜 마음의 본체의 입장에서 말하기도 하고, 때로는 공부를 쌓는 법문의 입장에서 설명하기도 하였다. 그러므로 닦음과 본성이 한꺼번에 원만하고 이치와 실천이 모두 통해진다. 수행의 지름길이 이보다 나은 것이 없다. 다만 마음을 잘 닦아 생사의 병을 벗어나는 것이 가장 긴요하거늘, 어찌 명칭과 이치를 다투어 지견의 장애를 일으킴을 용납하겠는가? 만약 지금 생각을 여읜 마음 자체를 얻으면 부처의 지혜와 서로 계합하겠거늘, 어찌하여 삼현이나 십지 등 차츰 닦는 법문을 말하겠는가?

294 『원각수증의(圓覺修證儀)』에 이르기를 '단박에 깨닫는 법문[頓門]에는 일정한 자리가 없고 마음 깨끗함 그것이 바로 진실이다'라고 하였고,『대승기신론』에 이르기를 '이른바 깨달음이란 마음 자체가 생각을 여읜 것이니, 생각을 여읜 모양은 허공계와 같아서 두루하지 않은 곳이 없다. 법계(法界)가 한 모양이니, 그것이 바로 여래의 평등한 법신(法身)이다'라고 하였으며, 또 이르기를 '만약 어떤 중생이 생각 없음[無念]을 관찰할 수 있다면, 곧 부처의 지혜로 나아가기 때문이다'라고 하였다. 사조도신(四祖道信) 스님은 법융(法融)선사에게 '갖가지 삼매(三昧)와 한량없는 미묘한 법문이 모두 그대의 마음속에 있다'고 하였다.

그러므로 자기 마음이 모든 법을 원만히 갖추었고, 또 경전의 천 가지 저마다 다른 말은 모두 근기(根器)에 따라 자기 마음의 법계를 가리켜 돌아가게 하지 않은 것이 없음을 알아야 한다. 그런데 도리어 문자의 차별하는 법문에 집착하고, 또 비겁하거나 나약한 생각을 내어 삼아승지(三阿僧祇)의 수행하는 절차가 차기를 기대하는 이는 성종(性宗)을 제대로 수행하는 사람이 아니다. 만약 그런 병통이 있다면 지금부터 고치기를 바란다.

요즘 어떤 친구에게서『오위수증도(五位修證圖)』를 얻었다. 그것은 건주(建州) 대중사(大中寺)에서 경전을 강의하는 사문 영년

(永年)이 나누어 편집하고, 항주(杭州) 상부사(祥符寺)에서 화엄교(華嚴敎)를 전한 명의대사(明義大師) 담혜(曇慧)가 거듭 자세히 감수한 것이다. 그 서문에 이르기를 '무릇 위없는 깨달음은 삼아승지겁 밖에 있는 것이므로 오위(五位)를 수행하고 육도(六度)를 원만히 이루어야 비로소 증득할 수 있다. 그러나 지금 돈(頓)·점(漸)의 두 길을 벌려 놓는다. 만약 원돈문(圓頓門)이라면, 중생세계의 선남자(善男子)들 가운데 부처의 씨알을 갖춘 이는 한 생각에 티끌을 등지고 깨달음에 합하여 아승지겁을 지내지 않고 바로 깨달음의 세계에 이른다. 그것은 이른바 단박에 뛰어넘어 성품을 보아 부처를 이루는 것이다. 그러나 삼승(三乘)의 점차를 말한다면, 오위의 성현은 삼아승지겁을 지내야 비로소 정각(正覺)을 이룬다'고 하였다.

그리하여 이렇게 분명히 구별하고, 그림에서 돈·점의 행상(行相)을 나누어 편집하는 데에 이르러서도 서로 뒤섞이지 않았다. 왜냐하면 중생들의 근기에는 이승(二乘)의 씨알도 있고 보살의 씨알도 있고 부처의 씨알도 있어서, 그 날카롭고 둔함이 저마다 다르기 때문이다. 교종(敎宗) 안에도 부처의 씨알을 갖춘 중생으로서 생사의 땅에서 부처님의 가르침을 단박에 깨달아 한꺼번에 증득하고 한꺼번에 닦는 이치가 있거늘 어찌 남종(南宗)에만 단박에 깨닫는 법문이 있겠는가?

다만 교(敎)를 배우고 선(禪)을 배우는 사람들이 미묘한 이치를 배우면서도 그것을 성인의 경지에서나 할 일이라고 미루고 스스로 비겁하거나 나약한 생각을 내어, 자기 마음이 날마다 보고 듣고 깨달아 아는 작용의 성품이 바로 부처님과 같은 해탈임을 깊이 관찰하지 못하므로 갖가지 의혹을 낼 뿐이다. 그러므로 이 뒤에 다시 진실한 증거를 끌어와, 단박에 뛰어넘어 성품을 보는 이는 삼승의 차츰 닦는 단계를 밟지 않더라도, 깨달은 뒤에 원만히 수행하는 문에 장애가 되지 않고, 이렇게 깨닫고 닦는 본말(本末)이 원만하고 밝게 깨닫는 성품의 또렷또렷하고 고요한 이치를 떠나지 않음을 자세히 밝혀 마음을 닦는 사람들로 하여금 방편을 버리고 진실로 나아가 그릇 공을 들이지 않게 하여 자타(自他)가 모두 위없는 깨달음을 빨리 증득하게 하려 한다.

또 『법집별행록(法集別行錄)』에 이르기를 '처음 발심(發心)한 때부터 부처가 되는 데 이르기까지 오직 고요함과 앎[知]뿐이다. 그것은 변하지도 않고 끊어지지도 않는다. 다만 그 지위를 따라 이름이 다소 다르다. 즉 밝게 깨달을 때에는 이지(理智)라 하고—이(理)는 고요함이요, 지(智)는 곧 앎이다—처음 발심하여 닦을 때에는 지관(止觀)이라 하며—지(止)는 반연을 쉬어 고요함에 합하는 것이요, 관(觀)은 성상(性相)을 관조하여 앎에 합하는 것이다—자유롭게 행을 이룰 때에는 정혜(定慧)라 하고—반연을 쉰 공덕으로 선정에 융합하는데, 선정이란 고요하여 변하지 않는 것이다. 비추어 보는 공덕으로 지혜가 생기는데, 지혜란 분별 없는 앎이다—번뇌가 아주 없어지고 공행이 원만하여 부처가 될 때에는 보리 열반(菩提涅槃)이라 한다—보리(bodhi)는 범어(梵語)로서 중국말로는 깨달음이니 곧 앎이요, 열반(nirvāṇa)은 범어로서 중국말로는 적멸(寂滅)이니 곧 고요함이다—그러므로 처음 발심한 때부터 궁극적인 지위에 이르기까지 오직 고요함과 앎뿐이다'라고 하였다. — 지금 말한 '오직 고요함과 앎뿐이다'라는 말은 바로 또렷또렷하고 고요하다는 뜻이다.

이 『법집별행록』의 뜻에 의지하면, 지금은 비록 범부일지라도 능히 빛을 돌이켜 그 마음을 비추어 보고 방편을 잘 알아 혼침함과 산란함을 고루 다스리면 또렷또렷하고 고요한 마음이 인(因)과 과(果)를 두루 거두어 변하지도 않고 끊어지지도 않는다. 다만 설고 익음과 밝고 어두움이 공부를 따라 다를 뿐이다.

만약 자기 마음의 진실하고 항상한 성품의 덕을 뚜렷이 비추어 보고 움직임과 고요함이 함께 융합하여 법계를 증득하여 알면 모든 지위의 공덕과 수많은 법문과 구세(九世)·십세(十世) 등이 그 한 생각을 여의지 않음을 알 수 있다.

그러므로 심성은 신령하고 미묘하고 자재하여 온갖 법을 포용하였으며, 그 온갖 법이 일찍이 자기 성품을 여윈 적이 없어 움직이는 듯하기도 하고 움직이지 않는 듯하기도 하여, 성(性)과 상(相), 본체와 작용, 인연 따름[隨緣]과 변하지 않음[不變]이 동시에 서로 걸림이 없다. 그리하여 거기에는 애당초 과거와 현재, 범부와 성인, 선과 악, 취함과 버림이 없으므로 공을 차츰 쌓고 단계를 지나 자비와 지혜가 점점 뚜렷해져서 중생을 성취시키되 처음부터 끝까지 한 때, 한 생각, 한 법, 한 행(行)도 옮겨지지 않는 데에 도움이 됨을 알아야 할 것이다.

『화엄론』에 이르기를 '자기 마음의 근본 무명의 분별하는 씨 알로써 곧 부동지불(不動智佛)을 이루고, 법계의 본체와 작용으로써 믿어 나아가고 깨달아 들어가는 문을 삼고, 십신(十信)에서부터 더 닦아 나아가 십주(十住)·십행(十行)·십회향(十廻向)·십지(十地)·십일지(十一地)에 이르기까지 모두 부동지불을 여의지 않고, 한 때, 한 생각, 한 법, 한 행(行)도 여의지 않으면서도 거기에 한량없고 끝없고 말할 수 없고, 또 말할 수 없는 법계와 허공계의 수많은 법문이 있다. 왜냐하면 법계와 본래 움직이지 않는 지혜에서 믿어 나아가고 깨달아 들어가기 때문이다'라고 하였으며, 또 이르기를 '그것은 삼승의 권교[三乘權敎]에서 용렬한 견해를 가진 중생들을 상대로 하여 이 세간에 삼세(三世)의 성품이 있다고 하고, 부처의 과(果)는 삼아승지 밖에 있다고 말한 것과는 같지 않다'고 하였다.

이 논의 뜻에 의거하면 원종(圓宗)을 원만히 믿는 사람은 자기 마음의 근본 무명의 분별하는 씨알로써 곧 부동지불을 이루되, 십신의 지위에서 궁극적인 지위에 이르기까지 바뀌고 변하고 이루어지고 무너지는 차별상이 없으니, 그것은 이른바 심성이 본래 자재하여 인연을 따라 변하는 듯하나 항상 변함이 없음을 말한 것이다.

299 요즘 말만 익히는 사람들이 비록 법계가 걸림없이 연기(緣起)함을 널리 말하지만, 애당초 자기 마음의 덕의 작용은 돌이켜보지 않는다. 이미 법계의 성(性)과 상(相)이 바로 자기 마음의 본체와 작용임을 보지 못하는데, 언제 자기 마음의 감정의 티끌을 열어 삼천대천(三千大千)세계만큼의 경전을 연설하겠는가? 경전에서 말하지 않았는가? 즉 '모든 법이 바로 마음의 자성(自性)인

줄을 알면 지혜의 몸을 이루되 다른 것에 의하여 깨닫는 것이 아니다'라고 하였다. 또 말하지 않았는가? 즉 '말로써 하는 설법은 지혜 없는 사람의 망령된 분별이다. 그러므로 장애가 생겨 자기 마음도 알지 못한다. 자기 마음을 알지 못하고 어떻게 정도를 알겠는가? 그는 뒤바뀐 지혜로 말미암아 온갖 악을 더할 뿐이다'라고 하였다.

그러므로 엎드려 바라노니, 참[眞]을 닦는 높은 선비는 위의 간곡한 말에 의지하여 먼저 자기 마음이 바로 부처의 근본임을 깊이 믿고, 비추어 보는 선정과 지혜의 힘으로써 출발할 것이지 어리석음을 안고 가만히 앉아 분별이 없다는 것만을 본받아 그것을 큰 도[大道]라 하지 말라. 이른바 얽매임 속에 있는 진여(眞如)는 혼침과 산란을 모두 갖추었으니, 얽매임을 벗어난 진여라야 비로소 선정과 지혜가 밝아진다. 그것은 전체[摠]와 부분[別]의 조리가 정연하여 앞과 뒤가 뒤바뀌지 않기 때문이다.

그리고 또 현재에 그 물듦을 다스려 장래에 깨끗함을 얻으리라 하여 본래의 미묘한 마음을 보지 않고, 스스로 어렵다는 생각을 내어 부질없이 차츰 닦는 행[漸行]을 하지 말아야 할 것이다. 『유심결(唯心訣)』에 이르기를 '어떤 이는 그 지위를 사양하여 지극한 성인에게 미루고, 어떤 이는 덕을 쌓아 삼아승지가 차기를 기대하며, 어떤 이는 전체가 앞에 나타난 것을 알지 못하고 오히려 미묘하게 깨닫기만 기대하니, 어떻게 본래 모두 갖추었음을 깨달으랴! 그냥 공이 이루어지기만을 기다리도다. 원만하고 항상함에 들어가지 않고 끝내 윤회하는 것은 오직 성품의 덕에 어두워 진실한 종지를 분별하지 못하여 깨달음을 버리고 티끌을 따르며 근본을 버리고 지엽으로 나가기 때문이다'라고 한 말이 바로 이것이다.

그러므로 마음을 닦는 사람은 스스로 비굴하지도 말고 스스로 뽐내지도 말아야 한다. 뽐내면 마음이 자기 성품을 지키지 않아 범부가 되기도 하고 성인이 되기도 하면서 찰나마다 조작(造作)하여 다시 떴다 잠겼다 하는 작용으로 돌아가는 데 떨어질 것이다. 그러므로 밤낮으로 부지런히 쌓고 익혀서 또렷또렷하되 망령됨이 없고, 고요하되 밝게 알아 닦는 문에서 멀어지지 않아야 한다.

또 비굴하면 그 마음이 사물에 응하여 항상 눈앞의 인연을 따르나 신령하게 통달하여 종일토록 변하지 않는 덕을 잃게 될 것이다. 그러므로 어리석음과 애욕을 가지고서 해탈의 참근원을 이루고, 탐욕과 분노를 운용하여 깨달음의 큰 작용을 나타내어 순경(順境)에서나 역경(逆境)에서나 자재하고 얽매임을 풀고 걸림이 없어서 성품의 문에 순응할 것이다. 이 닦는 문과 성품의 문은 마치 새의 두 날개와 같아서 하나라도 빠뜨려서는 안 된다.

옛 스님은 말하기를 '넉넉하게 마음을 쓸 때에 기꺼이 무심(無心)을 쓴다. 휘둘러 하는 말[曲談]은 이름과 모양이 수고롭고, 곧게 하는 말[直說]은 번거로움과 되풀이가 없다. 무심을 넉넉하게 쓰면 항상 넉넉하게 써도 다함이 없으니, 이제 말한바 무심도 유심(有心)과 다르지 않다'고 하였다.

만약 여기에서 뜻을 얻어 닦아 나아가면, 비록 말세의 중생이라 하더라도 어찌 단견과 상견의 구덩이에 떨어질 것을 걱정하겠는가? 이제까지 말한바 '수많은 법문과 모든 지위의 공덕이 미묘한 마음 자체에 갖추어져 있어서 여의주(如意珠)와 같다'고 한 것이 어찌 거짓말이겠는가? 이른바 미묘한 마음이란 곧 또렷또렷하고 고요한 마음이다."

또 물었다.

"요즘 마음을 닦는 사람이 널리 배우고 많이 듣고 법을 설하여 사람들을 제도한다. 곧 마음을 안으로 비추어 닦는 일에 손실이 될 것이요, 만약 남을 이롭게 하는 실천이 없다면 고요함만을 취하는 무리들과 무엇이 다르겠는가?"

나는 답하였다.

"그것은 저마다 그 당사자에게 달려 있으므로 한결같이 말할 것이 아니다. 만약 말로 말미암아 도를 깨닫고 교(敎)를 의지하여 종지(宗旨)를 밝히며 법을 결택하는 안목을 갖춘 사람은 비록 많이 들어도 명칭을 인정하고 차별상에 집착하는 생각을 일으키지 않는다. 비록 남을 이롭게 하더라도 자기와 남을 구별하여 미워하거나 사랑하는 생각을 끊고, 자비와 지혜가 점차로 원만하여져 궁극적인 경지[寰中]에 계합하면 그는 진실을 실천할 수 있는 사람이다.

만약 말을 따라 소견을 내고 글을 따라 앎을 지으며 교(敎)를 좇고 마음이 미혹하여 손가락과 달을 분별하지 못하고 명예와 이양(利養)을 취하려는 마음을 잊지 못하면서 법을 설하여 사람들을 제도하려는 이는 마치 더러운 달팽이가 스스로도 더럽히고 남도 더럽히는 것과 같다. 그러므로 그는 세간의 문자법사(文字

法師)이니, 어찌 선정과 지혜를 오로지 닦고 명예를 구하지 않는 사람이라 할 수 있겠는가?

『화엄론』에 이르기를 '스스로 결박되어 있으면서 남의 결박을 풀어 주려는 것은 있을 수 없는 일이다'라고 하였고, 또 지공(誌公)법사의 「대승찬(大乘讚)」에는 다음과 같이 읊었다.

이 세상에 얼마나 많은 어리석은 사람들이
도(道)를 지니고 있으면서 다시 도를 찾으려 하는가?
여러 가지 이치를 이리저리 찾으니
자기 몸도 제대로 구제하지 못하네
오로지 남의 글만 찾아 어지러이 지껄이고
지극한 이치가 미묘하다고 스스로 떠들면서
한갓 수고로이 일생을 헛되이 보내다가
영원토록 생로병사에 빠져 헤매도다
혼탁한 애욕이 마음에 얽혀도 풀 줄 모르니
깨끗한 지혜의 마음이 저절로 번거로워진다
진여(眞如)와 법계(法界)의 총림(叢林)이
도리어 가시덤불 잡초밭이 되었구나
가랑잎을 가지고 금이라고 그릇 집착하여
금을 버리고 보배를 찾을 줄 모르니
아무리 입으로는 경을 읽고 논을 외우나
마음속은 언제나 메마르다
하루 아침에 마음이 본래 빈 줄을 깨달으면
완전히 갖추어진 진여가 모자람이 없으리

世間幾許癡人　將道復欲求道
廣尋諸義紛紜　自救己身不了
專尋他文亂說　自稱至理妙好
徒勞一生虛過　永劫沈淪生老
濁愛纏心不捨　淸淨智心自惱
眞如法界叢林　返作荊棘荒草
但執黃葉爲金　不悟棄金求寶
口內誦經誦論　心裏尋常枯燥
一朝覺本心空　具足眞如不少

또 아난(阿難)은 '한결같이 많이 듣기만 하면 도력(道力)이 전일(專一)하지 못하다'고 하였다.

옛 성인들의 교훈이 해나 달보다 더 분명하거늘, 어찌 한갓 여러 가지 이치만 이리저리 찾으면서 자기 몸에서 찾지 않은 채 영원히 생사에 빠져 있어서야 되겠는가? 오직 항상 관행(觀行)하는 여가에 성인의 가르침과 옛 스님의 도에 들어간 인연을 자세히 뒤져 삿됨과 바름을 결택하여 남도 이롭게 하고 자기도 이롭게 해야 한다. 한결같이 밖에서 찾아 마치 바다에 들어가 모래를 헤아리는 것과 같이 명칭과 차별상을 분별하여 부질없이 세월만 보내서는 안 된다.

옛 스님은 말하기를 '보살(菩薩)은 본래 남을 제도하려 하기 때문에 먼저 선정과 지혜를 닦는다. 한가하고 고요한 곳이라야 선정과 관행을 이루기 쉽고, 욕심이 적은 두타(頭陀)라야 성인의 도에 들어갈 수 있다'고 하였으니, 이것이 그 증거이다. 이미 남을 구제할 서원을 세웠으면 먼저 선정과 지혜를 닦아야 한다. 그리하여 도의 힘이 있으면 자비를 구름처럼 펴고, 실천의 바다에서 물결을 타고 영원토록 일체의 고뇌하는 중생을 구제하고, 삼보(三寶)에 공양하여 부처님의 가업(家業)을 이을 것이니, 어찌 고요함에만 나아가는 무리들과 같겠는가?"

또 물었다.

"요즘 수행하는 사람은 선정과 지혜를 오로지 닦으나 대개는 도의 힘이 충분하지 못하다. 만약에 정토(淨土)를 구하지 않고 이 예토(穢土)에 머물러 있으면 온갖 고난을 만나 타락할까 두렵다."

나는 답하였다.

"그것도 저마다 그 당사자에게 달려 있으므로 한결같은 예를 들 수 없다. 만약 마음이 큰 중생은 이 최상승(最上乘)의 법문(法門)에 의지하여 결정코 사대(四大)가 물거품과 같고 허깨비와 같고, 육진(六塵)이 헛꽃과 같아서 자기 마음이 곧 불심이며 자기 성품이 곧 법성(法性)이니, 본래부터 번뇌의 성품을 스스로 떠나 있어서 또렷또렷하려면 곧 또렷또렷하고 역력(歷歷)하려면 곧 역력함을 믿고 알아야 한다. 이 앎에 의지하여 닦는 자는 아무리 오래 된 습기(習氣)가 있다 하여도 집착이 없는 지혜로써 다스리면 도리어 그것이 본래의 지혜이므로 억제할 것도 끊을 것도 없다.

비록 방편으로서의 삼매를 가져 혼침과 산란을 떠나는 공이 있다 하여도 반연하는 생각과 분별이 바로 진성(眞性) 가운데서 일어난 것임을 알기 때문에 깨끗한 그대로의 성품에 맡겨 취하거나 거두어 잡는 모습이 없고, 바깥 인연의 역경이나 순경을 당하더라도 오직 마음인 줄을 밝게 알아 나와 남, 주관과 객관이 없다. 그러므로 사랑과 미움, 분노와 기쁨이 저절로 생기지 않는다.

이와 같이 법에 맡겨 습기를 제어하고 다스려 이치에 맞는 지혜로 더욱 밝게 하고, 인연을 따라 만물을 이롭게 하여 보살도를 실천하면, 비록 삼계(三界) 안에 있더라도 모두가 법성의 정토 아님이 없고, 비록 세월을 지내어도 본체는 때[時]를 떠나지 않고 큰 자비와 지혜에 맡겨 법으로써 인연을 따른다. 그러므로 이 사람은 비록 옛날의 크나큰 사람이 한 번 뛰어 성인의 자리에 올라 신통의 힘을 완전히 갖춘 이보다는 못하더라도 일찍이 심은 선근(善根)으로 그 씨알이 날카로워 자기 마음이 본래 고요한 것이며 작용이 자재하고 성품이 변함이 없음을 깊이 믿는다. 그러므로 세상의 어떤 어려움에서도 타락할 염려가 없다.

『화엄론』에 이르기를 '큰 마음을 가진 범부는 능히 신심을 내어 깨달아 들어가기 때문에 여래의 집에 태어나지마는 자기가 부처의 집에 태어난 큰보살이라고는 말하지 않는다'라고 하였으니, 요즘 이렇게 마음을 닦는 이는 상근기(上根機)라 할 것이다.

또 마음을 닦는 어떤 사람은 자기 마음의 깨끗하고 미묘한 덕에 대한 말을 듣고, 믿고, 즐거이 닦아 익힌다. 그러나 오래 전부터 아상(我相)에 굳게 집착하여 그 습기가 치우치고 무거워서 갖은 의혹의 장애를 일으켜 정식(情識)을 잊지 못한다. 그러한 사람은, 사람들의 몸과 마음은 사대(四大)와 오음(五陰)이 인연을 따라 허깨비처럼 생겨나 거짓이요 진실이 아닌 것이 마치 물거품과 같아서 그 속이 비었는데 무엇을 나라 하고 무엇을 남이라 하겠는가 하는 공관(空觀)으로 그 견해를 부수어야 한다.

이렇게 깊이 관찰하여 정식의 티끌을 잘 씻고, 마음은 늘 겸손하여 교만을 멀리 여의면 현재의 번뇌를 억제하고 선정과 지혜에 힘입어 차츰 밝고 고요한 성품에 들어갈 것이다. 그러나 만약 그가 최선을 다하여 자기 힘을 도와 개발하지 않으면 휘돌거나 막히지 않을까 두렵다. 그러므로 모름지기 삼보에 공양하고 대승 경전을 읽고 외우며, 도를 행하고 예배하며, 참회와 발원을 처음부터 끝까지 쉬지 않아야 한다. 그리하여 삼보를 사랑하고 공경하는 순박하고 도타운 마음 때문에 부처님의 위신력의 가피에 힘입어 업의 장애를 녹여 없애고 선근이 물러나지 않을 것이다. 만약 이와 같이 자기 힘과 남의 힘으로 안팎이 서로 도와 위없는 도를 뜻하여 구한다면 어찌 아름다움을 갖추지 못하겠는가?

이 안팎으로 서로 돕는 데 있어서도 두 가지가 있어 사람의 원하는 바가 저마다 다르다. 비원(悲願)이 많은 사람은 이 세계에서 생사를 싫어하지 않고 자기를 이롭게 하고 남도 이롭게 하며 자비와 지혜를 더욱 늘리어 큰 보리를 구한다. 그리하여 태어나는 세상마다 부처님을 뵙고 법을 듣고자 서원을 세운다. 그는 따로 정토를 구하지 않더라도 어려움을 만나 물러설 걱정이 없다.

또 깨끗함과 더러움과 괴로움과 즐거움에 대하여 기뻐하거나 싫어하는 마음이 많은 사람도 닦는바 선정과 지혜와 또 온갖 선근으로 회향(回向)하기를 원하고, 저 세계에 나서 부처님을 뵙고 법을 들어 다시는 타락하지 않을 힘을 얻어 다시 이 세상에 와서 중생을 제도하고자 서원을 세운다. 그는 생각하기를 '비록 마음을 비추어 보는 데 전념하였으나 참는 힘을 이루지 못하였다. 그러므로 이 예토에 머물러 있으면 온갖 어려움을 만나 물러설까 걱정이다'라고 두려워한다.

안팎이 서로 돕는 이 두 가지 사람의 의지와 서원은 성인의 가르침에 깊이 들어맞아 도리가 있다. 이 가운데 정토에 나기를 구하는 이는 밝고 고요한 성품 가운데 선정과 지혜의 공능이 있어 미리 저 아미타불의 깨달은 경지에 계합한다. 그러므로 부처님을 바라보며 오직 명호만 부르고 거룩한 얼굴을 생각하여 왕생(往生)하기를 바라는 사람의 그 우열을 알 수 있다.

지자(智者)대사는 임종 때에 그 제자들에게 말씀하기를 '죽는 찰나 지옥의 불수레 모양이 나타나더라도 한 생각에 뉘우쳐 고치면 그래도 왕생하거늘, 하물며 계율과 선정과 지혜로 마음을 닦아 수행한 도의 힘이야 어찌 그 공이 헛되겠는가?'라고 하였다.

또 『정명경(淨明經)』에 이르기를 '불토(佛土)를 깨끗이 하려면 그 마음을 깨끗이 해야 한다. 그 마음의 깨끗함을 따라 불토가 깨끗해진다'고 하였고, 또 『법보기단경(法寶記壇經)』에 이르기를 '마음에 더러움이 없으면 서방(西方)이 여기서 멀지 않겠지만, 성품에 더러운 마음을 일으킨다면 어떤 부처님이 와서 맞이하겠는가?'라고 하였다. 연수(延壽)선사는 말하기를 '마음을 알면 바로 유심(唯心)인 정토에 태어나고, 경계(境界)에 집착하면 다만 반연하는 바 그 경계에 떨어진다'고 하였다.

이와 같이 부처님과 조사님네들께서 말씀하신 바와 같이 정토에 나기를 구하는 뜻은, 모두가 자기 마음을 여의지 않았으니 자기 마음의 근원을 여의고 어디를 향하여 들어가야 할지 알 수 없다.

『여래부사의경계경(如來不思議境界經)』에 이르기를 '삼세의 모든 부처님은 모두 무소유(無所有)로서 오직 자기 마음만을 의지한다. 만약 보살이 모든 부처님과 온갖 법이 모두 마음뿐임을 밝게 알아 그 마음에 수순(隨順)하는 확신을 얻으면 초지(初地)에 들어가 몸을 버리고 묘희(妙喜)의 세계에 태어나기도 하며, 혹은 극락의 깨끗한 불토에 태어나기도 한다'라고 하였으니 이것이 그 증거이다.

이로써 미루어 본다면 비록 염불(念佛)함으로써 왕생하기를 구하지 않더라도 다만 마음뿐임을 밝게 알아 그대로 관찰하면 저절로 저 정토에 태어난다는 것은 결정적이어서 의심할 것이 없다. 그런데 요즘 경전을 배우는 많은 사문들은 목숨을 걸고 도를 구하면서 모두 밖의 차별상에 집착하여 서방을 향하여 소리를 높여 부처님을 부르는 것으로 도행(道行)이라 하고, 지금까지 배워 익혀서 마음을 밝힌 부처님과 조사님네들의 비결을 이름과 이익을 위한 학문이라 하고, 또는 자기들의 분수에 맞지 않는 경지라 하여 마침내 마음에 두지 않고 한목에 버리고 만다.

이미 마음을 닦는 비결을 버렸으니 반조(返照)하는 공능을 알지 못하고, 한갓 총명한 지혜의 마음을 가지고 평생의 노력을 헛되이 쓰면서 마음을 등지고 차별상을 취하여 그것으로 성인의 가르침에 의지한다 하니 어찌 지혜로운 사람이 슬퍼하지 않겠는가?

고산지원(孤山智圓) 법사는 『아미타경소(阿彌陀經疏)』 서문에 말하였다.

'대개 심성(心性)의 본체는 밝고 고요하여 하나일 뿐이다. 거기에는 범부도 성인도 없고, 의보(依報)도 정보(正報)도 없고, 수명에 느리고 빠름도 없고, 깨끗하고 더러움도 없다. 그러나 그것이 사물에 감응하고 인연을 따라 변할 때에는 육범(六凡)도 되고 사성(四聖)도 되며, 의보도 있고 정보도 있다. 이미 의보와 정보를 지었으니 수명에 느리고 빠름이 있고, 그 국토에 깨끗하고 더러움이 있다.

우리의 위대한 성인 부처님께서는 밝고 고요한 '하나'를 얻으신 분이니, 자(慈)에서 길을 빌리고 비(悲)에서 잠자리를 얻어 헤매는 중생들을 몰아 그 근본에 돌아가게 하려 하셨다. 이에 육신이 없지만 육신을 나타내시고, 국토가 없지만 국토를 나타내시어 그 수명을 늘이시고 그 국토를 깨끗하게 하시어 그들을 기뻐하게 하시고, 그 수명을 줄이시고 그 국토를 더럽게 하시어 그들을 싫어하게 하시니, 그들이 〔정토를〕 기뻐하게 되고 〔예토를〕 싫어하게 되면 차츰 깨우치는 방법이 행하여지게 된다.

비록 보배로 된 누각과 금으로 된 못이 눈을 즐겁게 하는 구경거리는 되지만 매혹시키며 방탕케 하는 물질은 아니므로 오직 마음뿐임을 능히 통달하여 경계(境界)에 초연할 수 있고, 비록 나무를 스치는 바람 소리와 새 소리가 귀에 들어오는 즐거움은 있어도 생각을 뒤흔드는 음성은 아니므로 선뜻 삼보를 생각하고 귀의할 수 있다. 그러므로 밝고 고요한 본체로 다시 돌아가는 것은 손바닥을 뒤집기와 같다.'

나는 이 지원법사가 우리 부처님의 교묘한 방편의 본말을 아는 분이라고 생각한다. 그러므로 지금 그 긴 글을 인용하여 요즘 정토를 구하는 이에게 부처님의 뜻을 알고 수행하여 노력을 그릇되지 않게 하려는 것이다. 그러므로 부처님의 뜻을 아는 이는 부처님의 명호를 염송하여 왕생하기를 간절히 구하지만, 저 불토 장엄(莊嚴) 따위의 일들은 오지도 않고 가지도 않고, 오직 마음에 의하여 나타난 것으로서 진여를 여의지 않은 것인 줄을 알아 순간 순간에 혼침과 산란을 여의고 선정과 지혜를 고르게 하여 밝고 고요한 성품을 떠나지 않아서 털끝만큼도 간격이 없어서 감응하여 통하는 것이 마치 물이 맑아 달이 나타나고 거울이 깨끗하여 그림자가 분명한 것과 같다.

그러므로 『만선동귀집(萬善同歸集)』에 이르기를 '부처님이 실제로 오신 것도 아니요, 또한 내 마음이 간 것도 아니지마는 감응하여 통하여 오직 마음이 스스로 나타난 것이다'라고 하였고, 또 그 게송에는

예배하는 이나 예배 받는 이의 성품이 비고 고요하므로
감응하여 통하는 것은 생각으로 헤아리기 어렵다

能禮所禮性空寂
感應道交難思議

라고 하였다. 그는 마음 밖의 경계에 집착하여 변계(偏計)를 일으켜 거꾸로 고집하여 온갖 마구니의 일을 불러와 부처님의 뜻을 어기지 않게 될 것이다. 그러므로 수도하는 사람들은 부디 명심하고 또 명심하여야 한다.

어떤 수행하는 사람은 명칭과 차별상에 굳게 집착하여 오직 마음뿐이라는 대승법문을 듣지 못한다. 또 우리 부처님께서 밝고 깨끗한 성품 가운데서 본래의 원력으로 방편인 육신과 국토를 나타내시어, 실재하지 않는[幻住] 장엄으로 중생들을 거두어 인도하며, 그 눈과 귀가 좋아하는 것을 통하여 오직 마음뿐이요 경계가 없음을 밝게 알게 하고, 또 그 근본으로 돌아가게 하신 교묘한 방편은 알지 못하고, 도리어 말하기를 '염불하여 왕생하면 오온(五蘊)으로 된 몸을 가지고 한량없는 즐거움을 받는다'고 한다.

그리하여 그 마음의 집착을 버리지 못하기 때문에 어찌하다가 선정을 닦는 이를 보면 '이 사람은 염불하여 왕생하기를 구하지 않는다. 그러니 언제 삼계(三界)를 벗어나겠는가?'라고 한다. 경전에서 밝힌바 '마음이 깨끗하므로 불토가 깨끗하다'는 뜻을 알지 못하고, 또 '닦을바 마음은 비고 밝아 아무것도 없다'는 말을 들으면 '몸으로 즐거움을 받을 곳이 없다'라고 하여, 허무[空]에 떨어질까 두려워한다.

그리하여 공은 본래 공이라 할 것도 없는 것이어서, 오직 부처의 원만히 깨달은 밝고 깨끗한 마음은 허공과 같이 법계에 두루하고, 중생의 마음을 모두 포용하여 끊어짐이 없다. 일체 중생의 무명(無明) 분별의 마음 그 자체가 비고 밝아 온 누리의 모든 부처님과 똑같은 지혜의 바다이며 똑같은 법성(法性)이건만, 다만 중생들이 종일토록 그 안에서 활동하면서도 스스로 그 은덕을 등지는 줄을 알지 못할 뿐이다. 이런 뜻을 알지 못하는 이는 집착하고 탐하는 마음으로 부처님의 경계를 구하지만, 그것은 모난 나무를 가져다가 둥근 구멍에 맞추려는 것과 같다.

어떤 수행하는 사람은 성질이 들뜨고 허황하여 이 마음의 법을 듣고서 믿고 기꺼이 닦아 익힌다. 그러나 조금 얻고는 만족하여 더 결택하지 않는다. 그러므로 그 지견이 원만하지 못하여 온전히 본성만을 믿고 온갖 실천도 닦지 않고 또 정토도 구하지 않으면서, 왕생하기를 구하는 이를 보면 그를 업신여긴다.

위의 이 두 가지 사람은 부처님 법에 대하여 마음을 잘 쓰지 못하여 많은 장애가 있으니, 슬프고 통탄할 일이다. 만약 최하의 근기를 가진 사람이 지혜의 눈은 없더라도 부처님의 명호를 일컬을 줄 알면 희유한 일이라 찬탄하는데, 어찌 부처님의 뜻을 알지 못하고서 수행한다 하여서 허물이 되겠는가?

또 어떤 수행하는 사람은 그 받은 기운이 굳세고 크며 마음의 반연이 매우 깊어 이 마음의 법을 들으면 뜻 둘 곳을 알지 못한다. 그러나 부처님의 백호(白毫) 광명을 관찰하거나, 범자(梵字)를 관찰하거나, 경전을 외우거나, 염불을 하거나, 이런 수행에 마음을 전념하여 어지럽지 않고 망상을 제어하여 미혹의 장애를 받지 않고 깨끗한 행을 성취한다. 그는 처음 수행할 때에 감응의 길이 서로 통하고 마침내 유심삼매(唯心三昧)에 들어가기 때문에, 그도 또한 부처님의 뜻을 잘 아는 사람이다.

비석(飛錫) 화상의『고성염불삼매보왕론(高聲念佛三昧寶王論)』에 이르기를 '큰 바다에서 목욕하는 이는 이미 온갖 냇물을 사용하였고, 부처님의 이름을 생각하는 이는 반드시 삼매를 이룬다. 그것은 마치 수청주(水淸珠)를 흐린 물 속에 넣으면 흐린 물이 맑아지지 않을 수 없는 것과 같아서, 염불을 산란한 마음에 던지면 산란한 마음이 부처가 되지 않을 수 없다. 이미 계합한 뒤에는 마음과 부처를 모두 잊어버린다. 모두 잊는 것은 선정이요, 모두 비추는 것은 지혜이니, 선정과 지혜가 고르게 되면 어느 마음이 부처가 아니며 어느 부처가 마음이 아니겠는가? 마음과 부처가 이미 그렇게 되면 온갖 대상과 온갖 반연이 모두 삼매 아님이 없으니, 누가 다시 마음을 일으키고 생각을 움직여 높은 소리로 부처님을 부르는 것을 근심하겠는가?'라고 하였다.

『문수사리소설반야바라밀경(文殊師利所說般若波羅蜜經)』에 이르기를 '염불하여 일행삼매(一行三昧)를 얻는다'고 밝힌 것도 바로 이 뜻이다. 이 뜻을 알지 못한 이는 도리어 견애(見愛)의 정식을 가져, 부처님의 모습을 관찰하고 부처님의 이름을 생각하여 오랜 세월을 지내면, 흔히 마구니와 도깨비에게 포섭되어 미치광이처럼 날뛰고 함부로 달리면서 공부를 수고롭고 헛되게 하여 일생을 망친다. 요즘에 이런 이들을 자주 보고 듣는데, 그것은 모두 시방세계의 의보·정보와 선악의 인과가 오직 마음이 지은 것으로서 그 본체를 얻을 수 없음을 알지 못하기 때문이다.

때로는 앉아 있는 동안 하늘사람, 보살의 형상, 부처님의 원만하신 상호(相好), 단정한 남녀, 또 무서운 형상, 갖가지 현혹시키는 일을 말하는 것을 보거나, 때로는 밖으로 나타나는 형상은 아니더라도 그 마음속에 마구니의 일을 그대로 따르는 나쁜 깨달음과 소견 따위를 이루 다 말할 수 없다. 그때 정신이 어지러워 살피지 못하고, 스스로 구원할 지혜마저 없어 마구니의 그물에 걸리고 마니, 진실로 슬픈 일이다.

315 『대승기신론』에 이르기를 '오직 마음뿐임을 생각하면 경계가 곧 없어져 마침내 괴롭지 않다'고 말하지 않았던가? 또 이르기를 '수행하는 사람은 항상 지혜로 관찰하여 그 마음을 삿된 그물에 걸리지 않도록 하고, 항상 부지런히 생각을 바르게 하여 취하지도 말고 집착하지도 말라'고 하였다.

가르친 뜻이 이렇거늘 왜 경계를 따르고 마음을 등지고서 부처님의 보리를 구하려 하는가?

요즘 수행하는 사람들은 흔히 '다만 염불하여 왕생하면 그만인데 또 무엇이 있는가?'라고 말하지마는, 그것은 구품(九品)에 오르고 내리는 것이 모두 자기 마음을 믿고 아는 것의 크고 작기와 밝고 어두움을 말미암아 나타내는 것임을 알지 못하기 때문이다.

경전에 이르기를 '근본적인 진리[第一義諦]를 알아 부지런히 수행하여 나아가는 것으로써 상품(上品)이라 하였거늘, 어찌 총명하고 신령하며 예민한 마음으로 기꺼이 무딘 근기가 되어 최상의 진리를 알지 못하고 다만 명호만 부르겠는가?'라고 하였고, 또 『만선동귀집』에 이르기를 '구품(九品)의 왕생에는 위아래가 다 통한다. 즉 화토(化土)에 놀면서 부처님의 응신(應身)을 보기도 하고, 보토(報土)에 나서 부처님의 진실한 몸을 보기도 하고, 오랜 세월을 지내서야 비로소 소승의 이치를 깨닫기도 하며, 날카로운 근기와 무딘 근기, 고요한 뜻과 산란한 뜻이기도 하다'라고 하였다.

이로써 고금의 통달한 사람[達士]은 정토를 구하더라도 진여를 깊이 믿고 선정과 지혜를 오롯하게 닦으므로 저 물질과 형상, 장엄 따위의 일들은 오는 것도 없고 가는 것도 없기 때문에 분별을 떠나 오직 마음에 의하여 나타나는 것으로서 진여를 여의지 않은 것인 줄을 안다. 그러므로 그것은 범부와 이승(二乘)들이 전변하는 의식[轉識]이 나타나는 것을 알지 못하기 때문에 밖에서 오는 것으로 알고 물질의 분별을 취하는 것과는 같지가 않다.

그러므로 비록 똑같이 정토에 난다고 하나, 어리석은 이와 지혜로운 이의 수행하는 차별은 하늘과 땅처럼 멀리 떨어졌으니, 어찌 요즘 대승의 유심(唯心) 법문을 배워서 선정과 지혜를 오롯하게 닦아, 범부와 소승들이 마음 밖에 있는 물질의 분별을 취하는 소견에 떨어짐을 면하는 것만 하겠는가?

다만 이 조종(祖宗)의 문하(門下)에서 마음으로써 마음을 전하여 비밀한 뜻을 가리켜 주는 곳이라면, 그것은 이 범위에 해당되지 않는다.

그러나 기(琪)스님은 말하기를 '조사의 도를 능히 깨달아 지혜를 발휘하는 이는 이 말세에는 없다'고 하였다. 그러므로 이 『권수정혜결사문』에서는 대승 경론의 이치에 의지하여 밝게 증명하고, 지금까지 전하여지고 있는 법문(法門)을 믿고 알아 밝힌 이치와, 또 삶으로 나오고 죽음으로 들어가고, 정토와 예토로 가고 오는 득실(得失)의 모두를 가려서 결사에 들어와 마음을 닦는 사람들이 그 본말(本末)을 알아 모든 말다툼을 쉬고 그 방편[權]과 실제[實]를 분별하여 대승 법문의 바로 수행하는 길에서 빗나가지 않게 하여, 바른 인(因)을 함께 맺고, 선정과 지혜를 함께 닦으며, 수행과 서원을 함께 닦고, 부처의 땅에 함께 나며, 깨달음을 함께 증득하는 따위의 온갖 일들을 모두 함께 배워, 영원토록 온 누리에 자재로이 노닐면서, 서로 주인과 손이 되어 함께 도와서 공능을 이루고, 정법의 바퀴를 굴려 널리 중생을 구제하여 모든 부처님의 막대한 은혜를 갚으려 하는 것이다.

우러러 생각하오니, 부처님의 눈으로 이 보잘것없는 정성을 증명하시어, 두루 이 법계의 미혹한 중생들을 위하여 이 선정과 지혜를 함께 닦으려는 서원을 내게 하소서.

아아, 중생들의 오가는 곳은 여섯 갈래[六途]이다. 귀신은 어두운 데서 시름하는 고뇌에 잠기어 있고, 새와 짐승은 날고 달리는 슬픔을 지녔으며, 아수라는 잔뜩 성내고, 모든 하늘은 한참 즐거워한다. 그러므로 생각을 가다듬어 보리로 나아가는 것은 오직 사람이라야 할 수 있는 일이다. 그러나 사람들이 그렇게 하지 않는다면 나로서도 어찌할 수 없지 않겠는가?

내가 저번에 대승 경전을 열람하여, 요의승(了義乘)의 경론에서 말한 바를 자세히 살펴보니, 거기에는 삼학(三學)의 문으로 돌아가지 않는 법은 하나도 없었고, 삼학에 의지하지 않고서 성도(成道)한 부처는 한 분도 없었다.

『능엄경(楞嚴經)』에 이르기를 '과거의 모든 여래도 이 문에서 성취하셨고, 현재의 보살들도 지금 저마다 원만하고 밝음[圓明]에 들어가며, 미래의 공부하는 사람들도 장차 이런 법에 의지할 것이다'라고 하였다. 그러므로 우리는 지금 아름다운 기약을 맺고, 미리 비밀한 다짐을 펴서 깨끗한 행을 닦게 되었다. 그러므로 참된 유풍(遺風)을 우러러 사모하여 스스로 꺾이지 말고, 계율과 선정과 지혜로써 몸과 마음을 닦아 번뇌를 떨고 또 떨어 물가와 숲속 밑에서 성인의 태[聖胎]를 길러야 한다. 달빛을 보면서 거닐고 물소리를 들으면서 자재하여, 마음대로 놀아 거리낌이 없고 곳과 때를 따라 마치 물결에 띄운 빈 배와 같고 허공을 나는 날렵한 새와 같아야 할 것이다. 그리하여 몸은 이 우주에 드러났으되 그윽한 마음은 법계에 잠겨, 인연을 따라 감응하여 일정한 틀에 매이지 않으리니, 내가 사모하는 것이 바로 여기에 있다.

만약 수도하는 사람으로서 명리(名利)를 버리고 산에 들어갔더라도, 이러한 실천을 닦지 않고 거짓으로 점잔을 빼면서 신심이 있는 시주들을 속인다면 그것은 차라리 명리와 부귀를 추구하고 주색(酒色)에 빠져 거칠고 어지러운 정신으로 일생을 허송하는 것만도 못할 것이다."

여러 사람들은 이와 같은 내 말을 듣고 모두 그렇다 하며 말하기를 "다음날 이 언약을 이루어 숲속에 은거하여, 함께 결사(結社)를 하게 되면 그 이름을 정혜(定慧)라 합시다"라고 하였다. 그러고는 이내 맹세하는 글을 지어 뜻을 맺었다. 그 뒤에 우연히 선불장(選佛場, 僧科)의 이해 관계 되는 일로 말미암아 모두 사방으로 흩어지고, 아름다운 기약을 이루지 못한 지 거의 십 년이 되었다.

지난 무신년(1188) 이른봄에 계중(契中)의 득재(得材) 선백(禪伯)이 공산(公山)의 거조사(居祖寺)에 머무르게 되자, 이전의 다짐을 잊지 않고 장차 정혜사(定慧社)를 맺고자 하여, 내게 글을 보내어 하가산(下柯山)의 보문난야(普門蘭若)로 오기를 재삼 간절히 청하였다. 그러므로 내 비록 오랫동안 숲속에 살면서, 스스로 어리석고 둔함을 지켜 아무 일에도 마음을 쓰지 않았지마는 옛날의 약속을 생각하고 또 그 간절한 정성에 감동되어 그 해 봄에 동행하는 항선자(航禪子)와 함께 이 절에 옮겨와, 옛날에 서원을 같이한 이들을 불러 모았다.

그러나 어떤 이는 죽고, 어떤 이는 앓고, 어떤 이는 명예와 이익을 구하여 모이지 못하였다. 그래서 나머지 승려 서너 사람과 함께 비로소 법석(法席)을 열어 옛날의 소원을 이루려 하는 것이다.

바라노니, 선과 교, 유교와 도교에서 세속을 싫어하는 뜻이 높은 사람으로서 티끌 세상을 벗어나 세상 밖에 높이 노닐면서 마음 닦는 도에 오롯하게 정진하는 이 취지에 공감하는 이는 비록 지난날 계중에 모였던 인연이 없는 이라도 결사문 끝에 그 이름을 쓰기를 허락한다.

  비록 한자리에 모여 공부하지는 못하더라도 항상 생각을 거두어 잡아 마음을 비추어 보기를 힘쓰면서 바른 인연을 같이 닦는다면, 경전에서 말한바 "미친 마음 쉬는 곳이 바로 보리이다. 그러므로 성품의 깨끗하고 미묘하며 밝음은 남에게서 얻는 것이 아니다"라고 한 것이 이것이다. 또 문수게(文殊偈)에는 "한 생각의 깨끗한 마음이 바로 도량(道場)이다. 그러므로 그것은 갠지스강의 모래처럼 많은 수량의 칠보의 탑을 만드는 공덕보다 훌륭하다. 보배로 된 탑은 결국 부서져 티끌이 되지마는, 한 생각의 깨끗한 마음은 정각(正覺)을 이룬다"라고 하였다. 그러므로 잠깐이라도 생각을 거두어 잡아 번뇌를 없앤 인연은 비록 삼재(三災)가 휩쓸더라도 수행한 업이 흔들리지 않음을 알아야 한다. 이것은 다만 마음을 닦는 학인만이 그 이익을 성취하는 것은 아니다

  이 공덕으로써 위로 비옵나니, 임금님의 수명은 만세 하시고 왕자님의 수명은 천세 하시며, 천하는 태평하고 법의 바퀴는 항상 구르소서. 그리하여 삼세의 스승과 부모와 시방의 시주와, 널리 법계에 살아 있는 이와 죽은 이가 다 함께 법의 비에 젖어 세 가지 나쁜 갈래에 떨어지는 괴로움을 길이 벗어나고 큰 광명장(光明藏)에 뛰어들며, 삼매의 성품의 바다에 노닐면서 세상이 영원토록 무지한 이를 깨우치되, 등불과 등불이 이어지고 광명과 광명이 다하지 않는다면, 그 공덕이 언제나 법성(法性)과 함께

하지 않겠는가?

  바라노니, 선군자(善君子)는 정신을 차리고 생각하며 살피십시오.

명창(明昌) 원년 경술년(1190) 늦봄
공산에 은거하는 목우자(牧牛子) 지눌(知訥)은 삼가 쓴다

  승안(承安) 5년 경신년(1200)에 이르러, 결사(結社)를 공산(公山)에서 강남(江南) 조계산(曹溪山)으로 옮겼더니, 그 이웃에 정혜사(定慧社)가 있어서 명칭이 혼동되므로 조정의 허락을 받아 정혜사를 고쳐 수선사(修禪社)로 하였다. 그러나 『권수정혜결사문』이 이미 세상에 유포되었으므로 그 옛 이름 그대로 판(板)에 새겨 인쇄하여 반포한다.

간화결의론

看話決疑論

【해 제】

　1권. 고려 보조지눌(普照知訥, 1158~1210)의 저술이다. 저자가 입적(入寂)한 후 책상자 속에서 『원돈성불론(圓頓成佛論)』과 함께 발견되어, 정우(貞祐) 3년(1215) 제자 진각혜심(眞覺慧諶, 1178~1234)에 의하여 간행되었다.
　화엄원교(華嚴圓敎)의 법계(法界)의 걸림없는 연기가 매우 뛰어난 사상이기는 하나, 아직도 말길[語路]과 뜻이 갈 길[義路]이 남아 있어 사구(死句)를 벗어나지 못하니, 대혜종고(大慧宗杲, 1088~1163)가 제창한 이른바 경절(徑截)의 활구(活句)를 참구해야 한다고 주장하였다. 보조국사는 나이 41세(1198) 때 지리산 상무주암(上無住庵)에서 『대혜어록(大慧語錄)』을 보고 최후의 의정(疑情)을 떨쳐 버린 바 있다고 한다.
　진각혜심에 의해 간행된 이래 능인암(能仁庵, 1604)·송광사(松廣寺, 1608)·송화(松和) 수증암(修甑庵, 1617)·천관사(天冠寺, 1626) 등에서 판각되었으며, 『삼문직지(三門直指)』(1769)·『선문촬요』권하(1908)·『한국불교전서』제4책(1982) 및 『보조전서』(1989) 등에 수록되었다. 법성(法性)의 『간화결의론과 해』(1993)가 간행된 바 있으며, 김호성(金浩星)의 역주가 『보조사상』제9집(1995. 11)에 수록되었다.

간화결의론 看話決疑論

보조(普照)선사의 말씀

어떤 이가 나[牧牛子, 知訥의 自號]에게 물었다.
"화엄교학(華嚴敎學)에서 이미 법계(法界)가 걸림없이 연기(緣起)하여 취하고 버림이 없음을 밝혔거늘, 무엇 때문에 선문(禪門)에서는 열 가지 병통을 가려서 화두(話頭)를 봅니까?"
내가 대답하였다.
"요즘 보편적으로 공부하는 무리들이 선문에서 화두를 참구하는 미묘하고 비밀한 뜻을 알지 못하여 흔히 이런 의심을 가진다. 만약 진성(眞性)이 연기하는 이치와 영역[分齊]을 논한다면, 선학(禪學)하는 사람인들 어찌 그 열 가지 선병(禪病)이 화엄의 법계 연기와 같은 줄을 모르겠는가?
그러므로 경산(徑山)의 대혜종고(大慧宗杲) 선사도 '평소에 지견(知見)이 많으면 깨달음[證悟]을 구하는 마음이 앞에서 장애가 되기 때문에 자기의 바른 지견이 눈앞에 나타나지 못한다. 그러나 그 장애도 역시 밖에서 온 것이 아니요, 또 다른 일도 아닌 것이다'라고 하였으니, 어찌 가릴 것이 있겠는가? 이른바 열 가지 병통이란 깨달음을 구하는 마음이 근본이 되는 것이니, 만약 그 장애가 밖에서 온 것이 아니라면 어디서 왔으며, 다른 일이 아니라면 무슨 일이겠는가? 그것은 오로지 성기(性起)의 덕(德)을 밝힌 것이다. 그러므로 교학 가운데서도 '일체의 장애가 곧 구경각(究竟覺)이니, 생각을 얻든지 생각을 잃든지 해탈 아님이 없다'고 한 것 등이 그것이다. 그러나 이 이치가 비록 가장 원만하고 미묘하더라도, 그것은 모두 들어서 알고 생각으로 헤아리는 의식(意識)의 차원이기 때문에, 선문에서 화두를 참구하여 바로 끊어[徑截] 깨달아 들어가는 차원에서는 그 낱낱이 모두 가려내야 하는 불법의 알음알이라는 병통인 것이다.

그러나 화두의 〈무자(無字)〉는 한 덩이 불과 같아서, 가까이 가면 얼굴을 태워 버리기 때문에 불법의 알음알이가 붙을 곳이 없다. 그러므로 '이 〈무자〉는 나쁜 알음알이를 깨뜨리는 연장이다'라고 한 것이다. 그러나 만약 깨뜨리는 주체와 깨지는 대상이라고 하는, 취하고 버리며 분별하여 가리는 견해가 있다면, 그것은 오로지 말의 자취를 고집스레 인정하여 스스로 그 마음을 뒤흔드는 것이니, 어찌 느긋하게 참구하여 다만 화두만 붙드는 사람이라 하겠는가?

선문에도 비밀히 부촉하는 뜻을 감당하기 어려워 교문을 빌려 종지를 깨닫는 이들을 위하여 진성의 연기인 현실과 현실이 서로 걸림없는 법을 말하였다. 그것은 삼현문(三玄門)의 초기(初機)가 들어갈 수 있는 체 가운데 현[體中玄]에서 밝힌 바와 같다. 즉 거기에 말하기를 '가없는 세계 가운데는 나와 남이 털끝만큼의 간격도 없고, 십세(十世)의 시간에는 처음과 끝이 현재의 일념(一念)을 떠나지 않는다'고 하였고, 또 '일구(一句)가 밝디밝아 온갖 현상을 거두어들인다'고 한 것 등이 그것이다.

선문 가운데도 이런 원돈신해문(圓頓信解門)의 참다운 말씀이 갠지스강의 모래알같이 많지만, 그것을 사구(死句)라고 하는 것은 사람들에게 알음알이라는 장애를 내게 하기 때문이다. 아울러 처음 발심(發心)한 학인들은 경절문(徑截門)의 활구(活句)를 참구할 수 없으므로 그 성품에 걸맞는 원담(圓談)으로 보여주어, 그들이 믿고 이해하여 물러나지 않게 하려는 것이다.

만약 그가 상근기(上根器)로서 비밀히 전하는 뜻을 감당하여 틀[窠臼]을 벗어날 수 있는 이라면 경절문의 재미없는 말을 듣기만 하여도 알음알이라는 병통에 걸리지 않고 곧 말이 의미하는 바를 알아차릴 것이니, 그 사람이야말로 하나를 들으면 천을 깨달아 큰 총지(摠持 : 다라니)를 얻는 이라 할 것이다.

또 원돈신해문의 관점에서 말한다면, 열 가지 알음알이라는 병통도 진성의 연기이므로 취하고 버릴 것이 없다. 그러나 거기에는 말길[言路]과 뜻길[義路], 들어서 알고 생각으로 헤아림이 있기 때문에 처음 발심한 학인들도 믿고 받들어 지닐 수 있다.

그러나 경절문의 관점에서 말한다면, 몸소 깨닫고 비밀히 계합하는 데 있어서는 말길과 뜻길이 없고 들어서 알고 생각으로 헤아림을 용납하지 않기 때문에 비록 법계가 걸림없이 연기하는 이치라 하더라도 도리어 말하고 풀이하는 장애를 이루게 된다. 만약 상근기의 크게 지혜로운 이가 아니라면 어찌 밝힐 수 있겠으며, 어찌 터득할 수 있겠는가? 그러므로 보편적으로 공부하는 사람들이 도리어 의심하거나 비방하는 것도 당연한 이치일 것이다.

또 선종에서 말을 배우는 사람들은 이 화두에 두 가지 뜻이 있다고 말한다. 즉 첫째는 온전히 들어 보이는[全提] 말이요, 둘째는 병통을 깨뜨리는[破病] 말이다. 그러나 화두의 미묘한 이치를 알아 다만 붙들어 공부하는 이들은 도무지 온전히 들어 보인다는 생각도 없거늘, 하물며 병통을 깨뜨린다는 생각이 있어서 비밀한 뜻을 파묻어 버리겠는가? 한 생각이라도 온전히 들어 보인다거나 병통을 깨뜨린다는 생각을 일으키기만 하면 의식으로써 헤아리는 병통에 떨어질 것이니, 어찌 활구를 참구하는 사람이라 하겠는가?"

"이미 법성(法性)이 원융하여 연기가 걸림없다고 말한다면 비록 들어서 아는 것이 있다 한들 무슨 장애가 되겠습니까?"

"그대는 보지 못하였는가?『원각경(圓覺經)』에 이르기를 '만약 어떤 사람이 번뇌를 아주 끊고 법계의 깨끗함[法界淨]을 얻으면, 곧 깨끗하다는 알음알이 때문에 스스로 장애가 된다. 그러므로 원각(圓覺)에 자유롭지 못하다'라고 하였다. 법계의 깨끗함을 얻어도 알음알이가 장애가 되거늘, 하물며 요즘의 학인들은 정식(情識)으로써 연기의 걸림없음을 헤아리는데, 어찌 해탈지견(解脫知見)이 되겠는가?"

"그렇다면『반야경(般若經)』에서 말하는 '지혜도 없고 얻음도 없다'는 것이나, 또 돈교(頓敎)에서 말하는 '한 생각이 일어나지 않으면 곧 부처라 한다'는 것 등 말을 여의고 생각이 끊어졌다는 것이 그것입니까."

"말을 여의고 생각이 끊어진 경지는 오교(五敎)에 모두 있는 것이다. 모든 교학마다 한결같이 말을 끊는 가르침이 있어서, 모두 말을 잊고 뜻을 알게 하였다. 그러므로 소승(小乘)은 인공(人空)의 진여를 증득하고, 대승보살(大乘菩薩)은 법공(法空)의 진여를 증득한다. 그러나 증득하는 문에 있어서는 모두 말을 여의고 생각이 끊어진다. 만약 말과 생각을 잊지 않았다면 어찌 깨달았다 하겠는가?

돈교에서 다만 이치와 성품이 말을 여의고 형상이 끊어졌음을 말한 것은 따로 한 무리의 생각을 떠나는 근기를 위한 것이다. '한 생각이 일어나지 않으면 곧 부처라 한다'는 것은 다만 이치를 깨달아 부처를 이루는 것이니, 본래의 법신[素法身]이라 말할 수 있다.

화엄에서는 법계가 걸림없이 연기함을 말하여, 보살이 그것을 들어 훈습(熏習)하고 닦아 익히면 십신(十信)의 지위에서 보고 들어서 종심(終心 : 滿心)에서 해행(解行)을 이루고, 십신(十信)을 다한 십주(十住)의 첫 자리에 머무르는 것[信滿住初]을 깨달아 들어간다[證入]라고 한다. 그러므로 『화엄론(華嚴論)』에 이르기를 '먼저 듣고 아는 것으로써 믿어 들어가고, 그 뒤에 생각 없음으로써 진여에 계합한다'고 한 것이다. 이미 생각 없음으로써 깨달아 들어간다면, 이것 역시 말을 여의고 생각이 끊어진 것이다. 청량조사(淸凉祖師)가 이르기를 '부처님의 깨달음은 말을 여의었다'고 하였고, 또 '성해(性海)의 과분(果分)은 마땅히 말할 수 없다'고 하였으며, 또 '과해(果海)는 생각을 여의고 마음으로 전해지는 것이다'라고 하였다. 이로써 미루어 보면, 화엄의 열린 근기[普機]도 증득하여 들어가는 문에 있어서는 말을 여의고 생각이 끊어진 것이 분명하다.

328 선종의 크나큰 근기[過量之機]로서 화두를 참구하여 미묘한 뜻을 안 사람은 열 가지 알음알이의 병통을 내지 않는다. 그러므로 말을 여의고 생각이 끊어졌다 할 수 있으니, 홀연히 '확' 한 번 깨치면 법계가 환히 밝아 저절로 원융(圓融)하게 덕을 갖출 것이다. 저 조계조사(曹溪祖師)의 이른바 '자성(自性)에 삼신(三身)을 갖추었으니 그것을 밝혀 사지(四智)를 이룬다. 보고 듣는 반연(攀緣)을 여의지 않고, 활짝 뛰어 부처의 땅에 오른다'라고 한 것이 이것이다.

원교(圓敎)에서 십신(十身)과 십지(十智) 등은 다 삼신(三身)과 사지(四智) 가운데에 갖추어진 덕이니, 그것은 모두 도(道)에 들어간 이가 깨달은 경계의 치우침[偏]과 원만함[圓], 방편[權]과 실제[實]의 관점에서 말한 것이다. 그런데 요즘 형상에 집착한 사람들은 눈에 보이는 것조차 의심하여 믿지 않거늘, 어찌 더불어 도를 말할 수 있겠는가?"

"돈교 중에도 교종(敎宗)을 꾸짖어 그것에서 떠나기를 권하며 형상을 헐어 버리고 마음을 없애는 것이 있으며, 선문의 화두도 역시 나쁜 알음알이를 깨뜨리고 집착을 깨어 종지를 드러냅니다. 그렇다면 이것이나 저것이나 문에 들어가는 행상(行相)은 동일한데, 어찌하여 돈교는 다만 이치를 깨달아 부처를 이룰 뿐 아직 걸림없는 법계를 깨닫지 못한 것이고, 선종의 경절문에서 '확' 한 번 깨치면 몸소 법계의 한마음을 증득하여 저절로 원융하게 덕을 갖춘 것이라고 말하는 것입니까? 다 같이 말과 생각을 떠나 상응하거늘, 어찌하여 하나는 치우치고 하나는 원만합니까? 내 것은 옳고 남의 것은 그르다 하여서는 안 됩니다. 만일 분명한 증거가 있다면 간략히 한두 가지라도 들어 이 의심을 풀어 주십시오."

"교학자가 선법(禪法)을 의심하고 비방하는 것은 다만 이 의심을 풀지 못하기 때문이다. 선학에서 뜻을 얻지 못한 사람도 반드시 화두를 가지고 병통을 깨뜨린다느니 온전히 들어 보인다느니, 구내(句內)라느니 구외(句外)라느니 하는 등 모두 사어(死語)를 인정하여 꾸러미[絡索]를 이루고, 아울러 삼구(三句)의 부림를 받아 열 가지 병통에 걸려 있으니, 어떻게 활구를 참구하는 사람이라고 할 수 있겠는가? 선학을 전문하는 사람도 이와 같거늘, 하물며 교학하는 사람이 어찌 그런 의심이 없겠는가?

또 돈교 중에서 인용한 말씀은 한 부류의 생각을 여윈 근기를 위하여 진여의 이치와 성품은 말을 여의고 생각이 끊어졌다는 뜻을 말한 것이다. 『대승기신론(大乘起信論)』에 이르기를

심진여(心眞如)란 곧 한 법계를 크게 총체적으로 보는 관점의 본체[一法界大摠相法門體]이니, 이른바 심성(心性)은 나지도 않고 사라지지도 않음을 말한 것이다. 모든 법은 오직 망념(妄念)에 의

330　지하여 차별이 있다. 만약 마음의 생각을 여의기만 하면 모든 경계의 모습도 없어진다. 그러므로 모든 법은 본래부터 언어를 여의고, 이름과 문자를 여의고, 마음으로 반연할 대상의 특징을 여의었으니, 끝내는 평등하여 변화도 없으며 파괴할 수도 없다. 오직 한마음뿐이기 때문에 진여라 한다.

　　물음 만약 이와 같은 이치라면 중생들이 어떻게 그것을 받아들이고, 거기에 들어갈 수 있겠습니까?

　　대답 만약 모든 법을 비록 말하지만 말할 것이 없고, 생각하지만 생각할 것이 없음을 알면 그것이 바로 '받아들인다'는 것이요, 만약 생각을 여읜다면 그것이 바로 '깨달아 들어간다'는 것이다.

라고 하였으니, 이런 가르침이 바로 생각을 여읜 근기가 들어가는 심진여문(心眞如門)이다.

진실한 요의(了義)에 의거하면 망념은 본래 실체가 없어서 다시 여읠 것이 없으며, 샘(번뇌)이 없는 모든 법이 본래 참성품이어서 인연을 따르는 미묘한 작용이 영원히 끊어지지 않으며 또한 파괴할 수도 없다. 다만 한 무리의 중생들이 허망한 명상(名相)에 집착하여 현묘한 깨달음을 얻지 못하므로, 부처님께서 우선 선과 악, 더러움과 깨끗함, 세간과 출세간 등을 가리지 않고 모두 깨뜨리신 것이다.

331　그러므로 이 가르침을 들으면 평등하고 차별상이 없는 이치를 받아들여, 말하는 주체와 말할 대상이 없고 생각하는 주체와 생각할 대상이 없다는 견해를 지으며, 그 다음에는 그러한 견해와

그러한 생각마저 여의고 진여문에 들어간다. 그러므로 다만 이 치를 깨달아 부처를 이룬다고 한다. 그러나 이 진여는 곧 한 법계를 크게 총체적으로 보는 관점의 본체이므로 그것은 모든 법의 성품이 되며 온갖 행의 근원이 된다. 그런데 어찌 보살이 심진여를 깨닫고서도 성품 위에서 연기(緣起)하는 공덕과 작용을 밝히지 못하겠는가?

그러므로 현수조사(賢首祖師)가 다만 "한 생각이 일어나지 않으면 곧 부처라 한다"라는 등 말을 여읜 가르침으로 돈교를 세운 것은 분명히 드러낼 수 없는 것을 말하려 한 것이다.

선문에도 여러 가지 근기가 있어서 들어가는 문이 조금씩 다르다. 즉 어떤 이는 유심(唯心)과 유식(唯識)의 이치에 의지하여 체 가운데 현[體中玄]에 들어간다. 그것은 초현문(初玄門)으로서 원교에서 말한 현실과 현실이 서로 걸림없다[事事無礙]는 가르침이다. 그러나 이 사람은 길이 불법의 지견이 마음에 있어서 깨끗이 벗어나지 못한다. 또 어떤 이는 본분사(本分事)에 상응하는 시원스레 벗어난 지견에 의지하여 구 가운데 현[句中玄]에 들어가 초현문의 불법의 지견을 깨뜨리니, 이 현묘한 문에는 경절문의 〈뜰 앞의 잣나무[庭前栢樹子]〉·〈마삼근(麻三斤)〉 등의 화두가 있다.

그러나 이 삼현문(三玄門)을 세운 것은 승고(承古)선사의 뜻이니, 본분사에 상응하는 화두로써 병(病)을 깨뜨리는 말을 삼았기 때문에 제이현에 두게 된 것이다. 그러나 그것도 시원스레 벗어난 지견이라는 말을 버리지 못하고 아직도 생사의 세계에서 자재하지 못하므로 셋째, 현 가운데 현[玄中玄]의 양구(良久)·침묵 [默然]·방망이[棒]·할(喝)의 작용을 세워 앞의 시원스레 벗어난 지견까지 깨뜨리는 것이다. 그러므로 "삼현문을 세운 것은 본래 병(病)을 없애기 위한 것이니, 만약 옛 조사님의 최초의 종지에 비추어 본다면 그것도 옳지 않다"고 말한다. 그러므로 승고선사는 "요즘 행각(行脚)하는 사람들은 모두 〈천태(天台)의 화정(華頂)〉과 〈조주(趙州)의 석교(石橋)〉로 향상일로(向上一路)를 삼지만 그것도 잠깐 거쳐갈 곳이요 최후의 안신입명처(安身立命處)는 아니다"라고 말하였다.

그러나 보안 도(普安道) 선사는 소양(韶陽, 雲門)의 뜻을 이어 삼구(三句) 밖에 따로 일구(一句)를 두어 이르기를

이 사람이 거량(擧揚)하고 제창(提唱)한다면
삼구가 어찌 그것을 다 포섭하겠는가?
누가 무슨 일인가 묻는다면
남악(南嶽)과 천태(天台)라 하리라

　當人如擧唱　三句豈能該
　有問如何事　南嶽與天台

라고 하였다. 그러나 이 천태·남악 등 재미없는 말이 삼구 안에 있으면 병을 깨뜨리는 말이 될 것이요, 삼구 밖에 있으면 병을 깨뜨리는 말이 아니니 그것은 곧 이 일[一大事]을 온전히 들어 보인 말이다. 그러므로 장로(長蘆)스님은 이르기를 "산승(山僧)이

때로는 반을 찢고 셋[三]을 쪼개되, 아직도 종문(宗門)의 일을 들지 못하였으나, 지금은 반을 맺고 셋을 깨뜨리어 이 일을 온전히 들어 보인다"고 하였으며, 또 운문(雲門)대사는 이르기를 "때로는 삼구 안에서 법을 설하고, 때로는 삼구 밖에서 강요(綱要)를 든다"고 하였다. 그러므로 옛사람도 역시 한 가지 화두를 가지고 삼구 안의 병을 깨뜨리는 말이라느니 혹은 삼구 밖의 온전히 들어 보이는 구절이라느니 하였으니, 어찌 요즘 사람들이 경절문의 화두를 그릇 알아 꾸러미를 만드는 것을 괴이하게 여길 것이 있겠는가?

그러나 지금 스승으로 떠받드는 경산의 대혜스님은, 조계(曹溪) 직계의 정맥(正脈)을 이어받은 17대(代)의 본분종사(本分宗師)이니, 세운바 경절문의 어구를 참구하여 들어가게 하는 방법이 이와 아주 다르다. 왜냐하면 종사가 보인 〈뜰 앞의 잣나무〉·〈마삼근〉·〈개에게는 불성이 없다〉 등의 화두에서는 단적(端的)으로 보여주는 법은 전혀 없고, 그저 재미도 없고 잡을 수도 없는 화두를 주면서 이렇게 신칙하였다.

아직 알음알이[情識]를 깨뜨리지 못하였다면 마음의 불길이 활활 타오를 것이다. 바로 이런 때를 당해서는 다만 의심하는 화두를 붙들어야 한다. 즉 어떤 중이 조주에게 묻기를 '개에게도 불성이 있습니까?'라고 하니, 조주는 '없다'고 대답하였다. 그 '없다'를 붙들어 살피되 이렇게 하여도 옳지 않고 저렇게 하여도 옳지 않다.

① '있다'・'없다'의 없음으로 생각하여서도 안 되며,
② 참으로 없는 없음이라고 생각하여 헤아려서도 안 되며,
③ 이치로 따져서 알려고 하여서도 안 되며,
④ 의식으로써 생각하고 헤아려서도 안 되며,
⑤ 눈썹을 치뜨고 눈을 깜박이는 곳에 뿌리를 내려서도 안 되며,
⑥ 말길 위에서 살림살이를 지어서도 안 되며,
⑦ 일 없는 갑(甲) 속에 우두커니 있어서도 안 되며,
⑧ 화두를 들어 일으키는 곳에서 지레 짐작하여서도 안 되며,
⑨ 문자 중에서 이끌어 증명하여서도 안 되며,
⑩ 미혹한 채 깨달아지기를 기다려서도 안 된다.

모름지기 마음을 쓸 곳이 없어야 하나니, 마음이 갈 곳이 없을 때에 허무[空]에 떨어질까 두려워하지 말라. 거기야말로 참으로 좋은 곳이니, 늙은 쥐가 갑자기 쇠뿔에 들어간 것 같아서 곧 거꾸러져 끊어짐을 보게 될 것이다.

이렇게 주해(註解)를 달아 화두를 주었기 때문에 학인은 하루 이십사 시간 네 가지 위의[四威儀 : 行住坐臥] 가운데서 다만 붙들어 살필 뿐이다. 그 심성의 도리에 대해서는 이름을 여의고 형상이 끊어졌다는 알음알이도 전혀 없고, 또 연기가 걸림없다는 알음알이도 없다. 한 생각이라도 불법의 알음알이가 있으면 곧 열 가지 알음알이의 병통에 걸리게 된다.

그러므로 모두 내려놓되 내려놓았다거나 내려놓지 않았다거나, 병에 걸렸다거나 병에 걸리지 않았다는 헤아림마저 없다가, 갑자기 재미없고 잡을 수 없는 화두에서 '확' 한 번 깨치면 한마

음의 법계가 환히 밝아진다. 그러므로 심성에 갖추어져 있는 백천 삼매(三昧)와 한량없는 이치의 문이 구하지 않더라도 원만히 얻어진다. 그것은 지금까지의 치우친 이치와 듣고 알아 얻은 것이 없어졌기 때문이다. 이것이 이른바 선종의 경절문에서 화두를 참구하여 깨달아 들어가는 비결이다.

원교에서는 십현(十玄)의 걸림없는 연기 법문이 불가사의한 가르침에 따르는 보살의 보안경계(普眼境界)라고 말하지만, 요즘의 관행(觀行)하는 이들에게는 듣고 앎으로써 인식작용의 대상으로 삼기 때문에 반드시 보고 들음을 거쳐 알고 실천한 연후에 깨달아 들어가나니, 깨달음에 들어가는 데 있어서는 지금까지의 듣고 앎을 벗어나 생각 없음으로써 같음에 계합하는 것이다. 그러나 지금 말한바 선종의 교 밖에 따로 전한[教外別傳] 바로 끊어[徑截] 깨달아 들어가는 문은 자격과 역량을 초월한 것이기 때문에 다만 교학자들만 믿기 어렵고 들어가기 어려울 뿐 아니라, 선종에서도 근기가 낮고 지혜가 얕은 이는 아득하여 알지 못하는 것이다.

지금 간략히 두세 가지 깨달아 들어간 인연을 인용하여 믿지도 않고 알지도 못하는 이들이 선문의 바로 끊어 깨달아 들어가는 것은 돈교와 원종(圓宗)에서 깨달아 들어가는 이와 같지 않아서, 가르침에 의지하는 교와 가르침을 여읜 선이 얼마나 더디고 빠름이 다른가를 알게 하리라.

수료(水潦)화상은 등(藤)을 캐는 곳에서 마조(馬祖)스님에게 물었다.

"조사가 서쪽에서 온 뜻이 무엇입니까?"

마조스님이 말하였다.

"앞으로 가까이 오라. 그대에게 말하여 주겠다."

수료화상이 막 가까이 가자, 마조스님은 그의 멱살을 잡고 한 번 차서 거꾸러뜨렸다. 수료는 어느새 일어나 손뼉을 치며 '하하' 크게 웃었다. 마조스님이 물었다.

"어떠한 도리를 보았기에 갑자기 그렇게 웃는가?"

수료가 대답하였다.

"오늘, 잠깐 사이에 백천 법문과 한량없는 미묘한 이치를 그 뿌리 밑까지 다 알았습니다."

마조스님에게 한 번 채었을 뿐인데 무엇으로 백천 법문과 한량없는 미묘한 이치의 뿌리 밑까지를 다 알 수 있었겠는가? 그러므로 선종의 뛰어난 근기가 깨달아 들어가는 것은 돈교에서 말이 끊어진 이치를 말하여, 다만 생각을 여의는 기틀을 삼는 것과는 관계가 없음이 분명한 줄 알아야 한다.

또 영가진각(永嘉眞覺) 대사가 조계(曹溪)에 이르러 병(甁)을 들고 삿갓을 쓴 채 선상(禪床)을 세 번 돈 뒤에 지팡이를 한 번 내려치고는 우뚝 서니, 육조(六祖)스님이 말하였다.

"무릇 사문은 모름지기 삼천 위의(威儀)와 팔만 세행(細行)을 갖추어야 하거늘 그대는 어디서 왔기에 그처럼 거만한가?"

진각이 대답하였다.

"생사(生死)의 일이 크고, 무상(無常)이 빠릅니다."

"왜 생사 없음을 터득하지 못하고, 빠름 없음을 깨닫지 못하는가?"

"터득하면 생사가 없고, 깨달으면 본래 빠름이 없습니다."

"그렇다, 그렇다."

조금 있다가 진각이 하직을 고하자, 육조스님이 말하였다.

"너무 빠르지 아니한가?"

진각이 말하였다.

"본래 움직이지 않는데 무슨 빠름이 있겠습니까."

"움직이지 않음을 누가 아는가?"

"스님께서 스스로 분별하는 마음을 내십니다."

육조스님이 말하였다.

"그대는 생사가 없는 뜻을 잘 알았구나. 하룻밤이나마 쉬어 가라."

진각은 거기서 하룻밤을 지내고 조계의 문 밖으로 나오면서 깨달은 도(道)를 노래로 지어 읊었다.

배움을 끊은 하염없는 한가한 도인은
망상을 없애지도 않고 진실을 찾지도 않네
무명의 참성품이 곧 불성(佛性)이요
환화(幻化)의 공신(空身)이 곧 법신일세

絶學無爲閑道人
不除妄想不求眞
無明實性卽佛性
幻化空身卽法身

설산(雪山)의 비니초(肥膩草)에는 잡된 것이 없어
순수한 제호(醍醐)만 내니 항상 내가 받아 먹네

雪山肥膩更無雜
純出醍醐我常納

한 성품이 일체의 성품에 두루 통하고
한 법이 일체의 법을 두루 머금었네
하나의 달이 모든 물에 두루 나타나고
모든 달이 그 하나의 달에 거두어지네

一性圓通一切性
一法徧含一切法
一月普現一切水
一切水月一月攝

모든 부처의 법신(法身)이 나의 성품에 들고
내 성품이 다시 여래(如來)와 계합하네
한 지위에 모든 지위가 갖추어졌으니
물질도 아니고 마음도 아니고 행업(行業)도 아니네

한순간에 팔만 법문(八萬法門) 원만히 이루고
찰나에 삼아승지겁(三阿僧祇劫)의 죄업을 없애 버렸네

諸佛法身入我性
我性還共如來合
一地具足一切地
非色非心非行業
彈指圓成八萬門
刹那滅却三祇劫

이로써 미루어 보면 영가진각 대사는 육조스님의 '왜 생사가 없는 법을 터득하지 못하는가?'라는 말끝에 바로 통(桶) 밑이 빠져 법계를 단박에 깨닫고, 다만 '터득하면 생사가 없고, 깨달으면 본래 빠름이 없다'고 하였으니, 깨닫는 문에 있어서는 많은 말이 필요없는 것이다.

그리고 문 밖에 나와서는 깨달은 경지를 '한 성품이 일체의 성품에 두루 통한다'는 등으로 노래하였다. 그러므로 그 대사의 보안경계(普眼境界)는 현실과 현실이 원융하고, 중생과 부처가 원융하고, 지위와 지위가 원융하고, 팔만 법문이 서로 원융하여, 이와 같은 법계의 다함없는 공덕의 작용을 잠깐 사이에 원만히 성취한 것이다. 그런데 어찌 돈교에서 말하는바 "초지(初地)가 곧 팔지(八地)요", 나아가서는 "적멸과 진여에 무슨 차제(次第)가 있겠는가?" 하여, 다만 이치에만 의거하여 전부를 없애 버리는 데에 견주겠는가? 또 경산의 대혜화상은 경전의 게송을 인용하여 이렇게 말씀하였다.

(경에 이르기를) 보살은 이 부사의(不思議)함에 머물지만 거기서 사의(思議)가 다하지 않으니 이러한 부사의한 곳에 들어가면 사의와 부사의가 모두 적멸하리라'고 하였으나, 적멸한 곳에 머물러서는 안 된다. 만약 적멸한 곳에 머물게 되면 법계에 대한 집착으로부터 간섭을 받게 될 것이다. 그것은 곧 교문(敎門)에서 말하는 '법진(法塵)의 번뇌'이니, 법계에 대한 집착을 아주 벗어나고 온갖 훌륭한 것을 한목에 없애 버려야 비로소 〈뜰 앞의 잣나무〉·〈마삼근〉·〈마른 똥막대기[乾屎橛]〉·〈개에게는 불성이 없다〉·〈한 입으로 서강의 물을 다 마셔 버린다[一口吸盡西江水]〉·〈동산의 물이 거꾸로 흐른다[東山水上行]〉 등의 화두를 잘 볼 수 있을 것이다. 그리고 홀연히 일구를 터득하여야 비로소 법계의 한량없는 회향(廻向)이라 할 수 있을 것이다.

여실히 보고 여실히 행하고 여실히 활용하며, 한 털끝에 보왕(寶王)의 세계를 나타내고, 티끌 속에 앉아 큰 법륜(法輪)을 굴려 갖가지 법을 성취하거나 파괴하는 것이 다 나로 말미암아 되는 것이 마치 장사가 팔을 뻗되 남의 힘을 빌리지 않고, 사자가 떠돌 때에 짝을 구하지 않는 것과 같다.

이로써 미루어 보면 선문에서 화두를 참구하는 이는, 법계에 대한 집착을 벗어나고 온갖 훌륭한 것을 다 없애 버려야 비로소 〈뜰 앞의 잣나무〉 등 화두를 잘 볼 수 있으며, 홀연히 일구를 터득하여야 비로소 법계의 한량없는 회향이라 할 수 있는 것이다. 그리하여 한 털끝에 보왕의 세계를 나투고 가는 티끌 속에 앉아 큰 법륜을 굴리면, 화두의 의정(疑情)이 깨어져 '확' 한 번 깨치면 몸소 걸림없는 법계를 증득하게 될 것이다. 어찌 열 가지 알음알이의 병통을 가리는 것이 돈교의 한 부류인 생각을 떠난 근기에 해당하겠는가?

"그렇다면 선종에서 깨달아 들어가는 이는, 돈교의 근기에 포섭되지 않는다 하더라도, 현실과 현실이 서로 걸림없음을 증득하기 때문에 원교의 그것에 해당하거늘 어찌하여 원교 밖에 따로 비밀히 전하는 문의 근기가 있다고 말씀하십니까?"

"앞에서도 말하지 않았는가? 원교에서 말하는 십현(十玄)의 걸림없는 법문은, 비록 그것이 부사의한 가르침을 따르는 보살의 보안경계이지만, 요즘 범부들이 관행하는 문에는 듣고 아는 말길과 뜻길이 있으므로, 분별이 없는 지혜를 얻지 못하고, 반드시 보고 들음을 거쳐 알고 실천한 뒤에야 깨달아 들어가는 것이다. 그 깨달아 들어가는 데 있어서는 선문의 생각이 없는 것과 상응한다. 그러므로 논에 이르기를 '먼저 듣고 알아서 믿어 들어가고, 다음에 생각의 없음으로써 같음에 계합한다'고 하였다. 그러나 선문에서 바로 끊어 터득하여 들어가는 이는 처음부터 법과 이치를 듣고 앎이 인식작용의 대상이 되지 않으므로, 바로 재미없는 화두를 붙들어 깨닫는 것뿐이다. 말길과 뜻길, 마음의 알음알이로 생각하는 곳이 없고, 또 보고 듣고 알고 실천하는 등 시간의 전후도 없다. 그러다가 홀연히 화두를 '확' 한 번 깨치면, 앞에서 말한 바와 같이 한마음의 법계가 훤칠하게 뚜렷이 밝아

342 진다. 그러므로 원교에서 관행하는 것과 선문에서 한 번 깨닫는 것을 비교하면, 교문의 안과 교문의 밖이 아득히 같지 않으므로 시간의 더디고 빠름도 같지 않음을 그대로 알 수 있다. 그러므로 교 밖에 따로 전한 것은 교법에서 아득히 벗어난 것이니 지식이 얕은 이로서는 감당할 수 없는 것이다.

선문에도 비밀히 부촉한 것을 감당하기 어려운 중근기와 하근기의 무리가 있다. 그들은 말을 여의고 생각을 끊음으로써 마음이 이치에 들어갔으나, 눈앞에서 연기하는 현실과 진리를 미처 터득하지 못하였다. 그러므로 경산의 대혜선사는 그들을 꾸짖기를 '〈굳이 쉬어 가고 쉬어 가라〉고 하는 것은 생각을 잊고 공적(空寂)만 지켜 알음알이를 내는 것이다'라고 하였다.

어떤 이는 범부들이 날마다 쓰는 평상적인 마음을 지극한 도라고 인정하여, 미묘한 깨달음은 구하지 않으면서 '다만 거리낌 없이 자재에 맡겨, 마음이 일어나거나 생각이 움직임을 상관하지 말라. 일어나는 생각과 사라지는 생각이 본래 실체가 없다'고 한다. 그러므로 대혜선사는 또 그들을 꾸짖기를 '그들은 타고난 본체만 지키는 것을 궁극적인 진리로 삼음으로써 알음알이를 내는 이들이다'라고 하였다.

또 선종에서 어떤 이는 '삼계(三界)가 오직 마음이요, 만법(萬法)이 오직 의식뿐이며, 현실과 현실이 서로 원융하다'는 것으로 343 써 관행의 문을 삼는다. 그것은 초현문 가운데서 법안(法眼)화상과 덕소(德韶)국사가 세운 것으로서 원교와 같으나, 그 베푼 법의 자세하고 간략함이 다를 뿐이다.

규봉종밀(圭峰宗密) 선사는 이르기를 '부처님의 교법은 만대(萬代)에 의지할 바이니, 그 이치를 자세히 보여야 하며, 조사님네들의 교훈은 그 자리에서 해탈을 얻게 함에 있으므로 그 뜻을 그윽이 통하게 하였다. 그윽이 통하는 것은 말을 버리는 데 있기 때문에 말 아래 자취를 남기지 않아, 자취는 뜻의 땅에서 끊어지고, 이치는 마음의 근원에 나타나는 것이다'라고 하였다. 그러므로 큰스님들이 근기에 대하여 보이는바 현실과 현실이 서로 걸림없는 법문은 가장 간략한 것이니, 그 요점은 바로 끊어 깨달아 들어가는 데 있고, 주해하여 아는 것을 허락하지 않는다.

불안(佛眼)선사는 불자(拂子)를 들고 이르기를 '대중 스님네여, 과거의 그 많은 성현들이 모두 이 산승(山僧)의 불자 끝에 있어서 저마다 큰 연꽃에 앉아 미묘한 법을 연설하니, 서로 비춰 주는 그 광명은 마치 보배실로 엮은 그물과 같다. 믿을 수 있겠는가?'라고 하였고, 또 말산(末山)의 비구니(比丘尼) 요연(了然)은 먼저『화엄경』법문을 듣고, 그 뒤에 조사의 도를 참구하여 큰일을 밝히고는 게송으로 읊었다.

    오온산(五蘊山) 꼭대기 옛 불당(佛堂)에
    비로자나불(毘盧遮那佛)은 밤낮으로 백호광명(白毫光明)을 놓는다
    만약 여기가 같음도 다름도 아닌 줄 알면
    곧 화엄(華嚴)이 온 누리에 두루하리라

    五蘊山頭古佛堂
    毘盧晝夜放毫光

若知此處非同異
卽時華嚴徧十方

    이와 같이 큰스님들 중에는 현실과 현실이 걸림없는 법문으로 학인들을 가르쳐서, 당장에 깨닫게 한 이들이 흔히 있다. 이로써 교종의 현문(玄門)에 비하면, 이치가 더욱 넓고 깨달은 지혜는 더욱 융통하다. 그러므로 원효(元曉)스님은 이르기를 '지혜로운 사람의 관행은 밖으로는 온갖 이치를 잊고 안으로는 제 마음을 찾는다. 그러므로 능히 이치가 없는 지극한 이치를 얻을 수 있다'고 하였다. 선문의 큰스님네들이 보인 걸림없는 법문이 비록 원교와 같다 하더라도 그 말이 간략하기 때문에, 깨달아 들어가는 문에 아주 가까운 줄을 알아야 한다.
    그런데 선문의 이런 말이나 글귀들을 교문에 비교하면 간략하지만, 만약 바로 끊어 들어가는 문의 화두에 비교하면 그래도 불법의 알음알이가 있으므로 열 가지 병통을 벗어나지 못한다. 그러므로 '무릇 참선하는 사람은 활구(活句)를 참구하고 사구(死句)를 참구하지 말아야 한다. 활구에서 깨달으면 영원히 잊지 않을 것이나, 사구에서 깨달으면 자기도 구제하지 못할 것이다'라고 한 것이다. 이로써 대혜선사는 재미없는 화두를 학인들이 참구하게 하여, 열 가지 병통에 걸리지 않고 당장에 깨닫게 하되, 삼구(三句)를 부리고 삼구의 부림을 받지 않게 하였다. 그런데 어찌 돈교의 부정적인 표현[遮詮]과 같이 논할 수 있으며, 어떻게 현수(賢首)국사가 이러한 근기를 돈교 속에 묶어 둘 수 있겠는가?

 청량국사나 규봉선사도 이것을 간단히 분별하여 말씀하기를 '선종에서 생각을 여의고 생각을 없애는 것도 역시 이 중에서 자취를 떨쳐 버리고 허물을 막는 것이지만, 다만 마음으로써 마음에 전하여 비밀한 뜻을 가리키는 곳은 지금 이 글에서 논할 것이 아니다'라고 하였으니, 이것이 그 분명한 증거이다.
 또 선종에서 어떤 이는 '근원과 갈래가 모두 다르다'며 논하기를 '법이 다르고, 문이 다르고, 근기가 다르다'고 한다. 그러나 여기서의 이치는 그렇지 않다. 즉 다만 번뇌에 얽매인 범부의 지위에서 바로 끊어 깨달아 들어가는 데에는 문이 다르고 근기가 다르겠지만, 어찌 큰보살이 몸소 한마음의 법계를 증득함에 있어서야 다르다 하겠는가?
 그러나 옛 스님은 말씀하기를 '조사의 도를 깨달아 반야를 발휘하는 이가 말세(末世)에는 없다'고 하였다. 이 뜻에 의하면 화두에도 참의(參意)와 참구(參句)의 두 가지 이치가 있다. 요즘 의심을 깨뜨렸다는 이는 거의 참의하는 사람으로서 아직 참구하지 못하였으므로, 원돈문(圓頓門)에서 올바로 이해하고 밝혀 낸 이와 마찬가지이다. 이러한 사람의 관행과 마음을 쓰는 것도 역시 보고 듣고 알고 실천하는 보람이 있지만, 다만 요즘의 문자 법사(文字法師)들이 관행하는 문에서 안으로는 마음이 있다고 헤아리고 밖으로는 온갖 이치를 찾되, 찾는 이치가 더욱 미세하여 갈수록 바깥 형상만을 취하는 병통과는 같지 않다. 그런데 어찌 참구문에서 의정을 깨뜨리고 한마음을 몸소 깨달아 반야를 발휘한 뒤에 넓고 크게 그 법을 유통시키는 이와 같다고 하겠는가?

　이같이 깨달은 지혜가 눈앞에 나타나는 이를 요즘은 보기도 드물고 듣기도 드물다. 그러므로 요즘에는 다만 화두의 참의문에 의지하여 바른 지견을 밝히는 것을 소중하게 여길 뿐이다. 이러한 사람이 본 바를 교문에 의지하여 관행하여 알음알이를 떠나지 못한 이와 비교한다면, 하늘과 땅처럼 현격한 차이가 있다. 그러므로 삼가 바라노니, 관행으로 세상에서 벗어나려 하는 이는 선문의 활구를 참구하여 빨리 보리(菩提, 깨달음)를 깨닫는다면 얼마나 다행한 일이겠는가?"

선문보장록

禪門寶藏錄

【해 제】

3권. 고려 천태종(天台宗) 백련사(白蓮社) 제4대 진정국사(眞靜國師) 천책(天頙, 1206~1277?)이 편찬하였다. 전편을 〈선과 교를 분별하는 문(禪敎對辨門)〉·〈여러 강사들이 수긍하고 귀의하는 문(諸講歸伏門)〉 및 〈군신들이 존중하고 신앙하는 문(君臣崇信門)〉의 3문으로 나누어, 당시 쟁점이 된 선(禪)과 교(敎)의 갈등을 선에 의하여 교를 섭수하여 회통하고 있다. 권두에 1293년 찬자가 쓴 서문이 있고, 제1문에 25칙, 제2문에 25칙, 제3문에 33칙, 니파(尼婆) 3칙 등 86칙의 경(經) 및 조록(祖錄) 등을 인용하였으며, 권말에 1294년 몽암거사(蒙庵居士) 이혼(李混)이 쓴 발문이 있다. 특히 인용 문헌 가운데는 우리나라 찬술과 이미 사라진 문헌도 수종 있다.

지리산 철굴(鐵窟, 1531)·능인암(能仁庵, 1611) 등에서 판각된 바 있으며, 『만속장(卍續藏)』 2·18·5 [113], 『신찬속장(新纂續藏)』 64, 『선문촬요』 권하(1908), 『한국불교전서』 제6책(1984) 등에 수록되었다.

선문보장록 禪門寶藏錄

해동사문(海東沙門) 천책(天頙) 지음

머리말

우리 석가모니 어르신께서 선(禪)의 등불은 가섭(迦葉)의 마음에 붙이셨고, 교(敎)의 바다는 아난(阿難)의 입에 쏟으셨으니, 선과 교를 각각 다른 날에 말씀하신 것이 틀림없다. 그러나 교를 전공하는 자는 〈교 밖에 따로 전한 것[敎外別傳]〉이 있다는 말을 들으면 얼굴이 파래지고 눈이 휘둥그래져 "아니, 이게 무슨 소리야!"라고 말한다. 아아! 남과 나를 가름이 이 지경에까지 이르렀구나. 그러므로 내가 개연히 용기를 내어, 소라 껍데기로 바닷물을 되는 격이며, 대롱으로 하늘을 내다보는 격임을 모르는 바 아니니, 세 문으로 나누어 밝히고자 한다.

세 문이란 무엇인가? 선과 교가 혼동되고 있기에 상권에 〈선과 교를 분별하는 문〉을 세웠으며, 강사들이 선을 비난하고 있기에 중권에 〈여러 강사들이 수긍하고 귀의하는 문〉을 세웠으며, 선을 유통시키는 일은 군신(君臣)들의 몫이기에 하권에 〈군신들이 존중하고 신앙하는 문〉을 세웠다.

이 세 문에서 인용한 구절들은 모두 옛 어른이 누누이 말씀한 것이지 나 혼자만의 말이 아니다. 나 혼자만의 말이 아닐진대 아마도 사람들 가운데는 믿는 이들도 있으리니 『선문보장(禪門寶藏)』이라 이름짓는다.

해동사문(海東沙門) 내원당(內願堂) 진정대선사(眞靜大禪師)
천책몽차(天頙蒙且)가 지원(至元) 30년 계사(癸巳, 1293)
11월 어느 날에 서문을 쓰다

1. 선과 교를 분별하는 문 [禪敎對辨門] 25칙

348　(1) 노사나불(盧舍那佛)이 보리수(菩提樹) 아래서 처음으로 정각(正覺)을 이루시고 나서 마음으로써 마음에 전하시어 문자를 세우지 아니하고 모든 대중들이 단박에 깨닫게 하시니, 오직 가섭상좌(迦葉上座)만이 비밀스럽고 부사의한 경지에 들었을 뿐이요, 문수(文殊)·보현(普賢) 등 팔만 보살(菩薩)의 무리들도 가섭이 든 경계를 알지 못하였다.

(본생경 本生經)

(2) 범천왕(梵天王)이 영산회상(靈山會上)에 이르러 금빛 바라꽃

을 부처님께 바치고 몸을 던져 자리가 되어 부처님께 모든 중생들을 위하여 설법하여 주십사고 요청하였다. 세존(世尊)께서 자리에 오르시어 꽃을 들어 대중에게 보이시매 인간과 천상계(天上界)의 수많은 대중들이 모두 어찌할 바를 모르는데 오직 가섭만이 빙그레 웃었다. 그러자 세존께서 "내게 정법안장(正法眼藏) 열반묘심(涅槃妙心)이 있으니 마하가섭(摩訶迦葉)에게 부촉하노라" 하셨다.

(대범천왕문불결의경 大梵天王問佛決疑經)

(3) 바다는 바람에 따라 갖가지로 물결을 일으키고, 부처님은 인연에 따라 삼천 가지로 법을 연설하신다. 바다의 바닥은 아주 깊으므로 사물의 그림자가 이르지 못하고, 여래(如來)의 마음 경계는 고요하여 끝이 없다.

영남(嶺南)의 종도자(宗道者)가 주석하기를 '물결이라 함은 현재 부처님의 가르침의 바다에 비유한 것이니, 근기와 욕망에 따라 말씀하신 오천 권의 가르침이다. 바다의 바닥이라 함은 바다의 바닥은 아주 깊어서 사물의 그림자에 의하여 흔들리지 아니하므로 삼겁(三劫)의 바람이 그 바닥에 이르지 못함을 비유한 것이다. 우리 부처님의 깊으신 뜻도 이와 같아서 깊디깊으며 아득하디아득하여 짐작할 수도 없으며 표현할 수도 없다'고 하였다.

(반야다라해저풍영시현기 般若多羅海底風影示玄記)

(4) 중국의 제2조 혜가(慧可)대사가 달마에게 여쭈었다.

"방금 부촉하신 정법(正法)은 묻지 아니하겠습니다만, 석가모니 어르신께서는 누구에게서 전해 받으셨으며, 어느 곳에서 얻으셨는지 자비로 자세히 말씀해 주시어 후세 사람들이 잣대로 삼게 하소서."

달마가 대답하였다.

"내게 인도의 여러 조사님네들께서 법을 전하신 게송 몇 편이 있으니, 이제 그대를 위하여 연설하리라.

진귀조사(眞歸祖師)께서 설산(雪山) 속
총목방(叢木房)에서 석가를 기다리다가
임오년(壬午年, B.C. 988)에 법인(法印)을 전하니
그 자리에서 불조(佛祖)의 종지를 깨쳤다네"

眞歸祖師在雪山
叢木房中待釋迦
傳持祖印壬午歲
心得同時祖宗旨

(달마밀록 達摩密錄)

350   (5) 어떤 중이 유주(幽州)로부터 와서 중국의 제6조 혜능(慧能) 대사에게 여쭈었다.

"부처님께서 삼승법(三乘法)을 말씀하셨는데, 또 최상승(最上乘)이라고 말씀하시니, 저는 이해하지 못하겠습니다. 자비로 가르쳐 주소서."

조사께서 그에게 말씀하셨다.

"보고 듣고 읽는 것은 소승(小乘)이요, 법을 깨달아 뜻을 이해하는 것은 중승(中乘)이요, 법에 의지하여 수행하는 것은 대승(大乘)이다. 자기의 본심을 알고 자기의 본성을 보며, 온갖 법을 다 통달하고 온갖 실천을 다 갖추어, 일체를 없애지 아니하되 모든 소견과 모양을 여의며, 생각 생각에 머무름이 없는 것을 최상승이라 한다."

(가태보등록 嘉泰普燈錄)

(6) 반야다라(般若多羅)가 말씀하였다.

"부처님께서 도솔천(兜率天)에서 마야(摩耶)부인의 뱃속에 들어가 바로 삼십삼 인에게 모두 현기(玄記)를 주면서 이르시기를 '나에게 심법(心法)이 있는데 모두 너희에게 부촉하니, 저마다 때를 기다려 한 사람이 한 사람에게 전해 주어 종지를 가만히 보호하여 끊어지지 않게 하라' 하셨으니, 이것을 일러 〈교 밖에 따로 전한 것[敎外別傳]〉이라 한다. 그러므로 송(頌)한다.

　　마야부인의 뱃속 전당은
　　그 본체가 법계(法界)와 한결같아
　　서른세 분의 여러 조사에게
　　동시에 가만히 수기(授記)하셨네"

　　摩耶肚裡堂
　　法界體一如

卅三諸祖師
同時密授記

(부법장전 付法藏傳)

(7) 교(敎)는 한결같지 아니하여 세 가지 부류가 있으니, 첫째 현교(顯敎)라는 것은 제승(諸乘)의 경(經)·율(律)·논(論)이요, 둘째 밀교(密敎)라는 것은 유가(瑜伽)와 관정(灌頂)·오부호마(五部護摩)·삼밀만다라법(三密曼拏羅法)이요, 셋째 심교(心敎)라는 것은 사람의 마음을 곧바로 가리켜 성품을 보아 부처를 이루는 선법(禪法)이다.

첫째 법륜(法輪)은 곧 현교이니 가섭마등(迦葉摩騰)으로 시조(始祖)를 삼고, 둘째 교령륜(敎令輪)이라는 것은 곧 밀교이니 금강지(金剛智)로 시조를 삼고, 셋째 심륜(心輪)이라는 것은 보리달마(菩提達摩)로 시조를 삼는다.

그러므로 법륜을 전한다는 것은 법음(法音)으로써 법음을 전하는 것이요, 교령륜을 전한다는 것은 비밀로써 비밀을 전하는 것이요, 심륜을 전한다는 것은 마음으로써 마음을 전하는 것이다.

이 삼교(三敎)와 삼륜(三輪)과 삼조(三祖)가 서쪽에서 동쪽으로 와서 범부를 교화하여 성인이 되게 하여 십오 대(代)가 흘렀다.

(승사략 僧史略)

(8) 『대지도론(大智度論)』을 살펴보니, 이르기를 "모든 부처님은 진리에의 애착을 끊어 경전을 세우지 않고 언어를 장엄하지

않는다"고 하였으니, 큰성인의 그 뜻이 어찌 반드시 교(敎)에 있었겠는가? 또 경에 이르기를 "경의 가르침은 달을 가리키는 손가락과 마찬가지이니, 만약 다시 별을 본다면 가리키는 것이 끝내 달이 아님을 알게 될 것이다"라고 하였으니, 이것이 어찌 사람들이 교의 자취에 집착하게 하려는 것이겠는가? 또 경에 이르기를 "처음 녹야원(鹿野苑)으로부터 마지막 발제하(跋提河)에 이르기까지 그 사이에 일찍이 한 글자도 설한 바 없다"고 하였으니, 이것이야말로 참으로 〈교 밖에 따로 전한 것〉을 일컫는 것이다.

(정종기 正宗記)

(9) 이때에 석가는 선화주(禪化主)가 아니니, 이는 이 종(宗)의 행화주불(行化主佛)은 노사나(盧舍那)도 아니며 석가(釋迦)도 아니나 능히 노사나가 되기도 하고 석가가 되기도 하며, 십신(十身)도 아니며 삼신(三身)도 아니나 능히 십신이 되기도 하고 삼신이 되기도 하는 것을 말하는 것이다. 그러므로 말하기를 "법 가운데 왕이 바로 이것이다. 일체 삼신(一體三身)이 같지 않으니, 본래 신령스러운 빛이 있어 고금(古今)을 비추거늘 어찌 반드시 가슴 앞에 만자(卍字) 표시가 있어야만 하겠는가?"라고 하였다.

(변종기 辨宗記)

(10) 무릇 〈교 밖에 따로 전한다〉는 것은 모든 부처님과 조사님네들에게 있어서 공통된 법이다. 이 법은 문자로 의론할 수

353 있는 것이 아니므로 〈교 밖〉이라고 하며, 점차나 단계를 거치지 않고 불심종(佛心宗)을 깨닫고 곧바로 법인(法印)을 받으므로 〈따로 전한다〉고 한다. 교라는 것은 말로써 말 없는 데에 이르는 것이요, 마음이라는 것은 말 없음으로써 말 없는 데에 이르는 것이다. 말 없음으로써 말 없는 데에 이른다면 사람들이 무엇이라 이름을 붙일 수 없다. 그러므로 억지로 선(禪)이라 이름을 붙인 것이다. 세상 사람들은 그 까닭을 알지 못하고, 어떤 이는 배워서 알 수 있다거니, 생각해서 얻을 수 있다거니, 익혀서 이룰 수 있다거니 하고 말한다. 선나(禪那, dhyana)는 중국말로는 정려(靜慮)이니, 정려라는 것은 정신을 맑게 하고 단정히 앉아 반연(攀緣)을 쉬고 마음을 단속하여 관혜(觀慧)를 조성하는 하나의 방법이다. 어찌하여 세존께서 입멸(入滅)을 보이실 때에 가만히 가섭에게 전하여 삼십삼 대에 이르도록 대대로 끊어지지 않았을까? 달마조사께서 전하신 것은 교를 빌려 선을 익힌 것이 아니요, 사람의 마음을 곧바로 가리켜 성품을 보아 부처를 이루게 하는 길이다.

(조문간정록 祖門刊正錄)

(11) 중국의 제5조 홍인(弘忍)대사가 제6조 혜능대사를 불러 말씀하기를 "모든 부처님께서 세상에 출현하신 것은 일대사(一大事)를 해결하기 위한 것이다. 그러므로 근기의 크고 작음에 따라 인도하시니, 마침내 십지(十地)니 삼승(三乘)이니 돈교(頓敎)니 점교(漸敎)니 하는 종지를 세워 교문(敎門)을 삼았다. 더없이 미

묘하고 비밀스럽고 원만하고 진실된 정법안장은 상수(上首)인 354
대가섭(大迦葉)존자에게 부촉하시어 차례로 이십팔 대를 지나 달
마에 이르러 이 땅에 전해졌다. 달마조사가 혜가대사를 만나 전
승하여 내게 이르렀다. 이제 이 법보(法寶)와 전해 받은 가사(袈
裟)를 그대에게 부촉하니 잘 보호하여 끊어지지 않도록 하라"고
하였다.

(경덕전등록 景德傳燈錄)

(12) 부처님은 활같이 말씀하시고, 조사들은 활줄같이 말씀하
셨다. 활같이 말씀한 것은 선문에서 바로 전한 현로(玄路)이니
언설을 빌리지 않고 곧바로 종지의 근본 마음의 본체를 보인 것
이다. 활줄 같다는 것은 교문인즉슨 일승(一乘)은 곧은 길이요
삼승(三乘)은 굽은 길이니, 곧바로 종지의 근본 마음의 본체를
들어 마음에 보인 것만 같지 않은 것이다. 왜냐하면 일승의 가르
침에서 설한 것은 현상과 현상이 걸림없는 법계[事事無碍法界]의
원융함인데, 이 현상과 현상이 걸림없는 법계가 바야흐로 한맛
의 법계[一味法界]에 돌아간다. 이 한맛의 법계의 자취마저 떨쳐
버려야 비로소 조사가 보인 한마음[一心]을 드러내게 된다. 그러
므로 모든 교는 곧지 아니함을 알 수 있다.

(순덕선사록 順德禪師錄)

(13) 십불(十佛)의 법보단(法寶壇)의 한 해인(海印)에 세 가지 355
세간[三種世間]이 모두 들어 있으며, 다함없는 성품의 바다가 한

맛[一味]과 합치하고, 한맛이 서로 녹아드는 것이 바로 우리의 선(禪)이다.

(진정극문 眞淨克文 화상의 송 頌)

(14) 세상의 문자 법사가, 참선하는 이가 불교를 배척하는 것을 보고는 참으로 경전을 비난한다고 생각하여 머리카락을 곤추세운다. 그러나 이는 참선하는 이가 불교를 배척하는 것만 본 것이요, 참선하는 이가 부처님의 해를 닦아서 빛내는 것을 보지 못한 것이다. 내가 그 주장을 바로잡는다면, 경전에 분명히 말하기를 "성문승(聲聞乘)도 아니고 연각승(緣覺乘)도 아니고 보살승(菩薩乘)도 아니고 또 불승(佛乘)도 아니다"라고 하였으니, 이것이 선조(先祖) 대대로 이어받은 최상승선(最上乘禪)이다.
"마땅히 무슨 말로써 이 법문을 형용할 수 있겠습니까?"
"어떤 중이 조주(趙州)에게 '조사가 서쪽에서 오신 뜻[祖師西來意]'을 물으니, 조주가 대답하기를 '뜰 앞의 잣나무이다[庭前栢樹子]'라고 하였으니, 이 한 구절은 용궁(龍宮)의 장경(藏經)에도 없는 것이다."

(적음존자록 寂音尊者錄)

(15) 어떤 중이 "따로 전한 법이 언제 시작되었습니까?"라고 물으니, 다음과 같이 대답하였다.
"부처님이 열반하실 때에 미래의 중생이 다만 경전의 말씀에만 의지하여 부처님의 뜻을 이해하지 못하는 것이 마치 가난한 사람이 남의 보배만 헤아리는 것과 같아서 끝내 아무런 이익도 없음을 염려하여, 세존께서 푸른 연꽃과 같은 눈을 뜨시고 가섭을 돌아보시며 대중에게는 비밀히 부촉하셨다."

(연수선사록 延壽禪師錄)

(16) "달마대사가 양현지(楊衒之)에게 말씀하기를 '부처님의 마음자리를 밝혀 한 치도 어긋남이 없으며 실천과 이론이 하나가 된 이를 조사(祖師)라 한다'고 하였거늘, 어찌 성문(聲聞)의 자취를 나투어 교 밖의 마음을 전할 수 있습니까?"

"소승의 근기를 인도하고자 임시 방편으로 성문의 모습을 지었으나, 교 밖에 따로 전하는 날에는 성문의 지혜가 아니었다."

(선림집 禪林集)

(17) 논평한다.

당(唐)나라 신청(神淸)이 참선하는 이를 좋아하지 아니하여 글을 지어 깔보기를 "현인이나 성인에게 법을 전하시되 가끔 성문에게도 전하셨나 보다. 가섭 등은 비록 마음을 돌이키기는 하였으나 그래도 소승의 지혜이거늘 어찌 능히 부처님의 심인(心印)을 전해 받을 수 있었을까?"라고 하였으니, 고루하기도 하다. 신청스님은, 다만 자기가 좋아하고 싫어하는 것만 제멋대로 따를 뿐, 큰성인께서 법을 전할 경우에 비록 성문과 같음을 보이나, 어찌 성문으로써 다할 수 있을 것이며, 어찌 응화불(應化佛)이 교화할 대상인 아라한(阿羅漢)을 내는 것이 아니겠는가 하는 이치를 알지 못한 것이다. 부처님이 교화할 대상이라 함은 마땅히 그가 가진 사선 삼매(四禪三昧)와 한량없는 공덕(功德)이 여래(如來)와 다름없어야 하니, 여래와 다름없어서 부처님의 심인(心印)을 전한 것을 누가 옳지 않다고 하겠는가?

(정종기 正宗記)

(18) 참성품은 때묻지도 않고 깨끗하지도 않으며 범부에게나 성인에게나 차이가 없으나, 선(禪)인즉슨 얕음도 있고 깊음도 있어서 계위(階位)가 내려올수록 차이가 벌어진다. 다른 분별을 가지고 위는 좋아하고 아래는 싫어하면서 닦는 것은 외도선(外道禪)이요, 인과(因果)를 바로 믿으나 역시 위는 좋아하고 아래는 싫어하면서 닦는 것은 범부선(凡夫禪)이요, '실체가 없다'는 한쪽 진리를 깨달아 닦는 것은 소승선(小乘禪)이요, '자아와 존재가 모두 실체가 없다'는 진리를 깨달아 닦는 것은 대승선(大乘禪)이다. 만약 자기 마음이 본래 청정하여 번뇌가 없으며, 번뇌가 없는 지혜의 성품이 스스로 갖추어져 있으니, 이 마음이 그대로 부처요, 끝내 부처와 다르지 아니함을 홀연히 깨달아 이를 의지하여 닦는 것은 최상승선(最上乘禪)이며 여래청정선(如來淸淨禪)이니, 달마대사의 문하에서 대대로 서로 전한 것이 바로 이 선(禪)이다.

또 이르기를 "마음으로써 마음에 전한다"는 것은 달마대사의 말씀이다. 혜가화상이 "이 법은 어떤 경전에 쓰여 있어서 배워 익히는 것입니까?"라고 묻자, 달마대사가 대답하기를 "나의 법은 마음으로써 마음에 전하는 것이요 문자를 세우지 아니한다"고 하였으니, 이는 스승의 말씀에 의지하는 것이지 문자로써 도를 삼는 것이 아님을 말한 것이다. 모름지기 말을 잊고 뜻을 얻어야 하는 것이니, 뜻을 얻는다는 것이 바로 마음을 전하는 것이다. 선문(禪門)에서 생각을 여의었다느니 생각이 없다느니 하는 것은 이 가운데 자취를 떨쳐 버리고 허물을 막는 것이다. 다만 마음으로써 마음에 전하고 비밀한 뜻을 주고받은 자리는 지금 서신으로써 논의할 사항이 아니다.

(규봉 圭峰의 선원제전집도서 禪源諸詮集都序 및 본록 本錄)

(19) 어떤 이가 대주(大珠)선사에게 물었다.

"저는 잘 알지 못하겠습니다. 율사(律師)와 법사(法師)와 선사(禪師) 가운데 누가 가장 낫습니까?"

선사가 대답하였다.

"율사라는 이는 계율(戒律)의 법장(法藏)으로 부처님의 혜명(慧命)을 잇는 유풍(遺風)을 전하며, 지니고 범하고 열고 닫는 법에 통달하고, 위의를 지니고 궤범(軌範)을 실천하며, 세 차례의 갈마문(羯摩文)을 가르쳐 사과(四果)의 첫 인(因)을 짓게 한다.

법사라는 이는 사자좌(獅子座)에 웅크리고 앉아서 폭포와 같은 설법을 내뱉으며 대중들을 상대하여 현관(玄關)을 뚫고 반야의 묘문(妙門)을 열며, 삼륜(三輪)이 평등한 공(空)의 이치를 설명한다.

선사라는 이는 그 요점을 잡아서 곧바로 마음의 근원을 깨쳐 나서거나 숨거나 거두거나 펴거나 자유자재로 사물을 응대하며, 현상과 본질을 두루 알고 홀연히 여래를 보고 생사의 깊은 뿌리를 뽑고 눈앞의 삼매(三昧)를 얻는다. 만약에 참선하여 안정하지 않은 이라면 여기에 이르러 모두 어리둥절하게 된다."

그 사람이 절하고 물러갔다.

(대주혜해선사록 大珠慧海禪師錄・경덕전등록)

(20) 진정한 규범을 그릇 이해한 승려가 조사님네들의 전통을 잘못 계승하여 때로는 돈점(頓漸)의 문을 정맥(正脈)으로 삼거나, 때로는 원돈(圓頓)의 가르침을 들어 종승(宗乘)으로 여기거나 한다. 성품의 바다 자체는 비록 설명할 수 없다 하더라도 사물의 모습은 길이 고요하나 법계(法界)의 인(因)을 닦아 법계의 과(果)를 증득하므로 인과의 범위 안에 있다고 한다. 만약 종문(宗門)의 가만히 전한 묘지(妙旨)를 들어 말하자면, 본래 법계의 인도 없고 법계의 과도 없으며, 또한 지혜도 깨달음도 없으며, 의보(依報)도 정보(正報)도 없다. 본래 인이 없으므로 닦아야 할 만행(萬行)의 길도 없고, 본래 과가 없으므로 증득하여야 할 과의 문도 없다.

"해인(海印)의 관점에서 말한다면, 본래 체성(體性)을 증득하여 인과를 떠났으니, 선문 정종(禪門正宗)의 심인(心印)과는 어떻게 회통(會通)할 수 있겠습니까?"

"같은 듯하나 같지 않다. 왜냐하면 해인이라는 것은 인과가 있는 곳에서 출발하여 인과가 없는 곳에 도착하는 것이니, 인이 있는 것은 처음의 자취요, 과가 있는 것은 마지막 자취이다. 만약 당시를 말한다면 비록 인과가 없으나 근본을 추구해 보면 인도 있고 과도 있다. 그러나 선의 관점에서 말한다면, 본래 법계의 인이 없으므로 다시 없애야 할 인도 없으며, 본래 법계의 과가 없으므로 다시 없애야 할 과도 없으니, 없애야 할 인과가 이미 없거늘 어찌 인과가 없는 곳에 도착하겠는가? 그러므로 옛 스님이 말씀하시기를 '선문의 조사가 마음을 전한 곳은 마치 새가 공중을 나는 것과 같아서 그 자취가 전혀 없다'고 하였다."

"돈교(頓敎)에서는 일체 존재가 마음의 반연(攀緣)하는 형상을 여의었으며 주관과 객관을 여의었으므로 낱낱의 존재가 순수하고 섞임이 없으며 있는 그대로 공덕을 갖추고 있어서 능히 깨달을 사람이 없으니 그대로 청정해탈(淸淨解脫)이거늘 어찌하여 선문과 같지 않습니까?"

"부처님의 경지는 본래 생각을 여읜 것이다. 생각이 일어나므로 중생이니, 중생이 만약 한 생각도 일으키지 않으면 곧 부처님과 같다. 따라서 초지(初地)가 곧 불지(佛地)라는 것과 삼현(三賢)과 십성(十聖)은 공중을 나는 새의 자취와 마찬가지이다. 만약 깨달은 진여(眞如)를 말한다면 언어도 여의고 형상도 여의어 모든 상대가 끊어졌다. 그러므로 만약 앞의 이치를 환히 밝히지 못하면 이 실천을 거두어 이룰 수 없으니, 이 실천이란 곧 기틀을 잊은 실천이다. 그러나 깨달을 바 진여가 있다면 깨닫는 지혜의 본체가 있을 것이요, 생기지 않는 망념이 있다면 생기는 정념이 있을 것이다. 비록 고요하여 점차도 단계도 없으나 십신(十信)에서 출발하여 불지에 도착함이 있으니, 불지가 곧 십신의 자리이다.

만약 선문을 말한다면 본래 한 생각도 없거늘 무슨 생각이 일어날 것이며, 생각이 이미 본래 없거늘 어디에 십신의 자리가 설 것이며, 십신의 자리가 서지 못하거늘 어디에 불지가 있으며, 형상을 보지 못하거늘 무슨 형상을 여의며, 명칭이 본래 없거늘 무슨 명칭을 여의랴! 그러므로 선문은 돈교(頓敎)와 같지 않다.

분별을 잊어버리고 이치에 계합하는 데에 두 가지 뜻이 있다.

첫째 교에 의지하여 이치에 계합하는 것이다. 저 대승보살이 부처님께서 소승을 설하였으나 소승에 걸리지 않으며, 대승을 설하였으나 대승에 걸리지 않으며, 이치를 설하고 현상을 설하였으나 이치와 현상에 걸리지 않으며, 공(空)을 설하고 색(色)을 설하였으나 공과 색에 걸리지 않으며, 진(眞)을 설하고 속(俗)을 설하였으나 진과 속에 걸리지 않는 것과 같이 오승(五乘)과 십이분교(十二分敎)와 삼계(三界)에 있는 모든 존재가 새가 공중을 날되 길이 자취가 없는 것과 같다. 『화엄경소(華嚴經疏)』에 이르기를 '원교와 돈교 위에 따로 한 종지가 있다'고 하였으니, 이것이 바로 말을 잊고 뜻을 깨닫는 종지이다."

"무슨 말을 잊고 무슨 뜻을 깨닫습니까?"

"오교(五敎)의 말을 잊고 오교의 뜻을 깨닫는 것이니, 선종(禪宗)이 바로 이것이다."

(현각 玄覺선사의 교외수선장 敎外豎禪章)

(21) 어떤 이가 물었다.

"『선경(禪經)』은 소승의 경전이니 조사문에 낄 수 없으나, 『능가경(楞伽經)』은 성종(性宗)의 법문이며, 게다가 '달마대사가 가지고 와서 그것으로써 심지법문(心地法門)을 증거하였으며, 그것을 임종할 때에 부촉하였다'고 하니, 그 말이 옳습니까?"

"그것 또한 옳지 않다. 이것은 단순히 비유로 설한 경전이다. 능가산(楞伽山)을 세워서 비유를 삼은 것은 이 산이 높게 치솟은 것이 생사의 큰 바다가 중생 및 이승인(二乘人) 등에게 멀리 떨어져 있는 것과 같음을 의미한 것이다. 그러므로 경에 이르기를 '통달한 보살이 아니면 이 산에 오를 수 없다'고 하였다. 다만 대혜(大惠) 등 여러 보살과 함께 불성(佛性)의 뜻을 말씀하시면서 이승인을 격발시켜 소승을 버리고 대승에 나아가게 하려고 한 의도이다. 그러나 기틀을 갖춤이 부족하여 방등부(方等部)에 포함되는 데에 그쳤거늘, 어찌 조사문을 증거할 수 있겠는가?"

"조사문에서는 이미 『선경』으로도 종지를 삼지 아니하면서, 또 『능가경』으로도 종지를 삼지 아니한다면, 이제 『반야경(般若經)』을 세워 종지를 삼아도 되겠습니까?"

"또한 옳지 않다. 왜냐하면 부처님이 열반회상에서 다만 '내게 정법안장이 있으니 마하가섭에게 부촉한다'라고만 하셨을 뿐, '내게 마하반야(摩訶般若)가 있으니 마하가섭에게 부촉한다'라고 하셨다는 말은 듣지 못하였다. 범어(梵語)로 반야(prajñā)는 중국말로 지혜이니, 지혜로 말하면 사리불(舍利弗)이 종주(宗主)가 되는 것이 마땅하다. 『반야경』이전에 설한 법은 모두 희론(戱論)이므로, 경에 이르기를 '모든 법의 희론의 똥덩이를 없애 버린다'고 한 것이다. 반야는 성문(聲聞)의 치질을 핥고 종기를 째는 좋은 약임을 알아야 한다. 어찌 반야를 선문의 종주라고 할 수 있겠는가?"

"『선경』과『능가경』·『반야경』은 어떤 것은 교리가 원만하지 못하고 어떤 것은 기틀을 갖춤이 부족하므로 조사문과는 다르거니와,『화엄경』은 티끌마다 세계마다 비로자나(毘盧遮那)의 청정한 법신(法身)을 나투고 있으며,『능엄경』은 미묘한 성품이 둥글고 밝음을 널리 중생들에게 보이고 있으며,『법화경』은 미묘한 일승법(一乘法)으로 일체를 포섭하거늘 어찌 조사문 가운데 따로 전한 일이 있을 수 있겠습니까?"

"석가의 설법은 평등한 자비심으로 중생들이 생사의 바다에 떴다 잠겼다 하는 것을 두루 보시고 그 높낮이에 따라 건져 주신다. 마치 어부가 바다에 나아가 그물을 쳐서 때로는 에워싸고, 때로는 몰아넣으며, 때로는 낚시질을 하고, 때로는 채낚질을 하되, 고기 가운데 큰 놈으로는 자라나 고래도 있으니 그것은 큰 그물로 잡아들이고, 방어나 준치 같은 놈에게는 중간 그물을 던지고, 게나 조개나 소라 따위는 작은 그물을 써서 건져 올리는 것과 같아서 부처님도 중생들이 번뇌의 바다를 벗어나 열반(涅槃)의 산에 오르게 한다. 일체 중생이 다 구제를 받되 갈기는 붉은 불과 같고, 발톱은 굳센 갈고리와 같고, 눈으로는 햇빛을 쏟아내고, 입으로는 연기를 뿜어내는 한 물건이 있어서 홀연히 굴속에서 나와서는 통발이나 그물과 같은 기구들이 널려 있는 것을 보고 몸을 한 번 뒤쳐서 발톱을 들어 후려치면 흰 물결이 하늘에 닿고 검은 구름이 해를 가린다. 반 나절쯤 지나서 북두칠성이 나타나고 날이 어둑해져 통발과 그물이 한꺼번에 물위로 떠오르면 구름 속에서 단비를 내리어 중생들을 윤택하게 한다. 조사문중의 사람도 이와 같은 일을 한다는 것을 알아야 한다."

(감소 鑒昭 선사의 인고변금록 引古辨今錄)

(22) 어떤 이가 물었다.
"혓바닥이 있느니[有舌] 혓바닥이 없느니[無舌] 하는데 그 뜻이 무엇입니까?"
무염(無染)이 대답하였다.
"앙산(仰山)이 이르기를 '혓바닥이 있는 땅[有舌土]은 곧 부처의 땅[佛土]이다. 그러므로 기틀에 따르는 문이다. 혓바닥이 없는 땅[無舌土]은 곧 선(禪)이다. 그러므로 바로 전하는 문이다'라고 하였다."
"어떤 것이 기틀에 따르는 문입니까?"
"선지식(善知識)이 눈썹을 치켜올리고 눈알을 굴리면서 법을 보이는 것조차 모두 기틀에 따르는 문이므로 혓바닥이 있거늘 하물며 언어이겠는가?"
"어떤 것이 혓바닥이 없는 땅입니까?"
"참선을 하는 근기가 바로 이것이니, 여기에는 스승도 없고 제자도 없다."
"그렇다면 어찌하여 옛 스님이 말씀하기를 '스승과 제자가 서로 전하였다'고 하였습니까?"
"장경(章敬懷暉)이 말씀하기를 '비유하건대 허공이 형상 없음으로써 형상을 삼고 하염없음으로써 작용을 삼는 것과 마찬가지로, 선을 전하는 이도 그와 같아서 전함이 없음으로써 전함을 삼으므로, 전하되 전하는 것이 아니다'라고 하였다."

"혓바닥이 없는 땅에는 교화를 할 사람도 없고 교화를 받을 사람도 없다는 것이, 여래(如來)의 깨달은 마음속에는 교화를 할 사람도 없고 교화를 받을 사람도 없다는 교문(敎門)의 주장과 무슨 구별이 있습니까?"

"교문의 궁극은 여래의 깨달은 마음이니 이를 해인정(海印定)이라 한다. 세 가지 세간[三種世間]이 이 법인(法印)에 나타나되 길이 알음알이가 없으나 그래도 세 가지 세간의 자취가 있다. 그러나 조사가 대대로 전한 법이란 한가한 도인의 마음속에서 길이 깨끗하다거니 더럽다거니 하는 두 가지의 잡초가 자라나지 아니하므로 세 가지 세간의 풀밭이 거칠어지지 아니하며 또한 드나드는 자취도 없다. 이런 까닭에 교문의 주장과는 다르다. 깨끗한 것은 진여니 해탈이니 하는 법이요, 더러운 것은 생사니 번뇌니 하는 법이다. 그러므로 옛 스님이 말씀하기를 '수행하는 사람의 마음의 근원은 깊은 물과 같아서 깨끗하다거니 더럽다거니 하는 두 가지의 잡초가 길이 자라나지 않는다'고 하였다. 또 부처의 땅은 전에 정혜(定慧)의 옷을 입고 등불 속에 들어갔다가 이제 다시 정혜의 옷을 벗어 버리고 현묘한 땅[玄地]에 서니, 자취가 남아 있다. 그러나 조사의 땅[祖土]은 본래 입을 것도 벗을 것도 없어서 실 한 오라기 걸치지 않으므로 부처님의 땅과는 크게 다르다."

(해동海東 무염無染 국사의 무설토론無舌土論)

(23) 무염(無染)국사가 법성(法性)선사에게 물었다.

"교와 선이 어떻게 다릅니까?"

"모든 관리와 정승은 저마다 그 직분에 충실하고 임금은 묘당(廟堂)에서 손을 여미고 잠자코 계시니 백성들이 편안합니다."

(무염국사의 행장 行狀)

(24) 명주(溟州) 굴산(崛山)의 범일(梵日)국사가, 신라 진성대왕(眞聖大王)이 선과 교의 두 뜻을 물으신 데 대하여 다음과 같이 대답하였다.

"본사(本師) 석가가 탯속에서 나와 설법하고 사방으로 네 걸음씩 걷고는 이르기를 '오직 나 홀로 존귀하다'고 하시고, 뒤에 왕성을 넘어 설산(雪山) 속에 들어가서 별을 보고 도를 깨달았습니다. 그러나 이 법이 아직 궁극의 경지가 아님을 알고는 다시 수십 개월을 떠돌다가 조사인 진귀(眞歸)대사를 찾으시어 비로소 궁극의 종지를 전해 받았으니, 이를 〈교 밖에 따로 전한 것〉이라고 합니다. 그러므로 성주(聖住, 無染)화상은 일찍이 『능가경(楞伽經)』을 뒤적이다가 이것이 조사의 종지가 아님을 알고는 이를 버리고 당(唐)나라에 들어가 마음을 전해 받았습니다. 도윤(道允)화상은 『화엄경(華嚴經)』을 열람하다가 이르기를 '원돈(圓頓)의 종지가 어찌 심인(心印)의 법문과 같으랴!' 하고는 역시 당나라에 들어가 마음을 전해 받았으니, 이것이야말로 그 근기가 아니면 따로 전한 뜻을 믿지 못한다는 것입니다."

(해동칠대록 海東七代錄)

368 　(25) 중봉조사(重峰祖師) 징관(澄觀)선사가 당나라에 들어가 장경혜릉(長慶慧稜)의 법을 계승하고는 귀국한 뒤에 광종대왕(光宗大王)이 선법(禪法)의 근원을 물으신 데 대하여 다음과 같이 대답하였다.

"이것은 석가 이전의 일이니, 선문과 교문은 판이하게 다릅니다. 달마대사가 중국에 와서 몸소 혜가에게 전하시고 나서 승나(僧那)선사를 보니, 그가 조사의 법을 얻지 못하여 어리석고 미혹한 감정으로 조사의 바른 법을 깨뜨리려 하므로 임시 방편으로 '『금강경』과 『능가경』이 나의 심요(心要)'라고 하고는 혜가에게 부촉하고 아울러 전하게 하였습니다. 이로 말미암아 선지(禪旨)를 깨닫지 못한 채 어설피 참구하고 함부로 논의하는 선과 교의 승려들이 간혹 가볍게 여기거나 엇나가는 마음을 냅니다."

(해동칠대록)

2. 강사들이 승복하고 귀의하는 문[諸講歸伏門] 25칙

369　(1) 서산(西山) 양좌주(亮座主)가 스물네 가지의 경과 논을 강의하였다. 하루는 마조(馬祖)를 뵈러 갔더니, 마조가 물었다.

"듣자 하니, 대덕(大德)은 경과 논을 강의하였다는데 무엇으로 강의하였소?"

좌주가 대답하였다.

"마음으로 강의하였습니다."

"마음은 재주부리는 광대와 같고, 의식은 장단치는 자와 같거늘, 그것으로 어떻게 경과 논을 강의하는가?"

"마음이 어지러워 강의하지 못한다면 허공이 강의하겠습니까?"

"도리어 허공이 강의할 수 있소."

좌주가 소매를 떨치고 나가거늘, 마조가 "좌주!" 하고 불렀다. 좌주가 머리를 돌리니, 마조가 말하였다.

"이게 무엇인고?"

좌주가 이에 크게 깨닫고는 절을 하였다. 그리고 절로 돌아가서 대중들에게 말하였다.

"나는 한평생 공부가 아무도 나를 지날 이가 없으리라 여겼더니, 오늘 마조대사의 한 마디 물음에 한평생 공부가 얼음같이 녹아 버렸다."

(경덕전등록)

(2) 수주(壽州)의 양수좌주(良邃座主)가 처음에 마곡(麻谷)을 뵈러 갔더니, 마곡은 그가 오는 것을 보고는 호미로 김을 맸다. 좌주가 김 매는 곳에 이르니, 마곡은 아예 돌아보지도 않은 채 방장(方丈)으로 돌아가서는 문을 닫아 버렸다. 좌주가 문을 두드리니, 마곡이 물었다.

"뉘시오?"

"양수입니다."

겨우 이름을 대고는 홀연히 깨닫고 말하였다.

"스님께서는 저를 속이지 마십시오. 제가 스님께 와서 예배하지 않았다면 경과 논에 팔려서 한평생을 허송할 뻔하였습니다."
그리고 강석(講席)에 돌아가서 말하였다.
"여러분이 아는 곳은 나도 모두 알지만, 내가 아는 곳을 여러분은 모릅니다."

(경덕전등록 · 오등회원 五燈會元)

(3) 대원 부(大原孚)가 좌주(座主)가 되었을 때 양주(揚州) 효선사(孝先寺)에서 『열반경(涅槃經)』을 강의하였다. 어떤 참선하는 중이 눈에 길이 막혀 그의 강의를 듣게 되었다. 법신(法身)의 미묘한 이치를 널리 말하는 대목에 이르러 그 참선하는 중이 저도 모르게 '피식' 하고 비웃거늘 부(孚)가 물었다.
"내가 경에 의지하여 강의하는데 비웃으셨으니, 가르침을 베풀어 주시기 바랍니다."
"참으로 좌주께서 법신을 모르고 계시기에 웃었소이다."
"어디가 잘못되었습니까?"
"좌주께서는 다시 한 번 이야기해 보시오."
"법신의 이치는 허공과 같아서 시간적으로 삼제(三際)에 다하고, 공간적으로 시방(十方)에 뻗치며 인연을 따라 감응하여 두루 하지 않는 것이 없습니다."
"좌주의 이야기가 옳지 않다고 말하는 것이 아니오. 다만 법신의 변죽만 울리셨을 뿐, 정작 법신을 깨닫지는 못하셨소이다."

"선객(禪客)께서 제게 설명하여 주십시오."

"잠깐 강의를 그만두고 밤중에 고요히 생각하시되 선이든 악이든 모든 반연을 한목에 놓아 버리시오."

부(孚)가 가르침대로 초저녁에 시작하여 오경(五更)에 이르러 기상 나팔 소리를 듣고는 홀연히 깨달았다.

(경덕전등록 · 오등회원)

(4) 인종(印宗)법사가 법성사(法性寺)에서 『열반경』을 강의할 때에 혜능대사는 바깥 복도에 거처하고 있었다. 저녁에 바람이 불어서 깃발이 나부끼는 가운데 두 중이 다투는 소리가 들려왔다. 한 사람은 "깃발이 움직인다"고 하고, 한 사람은 "바람이 움직인다"고 하며 서로 말싸움을 주고받았으나 누구도 이치에 맞지 않으므로 대사가 말하였다.

"바람이나 깃발이 움직이는 것이 아니라 그대들의 마음이 움직이는 것이오."

인종이 이 말을 엿듣고 오싹하여지면서 이상히 생각하였다. 이튿날 대사를 방으로 불러들여 바람과 깃발의 이치를 묻자, 대사가 이치를 갖추어 설명하니, 인종이 제자의 예를 갖추어 선요(禪要)를 물었다.

(경덕전등록)

(5) 무업(無業)선사가 『열반경』을 강의하는 좌주가 되었을 때에 마조(馬祖)대사에게 물었다.

372 "삼승(三乘)의 문자는 대략이나마 그 뜻을 알고 있으나, 늘 듣건대 선문(禪門)에서는 '마음이 곧 부처'라 한다 하니, 참으로 알지 못하겠습니다."

"알지 못하겠다는 마음이 바로 그것이니, 다시 다른 물건은 없소이다."

"어떤 것이 조사께서 서쪽에서 오셔서 가만히 전하신 심인(心印)입니까?"

"대덕(大德)이여, 마침 매우 시끄러우니 갔다가 다른 날 오시오."

선사가 막 나가려 하는데 마조가 "대덕이여" 하고 불렀다. 선사가 머리를 돌리니, 마조가 말하였다.

"이게 무엇인고?"

선사가 곧 깨닫고 절하였다.

(경덕전등록)

(6) 홍주(洪州) 법달(法達)스님이 육조(六祖)에게 와서 예배하는데 머리가 땅에 닿지 않으니, 조사가 꾸짖었다.

"땅에 닿지 않게 절을 하니 차라리 절을 하지 않는 것이 어떠한가? 그대의 마음속에 반드시 어떤 물건이 있기 때문이니, 도대체 쌓인 것이 무엇인가?"

"『법화경』을 이미 삼천 번이나 읽었습니다."

"그대가 다만 수고로이 정신을 쏟는 것만으로 공부를 삼는다면 소가 꼬리를 아끼다가 죽는 것과 무엇이 다르랴! 나의 게송을 들어라."

마음이 미혹하면 『법화경』에게 굴림을 당하고
마음을 깨달으면 『법화경』을 굴린다네
오래 읽더라도 자기를 밝히지 못한다면
이치와는 원수지간이 되어 버리리

 心迷法華轉 心悟轉法華
 誦久不明己 與義作讐家

생각이 없으면 생각이 바르게 되고
생각이 있으면 생각이 삿되어진다네
있다 없다 도무지 따지지 않으면
길이 흰 소를 맨 수레[白牛車]를 타게 되리

 無念念卽正 有念念成邪
 有無俱不計 長御白牛車

법달이 깨우침을 받고는 뛸 듯이 기뻐하며 게송으로 찬탄하였다.

독송한 삼천 가지 경전이
조계(曹溪)의 한 구절로 무너졌네
부처님 오신 뜻을 밝히지 못한다면
다생(多生)의 미친 짓거리를 어찌 쉬랴!

經誦三千部　曹溪一句亡
　　未明出世旨　寧歇累生狂

양 수레・사슴 수레・소 수레 모두 방편이요
처음도 중간도 끝도 선(善)을 드날리나
불난 집[火宅] 안에 있는 어린이가
본래 법왕(法王)임을 누가 알았으랴!

　　羊鹿牛權說　初中後善揚
　　誰知火宅內　元是法中王

(경덕전등록)

　(7) 청량산(淸凉山) 진국국사(鎭國國師) 징관(澄觀)이 아홉 살에 출가하여 보림사(寶林寺)의 체진(體眞)선사에게 예배하고 한 해만에 『법화경』과 『유마경』・『능가경』 등을 통달하고는 다음으로 상조(常照)화상에게 가서 보살계(菩薩戒)를 받고 열 가지 서원을 세워 몸가짐을 가다듬었다. 비록 실천과 이론을 아울러 갖추었으나 그래도 무언가 응어리가 남아 있어 마침내 종문(宗門)을 찾게 되었다. 먼저 우두산(牛頭山)의 육조(六祖)를 뵙고 다음으로 경산(徑山)의 국일사(國一寺)를 찾았다. 그때 마침 한 이름 없는 선사가 동도(東都)의 동덕사(同德寺)에 거처하고 있었다. 징관이 그 어른께 나아가 몸소 이 일을 이야기하고 홀연히 깊은 뜻을 사무쳐 깨닫고 일대사(一大事)를 분명히 밝힌 뒤에 『심요(心要)』 한 장(章)을 지었으니, 그곳에 다음과 같은 구절이 있다.

지극한 도는 마음을 근본으로 하고

마음은 머무름 없음을 근본으로 한다

至道本乎其心　心法本乎無住

(조등록 祖燈錄)

(8) 화엄원(華嚴院)의 중 계종(繼宗)이 운거산(雲居山) 지(智)선사에게 물었다.

"성품을 보고 부처를 이룬다 하니, 그 뜻이 어떠합니까?"

"청정한 성품은 본래 고요하여 흔들림이 없으며, 있음과 없음, 깨끗함과 더러움, 길고 짧음, 취하고 버림에도 속하지 않으며, 그 본체가 스스로 자유롭다. 이처럼 밝게 보는 것을 성품을 보았다고 하는 것이니, 성품이 곧 부처이며, 부처가 곧 성품이므로 성품을 보고 부처를 이룬다고 한다."

"성품이 이미 청정하여 있음과 없음에 속하지 않을진댄 어찌 본다는 것이 있습니까?"

"보아도 본 것이 없다."

"본 것이 없다면 어찌 다시 본다는 것이 있습니까?"

"보는 곳도 역시 없다."

"이처럼 볼 때에 누가 보는 것입니까?"

"능히 보는 자가 없다."

"결국 그 이치가 어떠합니까?"

"그대는 아는가? 망령스러운 분별을 유(有)라 하고, 유에 즉(卽)하여 주관과 객관이 생기는 것이니 이를 미혹함이라 하는데,

보는 것에 따라 알음알이를 내어 곧 생사(生死)에 떨어진다. 그러나 밝게 본 사람은 그렇지 아니하여 종일 보아도 일찍이 본 것이 없으니, 보는 곳을 찾아도 실체를 찾을 수 없다. 이처럼 주관과 객관이 모두 끊어진 것을 성품을 보았다고 한다."

"지극한 도는 어떠합니까?"

"내가 간추려 말하리라. 청정한 성품 가운데는 범부도 성인도 없으며, 깨닫지 못한 사람도 깨달은 사람도 없으니, 이 두 가지가 모두 거짓 이름이다. 만약 나는 깨달았다, 그는 깨닫지 못하였다고 한다면 큰 병통이요, 깨끗함과 더러움, 범부와 성인이라는 견해가 있어도 또한 큰 병통이다. 그렇다고 하여 범부도 없고 성인도 없다고 알음알이를 짓는다면 또 인과를 부정하는 것에 속한다. 머물 수 있는 청정한 성품이 있다는 견해가 있어도 또한 큰 병통이요, 머물지 못한다는 견해가 있어도 또한 큰 병통이다. 그러나 청정한 성품 가운데는 비록 흔들림이 없으나 무너지지 않는 방편을 갖추어 이를 응용하며, 자심(慈心)을 일으키고 비심(悲心)을 발휘하니, 이처럼 자심을 일으키고 비심을 발휘하는 곳이 바로 청정한 성품이니 성품을 보고 부처를 이룬다고 할 수 있다."

계종이 떨 듯이 기뻐하며 절하고 물러갔다.

(경덕전등록)

(9) 『화엄경』을 강의하는 중이 염관제안(鹽官齊安) 선사에게 와서 뵈니, 선사가 물었다.

"경 가운데 몇 가지 법계(法界)가 있는가?"

"간략히 말한다면 네 가지요, 널리 말한다면 중중무진(重重無盡)입니다."

선사가 불자(拂子)를 세우고 말하였다.

"이것은 몇 째 법계에 포섭되는가?"

중이 잠자코 있자 선사가 말하였다.

"생각하여 알고 궁리하여 깨닫는 것은 '귀신의 굴 속에서 살림을 차리는 것'이다. 햇빛 아래 외로운 등불이 과연 빛을 잃었도다. 나가거라."

(경덕전등록)

(10) 서촉(西蜀)의 어떤 수좌(首座)가 백마(白馬)에게 와서 『화엄경』의 가르침을 예로 들어 물었다.

"한 티끌이 법계(法界)를 포함할 때엔 어떠합니까?"

"새의 두 날개와 같고, 수레의 두 바퀴와 같다."

"선문에는 따로 기특한 이치가 있는가 하였더니, 애당초 교의(敎義)보다 나을 게 없습니다."

그리고는 고향으로 돌아갔다. 얼마 있다가 협산선회(夾山善會) 선사에 대한 소문을 듣고 제자를 보내어 앞과 같은 질문을 하게 하니, 협산이 말하였다.

"모래에 조각을 하여도 옥이라 말할 수는 없고, 풀을 맺어도 도인(道人)의 생각과는 어그러진다."

제자가 돌아가서 자기 스승에게 그 이야기를 들려주니, 그제

서야 선도(禪道)를 받아들여 깊은 이치를 참문(參問)하였다.

(조정록 祖庭錄)

(11) 젊은 스님인 홍인(洪諲)이 강론을 잘한다고 뽐내거늘 감종(鑑宗)선사가 그에게 말하였다.

"부처님과 조사님네들의 바른 법은 단박에 말을 잊는 것이니, 그대가 바닷가의 모래를 헤아린들 이치에 무슨 도움이 되겠는가? 다만 알음알이를 내지 말고 바깥의 반연을 아주 끊고 일체의 마음을 여의면 그것이 바로 그대의 참성품이다."

홍인이 그 말을 듣고는 어리둥절해져 절하고는 떠나서, 떠돌다가 위산(潙山)에 이르러 깊은 뜻을 깨달았다.

(경덕전등록)

(12) 어떤 강사 스님이 마조(馬祖)에게 와서 물었다.

"잘 모르겠습니다마는 선종에서는 무슨 법을 전하여 받아 지닙니까?"

마조가 되물었다.

"좌주는 무슨 법을 전하여 받아 지니는가?"

"외람되게도 이십여 종의 경론을 강의합니다."

"그렇다면 사자새끼가 아니시오?"

마조가 '어험' 하고 소리를 지르니, 그가 말하였다.

"그것이 법입니다."

"무슨 법인가?"

"사자가 굴 속에서 나오는 법입니다."
마조가 잠자코 있으니, 그가 말하였다.
"그것도 법입니다."
"무슨 법인가?"
"사자가 굴 속에 있는 법입니다."
"나오지도 않고 들어가지도 않는 것은 무슨 법인가?"
그 중이 대답하지 못하였다.

(경덕전등록)

(13) 어떤 법사가 대의(大義)선사에게 물었다.
"욕계(欲界)에는 선(禪)이 없고, 선은 색계(色界)에 있거늘, 이 땅에서는 무엇을 의지하여 선을 세웁니까?"
"법사는 다만 욕계에 선이 없는 것만 알 뿐, 선계(禪界)에는 욕망이 없는 것을 모르는구려."
"어떤 것이 선입니까?"
선사가 허공에 점을 치니, 법사가 대답하지 못하였다.

(경덕전등록)

(14) 법명(法明)이라는 율사가 대주(大珠)선사에게 말하였다.
"선사들 가운데는 허무[空]에 떨어지는 이가 많습니다."
"도리어 강사들 가운데 허무에 떨어지는 이가 많다."
법명이 깜짝 놀라며 말하였다.
"어찌하여 허무에 떨어지겠습니까?"

378 "경론(經論)은 종이와 글자일 뿐인데, 종이와 글자는 모두 실체가 없다. 설사 소리 위에 명칭이나 문구 따위를 세운다 한들 모두 실체가 없거늘, 좌주는 교(敎)의 본질에 집착하니 어찌 허무에 떨어지지 않겠는가?"

"선사는 허무에 떨어지지 않습니까?"

"허무에 떨어지지 않는다."

"어찌하여 허무에 떨어지지 않습니까?"

"글자 따위는 모두 지혜를 좇아서 생겨나는데, 큰 작용이 눈앞에 드러났거늘 어찌 허무에 떨어질 수 있겠는가?"

법명이 비록 허물을 깨닫기는 하였으나 그래도 울컥하는 마음이 있어서 또 물었다.

"경과 율과 논은 부처님의 말씀이니, 독송하여 가르침대로 실천한다면 어찌하여 성품을 보지 못하겠습니까?"

"미친 개는 흙덩이를 좇고 사자는 사람을 무는 것과 같다."

법명이 절하고는 찬탄하면서 물러갔다.

(경덕전등록의 대주大珠선사 문답 오칙 問答五則)

(15) 원(源)율사가 선사에게 물었다.

"걸핏하면 '마음이 그대로 부처'라고 하는데, 그럴 수는 없습니다. 자, 일지(一地)의 보살은 백불(百佛)의 세계에 몸을 나누고, 이지(二地)의 보살은 그것의 십배(十倍)라고 하였으니, 선사가 신통을 나투어 보시오."

"아사리(阿闍梨)여. 그대는 범부인가, 성인인가?"

"범부입니다."

"이미 예삿중이라면서 이와 같은 경계를 물을 수 있는가?"
율사가 입을 다물었다.

(경덕전등록)

(16) 『화엄경』을 강의하는 지(志)좌주가 선사에게 물었다.
"어찌하여 '푸르디푸른 대나무가 모두 진여(眞如)요, 우거진 노란 꽃이 반야(般若) 아님이 없다'는 것을 허락하지 않습니까?"
"법신은 형상이 없으나 푸른 대나무를 상대하여 형상을 이루고, 반야는 앎이 없으나 노란 꽃을 상대하여 형상을 나타낸다. 노란 꽃과 푸른 대나무가 아니더라도 반야와 법신은 있으니, 좌주는 알겠는가?"
"그 뜻을 이해하지 못하겠습니다."
"만약 성품을 본 사람이라면 옳다고 말하여도 좋고, 옳지 않다고 말하여도 좋다. 작용에 따라서 말하며 옳고 그름에 빠지지 않기 때문이다. 그러나 성품을 보지 못한 사람이라면 푸른 대나무를 말하면 푸른 대나무에 집착하고, 노란 꽃을 말하면 노란 꽃에 집착하고, 법신을 말하면 법신에 집착하고, 반야를 말하면 반야를 알지 못한다. 그러므로 모두 말다툼만 이룰 뿐이다."
지좌주가 절하고는 떠났다.

(경덕전등록)

(17) 어떤 법사가 선사에게 물었다.

"무슨 법으로 사람을 제도합니까?"

"나[貧道]는 일찍이 어떤 법으로도 사람을 제도한 적이 없습니다."

"선사들은 이처럼 뒤죽박죽이라니까……."

"그대는 무슨 법으로 사람을 제도하는가?"

"『금강반야경』을 강의합니다."

"그 경은 누가 설하였는가?"

그 중이 언성을 높여 말하였다.

"선사께서는 누구를 놀리십니까? 어찌 부처님께서 설하신 것도 모른다는 말씀입니까?"

"만약에 여래가 설한 법이 있다고 한다면 이는 부처를 비방하는 것이요, 만약에 이 경이 부처님이 설한 것이 아니라고 한다면 이는 경전을 비방하는 것이니, 그대는 말하여 보시오."

그 중이 대답을 못 한 채 잠자코 있다가 또 물었다.

"어떻게 하여야 대열반(大涅槃)을 얻을 수 있습니까?"

"생사의 업(業)을 짓지 말라."

"어떤 것이 생사의 업입니까?"

"대열반을 구하는 것이 생사의 업이요, 더러움을 버리고 깨끗함을 찾는 것이 생사의 업이요, 얻음이 있고 깨달음이 있는 것이 생사의 업이요, 상대적인 입장에서 벗어나지 못하는 것이 생사의 업이다."

"어떻게 하면 해탈을 얻을 수 있습니까?"

"본래 결박된 바가 없거늘 어찌 해탈을 구하랴! 그대로 쓰고 그대로 실천하는 것이 으뜸[無等等]이다."

"스님 같으신 분은 참으로 드뭅니다."
절하고는 떠났다.

(경덕전등록)

(18) 삼장(三藏)법사가 선사에게 물었다.
"진여(眞如)에도 변역(變易)이 있습니까?"
"변역이 있다."
"선사가 틀렸습니다."
선사가 되물었다.
"삼장에게도 진여가 있는가?"
"있습니다."
"만약 변역이 없다면, 삼장은 결정코 예삿중[凡僧]이리라."
"그렇다면 진여에는 변역이 있습니다."
"만약 진여에는 변역이 있다고 집착한다면 이것도 외도(外道)이다."
"선사는 조금 전에 진여에는 변역이 있다고 하더니, 지금은 변역하지 않는다고 하니, 어떤 것이 맞는 말입니까?"
"만약 분명하게 성품을 보았다면 마니주(摩尼珠)가 물체를 비추는 것과 같아서 변역한다고 하여도 옳고, 변역하지 않는다고 하여도 옳다. 그러나 성품을 보지 못한 사람은 진여는 변역하지 않는다는 말을 들으면 곧 변역하지 않는다는 소견을 짓는다."
"남종(南宗)은 참으로 헤아릴 수 없음을 알겠습니다."

(경덕전등록)

(19) 덕산선감(德山宣鑑) 선사가 강사가 되었을 때에 서촉(西蜀)에 있으면서 『금강경』을 강의하였다. 교(敎)에 근거하여 말하기를 "금강은 선정을 비유한 것이니, 후득지(後得智)로 말하자면 천겁(千劫) 동안 부처의 위의(威儀)를 배우고, 만겁(萬劫) 동안 부처의 행실을 배운 뒤에라야 부처를 이룰 수 있거늘, 저 남방(南方)에서는 이 마음 그대로 부처라고 말하다니……"라고 하고는 분발하여 주석서를 짊어지고 행각(行脚)하면서 '곧장 남방으로 가서 저 마구니의 무리를 깨뜨려야겠다'라고 작정하였다.

처음 예주(澧州)에 도착하여 길 위에서 호떡을 팔고 있는 한 노파를 보고는 주석서를 내려놓고 호떡을 사서 요기를 하려는데, 그 노파가 물었다.

"짊어진 것이 무슨 물건이오?"

"『금강경』의 주석서라오."

"내가 한번 묻겠소. 그대가 만약 제대로 대답한다면 호떡을 보시하여 요기를 시켜 드리리다. 그러나 만약 제대로 대답하지 못한다면 딴 곳에 가서 사시오."

"묻기나 하오."

"『금강경』에 이르기를 '과거의 마음도 얻을 수 없고, 현재의 마음도 얻을 수 없고, 미래의 마음도 얻을 수 없다'고 하였으니, 스님께서는 어느 마음에 점을 치시겠소?"

덕산이 대꾸를 못 하자, 노파는 용담(龍潭)에게 가서 물으라고 하였다.

용담에 이르러 막 문지방에 걸터서서 말하였다.

"용담의 소문을 들은 지 오래 되었는데, 막상 와서 보니 못도 보이지 않고 용도 나타나지 않는구나."

용담숭신(龍潭崇信)이 말하였다.

"그대가 몸소 용담에 왔느니라."

덕산이 이에 절을 하고 물러나서는 마침내 주석서를 법당 앞에 쌓아 놓고 불을 지르려 하면서 말하였다.

"모든 변재(辯才)를 다하더라도 허공 중에 털 한 끝 던진 것이요, 세상의 추기(樞機)를 다 알더라도 큰 구렁에 물 한 방울 던진 것이로구나."

그러고는 주석서를 불살라 버렸다.

(벽암록 碧巖錄)

(20) 앙산행위(仰山行偉) 선사가 현수교(賢首敎, 華嚴敎)의 좌주가 되었을 때에 이르는 곳마다 선림(禪林)이 번성하고 자자하게 종사(宗師)의 이름이 들리니, 이를 이상하게 여겨, 과거에는 함께 공부하였으나 지금은 선문(禪門)에 투신한 법량(法亮)에게 물었다.

"그대가 지금은 참선하는 중이라고 불리고 있으니, 선종의 깊은 뜻을 내게 말하여 주게."

"내가 죽은 뒤에 그대에게 설명하여 주지."

"미쳤소?"

"내가 미친 것은 이내 쉴 수 있거니와 그대는 지금 활활 타고 있소."

하고는 곧 걸어 나가거늘 행위가 그 권속들에게 말하였다.
"법량이 이제 선가(禪家)에 만족하니 선가에도 반드시 장점이 있을 것이다."
이에 홀로 떠나 남(南)선사를 뵙고는 이태 동안 의지하였는데, 매양 조실에 나아갈 때마다 남선사는 반드시 눈을 내리뜨고 한참 동안 잠자코 있거늘 행위가 말하였다.
"저를 보시면 반드시 눈을 감으시니, 무엇 때문입니까?"
"마곡(麻谷)스님이 양수(良遂)가 오는 것을 보시고 호미로 김을 매고 있었더니, 양수가 깨달음이 있었다. 내가 그대가 오는 것을 보고 다만 한가롭게 눈을 감았으나, 그대가 비록 깨달음은 없었다고 하나 의심이 있다면 아직도 좀더 있어야겠다."
행위가 더욱 깨닫지 못하고 장차 행장을 꾸려 서쪽으로 가려고 할 때에, 밤에 다른 한 중과 함께 모시게 되었는데, 그 중이 남선사에게 여쭈었다.
"『법화경(法華經)』에 이르기를 '일체 중생의 어언다라니(語言陀羅尼)를 깨달으라'라고 하였으니, 어떠한 따위의 말이 다라니입니까?"

384 남선사가 향로를 돌아보거늘, 그 중이 손으로 당겨 불씨가 있나 없나를 보니 불씨가 없었다. 또 나아가 쏘시개를 넣고는 제자리에 서 있으려니까, 남선사가 웃으며 말하였다.
"이것이 다라니이다."
행위가 한편으로 놀라고 한편으로 기뻐하며 아뢰었다.
"어떻게 이해하여야 합니까?"

남선사가 그 중에게 일러 우선 떠나라 하니, 그 중이 발[簾]을 걸어 올리고는 걸어 나갔다. 행위가 바야흐로 깨달음이 있었다.

(선림승보전 禪林僧寶傳)

(21) 법운사(法雲寺)의 원통법수(圓通法秀) 선사가 화엄좌주(華嚴座主)가 되었을 때에 말하였다.

"나는 세존께서 교 밖에 따로 법을 대가섭(大迦葉)에게 사사로이 주었다는 것을 믿지 않는다."

이에 강석(講席)을 파하고 남쪽으로 유행할 때에 동학(同學)에게 말하였다.

"내가 장차 그들의 소굴에 찾아가서 그 씨알머리까지 쓸어 없애어 부처님의 은혜를 갚고야 말리라."

처음에 은주(隱州) 호국사(護國寺)에 이르러 정과(淨果)선사의 비갈(碑碣)을 읽어 보니 이러한 구절이 있었다.

중이 보자(報慈)에게 물었다.
"어떠한 것이 부처의 성품입니까?"
보자가 말하였다.
"누군들 없으랴!"
또 정과에게 물으니, 정과가 말하였다.
"누군들 있으랴!"
그 중이 그 자리에서 깨달음이 있었다.

법수가 크게 웃으며 말하였다.

"어찌 감히 부처의 성품을 있다느니 없다느니 하며, 더구나 그 자리에서 깨달음이 있었다고 말한다는 말인가?"

385　그 기세를 가슴에서 떨쳐 버리고 무위군(無爲軍) 철불사(鐵佛寺)에 이르러 회(懷)선사를 뵙고는 아주 가볍게 여겼다.

회선사가 물었다.

"좌주는 무슨 경을 강의하는가?"

"『화엄경(華嚴經)』입니다."

"그 경은 무엇으로써 종지를 삼는가?"

"마음으로써 종지를 삼습니다."

"마음은 무엇으로써 종지를 삼는가?"

법수가 대답하지 못하거늘, 회선사가 말하였다.

"털끝만큼이라도 어긋남이 있으면 하늘과 땅처럼 벌어지나니, 그대는 마땅히 스스로 보라. 발명함이 있으리라."

뒷날 밤에 두 중이, 백조(白兆)가 보자(報慈)에게 묻되 "정식(情識)이 일어나지 않을 때에는 어떠합니까?"라고 하니 보자가 "가로막혔다"라고 한 이야기를 들어 논하는 소리를 듣고는 홀연히 크게 깨달았다.

(선림승보전·오등회원)

(22) 오중(吳中)의 강승(講僧)들이 '달마조사의 전법게(傳法偈)를 번역할 수 있는 이가 없었을 것이다'라고 자주 비아냥거리니, 선승(禪僧)들이 그와 더불어 논쟁을 하였으나, 선종의 참다운 도

를 잃게 되어 비방하는 소리만 더해지게 되었다.

달관담영(達觀曇穎) 선사가 그들을 깨우쳤다.

"이것은 달마가 이조(二祖)를 위하여 한 말이니, 어찌 꼭 번역이 필요하겠는가? 저 양(梁)의 무제(武帝)가 '어떠한 것이 거룩한 근본 진리[聖諦第一義]입니까?' 하니 '툭 트여 거룩하고 말고가 없습니다' 하거늘, 다시 '짐(朕)을 마주하고 있는 자는 누구입니까?' 하니 '모릅니다'라고 하였다 하였으니, 만약에 달마가 중국 말에 능통하지 못하였다면, 어떻게 그때에 그렇게 대답할 수가 있었겠는가?"

그 뒤로 강승들이 감히 다시는 말하지 못하였다.

(조등록 祖燈錄 · 임간록 林間錄)

(23) 선화엄(善華嚴)이라는 이가 있어 계성(繼成)선사에게 물었다.

"우리 부처님께서 가르침을 세우심이 소승(小乘)에서부터 원돈(圓頓)에 이르러 공(空)과 유(有)를 쓸어 없애고 홀로 참되고 떳떳함[眞常]을 깨달은 뒤에 만덕(萬德)으로 장엄하여야 비로소 부처라 부른다.

일찍이 들으니, 선종에서는 한 할(喝)이 범부를 변화시켜 성인을 이루게 한다고 하니 여러 경론에 어긋나는 듯하다. 이제 한 할이 능히 우리 종문의 오교(五敎)에 포함될 수 있다면 이는 바른 교설이요, 만약 포함될 수 없다면 이는 삿된 교설이다."

선사가 "선화엄!" 하고 부르니, 선화엄이 대답하거늘 선사가 말하였다.

"법사의 이른바 소승교(小乘敎)라는 것은 모든 존재가 있다는 가르침이요, 대승시교(大乘始敎)라는 것은 없다는 가르침이요, 대승종교(大乘終敎)라는 것은 있지도 않고 비지도 않았다는 가르침이요, 대승돈교(大乘頓敎)라는 것은 있으면서 동시에 비었다는 가르침이요, 대승원교(大乘圓敎)라는 것은 있지 아니하면서도 있고 비지 않았으면서도 비었다는 가르침이다. 그러나 나의 한 할은 다만 오교에 포함될 수 있을 뿐만 아니라 공교(工巧)와 기예(技藝)·제자백가(諸子百家)에도 모두 포함될 수 있다."

선사가 언성을 높여 '헥' 하고 한 번 할하고 나서 선화엄에게 물었다.

"들었는가?"

"들었습니다."

"그대가 이미 이 한 할을 들었으니 이는 있는 것이니 소승교에 포함된다."

조금 있다가 또 선화엄에게 물었다.

"들었는가?"

"듣지 못하였습니다."

"아까의 한 할이 없어졌으니 시교에 포함된다."

드디어 선화엄을 돌아보며 말하였다.

"나의 처음의 한 할을 그대는 있다고 말하였으며, 할한 지 오래 되어 소리가 사라지자 그대는 다시 없다고 말하였다. 없다고 말하나 애초에는 참으로 있었고, 있다고 말하나 지금은 참으로 없다. 있지도 않고 없지도 않으니 종교에 포함된다. 나에게 한 할이 있을 때에 있다고 하나 있는 것이 아니니 없음에 의지한 까닭에 있고, 한 할이 없을 때에 없다고 하나 없는 것이 아니니 있음에 의지한 까닭에 없다. 있으면서 동시에 없으니 돈교에 포함된다.

모름지기 나의 이 한 할은 한 할의 작용을 짓지 아니하니 있음과 없음으로 설명할 수 없으며, 정식(情識)과 이해를 모두 잊었다. 있다고 말할 때에도 가느다란 티끌조차 설 수 없으며, 없다고 말할 때에도 허공에 두루하니, 곧 이 한 할이 백천만억에 포함되며, 백천만억의 할이 이 한 할에 포함된다. 그러므로 원교에 포함된다."

선화엄이 이에 일어나 두 번 절하거늘 선사가 다시 말하였다.

"다만 한 할이 그러할 뿐만 아니라 나아가서는 말하고 침묵하고 움직이고 고요하고 간에 어느 때나 어느 곳이나 일체의 일과 일체의 물건이 이치에 계합하고 기틀에 계합하여 두루하여 남음이 없어 이 한 할 가운데 모두 다 갖추어져 있다. 그러나 이는 아직도 교화를 세우는 문에서 기틀을 따른 방편이니 조금 쉬는 곳이라고 부를 수는 있으나 아직 보배 있는 곳에는 도달하지 못하였다. 자못 우리 조사문중의 마음으로써 마음에 전하고 문자를 세우지 않고 성품을 보아 부처를 이루며 온갖 성인조차 전하지 아니한 향상(向上)의 외길을 모르고 있다."

선화엄이 또 물었다.

"어떠한 것이 향상의 외길입니까?"

"그대는 우선 향하[向下]부터 깨달아라."

"어떠한 것이 보배 있는 곳입니까?"

"그대가 알 수 있는 경계가 아니다."

"선사께서 자비로 설명하여 주시기 바랍니다."

"저 푸른 바다가 변할지라도 끝내 그대에게 설파하여 줄 수는 없다."

선화엄이 입을 다물고 물러갔다.

(오등회원)

(24) 서촉(西蜀)의 난(鑾)법사가 불조(佛照)선사에게 물었다.

"선가(禪家)의 말이 흔히 근거가 없는 것은 무슨 까닭입니까?"

"그대는 무슨 경론을 학습하였는가?"

"모든 경전을 대충 알고 있으니 제법 온갖 법에 통달하였습니다."

"다만 어제는 비가 오고 오늘은 개었으니, 이는 어느 법에 포함되는가?"

법사가 어리둥절해하거늘 불조선사가 효자손을 들어 내리치며 말하였다.

"선가의 말이 근거가 없다고 말하지 않아야 옳다."

법사가 불끈해서 말하였다.

"어제는 비가 오고 오늘은 개었다는 것은 결국 어느 법에 포함됩니까?"

불조선사가 말하였다.

"제 24시분(時分)의 불상응법(不相應法) 가운데 포함된다."

법사가 번쩍 깨닫고는 곧 절하고 사례하였다.

(가태보등록)

(25) 지원승통(智遠僧統)이 도의국사(道義國師)에게 물었다.

"화엄의 네 가지 법계(法界) 밖에 다시 어떠한 법계가 있으며, 쉰다섯 분 선지식의 행포법문(行布法門) 밖에 다시 어떠한 법문이 있기에, 이 교 밖에 따로 조사의 선도(禪道)라고 하는 것이 있다고 말합니까?"

도의가 대답하였다.

"승통이 인용한 네 가지 법계는 조사문중에서는 곧장 들자면 바로 이체(理體)에 해당한다. 일체의 정리(正理)의 주먹이 얼음처럼 녹아내리면 법계의 모습도 오히려 얻을 수 없다. 본래 수행과 지혜가 없는 조사의 심선(心禪) 가운데는 문수(文殊)와 보현(普賢)의 모습도 오히려 볼 수 없다.

쉰다섯 분 선지식의 행포법문이야말로 물보라일 뿐이며, 사지(四智)와 보리(菩提) 등의 도법(道法)도 아직 금이 포함된 광석에 지나지 않으니, 여러 교문 가운데 뒤섞여 갈피를 잡을 수 없다. 그러므로 당(唐)의 귀종(歸宗)화상이 일대장교(一大藏敎)에 대하여 그와 같은 의문을 명확히 깨닫고는 다만 주먹을 들었을 뿐이다."

지원이 또 물었다.

"그렇다면 교(敎)·리(理)·행(行)과 신(信)·해(解)·수(修)·증(證)은 어디에 해당하며, 어떠한 불과(佛果)를 얻어 성취합니까?"

도의가 대답하였다.

"생각지도 않고 닦지도 않으며 이치의 성품을 믿고 이해하고 수행하고 증득할 뿐이다. 조사께서 보이신 법문 가운데서는 부처와 중생의 차이를 얻을 수 없으니 도의 성품이 그대로 나타날 뿐이다. 그러므로 오교(五敎) 밖에 따로 조사의 심인법(心印法)을 전한 것이다. 이 때문에 부처의 형상을 나툰 것은 이해하기 어려운 조사의 정리(正理)의 기틀에 대하여 방편의 몸을 빌려 나툰 것이다. 비록 수년 동안을 불경을 읽을지라도 그것을 가지고 심인법을 증득하고자 한다면 영원히 얻지 못할 것이다."

지원이 일어나 절하고 말하였다.

"이제껏 부처님을 장엄하는 가르침만 들었을 뿐, 심인법은 아예 슬쩍 엿보지도 못하였습니다."

말을 마치고는 스승에게 절하는 예로 뵈었다.

(해동칠대록)

3. 군신들이 존중하고 신앙하는 문 [君臣崇信門] 33칙

(1) 인도[西天]의 이견왕(異見王)이 삼보(三寶)를 경멸하고 비방하더니, 바라제존자(波羅提尊者)에게 물었다.

"어떤 것이 부처입니까?"

"성품을 본 이가 부처입니다."

"스님은 성품을 보았습니까?"
"나는 성품을 보았습니다."
"성품이 어디에 있습니까?"
"성품은 작용하는 곳에 있습니다."
"그게 어떻게 작용하기에 나에게는 지금 보이지 않습니까?"
"지금도 작용을 나투고 있지만 임금님께서 스스로 보지 못하십니다."
"나에게도 그 작용이 있습니까?"
"임금님께서 작용하신다면 그것 아닌 것이 없지만, 임금님께서 작용하지 않으신다면 본체조차도 보기 어렵습니다."
"작용할 때에는 몇 군데로 나타납니까?"
"여덟 군데로 나타납니다."
"그 나타나는 여덟 군데를 나에게 설명해 주시오."
바라제가 곧 게송으로 읊었다.

　　뱃속에 있으면 몸이라 하고
　　세상에 있으면 사람이라 하고
　　눈에 있어서는 본다 하고
　　귀에 있어서는 듣는다 하고
　　코에 있어서는 냄새를 맡고
　　혀에 있어서는 말하고
　　손에 있어서는 물건을 쥐고
　　발에 있어서는 걸어다닌다

392
　　두루 나타나면 온 누리를 다 싸고
　　거두어들이면 한 티끌 속에 있다
　　그것을 아는 이들은 부처의 성품이라 하고
　　모르는 이들은 영혼[精魂]이라 한다

왕이 게송을 듣고 나서 마음이 곧 열려 깨달았다.

(경덕전등록)

(2) 위(魏)의 명제(明帝)가 인도의 삼장(三藏) 가마라타(迦摩羅陀)에게 말하였다.

"불경 가운데서 어느 경에 의지하여야 나라에 이익이 되겠습니까?"

"이 땅은 교법(敎法)이 시행될 곳이 아닙니다."

"그것은 무슨 까닭입니까?"

"머지않은 해에 우리 스승 반야다라(般若多羅)에게서 함께 공부한 보리달마(菩提達摩)가 이 나라로 와서 부처님의 심인(心印)을 전할 터이니, 이 때문에 교법이 시행되지 않습니다."

"후한(後漢)의 명제(明帝) 이래로 대장경(大藏經)이 동쪽으로 전하여졌으니 그 가운데 실린 십이부경(十二部經) 외에 어찌 부처님의 심인이 있겠습니까?"

"본사(本師) 석가(釋迦)가 왕궁에서 태어나시어 자라나서 열아홉 살에 그것을 보니 대장경 가운데 실린 십이부경은 아직 조사(祖師)의 종지에 계합하지 못하므로 멀리 설산(雪山)에 이르러 열두 해 동안 유행하면서 조원(祖院)을 찾아 심인법을 전하여 받았습니다. 그 뒤 설산에서 도를 이루시어 보광전(普光殿)에서의 설법이 칠처팔회(七處八會)에 이르렀으나 심인법에 미치지는 못하였습니다. 그러므로 심인법은 경·율·논 외에 따로 있는 길입니다. 옛적에 천자는 부처님께서 남겨 주신 경전과 교법을 믿고 받아 받들어 행하여 작은 나라의 왕이 된 이가 팔만이나 되었습니다. 천자께서 오늘날 특별히 부처님의 선법(禪法)을 시행하신다면 여러 작은 나라들을 합병하여 큰 조정의 천자가 되시어 열두 나라 가운데 하나로 불릴 수 있을 것입니다."

황제가 이에 믿고 받았다.

(위명제소문제경편 魏明帝所問諸經篇)

(3) 양(梁)의 무제(武帝)가 달마에게 물었다.

"짐(朕)이 왕위에 오른 이래 절을 짓고 경을 쓰고 중을 출가시킨 것이 이루 셀 수 없는데, 어떤 공덕(功德)이 있습니까?"

"아무 공덕도 없습니다."

"어째서 공덕이 없습니까?"

"이는 인간이나 하늘에 태어나는 보잘것없는 과보를 받는 샘(번뇌)이 있는 원인일 뿐이니, 마치 그림자가 형상을 따르는 것과 같아서 비록 있으나 실체가 아닙니다."

"어떤 것이 참공덕입니까?"

"청정한 지혜는 미묘하고 원만하여 본체가 스스로 비고 고요하니, 이러한 공덕은 세상일로 구하지 못합니다."

무제가 뒷날 달마의 비(碑)에 적었다.

보아도 보지 못하고 만나도 만나지 못하였네
어제도 또 오늘도 이를 후회하고 한탄하네

　　見之不見　逢之不逢
　　古之今之　悔之恨之

　　　　　　　　　(경덕전등록 국왕·달마의 비碑)

394　(4) 서쪽 중인도(中印度)의 국왕 가승(迦勝)이 외도(外道)를 존중하고 신앙하더니, 제25조 바사사다(婆舍斯多)와 외도가 논쟁하는 자리에서 말하였다.

"내 나라에는 본디 요망함이 없었습니다. 스님께서 전하는 것은 어떤 종지입니까?"

"임금님의 나라에는 예로부터 진실로 삿된 법이 없습니다. 내가 얻은 것은 곧 부처님의 종지입니다."

"부처님이 입멸하신 지 이제 천이백 년이 넘었는데, 스님은 누구에게서 얻었습니까?"

"음광대사(飮光大士, 마하가섭)가 직접 부처님의 심인(心印)을 전하여 받으신 뒤에 대대로 전하여 24세(世)인 사자존자(師子尊者)에 이르렀는데, 나는 그에게서 얻었습니다."

"사자비구는 형륙(刑戮)을 면치 못하였는데, 어찌 뒷사람에게 법을 전할 수 있었겠습니까?"

"나의 스승은 환란이 일어나기 전에 가만히 나에게 믿음의 옷

[信衣]과 전법의 게송을 전하여 주어 계승함의 징표를 삼았습니다."

"그 옷이 어디에 있습니까?"

조사가 곧 바랑 속에서 옷을 꺼내어 임금님에게 보이니, 임금님이 그것을 태워 버리라 명령하였다. 그러나 가사는 오색이 더욱 산뜻해지고 섶이 다 탄 뒤에도 전과 같았다.

왕은 곧 후회하고 예를 올렸다.

(경덕전등록)

(5) 당(唐)의 헌종(憲宗)이 일찍이 대의(大義)선사에게 조서(詔書)를 보내 대내(大內)로 들어오게 하였더니, 선사는 순종(順宗)이 시리(尸利)선사에게 묻기를 "온 누리의 중생이 어찌하여야 성품을 보아 부처를 이룰 수 있겠습니까?" 하니, 시리가 대답하기를 "부처의 성품은 물 속의 달과 같아서 볼 수는 있으나 잡을 수는 없다"라고 한 것을 인용하고는 이어 황제에게 말씀하였다.

"부처의 성품은 보이는 것이 아닙니다. 꼭 보려고 한다면 물 속의 달을 어떻게 건져 올릴 수 있겠습니까?"

"어떤 것이 부처의 성품입니까?"

"폐하께서 물으신 바를 여의지 않았습니다."

황제가 참된 종지에 가만히 계합하여 더욱 공경하였다.

(경덕전등록)

(6) 당(唐)의 선종(宣宗)이 홍변(弘辯)선사에게 물었다.

"선종에는 어찌하여 남종(南宗)과 북종(北宗)의 이름이 있습니까?"

"옛적에 여래(如來)께서 정법안(正法眼)을 가섭에게 부촉하시어 차례로 전하여 28조(祖)인 보리달마에 이르러 이 지방으로 오셔서 초조(初祖)가 되었고, 제5조인 홍인대사에 이르렀습니다. 그때에 두 제자가 있었는데, 한 분은 이름이 혜능이니 옷과 법을 전하여 받고 영남(嶺南)에 살았으며, 또 한 분은 이름이 신수(神秀)이니 북쪽에 있으면서 교화를 폈습니다. 그들이 얻은 법은 하나이지만 가르치고 깨닫는 데 있어서는 단박에 깨달음[頓]과 차츰 닦음[漸]의 차이가 있으므로 남돈(南頓)·북점(北漸)이라 말하나 선종에 본래 남종과 북종의 이름이 있는 것은 아닙니다."

"무엇을 부처의 마음이라 합니까?"

"부처(Buddha)란 인도말이니 중국말로는 깨달음[覺]입니다. 즉 사람들이 지혜가 있어서 깨달아 살피는 것을 부처의 마음이라 합니다. 마음이란 부처의 딴 이름이니 백천 가지 다른 이름이 있으나 본체는 하나뿐입니다. 마치 폐하께서 날마다 만기(萬機, 國務)에 응하는 것이 곧 폐하의 부처 마음입니다."

황제가 자줏빛 가사를 하사하고 원지(圓智)선사라는 호(號)를 내렸다.

(경덕전등록)

(7) 동광제(同光帝)가 홍화존장(興化存獎) 선사에게 물었다.

"짐(朕)이 중원(中原)을 손에 넣고 보배 하나를 얻었는데 아무도 값을 매기지 못합니다."

"잠깐 폐하의 보배를 보여주십시오."

황제가 이에 두 손으로 복두(幞頭) 끈을 풀어 그것을 보여주니, 홍화가 말하였다.

"임금님의 보배를 누가 값을 매기겠습니까?"

황제가 크게 기뻐하였다.

(경덕전등록)

(8) 송(宋)의 진종(眞宗)황제가 나라를 다스리기 시작한 이래 조사의 가르침을 탐색하여 훤히 스스로 깨닫고는 일찍이 게송을 지었다.

고요하디고요한 허공이
가을 물과 같이 담담하다
털고 닦되 본래 티끌이 없고
장씨나 왕씨나 이씨에게 속한 것이 아니다

寂寂太虛空　淡淡如秋水
拂拭本無塵　不屬張王李

(가태보등록)

(9) 송(宋)의 인종(仁宗)황제가 일찍이 수심송(修心頌)을 지었다.

초조께서는 소림사(少林寺)에서 좌선하시며

397 　　경교(經敎)를 전하지 않고 마음만을 전하였네
　　　뒷사람이 진여의 성품을 깨달으면
　　　가만히 전한 뒤로 미묘한 이치가 깊도다

　　　　初祖安禪在少林
　　　　不傳經敎但傳心
　　　　後人若悟眞如性
　　　　密印由來妙理深

　　　　　　　　　　　　　　　　　　　　　(가태보등록)

(10) 송(宋)의 고종(高宗)황제가 원오극근(圜悟克勤) 선사에게 조서를 내려 대내로 들어오게 하여 말하였다.
　"짐(朕)이 스님의 선도(禪道)가 높고 미묘함을 알고 있으니 들려주시겠습니까?"
　극근이 말하였다.
　"폐하께서는 인효(仁孝)로써 천하를 다스리시니, 온 나라의 백성이 모두 그 광택(光澤)을 입으며, 비록 초목이나 곤충일지라도 저마다 제직을 얻었으니, 이것이야말로 부처님과 조사님네들이 전하신 바의 마음입니다. 이 마음을 내놓고 달리 마음이 없으니, 만약 달리 마음이 있다면 그것은 부처님과 조사님네들의 마음이 아닙니다."
　황제가 크게 기뻐하며 "옳습니다" 하고는 원오선사라는 호를 내렸다.
　　　　　　　　　　　　　　　　　　　　　(보등록)

(11) 송(宋)의 효종(孝宗)황제가 혜원(惠遠)스님에게 조서를 내려 영은선사(靈隱禪寺)에 주지(住持)하게 하였다. 황제가 〈만법으로 더불어 짝하지 않는 자[不與萬法爲侶]〉라는 구절을 인용하고 혜원에게 물었다.

"이것은 누구의 말입니까?"

"방거사(龐居士)입니다."

"며칠 전 조용히 앉아 있다가 홀연히 앞서 인용한 〈만법으로 더불어 짝하지 않는 자〉의 인연을 생각하게 되었습니다. 짐(朕)이 거기에서 깨달은 것이 하나 있습니다."

"〈만법으로 더불어 짝하지 않는 자〉를 폐하께서는 어떻게 이해하고 계십니까?"

"사해(四海)를 많다고 여기지 않습니다."

"'한 입에 서강(西江)의 물을 마셔 버린다[一口吸盡西江水]'는 어떠합니까?"

"아직도 부족함이 있음을 미처 몰랐습니다."

황제는 불조(佛照)선사라는 호를 내리고 몸소 다음과 같이 조서를 썼다.

요즘 속인들이 선(禪)으로써 허공을 삼고, 말로써 희론(戱論)을 삼으니, 도를 알지 못함이 이 지경에 이르렀다. 이 일은 지극히 중대한 것이니, 어찌 붓으로써 다 적을 수 있으랴! 그저 얻은 바를 서술하였을 뿐이다.

(가태보등록 · 보감록 普鑑錄 등)

(12) 고려의 태조(太祖)인 신성대왕(神聖大王)이 선법(禪法)을 존중하고 신앙하여 몸소 흥법왕사비(興法王寺碑)를 지었으니 다음과 같다.

대개 들으니, 미묘한 언어로 세운 가르침은 영취산(靈鷲山)의 설법에서 비로소 시작되었으며, 미묘한 종지로 전한 마음은 마침내 계족산(鷄足山)에서 선정에 들었다. 비록 법안(法眼)을 가르침 밖에 따로 전하였다고는 하나, 그윽이 생각하여 보건대, 현묘하고 정밀함[玄精]을 같이 받았으니, 아난(阿難, 慶喜)은 바로 그 씨알[仁]이요 상나화수(商那和修)는 그 지위를 이었다…….

처음에 들으니, 원각대사(圓覺大師, 菩提達摩)가 동쪽으로 와서 양(梁)나라에 이르러 비로소 대홍(大弘, 慧可)을 만나고 나서 북쪽으로 가서 위(魏)나라 조정(朝廷)에서 노닐었다. 이때에 스승과 제자가 계합하여 동풍(同風)을 부촉하여 조법(祖法)을 대대로 계승하니 심등(心燈)이 끊어지지 않았다. 그러므로 한 송이 꽃이 홀연히 나타남에 여섯 잎이 무성하였다. 근래에는 강서(江西, 馬祖道一)로부터 해예(海裔, 新羅)에까지 흘러 들어왔으니 봉림(鳳林, 眞鏡審希)의 아들이자 장경(章敬懷暉)의 증손인 우리 스님(眞空忠湛)께서 선종을 다시 드날렸다. 한(漢)나라 세종(世宗, 明帝)이 가섭마등(迦葉摩騰)을 만나고 양나라 무제(武帝)가 보지(寶誌)를 만난 것도 이보다 더할 것이 없다. 세세생생(世世生生) 길이 향화(香火)의 인연을 닦고 자자손손(子子孫孫) 끝까지 받들어 모시는 지극함을 표하리로다. 이런 까닭에 흥법선원(興法禪院)을 중건하고 스님을 여기에 주지(住持)하도록 하였다 …… 그리하여 오백선원(五百禪院)을 개창하였다.

(해동 흥법사興法寺 진공대사비眞空大師碑)

(13) 기성(期城)의 태수(太守) 양현지(楊衒之)가 달마대사에게 여쭈었다.

"서쪽 인도에서 스승의 법을 이어받아 조사(祖師)가 되었다고 하니, 그 도가 어떠합니까?"

"마음자리[佛心宗]를 밝혀 한 치도 어긋남이 없고, 실천과 이론이 하나가 되는 이를 조사라고 합니다."

"그 밖에는 어떠합니까?"

"모름지기 남의 마음을 밝혀서 과거와 현재를 알고, 있음과 없음을 싫어하지 않고, 법에 집착이 없고, 똑똑하지도 않고 어리석지도 않으며, 미혹함도 없고 깨달음도 없으니, 이렇게 이해한다면 조사라고 합니다."

대사는 게송으로 말하였다.

　　악을 보고도 꺼리지 않고
　　선을 보고도 애쓰지 않는다
　　지혜를 버리고 어리석음에 가지도 않고
　　미혹함을 떠나 깨달음에 가지도 않는다

　　亦不覩惡而生嫌
　　亦不觀善而勤措
　　亦不捨智而近愚

亦不抛迷而就悟

큰 도를 통달하니 한계를 지나고
마음자리를 통달하니 법도를 벗어났다
범부에도 성인에도 함께 얽매이지 않고
초연히 벗어난 이를 조사라 한다

達大道兮過量
通佛心兮出度
不與凡聖同躔
超然名之祖

(경덕전등록)

(14) 당(唐)의 문공(文公) 한유(韓愈)가 조주(潮州)의 자사(刺史)가 되었을 때에 대전(大顚)화상에게 물었다.

"제자는 군과 주[軍州]에 일이 많사오니, 긴요한 말씀 한 마디를 일러주십시오."

선사가 잠자코 있으니 문공이 어찌할 바를 몰랐다. 이때 삼평(三平)이 시자(侍者)로 있었는데 선상(禪床)을 세 번 쳤다. 선사가 말하되 "무슨 뜻인고?" 하니, 삼평이 대답하되 "먼저 선정으로써 움직이고, 나중에 지혜로써 뽑아 냅니다."

이에 문공이 삼평에게 절하고 사례하면서 말하였다.

"스님의 문풍은 너무 높고 빼어나기에 제자는 시자(侍者)에게서 들어갈 곳을 얻었습니다."

(경덕전등록)

(15) 배휴(裵休) 상국(相國)이 하루는 개원사(開元寺)에 들어갔다가 벽에 그린 초상화를 보고 원주(院主)에게 물었다.

"벽의 것이 무엇이오?"

"큰스님입니다."

"틀거지는 그럴 듯한데 큰스님은 어디에 계시오?"

원주가 대답하지 못하자, 배상공(裵相公)이 다시 물었다.

"이곳에 참선하는 중은 없소?"

"희운(希運) 상좌(上佐)라는 이가 있는데, 자못 참선하는 중 같았습니다."

배상공이 선사를 불러 오게 하여 앞의 일을 들어 이야기하니, 선사가 "상공!" 하고 불렀다. 상공이 "예" 하고 대답하니, 선사가 말하기를 "어디에 계시오?" 하였다. 배상공이 그 말끝에 깨달았다.

(경덕전등록)

(16) 낭주(朗州)의 자사(刺史) 이고(李翱)가 약산(藥山)화상에게 물었다.

"어떠한 것이 도입니까?"

선사가 손으로 위아래를 가리키며 말하였다.

"알겠는가?"

"모르겠습니다."

"구름은 하늘에 있고 물은 병 안에 있도다."

이고가 이에 게송을 지어 바쳤다.

몸을 단련하여 학같이 되었는데
천 그루 솔 밑에 두어 권의 경이로다
내가 와서 도를 물으니 딴 말씀 없이
구름은 하늘에 있고 물은 병 안에 있다 하네

鍊得身形似鶴形
千株松下兩函經
我來問道無餘說
雲在靑天水在瓶

(경덕전등록)

(17) 왕상시(王常侍)가 목주(睦州)에게 와서 참문(參問)하니, 목주가 물었다.
"오늘은 어찌하여 늦게 들어왔는가?"
"폴로게임[馬打毬]을 구경하였습니다."
"사람이 지치던가?"
"지치더이다."
"말도 지치던가?"
"지치더이다."
"돌기둥[露柱]도 지치던가?"
왕상시가 멍하여져 대답하지 못하고는 사제(私第)에 돌아와서 밤중에야 홀연히 깨달았다. 이튿날 선사를 뵙고 말하였다.
"제가 어제의 일을 알았습니다."
"돌기둥도 지치던가?"

"지치더이다."
선사가 마침내 그를 인가하였다.

(경덕전등록)

(18) 방온(龐蘊)거사가 처음에 석두(石頭)에게 참문하여 말을 402
잊고 뜻을 깨달았다. 어느 날 석두가 물었다.
"그대가 나를 만난 뒤로 날마다 하는 일이 무엇인가?"
"만약 날마다 하는 일을 물으신다면 곧 입을 열 곳이 없습니다."
그러고는 다시 한 게송을 지어 바쳤다.

날마다 하는 일 별다른 것 없나니
나하고 저절로 어울릴 뿐이네
물건마다 취하고 버릴 것이 아니며
곳곳마다 펴고 오므릴 것 없네

日用事無別　唯吾自偶諧
頭頭非取捨　處處勿張乖

붉은 빛 자줏빛 뉘라서 분별하랴!
언덕과 산에는 흠이 없네
신통과 미묘한 작용이라는 것
물 긷고 나무하는 것이라네

朱紫誰爲號　丘山絶點瑕
　　　神通幷妙用　運水及搬柴

석두가 그럴 듯이 여겼다.
나중에 강서(江西)에 이르러 마조(馬祖)에게 참문하고 여쭈었다.
"〈만법으로 더불어 짝하지 않는 자〉가 누구입니까?"
"그대가 한 입에 서강(西江)의 물을 마셔 버려야 말하여 주겠다."
거사가 그 말끝에 깨닫고 게송을 지었다.

　　남자는 장가들지 않고
　　여자는 시집가지 않네
　　온 집안 단란하게 둘러앉아
　　무생화(無生話)를 이야기하고 있네

　　　有男不婚　有女不嫁
　　　大家團欒頭　共說無生話

(경덕전등록)

(19) 장졸(張拙) 수재(秀才)가 지나던 길에 석상(石霜)을 방문하니, 석상이 물었다.
"그대의 성씨(姓氏)가 무엇인가?"
"성은 장(張)가입니다."

"이름이 무엇인가?"

"이름은 졸(拙)입니다."

"교묘함[巧]을 찾아도 끝내 얻을 수 없거늘 변변찮음[拙]은 어디에서 오는가?"

공(公)이 그 말끝에 깨달음을 얻었다. 이에 오도송(悟道頌)을 지었다.

광명이 온 누리에 고요히 비치니
범부와 성인과 중생들이 한집에서 사네
한 생각 생겨나지 않으면 전체가 드러나고
육근(六根)이 움직이자마자 구름에 가리우네

光明寂照遍河沙
凡聖含靈共我家
一念不生全體現
六根纔動被雲遮

번뇌를 끊어 없애려 하면 더욱 병을 보태고
보리에 나아가려 함도 삿된 길이라네
뭇 인연을 따르되 걸림이 없으니
열반도 생사도 모두 헛꽃이라네

斷除煩惱重增病
趣向菩提亦是邪
隨順衆緣無罣碍

涅槃生死是空花

(조정록 祖庭錄)

(20) 범문수(范文粹) 거사가 오랫동안 남양습등(南陽襲燈) 선사에게 참문하였으나 아직 깨달음을 얻지 못하더니, 하루는 어부의 피리 소리를 듣고 홀연히 깨닫고는 이튿날 투기게(投機偈)를 지어 바쳤다.

향엄(香嚴)화상의 큰 자비여
나에게 진승(眞乘)을 깨달아 의심을 깨뜨리게 하였네
보배로운 대장경 오천 축(軸)이
밤새도록 피리 소리에 실려 오네

香嚴和尙大慈悲
悟我眞乘破宿疑
寶藏金文五千軸
夜來都向笛中吹

(오등회원)

(21) 태사(太史) 황정견(黃庭堅)이 회당조심(晦堂祖心) 선사에게 가서 의지하며 지름길을 가르쳐 주시기를 청하니, 조심선사가 말하였다.
"중니(仲尼, 孔子)가 말하기를 '얘들아, 내가 숨긴다고 생각하느냐? 나는 너희들에게 숨기는 것이 없단다'라고 하였으니, 태사는 어떻게 말하겠는가?"

공이 머뭇거리거늘 선사가 말하였다.

"옳지 않소, 옳지 않아."

공이 미혹하여 고민하여 마지않았다.

어느 날 조심선사를 모시고 등산을 할 때에 마침 암벽에 계수 나무가 우거져 있거늘 조심이 말하였다.

"목란꽃[木蘭花]의 향내가 들리오?"

"들립니다."

"나는 그대에게 숨기는 것이 없소."

공이 비로소 의심이 풀려 곧 그에게 절하고 말하였다.

"스님의 노파심(老婆心)이 간절하심을 알겠습니다."

조심이 웃으며 말하였다.

"다만 그대가 집에 도달하기를 바랄 뿐이오."

뒷날 회당의 부음(訃音)이 도착하니, 공이 향을 사르고서 말하였다.

바닷바람이 능가산(楞伽山)에 불어오니
사해(四海)의 선승(禪僧)들은 눈여겨보라
한 번 버들가지를 휘어잡지 못하니
온화한 바람이 옥난간(玉欄干)에 걸렸도다

海風吹落楞伽山
四海禪流着眼看
一把柳條收不得

和風搭在玉欄干

(가태보등록)

(22) 내한(內瀚) 소식(蘇軾)이 동림사(東林寺)에서 자면서 날마다 조각 총(照覺摠) 선사와 함께 〈무정화(無情話)〉를 이야기하다가 깨달음을 얻고는 새벽에 게송을 지어 바쳤다.

시냇물 소리가 그대로 부처님의 설법이요
산빛이 어찌 부처님의 청정한 몸이 아니랴!
밤새도록 들은 사만팔천의 게송을
뒷날 다른 이에게 어떻게 이야기할까?

溪聲便是廣長舌
山色豈非淸淨身
夜來四萬八千偈
他日如何擧似人

(가태보등록)

(23) 도솔 열(兜率悅) 화상이 장천각(張天覺) 무진(無盡)거사에게 〈덕산탁발화(德山托鉢話)〉를 들고는 지그시 참구하게 하였으나 공이 안스럽게도 깨닫지 못하더니, 새벽녘[五鼓]에 이르러 홀연히 발을 뻗다가 요강을 뒤엎고는 맹렬히 살피고 이튿날 게송을 지어 바쳤다.

북소리 고요하고 종소리 잦아들매 탁발에서 돌아오니
암두(巖頭)스님의 한 번 따지는 소리가 우레와 같도다
그리하여 삼 년 살림살이를 얻었으니
그를 만나서 수기를 받아온 것이 아니겠는가?

　鼓寂鍾沈托鉢廻
　巖頭一拶語如雷
　果然只得三年活
　莫是遭他授記來

도솔열 선사가 수긍하였다.

(가태보등록)

(24) 좌승(左丞) 범충(范沖)이 원통 민(圓通旻) 선사를 뵙고는 말하였다.

"전생에 어떤 복업(福業)을 지었기에 금생에 금인(金印)과 자수(紫綬)의 주머니에 떨어져서 이 일에서 벗어나 점점 멀어집니까?"

민선사가 "내한!" 하고 부르거늘 공이 "예" 하고 대답하였다. 민선사가 말하였다.

"어찌 멀음이 있으리요?"

공이 떨 듯이 하며 말하였다.

"거듭 스님의 가르침을 청합니다."

민선사가 무릎을 한 번 어루만지니, 공이 활짝 깨달았다.

(가태보등록)

(25) 중승(中丞) 노항(盧航)이 민(旻)선사와 함께 화롯가에 둘러앉아 있을 때에 공이 물었다.

"바로 끊어[徑截] 들어가는 한 구절을 일러주십시오."

민선사가 읍(揖)하면서 언성을 높여 말하였다.

"저 불 봐라."

공이 후다닥 옷자락을 빼다가 홀연히 크게 깨닫고는 사례하며 말하였다.

"원래 불법이 별것 아니군요."

민선사가 '휙' 하고는 말하였다.

"놓아 버려라."

공이 "예, 예" 하였다.

(가태보등록)

(26) 시랑(侍廊) 장구성(張九成)이 하루는 뒷간에 가서 〈뜰 앞의 잣나무[栢樹子]〉라는 화두를 참구하다가 개구리 소리를 듣고는 의심이 풀려 계합하였다. 게송이 있다.

406   봄 달 밝은 밤에 개구리 소리가
        천지를 두드려 깨뜨리니 온통 한집안이라
        바로 이러한 때에 누가 깨달을까?
        영마루에서 돌부리를 걷어찬 현사(玄沙)가 있도다

    春天月夜一聲蛙
    撞破乾坤共一家

正恁麼時誰會得
　　嶺頭脚痛有玄沙

(가태보등록)

　(27) 예부시랑(禮部侍郞) 양걸(楊傑)이 여러 큰스님을 두루 참문하고 만년에 천의(天衣)를 의지하여 노닐었다.
　천의가 매양 방(龐)거사의 기연 어구[老龐機語]를 인용하여 참구하여 더욱 깊이 나아가게 하였다.
　뒷날 태산(泰山)에 제사를 받들어 모시게 되었는데, 닭이 한 번 울 때에 쟁반이 솟아오르는 것 같은 해돋이 광경을 보고는 홀연히 크게 깨달았다. 이어서 '남자는 장가들지 않고 여자는 시집가지 않는다'라는 화두에 대하여 이렇게 말하였다.

　　남자는 장가들어야 하고
　　여자는 시집가야 한다
　　저 한가한 공부를 토론하고
　　다시 〈무생화(無生話)〉를 이야기한다

　　男大須婚　女長須嫁
　　討甚閑工夫　更說無生話

임종게는 다음과 같다.

　　그리워해야 할 아무것도 없고

버려야 할 아무것도 없다
허공이여
잘못을 가지고 잘못에 나아가니
서방극락이로다

  無一可戀　無一可捨
  太虛空中之乎者也
  將錯就錯西方極樂

(가태보등록)

(28) 문공(文公) 양억(楊億)이 광혜 련(廣惠璉) 선사를 뵙고 밤에 이야기를 나눌 때에 공이 물었다.
"두 마리의 호랑이가 서로 물 때에는 어떠합니까?"
연선사가 손으로 코를 비트는 시늉을 하며 말하였다.
"저 축생이 다시 날뛰는구나."
407　공이 그 말끝에 활짝 의심이 사라졌다. 게송이 있다.

여덟 모로 간 쟁반이 허공을 달리니
금모사자(金毛獅子)가 변하여 개가 되었네
몸을 북두칠성 가운데 숨기려 한다면
마땅히 남극성(南極星)에 합장함을 기다리게

  八角磨盤空裡走
  金毛獅子變作狗
  擬欲藏身北斗中

應須合掌南辰後

(가태보등록)

  (29) 청헌공(淸獻公) 조변(趙抃)이 일찍이 청주(淸州)를 맡았을 때에 정사를 하는 여가에 자주 좌선을 하였는데, 홀연히 큰 우레 소리에 놀랐다가 계합하여 깨닫고는 게송을 지었다.

  공당(公堂)에 묵묵히 앉아 은궤(隱机)를 비우니
  마음의 근원이 흔들리지 않고 물처럼 담담하다
  한 번 벼락소리에 정수리의 문이 열리어
  본디부터 제 집 것임을 환기(喚起)시키네

  默坐公堂虛隱机
  心源不動湛如水
  一聲霹靂頂門開
  喚起從前自家底

(가태보등록)

  (30) 구양수(歐陽脩)의 자(字)는 영숙(永叔)이요, 호는 육일거사(六一居士)이다. 공이 한퇴지(韓退之)를 사모하여 장차 불교를 배척하려 하였는데, 문장이 완성되기 전 어느 날 부산법원(浮山法遠) 선사를 뵙고 마음속으로 이상하게 여겼다. 이어서 손님과 함께 바둑을 두는데 법원선사가 그 곁에 앉아 있었다. 공이 갑자기 판을 거두고 바둑을 인연삼아 설법을 청하였다. 법원선사는 북

을 치고는 법당에 올라가 설법하였다.

"만약에 이 일을 논하고자 할진댄 두 사람이 바둑을 두는 것과 비슷하다. 무슨 말이냐 하면 맞수끼리는 서로 잘 통하는 사이지만 기회를 만났을 때는 조금도 양보하지 않는다. 설사 다섯 점을 이어서 세 집을 지어도 한 길로 쭉 이어야 하는 법이다. 일반적으로는 문을 닫고 살길을 찾으려고만 할 뿐, 귀퉁이를 빼앗고 관문에 부딪히거나 튼튼하게 뻗친 것과 호구(虎口)가 함께 나타나는 것을 알지 못하고 파국이 되어서야 부질없이 멀리 달아나려고 한다. 그러므로 '살찐 귀는 얻기 쉽거니와 여윈 천원(天元)은 찾기 어렵다'고 한다.

깊이 생각하고 두어도 때때로 자충수에 빠지고, 대충대충 두어도 때때로 묘수가 되나니, 국수(國手)라고 뽐내지 말라. 부질없이 신선을 이야기하지 말라. 판국(判局)에서는 이기고 계가(計家)에서는 지는 일은 묻지 않겠거니와, 흑과 백이 갈라지기 이전의 한 점은 어느 곳에 두어야 할 것인지 말하여 보라."

한참 동안 잠자코 있다가 말하였다.

"이제껏 바둑판 열아홉 줄에서 얼마나 많은 사람들이 헤매고 깨달았던가?"

공이 훌륭하다고 찬탄하더니 얼마 있다가 조용히 동료에게 말하였다.

"내가 처음에는 선어(禪語)가 허황되다고 여겨 가슴 속으로는 풍속을 해친다는 생각을 하고 있었는데, 이제 이 노승(老僧)의 기연(機緣)을 보니 얻은 바와 나아간 바가 마음자리[心地]를 깨달아 밝히지 않았다면 어찌 이처럼 미묘한 뜻이 있을 수 있겠는가?"
공이 선종에 대하여 가만히 계합하는 바가 있었다.

(선원연방 禪苑聯芳)

(31) 승상(丞相) 왕수(王隨)거사가 일찍이 수산성념(首山省念) 선사를 뵙고는 말 밖의 뜻을 얻었는데, 이로부터 수행을 더욱 깊이 하여 마침내 큰 법을 밝혔다.
임종하는 날에 이르러 게송을 지었다.

서당(書堂)에 등불이 이미 꺼졌으니
손가락 한 번 튕길 사이에 누구를 상대로 말할까?
가고 머무는 것은 본래 예삿일이니
봄바람이 남은 눈을 녹이도다

書堂燈已滅　彈指向誰說
去住本尋常　春風消殘雪

(선원연방)

(32) 학사(學士) 증회(曾會)는 자(字)가 동지(同之)이다. 어렸을 적에 설두중현(雪竇重顯) 선사와 함께 살더니, 성인이 되어서는 길을 달리하여 중현은 머리를 깎고 중이 되었으며, 공은 과거에 급제하였다. 어느 날 경덕사(景德寺)에서 만났는데, 공이 『중용(中庸)』과 『대학(大學)』을 인용하고 『능엄경(楞嚴經)』을 참고하여 종문(宗門)의 어구에 맞추어 중현에게 물으니, 중현이 말하였다.

"이것은 불경의 가르침과도 합하지 않거늘 하물며 『중용』이나 『대학』이겠는가? 학사가 이 일을 알고자 할진댄 손가락 한 번 튕기는 사이에 이렇게 터득하라."

공이 그 말끝에 깨달았다.

(선원연방)

(33) 해동(海東) 청평산(淸平山) 진락공(眞樂公) 이자현(李資玄) 거사가 『설봉어록(雪峰語錄)』을 보다가 "온 천지가 사문(沙門)의 외짝눈이니, 그대는 어느 곳을 향하여 웅크리고 앉았는가?"라는 구절에 이르러, 공이 그 말끝에 활짝 크게 깨달았다.

(중수문수원기 重修文殊院記)

4. 여성 관련 [尼婆] 3칙

(1) 무착도인(無着道人) 묘총니(妙總尼)가 나이 서른쯤 되어 세속일을 싫어하여 떠돌아 다니며 장신구를 떼어놓고 여러 큰스님들에게 참문하여 이미 바른 믿음에 들어 경산(徑山)에서 하안거(夏安居)를 하게 되었다.

대혜(大慧)가 법당에 올라 설법을 할 때에 약산(藥山)이 처음에 석두(石頭)에게 참문하고 나중에 마조(馬祖)를 뵈온 인연을 드니, 묘총니가 듣고는 활짝 깨달았다.

대혜가 다시 〈암두의 파자화[巖頭婆子話]〉를 들고 그에게 물으니, 묘총니가 게송으로 대답하였다.

한 척 조각배를 망망한 바다에 띄우고
돛대 달고 삿대 저으며 뱃노래를 부르네
구름 낀 산 바다에 뜬 달 모두 내던지니
장주(莊周)의 호랑나비꿈보다 이롭네

一葉扁舟泛渺茫
呈橈舞棹別宮商
雲山海月都抛却
贏得莊周蝶夢長

(가태보등록)

(2) 범현군부인(范縣君夫人)의 호(號)는 적수도인(寂壽道人)이니, 성도(城都)에 있으면서 불과(佛果)에게 참문하였다. 불과가 그녀로 하여금 '마음도 아니고 부처도 아니고 물건도 아니니, 이 무엇인고?'를 참구하게 하니, 말을 붙일 수도 없고 입을 열수도 없으며, 보아 오고 보아 가되 실마리가 없어 문득 두려워졌다. 이에 불과에게 물었다.
"그 밖에 무슨 방편이 있어서 저를 깨닫게 하시렵니까?"
"한 방편이 있으니, 마음도 아니고 부처도 아니고 물건도 아니니라."
적수가 여기에서 깨닫고 나서 말하였다.
"원래 이처럼 가깝군요."

(종문무고 宗門武庫)

(3) 유도파(兪道婆)는 금릉(金陵)의 여인이다. 유과(油果)를 파는

것으로 업을 삼고 항상 대중을 따라서 낭야(瑯琊)에게 참문하니, 낭야가 임제(臨濟)의 〈무위진인화(無位眞人話)〉를 그에게 보였다. 어느 날 거지가 연화락(蓮華樂)을 부르되 "유의(柳毅)가 글월을 전하지 않았다면 무슨 인연으로 동정호(洞庭湖)에 이를 수 있었으랴!" 하는 소리를 듣고 홀연히 깨닫고는 유과 쟁반을 땅바닥에다 내던지니, 남편이 곁에서 흘겨보면서 말하였다.

"당신 미쳤소?"

유도파가 손바닥을 치며 말하였다.

"당신이 알 수 있는 경계가 아닙니다."

다시 낭야에게 가서 뵈니, 낭야가 그를 바라보고는 도에 진전이 있음을 알고 물었다.

"어떤 것이 지위 없는 참사람[無位眞人]인가?"

유도파가 대답하였다.

　한 지위 없는 참사람이 있으니
　머리는 셋, 팔은 여섯에 눈을 부릅떴도다
　한 번 화산(華山)을 치매 두 길로 갈라지니
　만년을 흐르는 물이 봄을 알지 못하도다

　　有一無位人
　　六臂三頭努力瞋
　　一擘華山分兩路
　　萬年流水不知春

(가태보등록)

발 문

　선(禪)은 부처의 마음이요, 교(敎)는 부처의 말이다. 마음을 전하자 방(棒)과 할(喝)이 생겨나고, 말을 늘어놓자 돈(頓)과 점(漸)이 일어났다. 그러나 일대장교(一大藏敎)는 달을 가리키는 손가락이 아님이 없다. 그러므로 근기가 날카로운 이는 사자가 사람을 무는 격이요, 근기가 둔한 이는 똥개가 흙덩이를 좇는 격이다. 아아! 사람을 무는 이는 적고 흙덩이를 좇는 이는 많으니, 마침내 두 길을 이루어 이것과 저것이 서로 배척하니, 이는 사람에 달린 것이지 법에 관계된 것이 아니다. 일숙각(一宿覺, 永嘉)이 이르기를 "남의 비방에 따르고 남의 비난에 맡겨 두라. 횃불을 가지고 하늘을 태우려 하나 부질없이 자신만 피로하리라" 한 것이 이를 말한 것이다.
　이제 내원당이시며 연곡사에 머무시는 고암큰스님(內願堂鷰谷住老杲庵大禪翁)이 선풍(禪風)이 장차 추락하려는 것을 슬피 여기고, 나와 남을 다투어 높이는 것을 불쌍히 여겨 과거와 현재의 선과 교를 분별하고 의심을 결택하는 말과, 군신(君臣)이 존중하면서 나라를 다스린 일, 여러 강사들이 수긍하고 성품을 본 일 등 수많은 예화들을 가려 뽑아 세 문으로 나누어 『선문보장』이라 이름지어 판에 새겨 널리 유포하여 미래의 이익을 짓고자 하니, 어찌 조그마한 보탬이겠는가? 안목(眼目)을 지닌 자가 있어 선뜻 달을 보고 손가락을 잊는다면, 이 한 권의 글도 또한 눈에 뿌린 금가루이니, 집착할 게 없다.

지원(至元) 31년 갑오(甲午, 1294) 3월 어느 날에
몽암거사(蒙庵居士) 봉익대부(奉翊大夫) 부지밀직사사(副知密直司事)
국학대사성(國學大司成) 문한학사(文翰學士) 승지(承旨)
이혼(李混)이 발문을 쓰다

선문강요집

禪門綱要集

【해 제】

1책. 고려 천태종(天台宗) 백련사(白蓮社) 제4대 진정국사(眞靜國師) 천책(天頙, 1206~1277?)의 저술로 전해지고 있다. 전편이 「삼성장(三聖章)」・「이현화(二賢話)」・「일우설(一愚說)」・「산운편(山雲篇)」 및 「운문삼구(雲門三句)」로 구성되어 있으며, 권말에 발문이 있다.

「삼성장」은 벽암(碧菴)노스님의 송헌(松軒)에서 호월(皓月)의 물음에 청풍(淸風)이 대답하는 형식을 취하여 임제삼구(臨濟三句)를 설명하고 있으며, 「이현화」도 역시 임제삼구를 주제로 한 호월과 청풍의 문답이다. 「일우설」은 삼구에 대한 한 우부(愚夫)의 천착(穿鑿)이다. 「산운편」은 운문(雲門)의 수어(垂語)와 자대(自代)에 근거한 운문삼구(雲門三句)를 주제로 한 청산보(靑山父)와 백운자(白雲子)의 문답이며, 「운문삼구」는 운문의 수어와 자대에 대한 덕산(德山)의 원명연밀(圓明緣密) 및 보안 도(普安道)의 송(頌)을 중심으로 한 천착이다. 저자는 임제삼구나 운문삼구, 천태지자(天台智者)의 삼지(三止) 삼관(三觀)이 모두 동일한 뜻이며, 비록 종사(宗師)의 현묘구(玄妙句)라 할지라도 언어에 집착하면 교적(敎迹)이 된다는 말로 끝맺고 있다.

그 내용이 워낙 길굴오아(佶屈聱牙)하여 이해하기 힘든 부분이 없지 않다. 조선조 말기의 이종선(二種禪)과 삼종선(三種禪)에 대한 논쟁도 이 『선문강요집』에 그 연원을 두었다고 할 수 있다.

지리산 철굴(鐵窟, 1531)・능인암(能仁庵, 1611) 등에서 판각된 바 있으며, 『선문촬요』 권하(1908) 및 『한국불교전서』 제6책(1984) 등에 수록되었다.

선문강요집 禪門綱要集

(1) 삼성장(三聖章)

청풍장로(淸風長老)와 호월상인(皓月上人)이 벽암(碧菴)노스님의 송헌(松軒)에서 차를 마시다가 이야기가 임제(臨濟)의 가풍(家風)에 미치니, 호월이 물었다.

"임제스님이 이르기를 '무릇 설법함에 있어서 일구(一句) 가운데에 삼현(三玄)을 갖추어야 하고, 일현(一玄) 가운데에 삼요(三要)를 갖추어야 한다. 거기에 현(玄)도 있고 요(要)도 있으며, 비춤[照]도 있고 작용[用]도 있으며, 방편[權]도 있고 실제[實]도 있다'고 하였으니, 그 뜻이 어떠합니까?"

청풍이 대답하였다.

"내가 각범(覺範, 慧洪)스님이 임제의 종지를 말한 것을 보니, 이르기를 '일구 가운데에 삼현을 갖추고, 일현 가운데에 삼요를 갖추었다. 거기에 현도 있고 요도 있다는 말씀은 일체 중생의 뜨거운 번뇌의 바다 가운데 시원한 적멸(寂滅)의 깃대이다. 이 깃대을 세우는 것은 마치 도독고(塗毒鼓)와 같아서 그것을 두드리면 듣는 자가 모두 죽는다'고 하였으니, 그대 스스로 이해하라. 어찌 다시 말할 필요가 있겠는가?"

"이 가운데 대답한바 '삼요인(三要印)을 찍고 떼니 붉은 인발이 나타난다'는 등의 삼구는 삼현의 연원[祖出]이 아닙니까?"

"그렇지 않다. 어찌 어세(語勢)의 차례를 보지 못하는가? 언구 가운데에 삼현이 있고, 현 가운데에 삼요가 있으니, 구가 어찌 현이겠는가?"

"제가 말한 구(句)는 곧 표현하는 문구[能詮]요 현과 요는 표현되는 이치[所詮]이니, 구인즉슨 달리 뜻이 없겠지요?"

"내가 일찍이 『종문무고(崇門武庫)』를 읽어 보니, 임제스님이 이르기를 '제1구에서 터득하면 조사와 부처의 스승이 될 만하고, 제2구에서 터득하면 인간과 천상계(天上界)의 스승이 되고, 제3구에서 터득하면 자기조차 구제하지 못한다'고 하였으며, 또 그 손자 수산성념(首山省念) 스님이 이 말을 다시 주장하였으니, 구가 어찌 표현하는 문구이겠는가?

또 만약 제1구가 제1현이라고 말한다면 하나의 현 아래에 들어가 이룩한 사람이 어찌 조사와 부처의 스승이 될 수 있겠는가? 나머지 제2구와 제3구는 이에 견주어 이해하라.

중정법해(中精法海) 선사가 삼현과 삼요라는 용어 외에 따로 온총삼구(蘊摠三句)를 들었으니, 삼구어의 사례이며, 숭재혜(崇齋惠)스님이 현과 요 외에 따로 삼구를 송(頌)하였으니, 그렇다면 구와 현이 전혀 다른 것임이 분명하다."

"어떤 것이 제1구입니까?"

"달마스님이 인발 없는 도장을 가지고 와서 맞대놓고 온전히 들어 보인 어구이니, 이 도장을 모든 부처의 법인(法印)이라고 하며, 또 조사의 심인(心印)이라고도 하며, 또 삼요인이라고도 하니, 삼요란 인발 없는 도장[無文印] 위에 있는 인발이다."

"육조(六祖) 이후로는 누가 이 도장을 몸소 들어 보였습니까?"

"이 종파의 비조(鼻祖)인 마조(馬祖)대사가 백장(百丈)의 코를 비틀어 한 도장으로 도장을 뭉개 버리고 위엄을 떨쳐 '훽' 한 번 할(喝)한 것이 이것이다.

뒷날 설두(雪竇)스님과 서원(西院)스님이 모두 '틀렸다'라고 한 것이나, 분양(汾陽)스님의 '9월 9일 국화꽃이 새롭다[重陽九月菊花新]'라는 등의 구절도 또한 이 도장을 몸소 들어 보인 것이다. 불과(佛果)스님이 서원스님의 '틀렸다'라는 구절에 착어(着語)를 붙이기를 '삼요인을 찍고 떼었다'라고 하였다."

"현(玄)과 요(要)는 그 뜻이 어떠합니까? 도리어 깊고 얕음이 있습니까?"

"이 제1구 가운데에 비록 현과 요의 뜻을 갖추고 있으나 그 모양을 설명할 수 없으니, 어찌 깊고 얕음을 이야기할 수 있으랴! 이것이 설두스님이 허공에 찍었다는 도장이다. 그러나 현과 요를 방편[戈甲]에 배대(配對)하고, '삼요인을 찍고 떼니 붉은 인발이 나타난다. 말을 하려고 머뭇거리기 전에 주인과 손님이 나누어진다'라고 하니, 현과 요의 깊고 얕음을 알 수 있으리라."

"구 가운데 이미 현과 요의 뜻을 갖추었거늘, 다만 삼요만을 말하고 삼현을 말하지 않는 것은 무슨 까닭입니까?"

"제1구인즉슨 방편을 베풀지 않고 바로 이 도장을 들어 보이기 때문이다. 그러나 요는 현의 강요(綱要)이다. 따라서 요를 말하면 현도 또한 그 가운데에 있으니, 현과 요가 모두 일구 가운데에 갖추어져 있다고 말할 수 있다."

"제1구 아래서도 기연(機緣)을 깨닫는 이가 있습니까?"

"전혀 없다고는 말하지 않겠다. 다만 그 사람을 드물게 만날 뿐이니, 만약 이 구를 들 때에 그 아래서 곧장 터득하는 기틀이라면 비록 조동종(曹洞宗)의 '서로 만나되 서로 알아보지 못하는[相逢不相識]' 부류일지라도 오히려 '귀신의 굴 속에서 살림을 차린다[鬼窟裡作活計]'라고 하겠다."

"어떠한 것이 제2구입니까?"

"분석함에 있어서 머뭇거림을 용납하지 않는 곳이나, 그것을 따라서 그대로 쓰는 구이니, 이 제2구에 이르러서는 삼현의 방편을 베푼다."

"어떠한 것이 제1현입니까?"

"온전한 기틀이 서로 비추어 응하는 것[全機照應]이다. 온 누리에 삼라만상(森羅萬象)이 인다라그물[因陀羅網]과 같으니, 운문(雲門)의 '하늘과 땅이 함과 뚜껑과 같이 맞는다[函蓋乾坤]'라는 말에 배대할 수 있다."

"어떠한 것이 제2현입니까?"

"미묘한 작용이 자재한 것[妙用自在]이다. 편의에 따라 손을 써서 말마다 모두 사랑스럽고 구절마다 온전히 참되다. 이것은 소양(韶陽, 雲門)의 '물결을 따라 기틀에 응함[隨波應機]'이다."

"어떠한 것이 제3현입니까?"

"기틀과 작용을 가지런히 베푸는 것[機用齊施]이니, 사람과 경계를 모두 잊고, 범부와 성인의 알음알이가 다하였다."

(2) 이현화(二賢話)

호월선객(皓月禪客)이 청풍법사(淸風法師)에게 물었다.

"임제스님이 이르기를 '무릇 설법함에 있어서 일구 가운데에 삼현을 갖추고, 일현 가운데에 삼요를 갖추었다. 거기에 현도 있고 요도 있으며, 방편도 있고 실제도 있으며, 비춤도 있고 작용도 있다'고 하였으니, 구와 현과 요가 같습니까, 다릅니까? 감히 묻습니다."

"때로는 같고, 때로는 다르며, 때로는 같고 다름이 없다."

"그 설명을 듣고 싶습니다."

"구는 언구(言句)라고 할 때의 구이니, 구는 차별을 표현하는 것이다. 현은 유현(幽玄)하다고 할 때의 현이니, 현은 분간할 수 없는 것이다. 요는 생요(省要)라고 할 때의 요이니, 요는 많고 적음에 있는 것이 아니다. 현과 요는 구에 있으며, 방편과 실제는 현에 있으며, 비춤과 작용은 요에 있다. 저마다 자리해야 할 곳이 있으니 뒤얽히면 안 된다."

"제1구는 어떠한 것입니까?"

"무릇 조사의 심인이요, 또 모든 부처의 법인이라고도 하니, 이제 이 삼요로써 인발을 삼기 때문에 삼요인이라고 한다. 그러나 실제로는 달마스님이 전한 인발 없는 도장이다. 어떤 이가 이 도장을 들어 허공에다가 찍으면 끝내 자취가 없으니 곧바로 삼요라고 한다."

"자취가 이미 없다면서 어찌 삼요라고 합니까?"

청풍이 '훽' 한 번 할하고 나서 물었다.

"어느 곳에 떨어졌는가?"

호월이 움찔하거늘 청풍이 말하였다.

"만약 인발이 없다면 어찌 도장이라 부르며, 허공에 자취가 없다면 누가 찍었다고 하는가? 명수(名數) 가운데에 삼요를 분별한 것이 없으니, 아주 자세히 살펴야 한다. 나의 이 한 번 할은 비춤이며 작용이며 비추면서 작용함이다.

임제스님이 이 구에 답하기를 '삼요인을 찍고 떼니 붉은 인발이 나타난다. 말하려고 머뭇거리기 전에 주인과 손님이 나누어진다'라고 하였다. 앞 구절은 먼저 비추고 뒤에 작용함이요, 뒷구절은 먼저 작용하고 뒤에 비춤이다. 사조용(四照用 : 先照後用・先用後照・照用同時・照用不同時)은 임제스님에게서 나왔으며, 부산법원(浮山法遠) 스님이 자세히 해석하였다.

숭재 혜(崇齋惠)스님이 이르기를 '제1요는 큰 기틀이 원만히 두루 응하는 것[大機圓應]이요, 제2요는 큰 작용이 온전히 드러나는 것[大用全彰]이요, 제3요는 기틀과 작용을 가지런히 베푸는 것[機用齊施]이다'라고 하였으니, 생각건대 비춤과 작용이 동시[照用同時]요, 다만 그 이름만 다를 뿐이다.

기틀[機]은 기관(機關)이니 마치 '한 발동기를 건드리니 온갖 장치가 다 움직인다'고 하는 것과 같다. 건드리지도 않고 움직이지도 않은 바로 그때를 큰 기틀이라 한다. 큰 기틀은 원만히 두루 응하는 것[圓應]으로써 뜻을 삼으니, 이는 큰 작용의 기틀이다. 이미 건드렸고 이미 움직였을 때를 큰 작용이라 한다. 큰 작용은 바로 끊는 것[直截]으로써 뜻을 삼으니, 이는 큰 기틀의 작용이다.

일요를 얻음에 따라 곧 삼현을 벗어나고 삼구를 뛰어넘는다. 백장(百丈)스님이 큰 기틀을 얻고, 황벽(黃檗)스님이 큰 작용을 얻은 것은 몸소 마조(馬祖)스님의 한 할(喝)을 계승하여 혁연한 임제의 근본 종지가 되지 않음이 없으니, 이것이 그 증거이다. 이 기틀이 들어가는 곳은 바로 위음왕불(威音王佛) 이전 비로봉(毘盧峰) 꼭대기에 있어서 큰 총지(摠持)를 얻는다. 그러므로 임제스님이 이르기를 '제1구에서 터득하면 조사와 부처의 스승이 된다'고 한 것이니, 이것이 제1구이다."

호월이 물었다.

"제2구는 어떠한 것입니까?"

청풍이 잇달아 세 번 할하고 나서 말하였다.

"몇인가?"

"셋입니다."

"그렇다면 실제가 아니라 방편이다. 임제스님이 이 구에 답하기를 '묘희(妙喜, 文殊)가 어찌 무착(無着)의 물음을 용납하겠는가? 그러나 구화(漚和, 방편)가 어찌 흐름을 끊는 기틀을 저버리겠는가?'라고 하였다. 앞의 구절은 실제를 나타낸 것이요, 뒷구절은 방편을 보인 것이다. 이 방편문에 나아가 삼현의 이름을 세웠으니, 이름은 옛날에 이른바 실제의 손님이다."

"무엇을 삼현이라 합니까?"

"어떤 이가 삼요인을 들어 곧장 물에다 찍으면 완연히 인발이 이루어지나니, 그러므로 전변하여 삼현이라 한다. 현(玄)은 뒤섞이고 정색(正色)이 바랜 빛깔이다. 파랗고도 흰 것을 푸르다[蒼]하고 푸르면서 검은 것을 가맣다[玄] 하니, 파랗고 희고 검은 세 빛깔이 뒤섞여 볼 수는 있으나 그것을 변화시킬 수는 없는 데에 비유한 것이다. 불교 외의 학설에도 역시 삼현이 있으니, 주역(周易)은 유(有)의 입장에서 현이라 하고, 노자(老子)는 무(無)의 입장에서 현이라 하고, 장자(莊子)는 유이면서 무인 입장에서 현이라 한다. 임제스님은 이를 빌려 다만 삼현을 말하였을 뿐이었으나, 고탑주(古塔主, 承古)가 처음으로 그 명칭을 세웠으니, 첫째는 체 가운데 현[體中玄]이요, 둘째는 용 가운데 현[用中玄]이니 때로는 구 가운데 현[句中玄]이라고도 하며, 셋째는 의 가운데 현[意中玄]이니 때로는 현 가운데 현[玄中玄]이라고도 한다.

처음의 둘(체 가운데 현·용 가운데 현)은 본체와 작용을 대비시키어 뒤의 일현(의 가운데 현)이 앞의 둘보다 더 가맣다[玄]는 것을 밝힌 것이다. 또 의(의 가운데 현)와 구(구 가운데 현)를 대비시키어 이 두 현이 체 가운데 현이 흘려 내는 것임을 밝힌 것이다.

이 삼현을 가지고 현사(玄沙)스님과 운문(雲門)스님의 삼구에 배대하였으니, 사람들로 하여금 삼법(三法)에 원만히 계합하여 한 귀퉁이에 치우쳐 정체하지 않도록 하고자 하였을 뿐이다.

각범(覺範, 慧洪)스님이 이르기를 '삼현만을 말하고 삼요를 빠뜨린 것은 그의 허물이다'라고 하여 깊이 비난하고 배척하였으니 까닭이 있다. 이미 석두(石頭)스님의 『참동계(參同契)』를 인용하여 그 뜻을 드날리고, 또 체 가운데 현·구 가운데 현·현 가운데 현의 명칭은 열거하면서도 요의 명칭은 열거하지 않은 것은 무엇 때문인가? 생각건대 그 병통을 보내고 그 법을 없애지 않은 것이요, 그 방편에 즉(卽)하여 바로 그 실제를 밝힌 것이다.

그대가 여기서 잘 변화시키어 이성(理性)이 끝이 없고 사상(事相)이 밖이 없음을 분별하여 깨달아 바른 깨달음을 갖춘다면, 이것이야말로 이른바 '제2구에서 터득하면 인간과 천상계의 스승이 된다'라는 것이다."

"제3구는 어떠한 것입니까?"

"지금 나와 그대가 하나는 말하고 하나는 듣고, 하나는 묻고 하나는 대답함이 애당초 제3구에 떨어진 것이다. 만약 삼요인을 가지고 진흙에 찍으면 자취가 온전히 드러나나니, 그러므로 전변하여 삼구라 한다. 현과 요는 그 가운데에 있다."

"제3구 가운데에 다시 삼구를 말하는 것은 무슨 까닭입니까?"

"이 교화문에 이르러서는 겉으로 어수선하게 말하고 거꾸로 쓰고 가로 잡으니, 저 원오(圜悟)스님이 이르기를 '작가(作家, 禪僧)가 삼요인을 가지고 허공에 도장 찍고 물에 도장 찍고 진흙에 도장 찍어 사람을 점검(點檢)하는 것은 스승의 관점에서 말한 것이다'라고 하였고, 대혜(大慧)스님이 이르기를 '상근기(上根機)가 도(道)를 듣는 것은 도장을 허공에 찍는 격이요, 중근기가 도를

422 듣는 것은 도장을 물에 찍는 격이요, 하근기가 도를 듣는 것은 도장을 진흙에 찍는 격이니, 이것은 손님의 관점에서 말한 것이다. 이것은 모두 제3구 가운데의 일이니 부디 그르치지 말라'고 하였다. 임제스님이 이 구에 답하기를 '무대 위에서 노는 꼭두각시를 보아라. 당겼다 놓았다 함이 모두 뒤에 있는 사람에게 달려 있다'고 하였으니, 뒤에 있는 사람이 어찌 임제스님 자신을 말한 것이겠는가? 부처를 만나면 부처를 말하고, 나한(羅漢)을 만나면 나한을 말하고, 아귀(餓鬼)를 만나면 아귀를 말하는 것이 어찌 무대 위에서 노는 꼭두각시이겠는가?

그렇다고 하여 범부와 성인, 깨끗함과 더러움을 갖추지 않았다면 또 어느 구를 향하여 이 늙은이를 논하겠는가? 행여나 다른 언구에 집착하고 다른 그림자를 그릇 인정하면 자기조차 구제하지 못하고 크게 임제스님의 은혜를 저버리게 되나니, 이것이 제3구이다."

"분양(汾陽)스님이 대답한 삼구가 이것과 같지 않은 것은 무슨 까닭입니까?"

"분양스님은 임제스님의 5세 적손(嫡孫)이다. 천하의 학인(學人)이 그가 세운 법을 존중하고 우러르거늘 어찌 같지 않을 수 있겠는가? 때로는 같지 않은 듯하나 실제로 같지 않은 것은 아니니, 대개 깊은 까닭이 있다."

"말하여 주십시오."

"분양스님이 첫째 힘을 얻는 곳에 대하여 답하기를 '가주(嘉州)에서 큰 관음상(觀音像)을 때린다'고 하였다. 이것은 한 분의 불상을 조성한 큰 공덕을 말함이요, 길이 앉아 일어나지 않는다는 것은 부처를 이루매 본래의 자리에서 움직이지 않는다는 것과 같다.

둘째 몸을 바꾸는 곳에 대하여 답하기를 '협부(夾府)에서 무쇠소에 물을 뿌린다'고 하였다. 소는 축(丑)의 부류요, 축은 쇠이므로 물을 뿌리되 젖지 않나니, 범부와 함께하되 모든 번뇌에 물들지 않음을 비유한 것이다.

셋째 친절한 곳에 대하여 답하기를 '서하(西河)에서 사자를 놀린다'고 하였다. 사람이 사자탈을 쓰고 이리 뛰고 저리 뛰며, 놀리며 오고, 놀리며 가니 삶을 얻음을 말한다.

이제 슬며시 살펴보건대 임제스님이 밝힌 것은 이 세 사람의 들어가는 곳이요, 분양스님의 답은 오직 한 사람의 행상(行相)이다. 하물며 앞뒤로 배치한 순서가 머리와 꼬리가 서로 뒤바뀐 것 같으나 겉과 속이 서로 이루어 준다. 그 셋이 하나요 하나가 셋이니, 얕고 깊음과 거칠고 미세함을 어찌 무어라 말할 수 있겠는가?

분양스님이 이미 삼구에 대하여 견해를 밝히고 나서 이르기를 '만약 이 삼구를 이해한다면 이미 삼현을 분별한 자는 구에 즉하여 현을 밝힌 것이다'라고 하고, 또 이르기를 '다시 삼요에 대한 말이 있으니, 송(頌)으로 읊기를 기다려라'라고 하고는 도리어 삼현을 송으로 읊는 데 그친 것은 현 가운데 즉하여 요를 밝힌 것이다. 만약 이렇다면 어찌 일구 가운데에 삼구를 갖추지 않았으며, 일현 가운데에 삼요를 갖추지 않았다고 의심하겠는가?"

"일찍이 담당(湛堂)스님의 글을 보니, 이르기를 '셋에다 셋을 말하니 삼삼(三三)은 구(九)이다'라고 하였으니, 부처와 부처가 서로 전해 주고 조사와 조사가 주고받은 것이 이것을 말한 것이로군요."

"아홉을 묶어 셋을 만들고 셋을 묶어 하나를 만들었으나 하나는 역시 거두지 못하니, 부처와 조사가 장차 무엇으로써 주고받겠는가? 숭재 혜 스님이 이르기를 '모름지기 구와 요와 현의 세 가지가 끝내는 고요하여 한 기틀에 있음을 알아야 한다'고 하였다. 내가 눈먼 소리를 한 것은 옛사람과 더불어 서로 만나고자 함이었다."

호월이 "예, 예" 하고 대답하였다.

제 2 편

어떤 이가 청풍법사에게 물었다

"스님께서 임제스님의 현(玄)과 요(要)와 구(句)를 해석하시기를 '구는 언구라고 할 때의 구이니, 구는 차별을 표현하는 것이다'라고 하였으니, 그렇습니까?"

"그렇다. 간단하게 현과 요를 말하였다."

"만약에 '제2구와 제3구는 언구라고 할 때의 구이다'라고 말한다면 스님의 말씀을 인정하겠습니다만, 제1구인즉슨 어찌 언구로써 표현할 수 있겠습니까? 임제스님이 이르기를 '말하려고 머뭇거리기 전에 주인과 손님이 나누어진다'고 하고, 또 이르기를 '조사와 부처의 스승이 된다'고 한 것은 달리 말하는 바가 있는 것입니까? 또 해석하기를 '제1구는 곧바로 삼요라 하고, 제2구는 전변하여 삼현이라 하고, 제3구는 전변하여 삼구라 한다'고 하였으니, 글뜻이 뒤얽혀져 분석하는 듯 종합하는 듯 가로라고 말하는 듯 세로라고 말하는 듯하여 도리어 잘못입니다."

"훌륭한 질문이다, 훌륭한 질문이야. 이것은 분별하지 않을 수 없다. 본문에 이르기를 '무릇 설법함에 있어서 일구어에 삼현을 갖추어야 한다'고 하였으니, 구가 언구가 아니고 무엇이겠는가? 옛 스님이 이르기를 '사구(死句)에서 터득하면 자기조차 구제하지 못하고, 활구(活句)에서 터득하면 조사와 부처의 스승이 된다'고 하였으니, 사구와 활구가 어찌 언구가 아니겠는가?

아아! 어리석은 이가 식견이 거칠고 실속이 없어서 입으로 말하는 소리만을 언구라고 말하기 때문에 향상구(向上句)니 나변구(那邊句)니 정구(正句)니 승구(勝句)니 따위를 말하는 것을 보면 마음속으로 그것을 이상하게 여겨서 별다른 법이라고 한다. 무릇 조사와 부처와 선지식(善知識)이 내놓는 언구는 하나하나 로봇[木人]이 외치고 손뼉 치는 것과 같으며, 붉은 화로에 눈 한 송이 떨어지는 것과 같아서 참으로 무어라 말할 수 없음을 알겠는가? 말이 있다고 하여도 안 되고, 말이 없다고 하여도 또한 안 되며, 말이 있는 것도 아니고 말이 없는 것도 아니라거나, 말이 있는 것도 아닌 것도 아니고 말이 없는 것도 아닌 것도 아니라고 하여도 모두 안 된다. 또 말이 있다거나 말이 없다거나, 나아가서는 말이 있는 것도 아닌 것도 아니고 말이 없는 것도 아닌 것도 아니라고 말하지 않을 수 없다.

이에 미루어 말하자면 이 제3구와 제2구가 제1구에 즉한 것이니, 제1구에 삼구를 갖추고 삼현을 갖추고 삼요를 갖추었으니, 제1구가 이미 그러한즉 나머지 제2구와 제3구도 또한 마찬가지이며, 삼구가 이미 이러한즉 현과 요도 마찬가지이다. 그 아래에는 근본과 지말도 없고, 뒤와 앞도 없고, 교묘함과 졸렬함도 없으니, 어느 곳에 분석하거나 종합하거나 가로라고 말하거나 세로라고 말할 수 있겠는가? 옛 성인께서 세상에 출현하신 큰 계획과 사람을 위하신 큰 뜻이 대개 이와 같다.

그러나 이론을 세우고 가르침을 말하는 것에 있어서는 여러 스님네들의 본보기가 거의 같고 조금 다르나 실제로는 같고 다름이 설 수 없으니, 무엇을 조금 다르다고 하는가?

동산종(洞山宗)에서는 모름지기 어세(語勢)를 보아 원인과 결과를 가리고 손님과 주인을 따지고 존귀함과 비천함을 정한다. 말이 있는 가운데 말이 없는 것은 치우친 가운데 바름[偏中正]이요, 말이 없는 가운데 말이 있는 것은 바른 가운데 치우침[正中偏]이요, 있지도 않고 없지도 않으며 치우치지도 않고 바르지도 않은 것은 겸하여 이른 것[兼中到]이다.

병통을 지닌 것과 병통을 지니지 않은 것, 길에 있는 것과 길에 있지 않은 것, 물질 따위, 언어 따위 등의 말에 이르러서는 모두 격례(格例)가 있으므로 저마다 여러 스님네들의 어구를 인용하여 사례를 삼고 증거를 삼았으니, 이것이 이른바 옳고 그름을 따져 결정함이요, 법인을 어기지 아니함이다.

그러나 임제스님의 문하(門下)만은 그렇지 아니하여 비록 삼현과 삼요와 사조용(四照用)과 사료간(四料簡) 등의 이치가 있으나 대충 정밀하거나 거친 어례(語例)를 가리지 않고 다만 곧바로 한 기틀 한 경계를 향하여 한순간[石火電光]에 잡아 그대로 쓰나니, 이제 '일구 가운데에 삼현과 삼요를 갖추어야 한다'라고 한 것은 임제스님이 온전히 들어 보이고 미묘하게 주장한 이론이요, 갖추지 못한 이를 위하여 갖추어야 한다고 말한 것이 아니다."

(3) 일우설(一愚說)
─그 지혜는 따라잡을 수 있으나 그 어리석음은 따라잡을 수 없다.─

어떤 노스님이 스스로 우부(愚夫)라 부르며 문을 닫고 한 방에 들어앉아 우두커니 혼자 거처하며 마치 말을 못 하는 사람과 같이 행동한 지 오래 되었더니, 어느 날 한 중이 와서 뵙고 여쭈었다.

"임제스님이 대중에게 설법하기를 '제1구에서 터득하면 조사와 부처의 스승이 되고, 제2구에서 터득하면 인간과 천상계의 스승이 되고, 제3구에서 터득하면 자신조차도 구제하지 못한다'고 하였습니다. 또 제1구에 답하기를 '삼요인(三要印)을 찍고 떼니 붉은 인발이 나타난다. 말하려고 머뭇거리기 전에 주인과 손님이 나누어진다'고 하였으며, 제2구에 답하기를 '묘희(妙喜, 文殊)가 어찌 무착(無着)의 물음을 용납하겠는가? 그러나 구화(漚和,

방편)가 어찌 흐름을 끊는 기틀을 저버리겠는가?'라고 하였으며, 제3구에 답하기를 '무대 위에서 노는 꼭두각시를 보아라. 당겼다 놓았다 함이 모두 뒤에 있는 사람에게 달려 있다'라고 하고는, 또 이르기를 '무릇 설법함에 있어서 일구 가운데에 삼현을 갖추고, 일현 가운데에 삼요를 갖추었다. 거기에 현도 있고 요도 있으며, 방편도 있고 실제도 있으며, 비춤도 있고 작용도 있다'고 하였습니다. 감히 묻사오니, 이 뜻이 어떠합니까? 설명을 듣고 싶습니다."

노스님이 말씀하였다.

"오직 임제종(臨濟宗)이 총림(叢林)에서 으뜸가고, 이 말씀이 또 종파에서 표준이 되기 때문에 이론이 아주 많다. 그 가운데 가장 나은 것은 삼성(三聖 : 청풍장로·호월상인·벽암노스님)이 앞에서 그것을 논하였는데 그 조리가 정연하며, 이현(二賢 : 호월선객·청풍법사)이 뒤에서 그것을 말하였는데 그 분별이 상세하다. 이제 두 가지 설이 세상에 유포되고 있어 여러 지방의 학인들이 일컫고 외우지 않는 이가 없거늘, 어찌하여 그 글을 찾아서 공부하지 않고 내게 와서 묻는가?"

"전들 어찌 두 가지 설이 있음을 모르겠습니까? 일찍이 그것을 읽어 보았으나 의심이 풀리지 않기에 오랫동안 큰스님에게서 이 종지를 깊이 구명코자 하였으니, 자비를 드리우시어 핑계를 대고 거절하지 마시기 바랍니다."

"이미 그렇다면 어디 좀 물어 보아라. 옛사람(孔子)이 이르기를 '어찌 저마다 제 뜻을 말하지 않는가?'라고 하였으니, 우부(愚

夫)의 뜻도 또한 말하여 줄 수 있다."

"제1구가 어떠합니까?"

노스님이 위엄을 떨쳐 '퀙' 한 번 할하니, 그 중이 움찔하였다. 노스님이 언성을 높여 말하였다.

"이것이 달마스님이 처음 올 때의 면목(面目)이니, 이 구절에서 터득하면 비로봉 꼭대기에 올라 곧바로 조사의 심인을 찰 수 있기 때문에 '제1구에서 터득하면 조사와 부처의 스승이 된다'고 한 것이다."

"'삼요인을 찍고 떼니 붉은 인발이 나타난다. 말하려고 머뭇거리기 전에 주인과 손님이 나누어진다'고 한 것은 어떠합니까?"

노스님이 잇달아 세 번 할하니 그 중이 멍해졌다. 노스님이 얼굴빛을 바로하여 말하였다.

"제1요는 비춤[照]을 밝힌 것이다. 곧 큰 기틀이 원만히 두루 응하는 것이니, 이는 주인[主]이다. 일천 성인이 출현하셔도 그 미묘함을 다할 수 없다.

제2요는 작용[用]을 밝힌 것이다. 곧 큰 작용이 온전히 드러나는 것이니, 이는 손님[客]이다. 밝은 거울이 대(臺)에 놓여 있으매 미개인이나 문명인이나 모두 비추어진다.

제3요는 비춤과 작용이 동시[照用同時]임을 밝힌 것이다. 곧 기틀과 작용을 가지런히 베푸는 것이니, 이는 주인과 손님이다. 사람들로 하여금 손뼉 치며 깔깔 웃게 한다."

말씀을 마치고 나서 '퀙' 한 번 할하고 말하기를 "그래도 무어라 말하겠는가?"라고 하고, 또 "부디 그르치지 말라"고 하였다.

"제2구는 어떠합니까?"

"사물을 위하여 법칙을 짓는 것이다. 방편을 베푸니 다만 완연히 틀을 이루어 어긋남이 허물이 될 뿐이다. 이 구절에서 터득하면 인간과 천상계의 본보기가 될 만하기 때문에 '인간과 천상계의 스승이 된다'고 하였다."

"'묘희가 어찌 무착의 물음을 용납하겠는가? 그러나 구화가 어찌 흐름을 끊는 기틀을 저버리겠는가?'라고 한 것은 어떠합니까?"

"묘희는 곧 큰 지혜이니 실제이다. 이 가운데 어찌 무착의 물음을 용납하겠는가? 물음과 대답이 모두 잦아들었기 때문이다. 구화(漚和)는 방편이니 권(權)이다. 이때에 어찌 흐름을 끊는 기틀을 저버리겠는가? 기틀과 감응이 함께 있기 때문에 이 두 구절은 삼현을 밝힌 것이다.

제1현은 체 가운데 현[體中玄]이라 하니, '구화가 어찌 무착의 물음을 용납하겠는가?'이다.

제2현은 구 가운데 현[句中玄]이라 하니, '방편이 어찌 흐름을 끊는 기틀을 용납하겠는가?'이다.

제3현은 현 가운데 현[玄中玄]이라 하니, '묘희가 어찌 무착의 물음을 용납하겠는가? 그러나 구화가 어찌 흐름을 끊는 기틀을 저버리겠는가?'이다."

"제3구는 어떠합니까?"

"낙초(落草)는 사람들을 위하여 병에 따라 약을 주는 것이니, 이는 어찌할 수 없이 하는 일이다. 이 구에서 터득하면 지견(知

見)이 치우쳐 막히고 공행(功行)이 원만하지 못하기 때문에 '자기 조차 구제하지 못한다'고 하였다."

"'무대 위에서 노는 꼭두각시를 보아라. 당겼다 놓았다 함이 모두 뒤에 있는 사람에게 달려 있다'고 한 것은 어떠합니까?"

"삼안국토(三眼國土)에 들어가 세 가지 옷을 입고 삼신불(三身佛)을 말하며, 나아가 나한을 만나면 나한을 말하고, 아귀를 만나면 아귀를 말하는 것이 바로 무대 위에서 노는 꼭두각시와 비슷하다. 모름지기 그 뒤에 사람이 있음을 알아야 하니, 그가 어찌 임제 늙은이이겠는가?"

그 중이 조금 있다가 말하였다.

"때마침 가르침을 받아 대충 그 줄거리를 알겠으나, 그래도 아직 의심이 있습니다."

"의심이 있으면 마땅히 물어 보아라."

"말후(末後)의 일구라고 하는 것은 삼구 가운데의 어느 한 구입니까? 그렇지 않다면 삼구 밖에 따로 일구가 있습니까?"

"그대의 의혹이 너무 심하구나. 어찌 어세(語勢)의 차례를 보지 못하는가? 위에서 이미 삼구를 가르쳐 보였기 때문에 말후에 '무릇 설법함에 있어서 일구 가운데에 삼현을 갖추고, 일현 가운데에 삼현을 갖추었다'고 하였으니, 이는 어느 구를 꼭 찍어서 말할 수는 없다. 부처님과 조사님네들의 수용이 삼구를 벗어나지 않거니와, 다시 무슨 구가 있어서 삼구 외에 군더더기이겠는가?"

"구와 현과 요, 방편과 실제, 비춤과 작용이 도리어 연원이 있습니까? 그리고 또 같고 다름이 어떠합니까?"

"이것은 분별하지 않을 수 없다. 말한바 구라는 것은 옛사람이 말한 명신(名身)과 구신(句身)과 자신(字身)의 차별명전(差別名詮)이다. 자성(自性)이란 저 땅은 굳고 물은 젖고 불은 마르고 바람은 움직이는 것이 이것이니 구전차별(句詮差別)이요, 저 지(地)·수(水)·화(火)·풍(風)이 이것이다. 자(字)는 곧 문자이니 저 지자(地字)·수자(水字)·화자(火字)·풍자(風字)가 이것이다. 그런즉 구는 다만 차별을 표현하는 것일 뿐이다. 그러므로 어언(語言)인즉슨 언구(言句)라 하고, 편(篇)과 장(章)인즉슨 장구(章句)라 하고, 시(詩)와 율(律)인즉슨 시구(詩句)라 한다.

또 자설문(字說門)에 이르기를 구는 물음[問]이니 기물을 형상화하고 물건을 받는 형상이기 때문이다. 노래를 일컬어 곡(曲)이라 하니, 어언과 편과 장, 시와 율을 일컬어 구라 한다. 그런즉 세상의 온갖 형상의 크고 작음과 이미지의 있고 없음과, 나아가서는 부처님과 조사님네들의 긴 구절과 짧은 낱말과, 작용과 침묵, 방망이와 할이 모두 저마다 일구이다.

'현(玄)은 뒤섞이고 정색이 바랜 빛깔이다. 파랗고도 흰 것을 푸르다[蒼] 하고, 푸르면서 검은 것을 가맣다[玄] 한다. 또 주역(周易)은 유(有)의 입장에서 현이라 하고, 노자(老子)는 무(無)의 입장에서 현이라 하고, 장자(莊子)는 유이면서 무인 입장에서 현이라 한다'는 말이 있다. 요(要)는 생요(省要)이니 그물의 벼리와 같고 문의 지도리와 같다. 권(權)은 권교(權敎)요, 실(實)은 실교(實敎)요, 비춤[照]은 비추어 안에 통하는 것이요, 작용[用]은 작용하여 밖에 나타나는 것이니, 마치 봉화(烽火)가 성안에서 급보(急報)를 비추매 변방(邊方)에서 경계(警戒)를 철저히 함과 같다. 사번조용(四反照用)이 있으니, 먼저 비추고 뒤에 작용함[先照後用]과 먼저 작용하고 뒤에 비춤[先用後照]과 비춤과 작용이 동시로 되는 것[照用同時]과 비춤과 작용이 동시가 아닌 것[照用不同時]이니, 여러 스님네들의 해석이 상세하므로 이는 다시 설명하지 않겠다.

비춤과 작용은 요(要)이니 제1구에 해당되고, 방편과 실제는 현(玄)이니 제2구에 해당되고 또한 제3구에 해당된다."

"그렇다면 삼요와 비춤과 작용이 삼현과 방편과 실제보다 깊고, 삼현과 방편과 실제가 삼요와 비춤과 작용보다 얕음이 분명합니다. 그런데도 '요 가운데에 현을 갖추었다'고 하지 않고 '현 가운데 요를 갖추었다'고 하며, '비춤과 작용이 있고, 방편과 실제가 있다'고 하지 않고 '방편과 실제가 있다'고 하니, 어찌 그다지도 앞뒤가 뒤얽힌 것 같습니까?

이미 방편과 실제는 현이요, 비춤과 작용은 요라고 하였으면 다만 '일구 가운데에 삼현을 갖추고, 일현 가운데 삼요를 갖추었다'고만 하면 되거늘, 이어서 '방편도 있고 실제도 있으며, 비춤도 있고 작용도 있다'고 하니, 어찌 그다지도 글뜻이 중첩된 것 같습니까? 어찌 설명하지 않습니까?"

"훌륭한 질문이다, 훌륭한 질문이야. 만약 다만 제1구만을 논한다면 요를 먼저 말하고 현을 뒤에 말하는 것이 적이 당연한 듯하다. 그러나 먼저 강요(綱要)를 들면 현은 반드시 그것을 따르게 되니, 어찌 다시 특별히 든 뒤에야 현을 밝히랴! 더구나 일반적으로 삼구를 논함에 있어서 삼현과 방편과 실제를 먼저 말하고 삼요와 비춤과 작용을 뒤에 말하여 갖추어 말하는 것이 진실로 당연하다. 종교(宗敎)에 본래 삼현과 삼요의 이론이 없거늘, 임제스님이 외부의 이론을 빌려 처음으로 명칭을 세워 가풍(家風)을 나타내고, 이어서 방편과 실제, 비춤과 작용을 들어 증거를 삼았다. 그러므로 옛 것을 들어서 지금의 것을 밝히는 것이다.

방편과 실제는 방편의 가르침이며 실제의 가르침이요, 비춤과 작용은 대개 종교 가운데의 옛말이다."

"'무릇 설법함에 있어서'라고 하니, 이 말이 능히 가르침을 베푸는 쪽에 속하여 말하는 것이라면 어느 구에서 터득한 것이며, 이 말이 가르침을 받는 쪽에 속한다면 부처님과 조사님네들이 수용하시는 온전한 기틀을 터득함이 삼구에서 벗어나지 않습니다. 온전한 기틀을 터득함이 이미 차별이 있는 것이라면 부처님과 조사님네들이 수용하심도 역시 하나가 아니니, 삼구 가운데에 능히 가르침을 베풀고 가르침을 받는 차등이 어떠합니까? 엎드려 바라옵건대 다시 옛 공안(公案)을 들어 남은 의심을 단박에 없애 주소서."

435 "임제스님의 적손(嫡孫)인 풍혈(風穴)스님이 법당에 올라서 설법하시기를 '조사의 심인은 무쇠소의 기봉(機鋒)처럼 생겼다'라고 하였으니 곧 제1구이다. '도장을 떼면 집착하는 것이고 누르면 뭉개져 버린다. 떼지도 못하고 누르지도 못할 경우 도장을 찍어야 옳을까, 찍지 않아야 옳을까?'라고 하였으니 이는 삼요이다.

말후에 불자(拂子)로 노파(盧陂)를 두 번 때렸으니 이는 작용이 삼요를 얻은 것이다. 백장(百丈)스님과 황벽(黃檗)스님이 마조(馬祖)스님의 할(喝) 한 번에 큰 기틀과 큰 작용을 얻었으니 이는 기연을 깨달은 것이다.

세존(世尊)과 가섭(迦葉)이 세 곳에서 마음을 주고받았으니, 그러므로 먼저 이러한 공안을 세워서 교 밖에 따로 전한 종지라는 것을 세운 것이다. 여래께서 적멸도량(寂滅道場) 가운데서 처음으로 정각(正覺)을 이루시고 천 길이나 되는 노사나신(盧舍那身)을 나투시매 마흔한 분의 법신대사(法身大士)와 전생에 근기가 익은 천(天)과 용(龍) 등 팔부신장(八部神將)이 일시에 둘러싸는 것이 마치 구름이 달을 에워싸는 것과 같으니 이는 제2구이다. 그러므로 '인간과 천상계의 스승이 된다'고 한 것이다. 수산 주(修山主, 紹修)가 송(頌)하였다.

첫 마음이 도에 들지 못하면
끝없는 시끄러움 얻지 못한다
종소리에 알아들으면
북소리에는 거꾸러지리라

    初心未入道　不得鬧浩浩
    鐘聲裡薦取　鼓聲卽顚倒

이는 제2구에 대하여 노파심으로 사람을 위한 것이다.

향엄(香嚴)스님이 기와쪽을 던지다가 대나무[竹]에 맞아 나는 소리를 듣고 깨닫고 나서 게송을 지었다.

436　　한 번 '딱' 소리에 알던 것을 잊으니
　　　　다시는 더 닦을 것이 없구나
　　　　낯빛 움직여도 옛 길을 드날리니
　　　　초췌한 처지에 떨어지지 않는다

　　　　　一擊忘所知　更不可修治
　　　　　動容揚古路　不墮悄然機

　　　　가는 곳마다 자취가 없으니
　　　　빛깔과 소리 밖의 위의(威儀)로다
　　　　여러 지방의 도를 아는 이들이
　　　　모두가 최상의 근기라 하네

　　　　　處處無蹤迹　聲色外威儀
　　　　　諸方達道者　咸言向上機

뒷날 앙산(仰山)이 향엄에게 물었다.
'그대가 요즘 깨달은 경지가 어떠하시오?'
앙산이 대답하였다.
'내가 깨달은 바에 의하면 한 법(法)도 인식작용의 대상이 될 것이 없습니다.'
'그대가 어찌 한 법도 인식작용의 대상이 될 것이 없는 줄 몰

랐소.'
뒷날 또 게송을 바쳤다.

지난해의 가난은 아직 가난이 아니오
올해의 가난이야말로 진짜 가난이라네
지난해에는 송곳 꽂을 땅이 없더니
올해에는 아예 꽂을 송곳조차도 없다네

去年貧未是貧
今年貧眞是貧
去年無卓錐之地
今年貧錐也無

이에 앙산이 말하였다.
'여래선(如來禪)이라면 사형(師兄)이 깨달았다고 인정하겠으나, 조사선(祖師禪)은 꿈속에서도 보지 못하였다고 하겠소.'
이것은 주관과 객관의 두 앎을 다 잊고 여래선을 성취하여 인간과 천상계의 스승이 된 모습이다. 여래께서 본래 보리수(菩提樹) 아래서 못난 응신(應身)을 나투시어 누더기옷을 입으시고 사십구 년 동안 기연에 따라 법을 설하셨으니 이것은 제3구이다.

어떤 중이 향엄에게 물었다.
'어떠한 것이 도(道)입니까?'
'마른 나무 속에서 용(龍)이 우짖느니라.'

437

'어떠한 것이 도 가운데 사람입니까?'
'해골박 속의 눈동자이니라.'

어떤 중이 위 이야기를 들어 석상(石霜)에게 물었다.
'어떠한 것이 〈마른 나무 속에서 용이 우짖는 것〉입니까?'
석상이 대답하였다.
'아직도 기쁨을 띠고 있도다.'
'어떠한 것이 〈해골박 속의 눈동자〉입니까?'
'아직도 알음알이가 남아 있도다.'

이것은 솜씨 좋은 종사(宗師)가 제3구에 대하여 네 모서리로 땅을 짚고 이러쿵저러쿵하는 시절이다.
무릇 낙초(落草)의 말과 단박에 깨닫고 차츰 닦는 기틀의 공능(功能)과 훈습(熏習)과 닦음과 증득함과 일체의 차별 있는 지위가 온통 이 구에 속한다."
"위에서 말씀한 것은 이미 가르침을 수긍하겠습니다. 그러나 다시 의심스러운 것이 있으니, 삼요와 삼현을 가지고 제1구와 제2구에 나누어 소속시키면 현과 요가 낫고 못함이 초연하고, 또 요의 뜻을 해석하여 셋으로 나누어 열거하면 삼현과는 어떻게 다릅니까? 자가당착(自家撞着)이나 아닐는지요? 사람으로 하여금 갈수록 의혹을 더하게 합니다."
"밝은 거울에 다달아서 형상과 그림자가 서로 마주하니, 형상과 그림자가 조금도 모자라거나 남음이 없다. 그러나 저 그림자는 거짓이요 진실이 아니다."

"그렇다면 요는 진실된 형상이니 제1구에 해당하고, 현은 거짓된 그림자이니 제2구에 속합니다. 임제스님이 이미 '일구 가운데에 삼현을 갖추고, 일현 가운데에 삼현을 갖추었다'고 하였으니, 매구마다 반드시 삼현과 삼요를 갖추었을 것이거늘, 이제 노스님의 말씀은 임제스님과는 어긋나는 것이나 아닐는지요?"

"이른바 셋이란 체(體)·용(用) 등의 세 가지 면목(面目)이 그것이니, 솜씨 좋은 종사가 이 셋을 가지고 제1구 가운데의 용에서 얻으면 하나하나가 모든 상대가 끊어지기 때문에 현을 전변하여 요라 하니 마치 그림자가 형상에 즉한 것과 같고, 어찌할 수 없이 제2구에서 시설하면 완연히 격칙(格則)을 이루기 때문에 요를 전변하여 현이라 하니 마치 형상이 그림자에 즉한 것과 같으니, 그 셋은 본래 옮기지를 않았다. 그렇다면 요를 들어 현을 밝히고 현을 들어 요를 밝힘이니 그런데도 매구마다 반드시 삼현과 삼요를 갖추었다고 말하지 않겠는가?

삼요를 든다는 말을 듣고 삼현을 여읜 외에 따로 삼요가 있다고 한다거나, 삼현을 든다는 말을 듣고 삼요를 여읜 외에 따로 삼현이 있다고 한다면, 이것은 한쪽에 치우친 국량(局量)이요 뜻을 얻은 이가 아니다."

"큰스님의 말씀과 같다면 삼현인즉슨 비록 거짓된 그림자라고 하나 그림자가 진실에 즉한 것이기 때문에 현을 전변하여 요를 이루어 그래도 끊을 수 있습니다. 그러나 삼요인즉슨 비록 진실된 형상이라고 하나 그것이 어찌 셋을 거느리고 도리어 삼현과

439 같겠습니까? 만약 요가 세 가지 인발인진댄 이미 삼현이 있고, 만약 요가 인발이 없을진댄 또 제1구가 있으니, 잘 모르겠습니다만, 삼요는 어느 곳에 합합니까? 아래로 삼현에 배대하기에는 남음이 있고, 위로 제1구에 배대하기에는 부족하니, 결국 인발이 있습니까, 인발이 없습니까? 만약 인발이 있다고 한다면 어긋나고 흩어지며, 만약 인발이 없다고 한다면 어찌 셋을 거느리겠습니까? 만약 비록 인발은 없으나 인발에 떨어지지 않는다고 한다면 인발 외에 인발 없는 곳을 기대하는 것 같으니 이른바 삼요라는 것은 힘을 얻는 바가 없을 것입니다. 또한 제1구라는 것은 인발 외의 인발 없는 곳이 아닙니까?"

노스님이 빙그레 웃으며 말하였다.

"지금 이러한 것은 동산(洞山)스님의 존귀언구(尊貴言句)를 인정하여 내가 있음을 안다고 말하며, 현언묘구(玄言妙句)를 보면 이내 기특하다고 여기며, 본분(本分)의 활구(活句)를 보면 도리어 뚫렸다고 여긴다. 또 한결같이 말만을 배우는 무리들이 그 이론을 익히 듣고 한목소리로 뇌동(雷同)하나니 자못 자취를 떨어내어 흔적을 이룸과 숨고자 하면 더욱 드러냄을 알지 못함이로다.

440 이제 그대가 요의 뜻이 셋이 있다고 하여 의심하고 꺼리며, 또 제1구로써 인발 없는 곳이라 하니 바로 이러한 무리이다.

자반 가게에서는 그것이 추함을 알지 못하나니, 그러므로 먼저 들어감을 즐기는 것은 다만 임제스님의 종지를 황폐화시킬 뿐만 아니라 동산스님의 가풍마저 매몰시키는 것이다.

저 백장(百丈)스님은 큰 기틀을 얻었고, 황벽(黃檗)스님은 큰 작용을 얻었으니, 큰 기틀과 큰 작용이 삼요가 아니고 무엇이겠는가? 마조(馬祖)스님의 한 할을 직접 받지 않을 자가 없으니, 이 한 할이 어찌 제1구가 아니겠는가? 여기에 이르러 무슨 인발이 있느니 인발이 없느니를 따지겠는가?

앞에서 말하지 않았는가? 부디 그르치지 말지어다. 그러므로 만약에 삼요를 밝히지 않으면 본분종사(本分宗師)가 될 수 없을 것이다. 노파(盧陂)노스님이 비록 무쇠소의 기봉을 가지고 있었으나, '스님께서는 인가하지 마십시오'라고 하여 저 풍혈(風穴)스님의 두 불자(拂子)에 이르지 못하였으니, 이것은 삼요를 밝히지 못한 것이다. 그러므로 이러한 사람이 다만 풍혈스님의 비춤과 작용이 동시로 되는 것[照用同時]과 사람과 경계를 함께 빼앗는 것[人境兩俱奪]을 이야기하나니 기쁨과 아무런 관계가 없다.

우부(愚夫)가 말하되 '다만 이것이 큰 기틀이요 큰 작용이다'라고 한다. 그렇다면 한 번 말하고 한 번 침묵하고 한 번 때리고 한 번 할하는 것이 모두 이로써 조사의 심인을 얻는 것이기 때문에 '무릇 설법함에 있어서 일구 가운데에 삼현을 갖추고, 일현 가운데에 삼요를 갖추었다. 거기에 방편도 있고 실제도 있으며, 비춤도 있고 작용도 있다'고 하는 것이다.

결국 어떠한 것을 삼현이라 부르며, 어떠한 것을 삼요라 부르며, 어떠한 것을 삼구라 부르는가? 모름지기 구와 요와 현의 세 가지가 끝내 고요하여 온통 한 기틀임을 알아야 한다."

그 중이 절하고 말하였다.

"오늘 임제스님의 마음의 골수(骨髓)를 사무쳐 알았습니다. 제가 오랫동안 총림(叢林)에 참문하여 큰스님을 많이 뵈었으나 이처럼 상세하게 가리는 분이 없었습니다. 말법(末法) 시대에 임제스님의 종풍을 다시 떨치실 분이 스님이 아니고 누구이겠습니까?"

이에 노스님이 시자를 불러 그 문답을 쓰게 하고는 「일우설(一愚說)」이라 하여 「삼성장(三聖章)」과 「이현화(二賢話)」에 덧붙였다.

(4) 산운편(山雲篇)

청산보(靑山父)는 높이 속세(俗世) 밖에 노닐며 속연(俗緣)과 관계하지 않고 아득히 거처하고 있었다. 백운자(白雲子)는 총림에 오랫동안 참문(參問)하여 견문이 충실하고 지식이 넓어 뜻에 마치 사람을 무시하는 듯한 기개가 있었다.

어느 날 청산 어르신의 초려(草廬)에 나아가 물었다.

"듣자 하니 어르신께서는 운문(雲門)의 종지를 잘 아신다 하오니 그렇습니까?"

"그렇다."

"제게 질문이 하나 있으니, 어르신께서 대답하여 주시겠습니까?"

"묻기나 하라."

백운자가 물었다.

"운문스님이 수어(垂語)하되 '하늘 복판[天中]이요, 하늘과 땅이 함과 뚜껑과 같이 맞으며[函蓋乾坤], 눈대중으로 수(銖)와 냥(兩)을 가림[目機銖兩]이 봄 인연에 끌리지 않는다[不涉春緣]. 그 한 구절을 어떻게 이르겠는가?' 하니, 대중이 대답이 없거늘 스스로 대신 말하되 '한 화살촉으로 세 관문을 깨뜨리느니라[一鏃破三關]'라고 하였습니다.

예나 이제나 총림에서 운문의 종지를 논하는 이들이 반드시 이 이야기에 짐짓 글을 해석하고 뜻을 강의하여 잡다한 이론이 하나가 아니어서 딱 들어맞힌 자가 없습니다. 감히 묻사오니, 이 이야기가 근거가 있으며 또한 순서가 있습니까? 이미 '하늘 복판'을 가지고 앞에 표지하고, 또 '한 화살촉'을 가지고 뒤에 배치하니, 가운데 세 구절을 아울러 다섯 구절이 됩니다. 그렇다면 종지가 수많고 또 법인(法印)의 관점에서 본다면 또한 처소(處所)가 있으니, 어느 구절이 어느 곳에 해당합니까?"

청산 어르신이 껄껄 웃으며 대답하였다.

"내가 그대에게 밝혀 말하리니 자세히 들어라. 혼연하여 하염없으면서도 지나치거나 미치지 못함이 없는 것을 '하늘 복판'이라 하니 곧 태극(太極)의 원기(元氣)이다. 이에 하늘과 땅이 갈라져, 가볍고 맑고 밝은 기운은 하늘이 되어 지극히 높아서 위가 없는 것이 '건(乾)'이니 마치 뚜껑[蓋]과 같고, 무겁고 흐리고 어두운 기운은 땅이 되어 만물이 늘어선 것이 '곤(坤)'이니 마치 함(函)과 같다. 두 재(材 : 天地)가 이미 갈라지고 인재(人材)가 있어 만물 가운데 가장 신령하니, 이른바 '눈대중으로 수와 냥을 가림'은 인재가 가장 신령한 것의 효능이다.

『음부경(陰符經)』에 이르기를 '마음은 물건에서 생겨나고, 기틀은 눈에 있다'라 하고, 주석에 이르기를 '천하의 기틀이 되는 것은 마음과 눈보다 가까운 것이 없으니, 마음이 이미 발동하면 기틀이 눈에 나타난다'고 하였다.

진(秦)의 시황(始皇)이 회계(檜稽)에 노닐 때에 항우(項羽)가 눈으로 그 기틀을 보고 마음이 물건에서 생겨나 말하기를 '내가 저것을 취하여 대신하리라'라고 하였으며, 진(晉)의 군대가 회수(淮睢)를 공략할 때에 부견(苻堅)이 눈으로 그 기틀을 보고 마음이 물건에서 생겨나 말하기를 '저들은 억센 상대이다. 어찌 보잘것없다고 하겠는가?'라고 하였다.

그러나 생사(生死)의 마음은 물건에 달려 있고, 성패(成敗)의 기틀은 눈에 나타난다. 눈은 정신의 문이요, 정신은 마음의 주인이다. 정신의 드나듦이 눈을 거치지 않음이 없다. 그러므로 능히 기틀을 보는 자가 마음과 눈을 향하지 않는 이가 없다. '눈대중'은 눈이 본 기틀이요, '수와 냥'은 경중(輕重)과 마찬가지이니, 눈대중이 일에 응하는 것이 저울이 물건의 수량을 재어 가볍거나 무겁거나 저마다 그 쓰임새에 따름과 마찬가지임을 말한 것이다.

이미 인재가 있고 곧 사시(四時 : 春夏秋冬)가 있어서 운행하여 만물이 일어난다. 봄은 사시의 머리에 자리하여 만물을 생성하니 만물은 곧 인연이다. 이 삼재(三材 : 天地人)와 사시가 모두 태극(太極)의 원기가 함양하고 훈도하는 은력(恩力)을 품부받았다.

'한 화살촉'은 능히 꿰뚫는다는 뜻이니 깨뜨리면 꿰뚫린다.

'관문'은 꿰뚫기 어렵다는 뜻이다. 또 석태(石泰) 선생이 이르기를 '눈은 보지 못하니 혼(魂)이 간에 있으며, 귀는 듣지 못하니 정(精)이 콩팥에 있으며, 혀는 말하지 못하니 신(神)이 염통에 있으며, 코는 냄새 맡지 못하니 백(魄)이 허파에 있으며, 팔다리는 움직이지 못하니 의식[意]이 지라에 있다. 이 다섯이 서로서로 뭉쳐서 변화하여 한 기운이 되어 삼관(三關)에 모인다'고 하였으니, 대개 음양의 이론을 활용한 것이다.

그렇다면 '하늘 복판'이란 것은 일구(一句)요, '함개건곤(函蓋乾坤)'은 체(體)와 용(用)이요, '목기수량(目機銖兩)'은 용이요, '불섭춘연(不涉春緣)'은 체요, '한 화살촉'도 또한 일구이니 다만 처음과 끝이 같지 않을 뿐이다. 삼관은 곧 앞에서 열거한 삼구이니, 이것이 운문스님이 비유를 취한 대략이다. 일찍이 시험삼아 논하되 무릇 '하늘 복판'이라는 일구를 말미암아 삼구를 분별하니 삼구가 온통 일구이다. 이미 일구일진댄 하나하나가 모든 상대가 끊어져 결국 일구도 얻을 수 없다. 하나도 오히려 얻을 수 없거니 어느 곳에서 수많은 것을 얻을 수 있겠는가?

학인이 저 삼구의 틀에 빠져서 뚫되 사무치지 못하고서는 도리어 운문스님이 사람들을 속였다고 하니, 그것을 일러서 '관문'이라고 하는 것도 또한 당연하지 않은가? 만약 영리한 사람이 듣자마자 붙들어서 그 자리에서 사무쳐서 드러나 실천한다면 운문스님이 어찌 '한 화살촉으로 관문을 깨뜨린다'라고 말씀할 필요가 있었겠는가? 당시에 대중이 이미 할 수 없었기 때문에 운문스님이 이렇게 말씀하였으니, 이것도 약간의 자비이다.

어떤 이가 '한 화살촉'에 집착하고 그릇 인정하여 그곳에서 살림을 차린다면 삼구의 틀에 빠져 옳은 것은 하나도 없는 것이니, 이것이 이른바 쐐기로써 쐐기를 빼다가 먼저의 쐐기는 비록 빠졌으나 나중의 쐐기가 다시 박혀 버린 격이다. 그러니 말씀을 듣고 구(句)에 집착하지 않고 운문스님의 골수를 사무쳐 본 이가 거의 드물다. 적자 진손(嫡子眞孫)이 아닌 이는 제외한다."

"하늘과 건(乾)은 동일하니 이미 '하늘 복판'으로써 일구에 비유하고 다시 '건(乾)'으로써 체(體)에 비유하니 이는 비유는 하나로되 법이 둘이요, 이미 곤(坤)으로써 용(用)에 비유하고 다시 인재(人材)로써 용에 비유하니 이는 비유는 둘이로되 법은 하나이니, 이것이 어찌 된 이야기입니까?

무릇 이른바 삼구라는 것은 첫째 체구(體句)요, 둘째 용구(用句)요, 셋째 체용구(體用句)입니다. 이것은 삼세(三世)의 모든 부처님과 조사님네들의 바뀌지 않는 궤칙(軌則)입니다. 진실로 중생이 자기에 미혹하고 남을 좇기 때문에 '일체의 법이 본래 비고 고요하다'고 말씀하였으니, 그러므로 체구가 제1구가 됩니다. 또 '중생이 허무에 빠지고 고요한 것에 집착하기 때문에 수많은 미묘한 작용이 갖추어져 있지 않음이 없다'고 말씀하였으니, 그러므로 용구가 제2구가 됩니다. '중생이 두 극단으로 치닫기 때문에 비지도 않고 있지도 않다'고 말씀하였으니, 그러므로 체용구가 제3구가 됩니다.

이제 운문스님께서 말씀한 바는 앞뒤가 뒤바뀌어 제방(諸方)에서 세운 바와 같지 않은 것은 무엇 때문입니까? 사람들의 의심을 없애려면 어쩔 수 없었습니다. 운문스님의 아들 원명연밀(圓明緣密) 스님이 삼구 가운데에 '목기수량 불섭춘연'만 바꾸어 '파도를 타고 물결을 따른다[隨波逐浪]. 모든 흐름을 끊어 버린다[截斷衆流]'라고 바꾸었을 뿐, '하늘과 땅이 함과 뚜껑과 같이 맞는다[函蓋乾坤]'는 일찍이 바꾸지 않았으며, 또 '수파축랑'을 가지고 '함개건곤'의 위에다 놓고, '하늘 복판'과 '한 화살촉'이라는 맨 앞과 맨 뒤의 두 구절은 잠깐도 들지 않았습니다.

또 원명스님의 아들 보안 도가 이 삼구를 송(頌)하되 앞에 '함개건곤'의 구절을 송하고, 중간에 '절단중류(截斷衆流)'의 구절을 송하고, 끝에 '수파축랑(隨波逐浪)'의 구절을 송하여 차례를 삼았으며, 또 '일족파삼관(一鏃破三關)' 구절 외에 스스로 따로 한 구절을 두어 송하였으니, 두 스님께서는 이미 집안끼리 서로 주고받았거늘, 어찌하여 연혁과 보태고 빼는 것이 이다지도 심하게 같지 않습니까?"

"무릇 체(體)를 말하는 이는 제 몸에 비유한다. 무릇 사람의 몸을 일러 체라고 할진댄 이것이 어찌 팔다리를 내놓고 말하는 것이겠는가? 반드시 그것을 포함한 것이다. 심체(心體)는 본래 청정하다. 유정(有情)과 기세간(器世間)과 삼매(三昧)와 육신통(六神通)이 모두 비고 고요하며 오직 심체만이 홀로 존재할 뿐이니, 여기에 한 법도 보탤 것이 없는 것이다. 그렇다면 이것들을 내어 놓고 그 외에 다시 어떤 일구가 있겠는가?

만약 작용의 문으로 나아가면 곧 두 법이 있어서 상대하여 서게 되니, 이른바 작용을 상대로 한 본체이다. 그러므로 '하늘[天]'

을 가지고 어떤 이는 일구에 비유하고, 어떤 이는 체구에 비유하였다. 비록 그렇더라도 앞에서인즉슨 '복판[中]'자를 보태어 말씀하고, 끝에서인즉슨 명칭을 바꾸어 '건(乾)'이라 말씀하였으니, 그것도 또한 구별되는 바가 있다.

작용에는 두 문이 있으니, '자성(自性)'과 '인연 따름[隨緣]'이다. '자성'이라는 것은 자성을 여의지 않는 것이요, '인연 따름'이라는 것은 모든 인연을 따라서 좇는 것이다. 앞에서는 건(乾)에 상대되는 곤(坤)으로써 비유하였으니 곧 '자성'이요, 끝에서는 인재(人材)로써 비유하였으니 곧 '인연 따름'이다. 비록 그렇더라도 결국 '자성이 인연 따름[自性隨緣]'이니 어찌 분별이 있겠는가? 제방(諸方)에서 세운 삼구라는 것은 지말에서부터 근본으로 나아갔으나 꺾이어 중하(中下)의 부류에 빠져 아직 틀[規模]을 벗어나지 못하였거니와, 이제 운문스님께서 말씀한 바는 그렇지 않아서 근본에서부터 지말을 일으키니 몸소 조사의 심인을 들어 곧바로 근기가 뛰어나고 지혜로운 이를 위하였다. 왜냐하면 자리가 낮아질수록 법은 더욱 높아지기 때문이다. 이는 운문스님이 큰 기틀과 큰 작용을 보인 시절이다.

만약에 '미세함에서부터 현저함에 이르러 그 법이 거치니 반드시 '한 화살촉으로 세 관문을 깨뜨린다'고 말한 뒤에야 옳다'라고 한다면 이는 종지를 까마득히 잃은 것이요, 운문스님을 매몰함이 적지 않도다.

449 원명스님이 세운 '수파축랑'의 구절은 다만 끊임없이 출렁대는 뜻을 취하여 '목기수량'의 구절에 비유한 것이니, 더욱 차이

가 있다. '절단중류'의 구절은 그것을 끊어 버린다는 말이니 '불섭춘연'의 구절에 비유한 것이니, 더욱 엄청난 차이가 있다. 이 두 구절은 수행자의 손잡이[巴鼻, 把柄]이다.

옛사람이 말씀하되 '얽힘 가운데 더욱 얽힘이요 기특한 가운데 더욱 기특하다'고 하였으니, 이 뜻에서 얻은 것이다.

다만 지금 내가 엄연하게 앉아 있고 그대가 표연히 왔으니, 하나는 손님이요 하나는 주인이며, 하나는 묻고 하나는 대답하는 시절이 어찌 이와 같은 면목(面目)이 아니겠는가? 그렇다면 '함개건곤'의 구절이 도리어 힘을 얻지 못하여 제1이 되지 못하고, 또한 제3도 되지 못하기 때문이다. 그러므로 전변하여 기이함을 칭찬하지 않고 거두어 두 구의 중간에 둔 것이니, 비록 힘을 얻지 못하였으나 그 뜻은 없지 않다. 그러므로 함께 든 것이다. 저 맨 앞의 '하늘 복판'이라는 구절과 맨 끝의 '한 화살촉'이라는 구절은 어긋나서 새기 때문에 끊고 들지 않은 것이니, 이것이 원명스님이 운문스님의 속내를 깊이 얻어 집안 자식이 된 것이다.

학인이 또 그 뜻을 잘 이해하지 못하고 억지로 알음알이를 내어 망령되이 도리를 짓기 때문에 보안 도 스님이 이 삼구의 순서를 세운 것이다. 또 운문스님이나 원명스님과는 뜻을 같이하지 않는 것은 '바로 학인이 틀에 빠지지 않고 그 자리에서 이해하게 하려 함이요, 학인이 '한 화살촉'에 집착하여 그릇 인정할까 두려워하여 스스로 따로 한 구절을 두어 송(頌)한 것이다'라고 하니, 그 자취가 운문스님과는 다른 듯하나, 실제로는 운문스님의 '한 화살촉'의 뜻을 깊이 밝힌 것이지 부질없이 혼자서만 주장하는 것은 아니다. 그러므로 보안 도 스님이 아니라면 운문스님의 손자이자 원명스님의 아들이 될 수 없고, 원명스님이 아니라면 운문스님의 자식이자 보안 도 스님의 아버지가 될 수 없으며, 운문스님이 아니라면 원명스님의 아버지이자 보안 도 스님의 할아버지가 될 수 없다."

말을 마치기도 전에 백운자가 앞으로 나와서 선상(禪床)을 뒤엎어 버리고는 "도둑놈 잡아라, 도둑놈 잡아라"라고 하니, 청산보가 "도둑놈이 도망친 후에야 활을 당기는구나"라고 하며 곧 때렸다.

(5) 운문삼구(雲門三句)

운문스님이 비록 이 말씀을 하였으나 일찍이 삼구라는 명칭을 세운 적이 없었더니, 그 적자(嫡子) 원명연밀(圓明緣密)이 처음으로 삼구의 명칭을 세웠으니 첫째 '모든 흐름을 끊어 버린다[截斷衆流]'는 구절이요, 둘째 '파도를 타고 물결을 따른다[隨波逐浪]'는 구절이요, 셋째 '하늘과 땅이 함과 뚜껑과 같이 맞는다[函蓋乾坤]'는 것이다. 덕산(德山, 원명연밀)스님의 법사(法嗣) 보안 도 선사가 삼구에 의지하여 구절마다 송(頌)하였으며, 또 따로 한 구절을 두었다.

'하늘 복판[天中]'이라는 구절에 대해서는 이론이 자못 많다. 건곤(乾坤)의 본체를 '하늘 복판'이라 하며,『주역(周易)』에 이르기를 "위대하도다, 건(乾)이여. 만물이 이를 의지하여 생겨나도

다"라고 하였다.

또 이르기를 "'하늘[天]'은 하염없다는 뜻이요, '복판[中]'은 지나침도 미치지 못함도 없는 것을 일러 '복판'이라 한다"라고 하였으니, 다만 무위자연(無爲自然)과 중정불편(中正不偏)의 뜻을 취한 것이다.

'하늘 복판'은 곧 삼구가 생겨난 총구(摠句)요, '함개건곤(函蓋乾坤)'은 이(理)와 사(事), 본체와 작용이 서로 포용하고 서로 상대하여 마치 하늘과 땅이 덮고 담는 것과 같고, '목기수량(目機銖兩)'은 눈금과 저울대와 수(銖)와 냥(兩)의 네 가지 물건이 모여 저울을 이루고 이로써 만물의 무게를 재는 것을, 마치 이법(理法)이 널리 응하여 사사로움이 없이 물건의 무게에 따라 오르내리는 데에 비유한 것이다. 그러므로 그것을 전변하여 '수파축랑(隨波逐浪)'의 구절이라 하였다. '봄 인연에 이끌리지 않는다[不涉春緣]'는 것은 만약 이 일을 논할진댄 일체를 단절하고 만물을 초월하여 물방울이요 얼음덩이의 시절이다. 그러므로 그것을 전변하여 '절단중류(截斷衆流)'라 하였다.

'한 화살촉으로 세 관문을 뚫는다[一鏃破三關]'는 것은 세 가지 뜻이 있다.

첫째 돌이켜 비추는 지혜를 '한 화살촉'이라 하니, 만약 진실로 돌이켜 비출 때에는 셋이니 하나니 하는 견해를 짓지 않기 때문이다. '설법할 때에는 셋이라는 명칭이 있으나 돌이켜 비출 때에는 셋이니 하나니 하는 견해를 짓지 않는다'라고 한 것과 같다.

둘째 삼구 가운데의 일구로 본다면 구절마다 일정한 차례가 없어서 하나를 들면 모두를 거두어들이며 모든 상대가 끊어진 때문이다.

셋째 따로 일구를 둔 것으로 본다면 세 관문의 시설(施設)이 저절로 사라지기 때문이다.

그렇다면 '함개건곤'과 '절단중류'와 '수파축랑'은 어느 것이 왼쪽[體]이고 오른쪽[用]이며, 어느 것이 중간[中]인가?

보안 도 스님이 송(頌)하였다.

하늘과 땅과 삼라만상과
지옥과 그리고 천당이
물건마다 모두 참되게 나타나고
일마다 모두 상하지 않는다

乾坤並萬象　地獄及天堂
物物皆眞現　頭頭惣不傷

'함개건곤'은 끝없이 이어져 조금도 새지 않는다는 뜻이니, 다만 앞선 성인들이 방망이를 들고 불자(拂子)를 세운 작용뿐만이 아니라 부처님과 조사님네들이 말씀한 진공(眞空)·묘유(妙有)와 연기(緣起)·성기(性起) 등 온갖 것을 세우는 시절이 모두 이 구절에 속한다.

장령수탁(長靈守卓) 스님이 이르기를 "방과(放過)·불방과(不放過)의 쌍조(雙照)의 지혜로 '함개건곤'의 뜻을 증득하여 여래의 진공 묘유의 이치를 성취하여 비춤과 작용이 동시임을 보이고 '절단중류'의 기틀에 마주한다"라고 하였다.

보안 도 스님이 송하였다.

산을 쌓고 봉우리를 쌓아 올리니
낱낱이 모두 가는 티끌이다
다시 현묘한 이치를 이야기하려면
얼음 녹고 기와 풀리듯하리라

堆山積嶽來　一一盡塵埃
更擬論玄妙　氷消瓦解摧

문 닫고 빗장 내리고 방울져 흐르지 않는다는 뜻이니, 어찌 방망이로 때리고 '훽' 하고 할(喝)하는 작용뿐이겠는가? 부처님과 조사님네들이 말씀한바 실상무상(實相無相) 등 온갖 것을 부수는 시절이 모두 이 구절에 속한다.

장령수탁 스님이 이르기를 "방과·불방과의 쌍민(雙泯)의 지혜로 '절단중류'의 뜻을 증득하여 여래의 실상무상의 이치를 성취하여 비춤과 작용이 동시가 아님을 보이고 '수파축랑'의 기틀에 마주한다"라고 하였다.

보안 도 스님이 송하였다.

날카로운 말재주로 물어도
높고 낮음이 모두 부족함이 없다

마치 병에 맞추어 약을 주는 것 같아서
진단은 환자를 만나서 내린다

  辯口利舌問 高低惣不虧
  還如應病藥 診候在臨時

454 앞의 쌍조·쌍민이 이미 앞과 뒤가 없다면 한 구절도 세운 것이 아니요 한 구절도 부순 것이 아니다. 사사로이 한 구절도 현전(現前)함이 없으니 어찌 파도를 타고 물결을 따라 뭇 기틀에 널리 응하는 시절이 아니겠는가? 그러므로 '함개건곤'과 '절단중류'가 왼쪽 구절[體句]이 되고 오른쪽 구절[用句]이 되고, 수파축랑이 중간 구절[中句]이 된다.

 또 유정(惟精)선사가 이르기를 "오늘 날마다 쓰는 자기로 공겁(空劫)의 때를 깨달으면 '절단중류'요, 공겁 이전에 오늘 날마다 쓰는 자기를 이으면 '수파축랑'이요, 흐름이 다하고 물결이 다하면 근원(根源)과 지파(支派)가 도로 같아지나니, '함개건곤'이 이에 미묘함이 된다"라고 하니, '함개건곤'은 본체와 작용이 서로 융회(融會)하여 함과 뚜껑이 서로 맞는 것과 같으니 중구(中句)이다.

 '수파축랑'이라 함은 '목기수량'이 가벼운 것은 가벼운 대로 무거운 것은 무거운 대로 마치 빈 배가 파도를 타듯이 이리 흔들리고 저리 흔들리므로 곧 용구(用句)이다. 만약 작용의 입장에서 말한다면 손님도 있고 주인도 있어서 갖추지 못한 법이 없다.

 '절단중류'라 함은 손님과 주인의 묻고 대답함이 모두 '봄 인연[春緣]'이니 곧 체구(體句)이다. 만약 본체의 관점에서 말한다면 사구(四句)를 여의고 백비(百非)가 끊어졌으며, 언어와 문자를 여의었으며, 이름을 지을 수도 없고 모양을 그릴 수도 없기 때문이다.

또 '함개건곤'은 체구이니 본체가 만덕(萬德)을 갖추었기 때문이다. '목기수량'은 용구이니 높낮이와 무게가 낱낱이 드러나기 때문이다. '불섭춘연'은 중구이니 본체와 작용의 두 관점이 모두 '춘연'이기 때문이다.

이처럼 이 삼구가 서로 왼쪽 구절이 되고 오른쪽 구절이 되며, 서로 중구가 된다. 마치 신통 변화와 같아서 어느 하나로 규정할 수 없다.

이렇게 이해하면 '하늘 복판'에서 '불섭춘연'에 이르는 것은 일구가 곧 삼구요, '일족파삼관'이라는 것은 삼구가 곧 일구이다. 이렇게 이해하면 삼구를 분별할 수 있거니와 '한 화살촉'이 아득히 허공에 닿으면 삼구와 일구가 모두 긍정되고[俱圓] 모두 부정되어[俱泯] 결정코 배대할 수 없다.

"삼구와 일구가 모두 긍정되고 모두 부정되면 그 형상이 어떻습니까?"

"삼구가 곧 일구이니 '한 화살촉'을 분별할 수 있고, 일구가 곧 삼구이니 삼구를 분별할 수 있다. 그러므로 '삼구와 일구가 모두 긍정된다'고 말한다. 만약에 일구가 삼구를 포섭하고 삼구가 일구에 귀착된다고 한다면 삼구가 곧 일구이니 셋이라는 뜻이 존재하지 않고, 일구가 곧 삼구이니 하나라는 뜻이 이루어지지 않는다. 그러므로 '삼구와 일구가 모두 부정된다'고 말한다. 저 '삼구와 일구가 서로 아무 관계가 없더라도 모름지기 향상하는 길을 알아야 한다'고 한 것과 같다."

456 "운문(雲門)스님은 다만 이 말만 하고 앞뒤 차례의 명칭을 구분하지 않았거늘, 원명연밀 스님과 보안 도 스님은 운문의 아들이고 손자이면서도 어찌하여 특별히 삼구니 일구니 하는 명칭을 세워서 나름대로 그것을 송(頌)하였습니까?"

"만약 상근기의 지혜로운 이라면 겨우 이 말만을 듣고도 운문 스님의 골수를 사무쳐 볼 수 있으리니, 어찌 원명연밀이나 보안 도의 이와 같은 주해를 기다리겠는가? 그저 근기에 갖가지 차별이 있기 때문이다. 그러므로 원면연밀이 눈썹을 아끼지 않고 간곡히 중하(中下)의 근기들을 위하여 주해한 것이다. 그러나 만약 외곬으로 삼구의 명칭과 이치에 실제로 집착하여 원명연밀과 소양(韶陽, 雲門)의 속내를 밝히지 못한다면 도리어 옳지 않기 때문에 보안 도가 온전히 말을 따라 더욱 집착하는 이들을 위하여 일구를 따로 두었으니, 이와 같은 삼구의 시설이 모두 태허공(太虛空)이라는 것이며, 허공을 부수어 일곱 여덟 조각으로 만든 것이다. 그러므로 삼구가 채 생겨나기도 전에 일구를 세워 '따로 두었다'고 한다.

왜냐하면 이와 같은 일은 마치 저 허공과 같아서 분별할 수 없기 때문에 일구라 부르나, 어찌할 수 없어서 그렇게 부르는 것이다. 그러므로 '삼구를 어찌 포섭하랴!'라고 한 것이다."

457 "만약 세 스님의 속내로 말한다면 끝내 앞뒤 뜻을 구분할 수

없습니까?"

"그렇다."

"이미 앞뒤 차례를 구분할 수 없다면 삼구니 일구니 하는 명칭의 뜻이 없습니까?"

"그렇지 않다. 비록 앞뒤 차례의 명칭을 구분할 수는 없으나, 그 뜻은 그래도 있으니 만약 세 스님의 속내가 외곬으로 삼구와 일구를 세우지 않는 데에 있다면 도리어 옳지 않다. 앞에서 이미 '삼구와 일구가 모두 긍정되고 모두 부정되어 결정코 배대할 수 없다'고 말하지 않았는가?

이것이야말로 모든 부처님들과 모든 조사님네들이 서로 전해 주고 전해 받은 면목(面目)이며, 또한 요즘 사람들이 날마다 눈앞에서 수용(受用)하고 있는 일이다. 밝히지 못한 이는 범부요, 선뜻 이해하는 이는 성인이다. 미혹함과 깨달음의 차이는 있으나, 이 도(道)는 두 가지 법이 없다. 이와 같기 때문에 이와 같이 수용하고, 이와 같이 수용하기 때문에 이와 같이 깨달아 들어간다. 앞의 부처님과 뒤의 부처님이 널리 삼천대천(三千大千)세계의 팔부(八部) 대중을 위하여 생사의 언덕에서 널리 그것을 설한 것이 곧 삼승(三乘)·십이분교(十二分敎)라는 일대장교(一大藏敎)요, 앞의 조사님과 뒤의 조사님이 곧바로 상근기의 지혜로운 이들을 위하여 한 기틀 한 경계 위에 간략히 드러낸 것이 곧 삼현(三玄)과 삼요(三要)와 사료간(四料簡)이다.

그러므로 예로부터 큰스님네들이 때로는 이렇게 하고, 때로는 이렇게 하지 않고, 때로는 이렇게 하거나 이렇게 하지 않거나에 전혀 관계가 없었으니, 다만 설법하고 침묵하고 방망이로 때리고 '헥' 하고 할(喝)할 뿐이었다.

운문스님이 그것을 쓰면 삼구(三句)·일구(一句)요, 임제스님이 그것을 쓰면 삼현·삼요요, 설봉(雪峰)스님이 그것을 쓰면 세 개의 나무공[木毬]이요, 귀종(歸宗)스님이 그것을 쓰면 세 번 끌어감이요, 지자(智者)스님이 그것을 쓰면 삼지(三止)·삼관(三觀)이요, 조주(趙州)스님이 그것을 쓰면 '차나 마시게[喫茶去]'요, 구지(俱胝)스님이 그것을 쓰면 '한 손가락을 세움[堅一指]'이니, 이제 처음으로 들어가는 이들은 그들이 가리키는 바에 의지하는 것이다.

교학을 배우는 이들은 『화엄경(華嚴經)』의 오십오위(五十五位)를 낱낱이 닦아야 비로소 불과(佛果)를 이루거니와, 선(禪)을 배우는 이들은 머무름이 없는 머무름에 머무르며 닦음이 없는 닦음을 닦으니, 걸음마다 비로봉(毘盧峰) 꼭대기를 밟는다.

나는 그저 밥이 오면 입을 벌릴 뿐이니, 어찌 물질[色]이 곧 공(空)이요, 공이 곧 물질임을 알겠는가?

비록 이와 같으나 말을 따라 알음알이를 일으키는 이가 입으로 말하면 다만 삼승·십이분교가 교의 자취[敎迹]일 뿐만 아니라, 세존께서 영취산(靈鷲山)에서 꽃을 드신 일이나 큰스님네들의 그윽한 언어와 미묘한 어구, 방망이[棒]로 때리는 것과 '헥' 하고 할(喝)하는 것, 달마스님이 소림굴(少林窟)에서 면벽(面壁)한 것과 설법하고 침묵하는 것이 모두 교의 자취이다.

그 말을 찾지 않고 곧바로 터득하는 이는 바야흐로 옛사람의 붉은 마음의 조각 조각을 보게 되리라. 마음에서 얻으면 다만 꽃을 드신 일이나 면벽한 일이 교 밖에 따로 전한 것일 뿐만 아니라, 삼승·십이분교와 세상의 온갖 잡담까지도 모두 향상하는 가르침이다."

발 문

손님이 나를 찾아왔기에 내가 이 두 논문을 내어 보여주니, 손님이 한 번 보고 나서 싱긋이 웃거늘 내가 말하였다.
"왜 웃는가?"
손님이 대답하였다.
"저서(著書)라는 것은 그 당대(當代)에 인정을 받아 후세에 빛을 드리우는 것이니, 반드시 도덕이 높고 지위가 대단하며 재주가 드러나고 이름이 알려져 대중들로부터 존경을 받게 된 뒤에라야 가능한 것입니다. 그러므로 옛사람이 비록 어질고 거룩하였더라도 남들이 언구를 기록하는 것을 허락하지 않았거늘, 하물며 스스로 짓는 것이겠습니까? 그 스스로 겸양함이 이와 같았거늘 이제 노스님께서 이 두 논문을 지으셨으니, 다만 남들이 믿지 않을 뿐만 아니라 도리어 비방을 부르게 될 것이니, 스스로 낮추심이 어떨는지요?"
"아니 그게 무슨 말인가? 그대는 다만 그 하나만을 알고 그 둘은 모르는구나. 자기가 얻은 바를 남들에게 널리 베푸는 것은 현성(賢聖)들의 마음가짐이다. 또한 옛사람은 남들에게 믿음을 받고 도(道)가 이미 실현되면 언구는 보푸라기에 지나지 않으므로 남들이 기록하는 것을 허락하지 않았다. 그러나 나 같은 이는 마침 경박한 세상에 태어났으며, 도덕도 지위도 재주도 이름도 없어서 남들을 설복시키기 어렵고, 또 배우는 이가 이름과 지위에 계속적으로 집착한다면 사람이 도를 믿고 행하기는 참으로 어려우리니, 어찌 글을 써서 자신이 얻은 바를 털어놓지 않을 수 있겠는가? 비록 당대에 인정을 받지 못하더라도 후세 사람이 그것을 보고 그 가리키는 바를 알아 굴리어 수없는 사람들을 교화한다면 널리 베푸는 이익이 얼마나 극진하겠는가?

그렇다면 어찌 반드시 도덕과 지위가 높고 대단하며 재주와 이름이 드러나고 알려진 뒤에야 그 일을 하겠는가? 만약 후세 사람들 가운데도 그것을 인정하는 이가 없다면 그것은 진정으로 운명이로다.

무릇 세상 사람들이 비록 그것을 인정하지 않는다 하더라도 임제(臨濟)와 운문(雲門) 두 스님께서는 그 덕이 크고 밝으시니 반드시 용납하실 것이다. 그런즉 어찌 내 말이 실현되지 않음을 알겠는가? 이것이 내가 이 두 논문을 지은 뜻이다. 설령 옛사람이 이 세상에 태어나더라도 만약에 남들이 인정하지 않고 도가 실현되지 않는다면 반드시 책을 쓴 뒤에야 시원해할 것이다.

옛사람이나 요즘 사람이나 관점을 바꾸어 보면 모두 그러할 것이다. 어떤 이는 내가 영인(佞人)이어서 명예를 얻고자 한다고 여길 터이나 그는 나라는 사람을 모르는 자이다. '나를 아는 자가 나를 비난한다'고 하였으니, 저 『춘추(春秋)』의 공자(孔子) 말씀이 진실로 그릇되지 않도다."

  손님이 쓸쓸히 자리를 피하며 말하였다.

  "말씀대로 따르겠습니다."

  이에 적노라.

선 교 석
禪教釋

【해 제】

　1권. 조선 청허휴정(淸虛休靜, 1520~1604)의 저술이다. 저자의 나이 67세 때(1586) 묘향산 금선대(金仙臺)에서 제자 행주(行珠)·유정(惟政)·보정(寶晶) 세 스님을 위하여 여러 조록(祖錄)과 사례(事例)를 인용하여 선(禪)과 교(敎)를 판석(判釋)하되, 교가(敎家)의 원교(圓敎)와 돈교(頓敎)조차 교외별전(敎外別傳)의 선가(禪家)에 미치지 못함을 말하였다. 인용 문헌 가운데는『선문보장록』에서의 재인용이 수 편 있다.

　저자 발본(著者跋本, 1586)과 대흥사(大興寺, 1642)·통도사(通度寺, 1670) 간본 등이 있으며,『선문촬요』권하(1908) 및『한국불교전서』제7책(1986) 등에 수록되었다.

선 교 석 禪敎釋

청허(淸虛)선사의 말씀

병든 늙은이 청허(淸虛, 休靜의 법호)가 서산(西山, 妙香山)의 금선대(金仙臺)에 있을 때, 하루는 행주(行珠)·유정(惟政)·보정(寶晶) 세 스님이 『금강경오가해(金剛經五家解)』를 가지고 와서 물었다.

"반야교(般若敎) 가운데도 선지(禪旨)가 있으니, 『반야경(般若經)』으로써 종지를 삼아도 좋겠습니까?"

나는 옛 글을 인용하여 대답하였다.

다만 세존(世尊)이 정법안장(正法眼藏)을 마하가섭(摩訶迦葉)에게 부촉하였다는 말은 들었으나, 『금강반야경(金剛般若經)』을 마하가섭에게 부촉하였다는 말은 듣지 못하였다. 무릇 모든 풀잎 끝에도 생동하는 조사(祖師)의 뜻이 있으며, 나아가서는 꾀꼬리와 제비도 항상 실상(實相)의 법을 말하고 있거늘, 하물며 우리 『금강반야경』의 한 구절이겠는가? 문자에 집착하지 않으면 경전 한 권을 다 읽어도 좋을 것이다. 그러나 부처의 광명에 목욕함은 그 기틀이 아니면 능히 엿볼 수 없다. 내가 지금 그대들을 위하여 선(禪)과 교(敎)의 두 길을 대조하여 분별하고 해석하려 한다. 이 해석은 옛 글을 인용한 것이지, 지금의 것이 아니다.

"세존은 도솔천(兜率天)을 떠나기 전에 이미 왕궁에 내려왔으며, 어머니의 탯속에서 나오기 전에 이미 중생을 제도하여 마쳤다"라고 한 이 말이 선문(禪門)의 최초구(最初句)이니, 옛날에 한 대덕(大德)이 송(頌)하기를

 석가는 이 세상에 나오지도 않고서
 마흔아홉 해를 설법하였고
 달마가 서쪽에서 오지도 않았는데
 소림굴(少林窟)에는 묘결(妙訣)이 있었네

  釋迦不出世 四十九年說
  達摩不西來 少林有妙訣

라고 하였으니, 이것이 바로 그 뜻이다.

(화엄십종결華嚴十種訣)

"세존이 도솔천에서 왕궁에 내려와 탯속에 머물다가 탯속에서 나와 집을 떠나 도(道)를 이루어 악마의 항복을 받고 법륜(法輪)을 굴렸으며, 마침내 열반(涅槃)에 들었다"라고 한 이 말이 선문

의 말후구(末後句)이다.

　어떤 사람은 말하기를 "마치 달이 하늘에 있으매 그림자가 모든 물에 비치는 것과 같아서 시간에도 걸림이 없고 장소에도 걸림이 없으며 처음부터 끝까지 한결같으니, 말후구가 그대로 최초구이며, 최초구가 그대로 말후구이다"라고 한다. 그러나 우리 선문 가운데는 본래 그러한 사고방식[商量]이 없다. 상량이라는 것을 법을 아는 사람들은 두려워한다.
(염송설의拈頌說誼)

　세존이 처음 마야(摩耶)부인의 탯속에 들어가 바로 삼십삼 인에게 모두 현기(玄記)를 주면서 이르시기를 "나에게 정법안장이 있는데, 너희에게 가만히 부촉하니, 저마다 한 사람에게 전하여 끊어지지 않게 하라"고 하였다.

　　마야부인의 뱃속 전당은
　　그 본체가 법계(法界)와 한결같아
　　서른세 분의 여러 조사에게
　　동시에 가만히 수기(授記)하였네

　　　摩耶肚裡堂　法界體一如
　　　卅三諸祖師　同時密授記
(반야다라부법장전般若多羅付法藏傳)

465 　세존이 설산(雪山)에 계신 지 육 년 만에 별을 보고 도를 깨달았으나, 이는 아직도 법의 극치(極致)가 아님을 알고 수십 개월을 유행(遊行)하다가 임오년(壬午年, B.C. 988)에 홀로 진귀조사(眞歸祖師)를 방문하여 비로소 극치의 종지를 전하여 받았으니, 이것이 바로 〈교 밖에 따로 전한 것[敎外別傳]〉의 근원이다.

(범일국사집梵日國師集)

　세존이 영산(靈山)의 법회에서 가섭을 위하여 자리의 반을 나누어 주시고, 꽃가지를 들어 보이시고, 두 발을 내어 보이시어 대중 앞에서 가만히 부촉하였으나, 문수(文殊)와 보현(普賢) 등 팔만 보살(菩薩)의 무리들도 가섭이 든 경계를 알지 못하였으니, 이것이 바로 〈교 밖에 따로 전한 것〉의 갈래이다.

(대범천왕문불결의경大梵天王問佛決疑經·종도자전宗道者傳)

　결(訣)에 이르기를 "가섭과 아난(阿難) 두 존자로부터 육조혜능(六祖慧能) 대사까지가 이른바 삼십삼(卅三)이다. 이 교외별전의 뜻은 멀리 푸른 하늘 밖으로 벗어났으니, 오교(五敎)의 학자들도 믿기 어려울 뿐만 아니라 선종의 하근기(下根器)들도 아득하여 이해하지 못한다"라고 하였다.

466 　[물음] 가섭과 아난은 성문(聲聞)의 지위에 있는데, 어떻게 교외별전의 뜻을 감당할 수 있겠는가?
　[대답] 가섭과 아난은 응화(應化)의 큰성인이니, 온갖 삼매(三昧)와 한량없는 공덕(功德)이 여래(如來)와 다름이 없거늘, 하물며

이미 가만히 수기를 받은 사람임에랴!

(정종기正宗記)

세존이 게송으로 읊기를

처음 녹야원(鹿野苑)으로부터
마지막 발제하(跋提河)에 이르기까지
나는 그 사이에
일찍이 한 글자도 말하지 않았다

始從鹿野苑　終至跋提河
於是二中間　未曾說一字

라고 하였으니, 이것이 진실로 교외별전을 말한 것이다.

　모든 부처들은 활같이 말씀하시고, 모든 조사들은 활줄같이 말씀하셨다. 교가(敎家)의 걸림없는 법이 바로 한맛[一味]에 돌아가거니와 이 한맛의 자취마저 떨쳐 버려야 비로소 선가(禪家)의 한마음[一心]을 드러내게 된다. 그러므로 이르기를 "다함이 없는 성품의 바다가 모두 한맛과 합치하고, 한맛이 서로 녹아든 것이 바로 우리의 선(禪)이다"라고 하는 것이다.

(순정록順正錄·진정록眞正錄)

물음 원교(圓敎)에서는 성품의 바다가 자체는 비록 생각할 수도 없고 설명할 수도 없으나 처음에 법계(法界)의 인(因)을 닦아 마침내 법계의 과(果)를 증득하거니와, 해인(海印)으로 말하자면 본래 체성(體性)을 증득하여 인(因)을 떠나고 과(果)를 떠났으니, 선문정종(禪門正宗)의 심인(心印)과 회통할 수 있겠습니까?

[대답] 같은 듯하나 같지 않다. 화엄(華嚴)에서는 비록 다함이 없는 법계를 밝혔으나 인과의 영역 안에 있으니, 그것을 깨달으려는 사람은 반드시 견문(見聞)이 생기고 해행(解行)이 생긴 뒤에라야 깨달아 들어가기 때문에 아직 이치의 길[義路]의 둥지[窠臼]를 뚫지 못하였으며, 또한 아직 열 가지 병의 근원을 벗어나지 못하였으니, 어찌 교외별전의 선지(禪旨)에 견줄 수 있겠는가? 또 해인으로 말하자면 비록 인을 떠나고 과를 떠났다고는 하나 인과가 있는 곳에서 출발하여 인과가 없는 곳에 도착하는 것이니, 인이 있는 것은 처음의 자취요 과가 있는 것은 마지막 자취이다. 선문에서 가만히 전하는 뜻에는 본래 법계의 인이 없으므로 다시 없애야 할 인도 없으며, 법계의 과가 없으므로 다시 없애야 할 과도 없다. 본래 인이 없으므로 만행(萬行)의 길이 없고, 본래 과가 없으므로 증과(證果)의 문이 없다.

하물며 학자가 참구하는 화두는 말길[語路]이 없고 이치의 길이 없으며 재미도 없어서 열 가지 병에 걸리지 않으며, 전체를 들어 보인다는 견해와도 관계가 없고, 또한 병통을 깨뜨린다는 견해와도 관계가 없음에 있어서랴! 갑자기 땅에서 뿜어 오르듯이 한 번 폭발하면 저절로 한마음의 법계가 환히 밝아지고 부사의한 경계가 환히 밝아지나니, 이른바 "하나를 들고 천 가지를 깨달아 큰 총지(摠持)를 얻는다"고 하는 것이다. 하물며 큰스님이 보이는 수단은 법에 의지하고 말을 떠났으며, 때를 따라 죽이기도 하고 살리기도 하여, 때로는 마른 하늘에 날벼락을 치기도 하고 때로는 평지에 전쟁을 일으켜, 칼날로 능히 사람을 치기도 하며 번갯불에 능히 바늘귀를 꿰기도 함에 있어서랴! 비록 훌륭한 근기와 큰 지혜라도 거기에 대해서는 생각하거나 의논할 수 없는 것이다.

[물음] 돈교(頓敎)에서는 일체의 존재가 마음의 반연(攀緣)하는 형상을 여의었으며 이름과 자(字)의 형상을 떠났으며 한 생각도 생기지 않으므로 깨달을 때에도 또한 깨닫는 사람이 없으니, 선문의 가만히 전한 뜻과 합치할 수 있겠습니까?

[대답] 같은 듯하나 같지 않다. 돈교에서 말하는 '한 생각도 생기지 않는다'는 것은 마음이 아주 끊어져 의지가 없으므로 사구(死句)의 구덩이 속에 앉아 있는 것이다. 그러나 '한 생각도 생기지 않는다'는 견해를 환히 밝히지 못하면 이 실천을 거두어 이룰 수 없다. 『원각경(圓覺經)』에 이르기를 "법계의 청정함을 얻으면 곧 청정하다는 견해에 사로잡혀 스스로 장애가 된다"고 한 것이 바로 이것을 말한 것이다.

만약에 깨달을 바 진여(眞如)를 말한다면 반드시 깨닫는 지혜의 본체가 있을 것이요, 만약에 생기지 않는 망념(妄念)이 있다면 반드시 생기는 정념(正念)이 있을 것이며, 또 십신(十信)의 지위로부터 불지(佛智)에 이르는 자취가 있을 것이다. 그러나 선문의 가만히 전한 뜻으로 말하면 본래 한 생각도 없거니 무슨 생각이 일어날 것이며, 생각이 이미 본래 없거니 어디에 십신의 지위가 설 것이며, 십신의 지위가 서지 못하거니 어디에 불지가 있으랴! 비록 최상승(最上乘)을 말하나 본래 최상승이 없는 것이다.

하물며 학인(學人)들이 참구하는 화두는 마치 불덩이와 같아서 가까이 하면 곧 얼굴을 태우니, 불법(佛法)을 둘 곳이 없음에 있어서랴! 다만 큰 의심이 있어서 마치 뜨거운 불꽃이 하늘에 닿는 것과 같아서 갑자기 칠통(漆桶)을 깨뜨려 버리면 온갖 법문(法門)과 한량없는 묘의(妙義)가 굳이 찾지 않아도 원만히 얻어질 것이다. 그러므로 이치를 깨달아 부처가 된다 하여도 다만 본래의 법신(法身)을 얻었을 뿐이니, 어찌 저것과 같다고 말하겠는가?

그러므로 이르기를 "조사가 마음을 전한 곳은 마치 새가 공중을 나는 것과 같아서 그 자취가 전혀 없다"라고 하였으며, 『화엄경소(華嚴經疏)』에 이르기를 "원교와 돈교 위에 따로 한 종지가 있다"고 하였으니, 이것이 바로 선문을 말한 것이다.

(교외수선장 敎外竪禪章 · 결의론 決疑論)

결(訣)에 이르기를 "원교에는 걸림이 없는 연기(緣起)라는 이론이 있고, 돈교에는 이름을 떠나고 형상이 끊어진 이론이 있거니와, 선문에는 더듬을 것도 없고 붙잡을 것도 없다"고 하였다.

[물음] "『능가경(楞伽經)』은 성종(性宗)의 법문이며, 게다가 달마(達摩)대사가 가지고 왔으니, 심지법문(心地法門)을 증거하기에 가장 요긴한 것이므로 대대로 부촉하였다"라고 하니 그 말이 옳습니까?

[대답] 그것 또한 옳지 않다. 부처님이 대혜(大慧)보살을 위하여 큰 바다를 사이에 두고 멀리 떨어진 곳에서 불성(佛性)의 뜻을 말씀하셨으니, 이는 이승(二乘)을 격발시켜 소승을 버리고 대승을 사모하게 하려고 한 의도이다. 그러나 겨우 방등부(方等部)에 실렸을 뿐이거늘, 어찌 선문을 증거할 수 있겠는가?

(인고변금록引古辨今錄)

중봉(中峰)조사가 이르기를 "달마가 처음 와서 정법안장을 혜가(慧可)에게 가만히 부촉하고 나서, 승나(僧那)선사가 뗏목[敎學]에 대한 집착이 견고하여 조사의 바른 법을 얻지 못함을 보고는 장차 어리석고 미혹한 정(情)으로 바른 법을 파멸할까 저어하여 임시 방편을 세워 말하기를 '『능가경』 4권이 내 마음의 요긴한 법이므로 혜가에게 부촉하고, 아울러 후대에 전하게 하였다'라고 하였다. 그러므로 선문에서 『능가경』을 전한 것은 승나의 울음을 그치게 하기 위한 가랑잎일 뿐이다"라고 하였다.

(해동칠대록海東七代錄)

[물음] 『금강반야경』에 이르기를 "모든 부처님이 이 경으로부터 나왔다"고 하였으므로 반야(般若, prajñā)를 〈부처의 어머니[佛母]〉라고 하나니, 그렇다면 『반야경』으로써 종지를 삼아도 좋겠습니까?

[대답] "그것 또한 옳지 않다. 반야란 번역하면 지혜이니, 만약에 지혜로 말하면 사리불(舍利弗)이 종주(宗主)가 될 것이다. 『반야

경』이전에 설한 법은 모두 희론(戱論)이므로, 경에 이르기를 "희론의 똥덩이를 없애 버려라"라고 하였다. 그러므로 반야는 성문(聲聞)들의 치질을 핥고 종기를 째는 좋은 약일 뿐임을 알아야 한다. 어찌 선문의 종주라고 할 수 있겠는가?

(감소록鑑昭錄)

성주(聖住, 곧 無染)화상은 『능가경』을 읽다가 그것이 아님을 알고는 곧 그것을 버리고 당(唐)나라에 들어가 선법(禪法)을 전해 받았다.

도윤(道允)화상은 일찍이 『화엄경』을 탐구하다가 하루는 "원교와 돈교의 종지가 어찌 심인(心印)의 법문과 같으랴!" 하고는 곧 그것을 버리고 역시 당나라에 들어가 조인(祖印)을 전해 받았다.

(해동칠대록)

472   결(訣)에 이르기를 " '주금강(周金剛, 德山宣鑑)이 촛불을 든 것', '양서산(亮西山, 西山亮座主)이 〈얼음같이 녹아 버렸다〉고 한 것', '부태원(浮太原, 太原孚和尙)이 북과 나팔 소리를 들은 것'과 '해월주(海越州)가 보장(寶藏)을 얻은 것', 나아가서는 '영묵(靈默, 五洩山)이 머리를 돌린 것'과 '양수(良遂, 壽州)가 이름을 불릴 때마다 〈네〉라고 대답한 것'이 모두 이것 때문이다"라고 하였다.

신라의 문성(文聖)대왕이 무염(無染)국사에게 물었다.

"나를 위하여 선과 교의 높고 낮음을 분별하고 해석하여 주시오."

국사가 대답하였다.

"모든 관리와 정승은 저마다 그 직분에 충실하고, 임금은 묘당(廟堂)에서 손을 여미고 가만히 계시니 백성들이 편안합니다."

왕이 듣고 매우 기뻐하였다.

(무염국사별집無染國師別集)

『화엄경』을 강의하는 좌주(座主)가 나계(螺溪)국사에게 물었다.

"교의 세 가지 기틀[三乘]과 선의 따로 전하는 한 기틀을 분별하고 해석하여 주십시오."

국사가 대답하였다.

"세존은 생사(生死)의 바다에 세 가지 그물[三乘]을 벌리어 인천(人天)의 고기를 건져 올렸으니, 어찌 세 가지 그물에 걸린 고기와 구름 밖에서 감로(甘露)를 쏟는 신룡(神龍)을 비교하겠는가?"

(나계별집螺磎別集)

결(訣)에 이르기를 "선문의 바로 전한 기틀은 한편으로는 세 가지 그물 위에 있는 구름 밖의 신룡과 같고, 한편으로는 여러 관리 위에 있는 묘당의 천자(天子)와 같으니, 그 존귀함은 굳이 분별하지 않아도 알 수 있다"라고 하였다.

그때에 교학자 오륙 명이 분연히 낯빛을 고치고 청허에게 물었다.

"선가(禪家)의 발언은 너무 분수에 지나칩니다. 눈은 있어도 발이 없는 것이 아닙니까?"

청허도 낯빛을 바로하고 대답하였다.

"선가는 눈도 갖추고 있고 발도 갖추고 있다. 차라리 영원토록 생사에 빠져 허덕일지언정 모든 성인의 해탈을 사모하지 않는다는 것은 선가의 눈이요, 다른 사람의 잘못은 보지 아니하고 항상 자기의 허물은 본다는 것은 선가의 발이다. 아아! 세월은 흐르고 성인이 떠난 지는 오래 되어 마구니는 강하고 법은 쇠약하여 바른 법을 흙덩이와 같이 보니, 나의 이 말은 한 잔의 물로 한 수레의 불을 끄려는 것과 같도다. 오조법연(五祖法演) 화상이 이르기를 '나의 본심을 지키는 것이 온 누리의 모든 부처를 생각하는 것보다 낫다'라고 하고, 이어서 하늘을 가리키면서 다짐하기를 '만약에 내가 그대들을 속인다면 장래에 십팔(十八) 지옥에 떨어질 것이요, 만약 나를 믿지 않는다면 대대로 범과 이리에게 먹힐 것이다'라고 하였다. 학인이 이 지경에 이르러 슬픈 감정이 생기지 않는다면 그는 목석과 다름이 없다고 하여야 할 것이다. 그러므로 옛날에 한 대덕(大德)이 이르기를 '교를 소중히 여기고 마음을 가벼이 여기면 아무리 오랜 세월이 지나더라도 모두 천마(天魔)나 외도(外道)가 될 것이다'라고 하였다."

이 책을 유정·행주·보정 세 스님이 기꺼이 받고 예배로써 감사를 표현하고는 곧 선방과 강당에 알렸다.

어느 날 선과 교의 학인 오십여 명이 한자리에 모였다.

[교학자] 선정과 지혜를 고루 배워 불성을 환히 본다고 하니, 그 이치가 어떠합니까?

[선학자] 우리 집에는 노비(奴婢)가 없다.

[교학자] 보살이 중생들의 괴로움을 보시고 자비심을 일으킨다고 하니, 어떠합니까?

[선학자] 사랑함[慈]이란 이루어야 할 부처를 보지 못하는 것이요, 안스러워함[悲]이란 건져야 할 중생을 보지 못하는 것이다.

[교학자] 그렇다면 여래(如來)가 말씀한 법도 중생을 제도하지 못합니까?

[선학자] 만약에 여래가 말씀한 것이 있다고 말한다면 그것은 부처를 비방하는 것이요, 만약에 여래가 말씀한 것이 없다고 말한다면 그것은 법을 비방하는 것이다. 참부처는 입이 없으니 법을 해설하지 못하며, 참다운 들음은 귀가 없으니 그 누가 듣겠는가?

[교학자] 그렇다면 일대장교(一大藏敎)가 쓸데없다는 말입니까?

[선학자] 일대장교는 마치 달을 가리키는 손가락과 같은 것이니, 근기가 날카로운 이는 사자와 같고 근기가 둔한 이는 똥개와 같다.

[교학자] 믿고 이해하고 실천하고 증득하는 계급이 분명하니, 어찌 등각(等覺)은 비추면서 고요하고, 묘각(妙覺)은 고요하면서 비추며, 번뇌는 변하여 보리(菩提)가 되고, 생사는 변하여 열반(涅槃)이 되는 것이 아니겠습니까?

[선학자] 등각과 묘각은 형틀을 걸머진 귀신이요, 보리와 열반은 나귀를 매는 말뚝이며, 나아가서는 이름을 인정하고 글귀를 인

정하는 것은 똥을 머금은 흙덩이요, 부처를 찾고 조사를 찾는 것은 지옥에 이르는 업(業)이다.

[교학자] 부처와 조사는 어떠합니까?

[선학자] 부처는 허깨비의 몸이요, 조사는 늙은 중[比丘]이다.

[교학자] 일체의 현인과 성인이 어찌 본 것과 깨달은 것이 없겠습니까?

[선학자] 제 눈을 어떻게 보며, 제 마음을 어떻게 깨닫겠는가? 교학 가운데도 이르기를 "머리가 본래 그대로이거늘 스스로 얻었다느니 잃었다느니 하는 생각을 내며, 마음이 본래 평등하거늘 스스로 범부니 성인이니 하는 소견을 일으킨다"라고 하였으니, 그것이 어찌 미친 짓이 아니겠는가?

[교학자] 결국 그 이치가 어떠합니까?

[선학자] 자기의 본분(本分) 위에는 본래 이름과 자(字)가 없지마는 방편으로 정법안장(正法眼藏) 열반묘심(涅槃妙心)이라고 한다. 다시 한 마디 말이 있으나 그것은 내일로 미루자.

이리하여 선과 교의 문답과 변론이 끝나 저마다 예배하고 제자리에 앉았다.

서산(西山, 休靜의 별호)이 "이번의 문답을 『선교석(禪敎釋)』의 발문(跋文)으로 하였으면 한다"라고 하고, 곧 사미(沙彌) 쌍익(雙翼)을 불러 쓰게 하였다.

때는 만력(萬曆) 병술년(丙戌年, 1586) 11월 상한(上澣)이다.

신심명
信心銘

【해 제】

1편. 『삼조승찬대사 신심명(三祖僧璨大師信心銘)』이라고도 한다. 중국 선종의 제3조 감지승찬(鑑智僧璨, ?~606)의 저술이다. 선(禪)의 극치를 불이중도(不二中道)로 보아 모든 대립과 차별, 시비와 득실의 망념(妄念)을 떠나 평등 자재한 경지에 머무를 것을 설한 4언 146구 584자의 운문(韻文)이다.

일찍이 선승(禪僧)들에게 널리 읽혀 초기 선사상의 형성에 크게 이바지하였으며, 『경덕전등록(景德傳燈錄)』 권30 등에 수록되었다. 조선 초기 간본이 있다.

이 『신심명』은 본래 『선문촬요』에는 수록되지 않았으나, 그 조본(祖本)인 『법해보벌』(1883)에 수록되어 있었으므로 권말에 덧붙였다.

신 심 명 信心銘

삼조승찬(三祖僧璨) 대사의 말씀

큰 도(道)는 어렵지 않나니
오직 분별을 꺼릴 뿐이다
밉다 곱다 가리지 않으면
툭 트여 명백하리라

털끝만큼이라도 어긋남이 있으면
하늘과 땅 사이처럼 벌어지나니
큰 도가 드러나게 하려거든
좋다 싫다 그런 생각 두지 말라

맞다 틀리다 서로 다투는 것
이것이 마음의 병통이거늘
그윽한 뜻은 알지 못하고
부질없이 망념만 가라앉히려 한다

둥글기가 허공과 같아서
모자람도 남음도 없거늘
취하고 버림으로 말미암아
그 때문에 어엿하지 못하다

세간 인연도 따르지 말고
공(空)의 확신[空忍]에도 머물지 말라
한가지[一種]를 바로 지니면
모두가 저절로 사라지리라

움직임을 그쳐 그침에 돌아가려 하면
그칠수록 더욱 움직인다
오직 두 극단에 머물렀으니
어찌 한가지임을 알겠는가?

한가지에 통하지 못하면
두 곳에서 모두 보람을 잃으리라
있음[有]을 버리면 있음에 빠지고
공(空)을 따르면 공을 등진다

말 많고 생각 많으면
더욱 도에 합하지 못하고
말 끊고 생각 끊으면

통하지 않는 곳 없다

근본에 돌아가면 종지를 얻고
비춤을 따르면 종지를 잃나니
잠깐이나마 돌이켜본다면
앞의 공(空)보다 나으리라

앞의 공(空)이 굴러 변함은
모두 망령된 견해 때문이니
진실을 찾으려 애쓰지 말고
오직 망령된 견해를 쉬라

두 견해에 머물지 말고
삼가 좇아가 찾지도 말라
옳으니 그르니 하자마자
어지러이 본심을 잃으리라

둘은 하나 때문에 있나니
하나마저 지키지 말라
한마음이 생겨나지 않으면
만 가지 법이 허물 없다

허물 없고 법 없으면

태어남도 아니요 마음도 아니다
주관은 대상을 따라 허물어지고
대상은 주관을 따라 사라진다

대상은 주관 때문에 대상이요
주관은 대상 때문에 주관이다
두 끝을 알고자 한다면
본래 하나의 공(空)이다

하나의 공(空)이 두 끝과 같아서
삼라만상을 가지런히 머금었다
곱고 거칠음을 보지 않거니
어찌 네 편 내 편이 있으랴!

큰 도는 본체가 너그러워
쉬울 것도 어려울 것도 없나니
옹졸한 소견으로 의심하여
서둘수록 더욱 더디다

집착하면 법도를 잃고서
반드시 삿된 길로 들어가고
놓아 버리면 자연스럽나니
본체엔 가거나 머무름이 없다

성품에 맡기면 큰 도에 합해
시나브로 번뇌를 끊고
망념에 얽매이면 진실과 어긋나
멍청하여 좋지 않으리

좋지 않으면 수고로우니
어찌 멀고 가까움을 가리랴!
일승(一乘)을 얻고자 한다면
육진(六塵, 六境)을 미워하지 말라

육진을 미워하지 않으면
도리어 정각(正覺)과 같으리라
지혜로운 사람은 하염없거니와
어리석은 사람은 스스로 묶는다

법에는 다른 법이 없거늘
망령되이 스스로 애착하여
마음을 가지고 마음을 쓰니
어찌 크게 그릇됨이 아니랴!

미혹하면 고요함과 시끄러움이 생겨나고
깨달으면 선과 악이 없어지나니
갖가지 두 극단은

망령되이 스스로 따지기 때문이다

꿈과 허깨비와 허공꽃을
왜 잡으려 허둥대는가?
얻고 잃음과 옳고 그름을
한목에 놓아 버려라

눈이 만약 졸지 않으면
모든 꿈이 저절로 없어지고
마음에 만약 차별이 없으면
만 가지 법이 한결같다

한결같으면 본체가 그윽하여
오롯이 반연(攀緣)을 잊는다
만 가지 법을 가지런히 본다면
자연으로 돌아가리라

근본 원인이 잦아지면
무어라 견줄 것이 없다
그치면서 움직이니 움직임이 없고
움직이면서 그치니 그침이 없다
둘이 이미 성립되지 못하거니
하나인들 어찌 있으랴!

궁극적인 깨달음에 이르는 데는
일정한 길이 없나니
마음에 계합하여 평등해지면
짓는 바가 모두 쉰다
의심이 다해 깨끗이 사라지면
바른 믿음이 고르고 곧으리

어느 것도 두지 않으면
기억할 아무것도 없다
텅 비고 밝아서 스스로 비추니
애써 마음 쓸 것이 없다
생각할 수 있는 곳이 아니요
뜻으로 헤아리기 어렵다

진여(眞如)의 법계(法界)에는
나도 없고 남도 없으니
빨리 여기에 합하고자 하거든
오직 둘 아닌 이치를 말하라

둘 아니고 모두 같아서
포용하지 않는 것이 없으니
온 누리의 지혜로운 사람들이
모두 이 문으로 들어온다

이법(理法)은 짧거나 긴 것이 아니니
한순간이 영원이요
있거나 있지 않음이 없으니
온 누리가 바로 눈앞이다

아주 작은 것이 큰 것과 같으니
온갖 대상을 잊고 끊었다
아주 큰 것이 작은 것과 같으니
그 한계를 볼 수 없다

있음이 곧 없음이요
없음이 곧 있음이니
만약 이와 같지 못하다면
결코 지킬 필요가 없다

부분이 곧 전체요
전체가 곧 부분이니
다만 이와 같이 할 수 있다면
어찌 끝장내지 못할까 걱정하랴!

믿음과 마음은 둘 아니요
둘 아님이 믿음과 마음이니
말길이 끊어졌으며
과거 · 현재 · 미래도 아니다

선문촬요 간행 머리말

무릇 선문(禪門)이란 무엇인가? 세존(世尊)께서 영산(靈山)의 법회에서 꽃을 들어 대중에게 보이시니, 인간과 천상계(天上界)의 백만억 무리가 모두 다 어찌할 줄 몰라 하되 오직 가섭(迦葉)만이 빙그레 웃었다. 이에 세존께서 이르시기를 "나에게 정법안장(正法眼藏) 열반묘심(涅槃妙心)이 있으니 마하가섭(摩訶迦葉)에게 부촉하노라"라고 하셨으니, 이것이 선문의 종지이다.

달마(達摩)대사께서 이르시기를 "앞의 부처와 뒷부처가 마음으로써 마음에 전하시고 문자를 세우지 않았다"라고 하신 것도 이를 말한 것이다. 또 이르시기를 "마음이 곧 부처요, 부처가 곧 도(道)요, 도가 곧 선(禪)이다"라고 하시니, 선문으로 들어가지 않고 마음 밖에서 부처를 찾으며, 미혹한 마음으로 도를 닦는다면 옳지 않다.

그렇다면 마음이란 무엇인가? 이 책 가운데에 그것을 밝게 보인 바가 있거니와, 간략히 말하자면 곧 사람마다 모두 가지고 있는 본원각성(本源覺性, 本覺)이니, 이 마음이 본래 스스로 비고 고요하여, 마치 저 허공처럼 불가사의하다.

어떤 사람이 마음을 가라앉히고 고요히 사유하며 한 생각으로 돌이켜 비추면 모든 법이 다 빈 곳에 신령스러운 앎[靈知]이 어둡지 않아 언제나 밝게 안다. 있는 것도 아니고 빈 것도 아니며, 생겨나지도 않고 사라지지도 않으며, 미혹함도 없고 깨달음도 없으며, 범부도 없고 성인도 없으며, 본래 청정하여 번뇌가 애당초 없고 샘(번뇌)이 없는 지혜의 성품이 본래부터 스스로 갖추어져 있으니, 이것이 모든 사람이 본래 가지고 있는 본심(本心) 본각(本覺)이며, 또한 모든 부처님께서 은밀히 전하신 심인(心印) 심법(心法)이다.

그러나 일체 중생이 비롯함이 없는 먼 옛적부터 업식(業識)에 지배되어 깨달음을 등지고 티끌에 합하여 업을 따라 과보를 받으며 괴로움의 바다에 빠져 벗어날 길을 알지 못한다. 그러므로 부처님과 조사님네들께서 세상에 출현하시어 큰 자비의 원력(願力)으로써 방편지(方便智)를 써서 해탈의 문을 여셨으니, 곧 교문(教門)의 삼승(三乘)·십이분교(十二分教)의 법과 선문의 법 밖에 따로 전한 심법(心法)이 그것이다.

만약 교문의 행상(行相)의 관점에서 말한다면 근기(根器)에 따르고 기연(機緣)에 응하여 방편으로 삼승을 설하고, 마침내 삼아승지겁(三阿僧祇劫) 동안 수행하여야 한다는 설이 있다. 그러나 선문의 바로 끊는[徑截] 행상의 관점에서 말한다면 이와는 아주 다르다. 세월과 단계를 거치지 않고 일념으로 단박에 깨달아 성품을 보아 부처를 이루는 미묘한 이치이다.

불도(佛道)를 구하는 이가 듣고 믿으면 헛되이 애쓰지 않고 상승(上乘)을 성취할 것을 결정코 의심할 바 없으나, 다만 믿고 들어가지 못하는 것은 높이 성인의 경계라고 미루어 스스로 제 분수에 맞지 않는다고 생각하기 때문이다.

요즘 말학(末學)의 초심자(初心者)가 선과 교에 모두 미혹하여 스스로 들어갈 길을 알지 못하고 또한 성인의 교훈도 듣지 않으니, 이른바 도를 닦는다는 것은 말뿐이요 그 실제가 없다.

아아! 성인이 떠나신 지 오래 되고 사람들은 매우 게을러져서 삿된 견해를 가진 이는 많고 선근(善根)을 닦는 이는 드무니, 가르침에 의지하여 관행(觀行)하는 것조차 어려운 일이다. 더군다나 여래(如來)께서 은밀히 전하신 정법안장을 어떻게 붙잡아 일으키랴! 말법(末法) 시대에 나타난 모습이 이와 같으니, 어찌 탄식하지 않을 수 있겠는가?

삼가『선문촬요』한 편을 살펴보니, 책 가운데에 실린『혈맥론(血脈論)』・『관심론(觀心論)』・『사행론(四行論)』・『최상승론(最上乘論)』・『완릉록(宛陵錄)』・『전심법요(傳心法要)』・『수심결(修心訣)』・『권수정혜결사문(勸修定慧結社文)』・『간화결의론(看話決疑論)』・『선문보장록(禪門寶藏錄)』및『선교석(禪敎釋)』등 갖가지 법어가 모두 종문(宗門)의 여러 조사님네들의 참마음[眞心]에서 나온 직설(直說)로서 한 마디 한 마디, 한 구절 한 구절이 모두 실답고 정확하여 조금도 번거롭거나 중복됨이 없고 일목요연하니, 그야말로 인천(人天)의 안목(眼目)이요 불법(佛法)의 생황(笙篁)이라 할 만하다.

만약 선근을 닦은 중생이 겁약(怯弱)한 마음을 내지 않고 일념으로 믿고 이해하여 이것에 의지하여 수행한다면 한순간에 깨닫게 될 것이니, 어찌 머리카락이 희어지기를 기다릴 필요가 있겠는가? 살갗 밑에 피가 흐르는 이라면 생사대사(生死大事)를 뼈아프게 생각하고 부디 한평생을 어영부영하지 말라.

우리 말학들이 어찌 감히 충고를 할 수 있으리요만, 옛사람이 간곡히 하신 말씀을 뼈아프게 느끼고 그대로 지나치지 못하여 서로 권면하여 나아가자는 것이다.

이 말법 세상을 만나서 이 책을 유통시키는 일이 시급한 일이기 때문에 이에 토(吐)를 달아 간행하여 널리 전해지고 또 오래 존속하여, 같은 길을 걷는 인연 있는 분들을 만나게 되기를 기다린다.

이 일은 마땅한 사람을 만나기가 어려우니, 모름지기 성질이 급한 사람이라야 한다. 비록 그렇더라도 옛 스님이 이르시기를 "쓸데없는 알음알이를 가지고 조사의 뜻을 묻어 버리지 말라"고 하셨으니, 도리어 미주알고주알 한 것이나 아닐는지?

일・이・삼・사・오니라. 법을 아는 이가 두렵도다.

세존 응화(應化) 2986(1959)년 정월 해제일(解制日, 15일)에
조계 후학(曹溪後學) 설봉학몽(雪峰鶴夢)이 삼가 적다

법해보벌 머리말

그윽이 생각하니, 부처님께서는 일대사인연(一大事因緣)으로 이 세상에 출현하시어 삼승(三乘)과 돈점(頓漸)의 종지를 가르쳐 주셨다. 사십구 년 동안의 설법이 중국에 전해져 오천여 권이 되었으니 진실로 중생의 근성(根性)이 만 가지로 다르기 때문이다.

방편(方便)의 문이 많은 것은 다만 오랜 세월 동안 쌓인 습기(習氣)의 업근(業根)을 씻어내고 본래부터 갖추고 있는 덕상(德相)을 회복하기 위한 것이니 도무지 실법(實法)이 없다. 그러나 의학(義學)의 무리[敎家]들은 오로지 알음알이만을 중시하여 몇 줄의 글귀나 찾으니 참으로 안타깝도다.

달마(達摩)스님이 서쪽에서 오시어 문자를 세우지 않고 곧바로 사람의 마음을 가리켜 주심에 이르러 오직 혜가(慧可)스님만이 절하고 위치에 따라 서서 마침내 골수(骨髓)의 열매를 증득하였다.

무릇 세존(世尊)께서 꽃송이를 드시니 가섭존자(迦葉尊者, 飮光)

가 빙그레 웃으시매 정법안장(正法眼藏)을 부촉하시어 대대로 서로 전해 주신 것이 이것이요, 뒤를 이은 역대 큰스님네들이 방망이[椎]를 들거나 불자(拂子)를 세우거나 홀(笏)을 흔들거나 나무 집게로 집은 공안(公案)들이 곧 앞선 성현들의 본보기이다.

아아! 선(禪)은 부처님의 마음이요 교(敎)는 부처님의 말씀이니, 선과 교가 어찌 일찍이 갈림이 있었겠는가? 그런데도 뒷날 수행하는 사람들이 서로 대립하는 것은 참으로 개탄스럽도다.

연방도인(蓮舫道人)은 일찍부터 선정의 기쁨을 즐기고 출세간(出世間)을 깨달아 의지가 간절하면서도 예리한 분이신데, 여러 조사님네들께서 마음을 논하신 중요한 전적들을 모아 엮어 『법해보벌(法海寶筏)』이라 이름지어 장차 인쇄하여 배포하려 한다.

대개 법(法)이란 것은 갠지스강의 모래알같이 수많은 성품의 공덕[性德]이니 법칙이 되어 유지시키는 것이요, 바다[海]란 것은 넓고 깊고 그윽하여 한량없는 것을 갈무리하는 것이요, 보배[寶]란 것은 교(敎)·리(理)·행(行)·과(果)이니 세상에 머물러서 사라지지 않는 것이다. 그러므로 저 언덕[彼岸]에 도달하기를 기대한다면 이를 의지하여야 도달할 수 있기 때문에 그것을 뗏목[筏]이라고 한 것이다.

나를 돌이켜보니 지견이 얕고 이치를 밝혀 낸 바가 없어 예로부터 선과 교가 종파를 달리하게 된 줄거리를 대충 엮어 보았으나 부처님과 조사님네들의 마음에 계합(契合)하고 연방도인께서 『법해보벌』이라고 이름지으신 뜻에 합당하지 못하지나 않을까 두렵다. 쯧쯧!

태호(太湖)에 삼만 육천 물결이 출렁이니, 달이 파도에 달려 있도다. 이 마음을 누구에게 털어놓을꼬?

       광서(光緖) 계미년(癸未年, 1883) 초가을
       우란분회일(盂蘭盆會日, 7월 15일)에
  보광거사(葆光居士) 유운(劉雲)이 향수 뿌리고 목욕하고 적다

선문촬요 관련 연보

520(普通 1)?   초조(初祖) 보리달마(菩提達摩), 광주(廣州)에 옴
551(天保 2)   삼조승찬(三祖僧璨), 이조혜가(二祖慧可)에게 참문(參問)
601(仁壽 1)   오조홍인(五祖弘忍) 출생
606(大業 2)   삼조승찬 입적
606(大業 2)   대통신수(大通神秀) 출생
607(大業 3)   오조홍인, 사조도신(四祖道信)에게 참문
655(永徽 6)   대통신수, 오조홍인에게 참문
674(上元 1)   오조홍인 입적
706(神龍 2)   대통신수 입적
797(貞元 13) 배휴(裵休) 출생
842(會昌 2)   황벽희운(黃檗希運), 종릉(鍾陵) 용흥사(龍興寺)에 주석, 『전심법요』 설함
848(大中 2)   황벽희운, 완릉(宛陵) 개원사(開元寺)에 주석, 『완릉록』 설함
857(大中 11) 배휴, 『전심법요』·『완릉록』 편집 간행
870(咸通 11) 배휴 입적
1158(正隆 3) 보조지눌(普照知訥) 출생

1190(明昌 1)	보조지눌, 공산(公山) 거조사(居祖寺)에서 도반(道伴)들과 더불어 정혜사(定慧社)를 결성하고『권수정혜결사문』반포
1200(承安 5)	보조지눌, 정혜사를 조계산(曹溪山)으로 옮겨 수선사(修禪社)로 고치고『권수정혜결사문』중간(重刊)
1205(泰和 5)	보조지눌,『진심직설』지음
1206(泰和 6)	진정천책(眞靜天頙) 출생
1210(大安 2)	보조지눌 입적
1215(貞祐 3)	무의자(無衣子) 진각혜심(眞覺慧諶),『간화결의론』·『원돈성불론』간행
1252(淳祐12)	『권수정혜결사문』간행
1253(寶祐 1)?	최항(崔沆),『간화결의론』·『원돈성불론』중간
1263(景定 4)	몽산덕이(蒙山德異), 환산정응(皖山正凝)에게 참문
1293(至元30)	진정천책,『선문보장록』지음
1320(延祐 7)	보제존자(普濟尊者) 나옹혜근(懶翁惠勤) 출생
1335(元統 3)	계림부(鷄林府)에서『달마대사관심론』간행
1350(至正10)	나옹혜근, 원(元) 평강부(平江府) 휴휴암(休休庵)에서 여름 안거(安居)
1360(至正20)	절강(浙江)의 고담(古潭), 용문산(龍門山)에 와서 주석하며 나옹혜근과 신서(信書)로 법거량(法擧揚)
1363(至正23)	『나옹화상어록(懶翁和尙語錄)』·『나옹화상가송(懶翁和尙歌頌)』간행
1372(洪武 5)?	『황벽어록(黃檗語錄)』(『전심법요』·『완릉록』) 간행
1379(洪武12)	『나옹화상어록』·『나옹화상가송』중간

선문촬요 관련 연보 547

1400(建文 2)	지리산 덕기암(德奇庵)에서 『목우자수심결』 중간
1447(正統12)	명 진보충(陳普忠) 거사, 『진심직설』 중간, 대천계사(大天界寺) 몽당(蒙堂)비구 발(跋)
1464(天順 8)	간경도감(刊經都監)에서 왕명을 받들어 남원부(南原府)에서 한숙륜(韓叔倫) 서(書)『보리달마사행론』 중수(重修)
1467(成化 3)	간경도감에서 비현합(丕顯閤) 결(訣), 혜각존자(慧覺尊者) 역(譯)『목우자수심결』 조조(雕造)
1467(成化 3)	간경도감에서 혜각존자 역결(譯訣)『사법어(四法語)』조조, 「환산정응선사 시몽산화상법어(皖山正凝禪師示蒙山和尙法語)」・「동산숭장주 송자행각법어(東山崇藏主送子行脚法語)」・「몽산화상시중(蒙山和尙示衆)」・「고담화상법어(古潭和尙法語)」 수록
1467(成化 3)?	간경도감에서 혜각존자 역해(譯解)『몽산화상법어약록(蒙山和尙法語略錄, 普濟尊者法語附)』조조, 「시고원상인(示古原上人)」・「시각원상인(示覺圓上人)」・「시유정상인(示惟正上人)」・「시총상인(示聰上人)」・「무자십절목(無字十節目)」・「휴휴암좌선문(休休庵坐禪文)」・「보제존자 시각오선인법어(普濟尊者示覺悟禪人法語)」 수록
1469(成化 5)	명 비구 정림(淨林), 『진심직설』 중간, 문정(文定) 서(序)
1472(成化 8)	인수대비(仁粹大妃) 발원(發願)으로 원각사(圓覺寺)에서 『사법어』・『몽산화상법어약록』 인경(印經), 김수온(金守溫) 발(跋)

1473(成化 9)	백운산 옥룡사(玉龍寺)에『달마대사혈맥론』주판(住板)
1483(成化19)	고성 연화산 벽운암(碧雲庵)에서『전심법요』·『최상승론』·『목우자수심결』개판(開板)
1500(弘治13)	가야산 봉서사(鳳栖寺)에서 간경도감본『목우자수심결』·『사법어』복각(復刻)
1517(正德12)	연산 고운사(孤雲寺)에서『사법어』·『몽산화상법어약록』개판
1520(正德15)	청허휴정(淸虛休靜) 출생
1521(正德16)	금강산 유점사(楡岾寺)에서 간경도감본『몽산화상법어약록』복각
1523(嘉靖 2)	소백산 석륜암(石輪庵)에서『몽산화상법어약록』개판
1525(嘉靖 4)	자비산 심원사(深源寺)에서 간경도감본『몽산화상법어약록』복각
1531(嘉靖10)	지리산 철굴(鐵窟)에서『선문보장록』·『선문강요집』개간(開刊), 신흥사(臣興寺)에 전진(傳鎭)
1535(嘉靖14)	묘향산 빙발암(氷鉢庵)에서 간경도감본『사법어』·『몽산화상법어약록』복각
1536(嘉靖15)	지리산 신흥사(神興寺)에서『몽산화상법어약록』중간
1543(嘉靖22)	성수산 중대사(中臺寺)에서 간경도감본『사법어』·『몽산화상법어약록』개판
1567(隆慶 1)	순창 취암사(鷲岩寺)에서『목우자수심결』개간
1567(隆慶 1)	불명산 쌍계사(雙溪寺)에서『몽산화상법어약록』개판
1570(隆慶 4)	동복 무등산 안심사(安心寺)에서『달마대사관심론』·『달마대사혈맥론』·『최상승론』개판

1574(萬曆 2)	구월산 월정사(月精寺)에서 『몽산법어』 간행
1575(萬曆 3)	박산무이(博山無異) 출생
1577(萬曆 5)	순천 조계산 송광사(松廣寺)에 『사법어』・『몽산화상법어약록』 유판(留板)
1579(萬曆 7)	서산 가야산 보원사(普願寺)에 『달마대사혈맥론』 유진(留鎭)
1580(萬曆 8)	가야산 개심사(開心寺)에서 최덕석(崔德碩) 서(書) 『달마대사관심론』 간행
1584(萬曆12)	가야산 개심사에서 『몽산화상법어약록』 간행
1586(萬曆14)	청허휴정, 『선교석』 지음
1588(萬曆16)	청도 호거산 운문사(雲門寺)에서 『몽산화상법어약록』 개판
1590(萬曆18)	조계산 송광사에서 『사법어』 간행
1603(萬曆31)	지리산 능인암(能仁庵)에서 『몽산화상법어약록』 개간, 쌍계사에 이진(移鎭)
1604(萬曆32)	지리산 능인암에서 『간화결의론』・『원돈성불론』 개간, 쌍계사에 이진
1604(萬曆32)	청허휴정 입적
1605(萬曆33)	청화산 원적사(圓寂寺)에서 『사법어』 간행
1608(萬曆36)	조계산 송광사에서 『간화결의론』・『몽산화상법어약록』 간행, 학명(學明) 서(書) 『권수정혜결사문』 중간
1611(萬曆39)	지리산 능인암에서 『선문보장록』・『선문강요집』 개간, 쌍계사에 이진
1616(萬曆44)	송화 수증암(修甑庵)에 『간화결의론』 유판

1617(萬曆45)	무등산 빙발암(氷鉢庵)에 『선교석』 이진
1626(天啓 6)	지제산 천관사(天冠寺)에서 『간화결의론』 개판
1629(崇禎 2)	박산무이 입적
1633(崇禎 6)	삭녕 용복사(龍腹寺)에서 『선교석』 간행
1635(崇禎 8)	운주산 용장사(龍藏寺)에서 『몽산화상법어약록』 및 대전(大全) 발(跋) 『권수정혜결사문』 개간
1642(崇禎15)	두륜산 대흥사(大興寺)에서 『선교석』 개간
1645(順治 2)	구월산 월정사에서 『전심법요』 간행
1670(康熙 9)	축서산 통도사(通度寺)에서 『선교석』 개간
1679(康熙18)	청(淸) 명주실각라(明珠室覺羅), 천불사(千佛寺)에서 『수심결』·『진심직설』 등 인조(印造)
1681(康熙20)	울산 운흥사(雲興寺)에서 『권수정혜결사문』 간행
1769(乾隆34)	안주 은적사(隱寂寺)에서 진허팔관(振虛捌關) 서(序) 『삼문직지(三門直指)』 개판, 묘향산 보현사에 이진, 『간화결의론』 수록
1794(乾隆59)	묘향산에서 『청허당집(淸虛堂集)』(4권본) 개판, 『선교석』 수록
1799(嘉慶 4)	조계산 송광사에서 이충익(李忠翊)이 재래(齎來)한 1679년(康熙 18) 인조의 『수심결』·『진심직설』 등 복각
1799(嘉慶 4)	조계산 송광사에서 『사법어』 개판
1820(嘉慶25)	『진심직설』 간행
1846(道光26)	경허성우(鏡虛惺牛) 출생
1861(咸豊11)	보개산 석대(石臺)에서 『달마대사관심론』 중간, 광주

	봉은사(奉恩寺)에 이진
1883(光緒 9)	삼각산 감로사(甘露寺)에서 연방도인(蓮舫道人) 편(編), 유운(劉雲) 서(序)『법해보벌(法海寶筏)』간행.『관심론』·『혈맥론』·『신심명』·『최상승론』·『전심법요』·『완릉록』·『진심직설』·『수심결』·『선경어』수록
1900(光緒26)	돈황(敦煌) 천불동(千佛洞) 제17굴 장경동(藏經洞)에서 다수의 불서 및 고문서 발현(發現)
1900(光武4)~1903(光武7)	경허성우, 금정산 범어사(梵魚寺)에 주석
1907(隆熙 1)	호거산 운문사에서『선문촬요』권상 개간, 금정산 범어사에 이진,『관심론』·『혈맥론』·『보리달마이입사행론』·『최상승론』·『완릉록』·『전심법요』·『법어』·『선경어』수록
1908(隆熙 2)	금정산 범어사에서『선문촬요』권하 개간,『수심결』·『진심직설』·『권수정혜결사문』·『간화결의론』·『선문보장록』·『선문강요집』·『선교석』수록
1912	경허성우 입적
1923	삼장역회(三藏譯會)에서 용성진종(龍城震鍾) 백상규(白相圭) 선역(鮮譯)의『선문촬요』간행,『관심론』·『혈맥론』·『선경어』·『몽산법어』·『수심결』·『진심직설』및『수심정로』수록
1934(民國23)	중국 심양(瀋陽) 강원정사(薑園精舍)에서 김구경(金九經)의『교간 안심사본 달마대사관심론(校刊安心寺本達磨大師觀心論)』(薑園叢書 1) 간행
1936(昭和11)	일본 아다카불교문고(安宅佛敎文庫)에서 스즈키(鈴木貞

	太郞)의 『교간 소실일서 및 해설(校刊少室逸書及解說)』 간행, 『이입사행론』·『수심요론』 등 수록, 별책 부록에 『관심론』 5본, 『수심요론』 3본 대교(對校) 수록
1937	오대산 월정사(月精寺)에서 한암(漢岩) 방중원(方重遠) 현토(懸吐)의 신연활자본 『고려국보조선사어록』 간행
1948	오대산 월정사에서 지암(智庵) 이종욱(李鍾郁) 국역의 『고려보조국사법어』 간행
1959	금정산 범어사에서 설봉학몽(雪峰鶴夢)의 『(현토) 선문촬요』 유인(油印) 간행, 설봉학몽의 「간행서(刊行序)」를 비롯하여 『혈맥론』·『관심론』·『사행론, 부 신심명』·『최상승론』·『완릉록』·『전심법요』·『법어, 부 황룡사심신선사 소참(黃龍死心新禪師小參)』·『선경어, 부 달마대사 야좌게(達磨大師夜坐偈)』·『수심결』·『진심직설, 부 증도가(證道歌)』·『간화결의론』·『보조선사 권수정혜결사문』·『선문보장록』·『선문강요집』·『선교석, 부 육조대사 진불게(六祖大師眞佛偈)』 수록
1963	법보원(法寶院)에서 탄허(吞虛) 김택성(金宅成) 현토·역해 『보조법어』 간행
1966	원각사(圓覺社)에서 청담(靑潭) 이순호(李淳浩) 설법 『신심명』 간행
1968	금정산 범어사에서 설봉학몽의 『(신간 현토) 선문촬요』 간행, 설봉학몽의 「간행서」를 비롯하여 『과거칠불(過去七佛)』·『삼십삼조사(三十三祖師)』·『심경송(心經頌)』·『오성론(悟性論)』·『원돈성불론(圓頓成佛論)』·

	『오종가풍(五宗家風)』・『신심명』・『영가대사증도가(永嘉大師證道歌)』등 증보
1976	통도사 극락선원(通度寺極樂禪院)에서 명정(明正) 번역의 『신심명벽의해(信心銘闢義解)』 간행
1981	수덕사 덕숭총림(修德寺德崇叢林)에서 혜암현문(惠菴玄門) 개역(改譯)의 『선문촬요』 간행, 『관심론』・『혈맥론』・『선경어』・『몽산법어』・『수심결』・『진심직설』 수록
1983	미국 Hawii대학 출판부에서 Robert Buswell 영역, 『The Korean approch to Zen : the collected works of Chinul』 간행
1986	해인사 출판부에서 퇴옹(退翁) 이성철(李性徹) 역해의 『신심명・증도가』 간행
1987	고려원에서 김달진(金達鎭) 번역의 『보조국사전서』 간행
1988	명문당에서 이혜성(李慧惺) 번역의 『달마의 선어록 : 이입사행론』 간행
1988	장경각에서 백련선서간행회 편역의 『선림보전(禪林寶典)』 간행, 『전심법요』・『완릉록』・『신심명』 등 수록
1988	장경각에서 백련선서간행회 번역 『참선경어』 간행
1989	보조사상연구원에서 『보조전서』 간행
1989	불일출판사에서 법정(法頂) 번역의 『(보조선사법어) 밖에서 찾지 말라』 간행, 『권수정혜결사문』・『수심결』・『진심직설』 수록

1990	불일출판사에서 강건기(姜健基)의 『수심결』 강의 『마음 닦는 길』 간행
1990	불서보급사에서 선일(禪一) 신역(新譯) 『선문촬요』 간행, 『관심론』·『수심결』·『혈맥론』·『진심직설』·『선경어』·『사법어』 및 『마음 닦는 바른 길』·『참선지도법』 수록
1992	여강출판사에서 김춘배(金春培)의 『진심직설』 강의 『세계일화(世界一花)』 간행
1993	장경각에서 퇴옹 이성철 편역 『(조계선종 소의어록집) 고경(古鏡)』 간행, 『전심법요』·『완릉록』·『신심명』 등 수록
1993	보련각에서 심재열(沈載烈) 번역 『보조법어』 간행
1993	김영사에서 양기봉(楊氣峰) 번역 『달마어록 : 이입사행론』 간행
1993	세계사에서 일지(一指) 역주 『전심법요, 부 완릉록』 간행
1993	큰수레에서 법성(法性) 강해 『간화결의론과해』 간행
1994	복천선원(福泉禪院)에서 설봉학몽 현토 『선문촬요』 간행
1994	동남풍에서 오광익(吳光益) 연의(演義) 『수심결』 간행
1995	김호성(金浩星), 『보조사상』 제9집에 「'간화결의론' 역주 : 화엄과 간화선의 변증법」 발표

Sŏnmun Ch'waryo (A Collection of Sŏn Teachings)

Author : Kyŏnghŏ Sŏng'u
Translated by Yi Ch'ŏl-gyo

Sŏnmun Ch'waryo(禪門撮要 ; A Collection of Sŏn Teachings) is a collection of important teachings of the Buddhist Sŏn sect, compiled by Kyŏnghŏ Sŏng'u(鏡虛惺牛 ; 1849~1912), who revived the Korean Sŏn sect between the late 19th century and the early 20th century. The Chinese text of the original version in two chapters is translated into Korean, attached together with photographic prints of the original text.

Bodhidharma(菩提達摩), the founder of the Chinese Sŏn sect spoke of the "transmission of truth from mind to mind"(以心傳心) and the "nonestablishment of letters"(不立文字), saying that "the Mind is Buddha, Budha is the Way, and the Way is Sŏn". Likewise, if trainees do not enter the Sŏn sect, but seek after Buddha outside the Mind, or seek after truth with an unenlightenend mind, they cannot be said to be following the true path.

Then what is the Mind? Through this book, great priests of the Chinese Sŏn sect such as Bodhidharma, Hongren(弘忍), Huangbi Xiyun(黃

檗 希運), etc., clearly argue about the Mind in straightforward language originating from their true mind.

A total of fifteen lectures are contained in this book : Chapter One includes "Hyŏlmaek-non"(血脈論), "Kwanshim-non"(觀心論), "Sahaeng-non"(四行論), "Ch'oesangsŭng-non"(最上乘論), "Wanrŭng-rok"(宛陵錄), "Chŏnshim Pŏbyo"(傳心法要), "Mongsan Pŏbŏ"(蒙山法語), and "Sŏn'gyŏng'ŏ"(禪警語) ; and Chapter Two, "Sushim-gyŏl"(修心訣), "Chinshim Chiksŏl"(眞心直說), "Kwŏnsuchŏnghyegyŏlsamun"(勸修定慧結社文), "Kanhwagyŏrŭi-ron"(看話決疑論), "Sŏnmunbojang-rok"(禪門寶藏錄), "Sŏnmun Kangyojip"(禪門綱要集), and "Sŏn'gyo-sŏk"(禪敎釋). An appendix, "Shinshim-myŏng"(信心銘) is included at the end of this book.

* Sŏn : 禪, meditation. dhyāna in Sanskrit ; ch'an in Chinese ; and Zen in Japanese.

옮긴이 이철교(법명: 봄산)

1947년 출생. 동국대학교 불교학과 졸업. 민족문화추진회 국역연수원 수료. 국립중앙도서관 사서, 육군 군종법사, 동국대학교 도서관 열람과장 역임. 『선학사전』(공편), 『한국근현대불교자료전집』(전68권, 공편), 『한국불교논저 종합목록』, 『백운화상초록 불조직지심체요절』 등의 편저서가 있음.

선문촬요 禪門撮要

1판 1쇄 펴냄 ‖ 1999년 5월 20일
1판 4쇄 펴냄 ‖ 2015년 10월 25일

엮은이 ‖ 경허 성우
옮긴이 ‖ 이 철 교
펴낸이 ‖ 윤 재 승
펴낸곳 ‖ 민 족 사
등록 ‖ 1980년 5월 9일(제1-149호)
주소 ‖ 서울시 종로구 삼봉로 81 두산위브파빌리온 1131호
전화 ‖ (02) 732-2403~4
팩스 ‖ (02) 739-7565
이메일 ‖ minjoksabook@naver.com
홈페이지 ‖ www.minjoksa.org

ISBN 978-89-7009-358-1 04220
ISBN 978-89-7009-357-4 (세트)

잘못된 책은 바꾸어 드립니다.
역자와 협의 하에 인지는 생략합니다.